全国旅游高等院校
精品课程系列教材

Tourist Attractions Theory

旅游景区概论

主　编◎方法林

中国旅游出版社

前　言

　　旅游业已成为我国国民经济支柱性产业，旅游业的兴旺离不开它的载体——旅游目的地和旅游景区的建设与发展；尤其是旅游景区，它是旅游活动的核心和空间载体。旅游景区是一个边界模糊、外延宽泛、类型多样的业态群，各类旅游景区在规模、功能和文化特征上的差异很大，因为不同规模和类型的旅游景区其经营管理方法和游客的需求都不一样，因此在经营管理上很难用一把尺子来衡量各种类型不同、文化差异较大的旅游景区，只能针对同类或相似类型的景区以及文化相同、底蕴相差不大的景区进行分类阐述、差异指导，而对这些不同类型的景区进行管理的理论基础就是旅游景区概论。

　　当前高职院校和中职院校的旅游大类教材中比较多的是《景区服务与管理》《景区经营与管理》等教材，还没有一本依据《旅游景区分类》团体标准来全面详实地介绍旅游景区的教材，本书填补了高职院校旅游类专业的教材空白。本书充分考虑教与学的需要，每一章都从知识目标、能力目标、实训目标出发提出了学习目标。教材图文并茂、案例丰富、难度适宜。除章节中的具体案例之外，书中还通过"知识链接""阅读材料"等模块进行了知识点的补充，各章后还附有"本章小结""案例分析"和"思考与练习"。本书既可作为旅游院校各专业本科、大专、中专师生的教材和教学参考书，也可作为景区经营管理人员的工作参考和指南，特别是教材配备了二维码用于查询相关资料，为景区管理者提供了方便的查阅渠道。

　　为便于教学，我们还为本书免费配套了含有丰富图像素材的多媒体教学课件，欢迎使用本教材的教师登录出版社官网下载使用。

　　本书由南京旅游职业学院方法林教授担任主编，方法林负责全书体系的策划及提纲编写。具体编写分工如下：方法林编写第一章，第五章第二节、第三节，第七章，第八章，第九章；郑菲菲编写第二章与第三章；陶潇男、方法林共同编写第四章；尹立杰编写第五章第一节、第四节；唐晨编写第六章。全书由方法林负责统稿、初稿的校对以及媒体教学课件的设计统筹和制作工作。全书由南京大学博士生导师章锦河教授担任主审，在此表示感谢！本书在编写过程中参阅了大量同行专家的论著、教材，引用了不少文献，尽可能进行了标注，但难免有一些引用的文献未能标明出处，祈请原作者见谅。对本教材所引用文献、案例和图表的原作者在此一并致谢！由于本书内容涉及广泛，编者水平有限，书中难免有疏漏和不妥之处，敬请同行专家和广大读者批评指正。

编者

2020 年 9 月

目 录
CONTENTS

第一章　旅游景区概述

通过本章的学习，你应该能学到：

知识目标：

1. 了解景区、旅游景区的概念、分类、特征。

2. 了解旅游景区的组织机构。

3. 熟悉旅游景区（点）的标准。

能力目标：

1. 能够辨析旅游景区的概念。

2. 能够对旅游景区进行正确的分类。

3. 能够依据旅游景区（点）的标准对旅游景区进行调研。

实训目标：

1. 能够准确地判断旅游景区的类型。

2. 能够依据标准对旅游景区进行调研。

第一节　认知旅游景区的内涵与分类

案例导入

中国的景观旅游资源相当丰富。这些风景名胜区从不同的角度可以有不同的划分，因其主要景观的不同，大体上可分为以下八种类型：第一，湖泊风景区（白洋淀、杭州西湖、南京玄武湖、武汉东湖、新疆天山天池、青海湖、丹江口水库）；第二，山岳风景区（燕山、泰山、衡山、华山、紫金山、阿里山）；第三，森林风景区（西双版纳、湖南张家界、河南宝天曼、四川卧龙、湖北神农架）；第四，山水风景区（桂林漓江、长江三峡、武夷九曲溪）；第五，海滨风景区（海南天涯海角、厦门、大连）；第六，休闲疗养避暑胜地（北戴河、牛首山、庐山）；第七，宗教寺庙名胜区（九华山、栖霞寺、敦煌莫高窟、洛阳龙门、嵩山、武当山）；第八，革命纪念地（延安、涉县、西柏坡、遵义）。

（资料来源：百度百科）

思考：

1. 上述旅游景区您曾经去过吗？

2. 您能正确区分旅游景区的类别吗？

景区作为旅游业的基础支撑，其投资热点不断增长，企业家对景区产业发展前景总体看好；景区企业愈加重视倾听游客对美丽景观、美好生活的诉求；景区游览消费稳定增长。相较于其他业态，景区投资占比最高，尤其是人文景区、自然景区（山岳）的资源禀赋受到投资机构青睐，对有关这类资源的争夺正变得激烈。在中央重视、部委联动的大背景下，景区相关政策及法律法规相继出台，为景区营造了一个越来越好的旅游环境，美丽景区日益成为美好生活的新内容，国民旅游需求从早期对美丽风景的关注愈加转向对美好生活的体验与分享。景区总体上呈现观光旅游和休闲度假旅游并重、传统业态和新业态齐升、景区企业深耕细分市场的态势。

旅游景区是旅游业发展的基础和核心要素，在我国旅游业的发展过程中，发挥着非常重要的作用，既是我国旅游业发展形象的重要体现，也在地方经济发展中做出了突出的贡献。与酒店、旅行社和交通工具等旅游要素相比，旅游景区具有较强的不可替代性，是旅游业发展的核心要素，是旅游消费活动的最终载体。在观光游阶段，景区毋庸置疑是第一主角，也是最为受益的旅游子行业；在休闲度假游阶段，景区的角色分量虽然会有所弱化，但也是决定该休闲度假区域是否具有较强竞争力的关键条件。因此，某一地区或某一国家要想发展旅游产业必须要在开发旅游景区资源上下足够的功夫。

截至 2018 年 12 月，中国共有景区景点 3 万多个（其中 A 级景区 10300 多个，包括 5A 级 259 个、4A 级 3034 个），红色旅游经典景区 300 个，国家级旅游度假区 26 个，旅游休闲示范城市 10 个，国家生态旅游示范区 110 个，在建自驾车房车营地 900 多个，全国通用航空旅游示范基地 16 个［中国政府网（引用日期 2018-12-27）］。

一、旅游景区的内涵解析

随着经济发展、社会生活水平的提高，人们的精神追求也日益多元化，旅游成为现代生活中必不可少的一项户外活动。各个国家和地区为了迎合旅游需求，纷纷挖掘地区资源、设立各式各样的旅游景区接待游客。从形式上看，似乎有景、有游、有门票的区域都可称为旅游景区。然而在旅游学术界，旅游景区还没有一个普遍认可的概念，近两年关于旅游景区概念的专门章节在旅游概论类教科书中逐渐出现，但各学者定义不一，旅游景区的概念界定至今尚未形成一致的意见。

GB/T 16766—2010 旅游业基础术语

（一）国外学者对旅游景区内涵的界定

旅游景区与旅游景点的差异习惯上理解为空间区域尺度的不同，但在很多场合下，经常被混淆而没有区别，本书采用的是 2004 年颁布的中华人民共和国国家标准 GB/T 17775—2003《旅游景区质量等级的划分与评定》中的旅游景区定义。

目前，国外关于旅游景区的定义和概念类型一般可以分为以下几种：

旅游景区质量等级的划分与评定（GB/T 17775—2003）

1. 从范围角度，将旅游景区等同于旅游目的地

英国旅游局认为旅游景区是一个长期存在的旅游目的地，它存在的目的就是满足游客某种需求。单一旅游目的地上可能有多个旅游景区，促成了旅游目的地的吸引力（C.J.Holloway）。

2. 从功能角度，将旅游景区视为具有某种功能的地域

旅游景区的功能可以是供游客消遣、娱乐、受教育（Victor T.C.Middleton）或是能够满足游客各方面的需求需要和兴趣（Terry Stevens）。美国学者 C.R. 戈尔德耐认为对于一个综合性的景区，重要的是向旅游者提供观光、购物、娱乐、博彩、文化和康乐的机会。英国学者约翰·斯沃布鲁克（John Swarbrooke）认为景区应该是一个独立的单位，一个专门的场所，或者是一个有明确界限的、范围不可太大的区域，交通便利，可以吸引大批的游人闲暇时来到这里作短时访问。

3. 从旅游景区的构成上进行定义

克瑞斯·库珀（Chris Cooper）在《旅游业原理与实践》一书中指出，旅游景区由自然馈赠（景观、气象、植物、动物等）和人工建造（历史、文化、人造设施等）两部分组成。

4. 从旅游景区的类型上进行定义

英国学者史蒂芬·威廉姆斯认为景区可以包括旅游商店、娱乐场所、游乐园、主题公园、游泳池和休闲地等。实际上该定义则是划分了景区的类型。

5. 从对旅游者出游动机的作用角度进行的定义

柴乐斯·戈尔德认为景区在激励人们旅游方面发挥了重要作用，旅游景区是旅游者出游的主要理由。可见，此种角度主要是基于旅游景区的旅游吸引力。

6. 从旅游景区的形成原因角度进行的定义

美国学者 C.A.Gunn 认为旅游景区是一个独具特色的地方，这些地方的形成原因既可以是自然力作用的结果，也可以是人类活动的结果。

该定义很宽泛，且特色的衡量标准不确定，按照这个定义，我们在现实中很难说哪里是旅游景区，哪里又不是旅游景区。

7. 从经营管理的角度

不少学者认为旅游景区是一个独立的单位或一个专门的场所，一个能够界定、经营的实体（John Swarbrooke），能够为吸引游客进行相应管理（Whlsh Heron）的场所。

从上面看来，即使是旅游研究较早的国家，对于旅游景区的定义也都是不严格的，外延也不明确，但基本上按照常规可以分为广义和狭义的两大类。广义的旅游景区基本上是指旅游目的地，狭义的旅游景区往往是指一个具体的经营实体。

（二）国内学者对旅游景区内涵的界定

国内学者在翻译国外的"tourism attraction"一词时，有的翻译成旅游景点，有的翻译为旅游景区，出现此种情况的原因一般有两种：一种是有的学者将旅游景区与旅游景点视为同一事物；另一种则是没有把握全文的观点而误译。部分学者在发表论文和翻译标题、摘要时，又将"旅游景区"翻译成其他的词汇，例如，有学者将"旅游景区"翻译为"tourism scenic area"（将其译为旅游风景名胜区更合适）。实际上，无论是将英语论文译为中文以供学习交流参考之用，还是将中文翻译为英语以应对外交流之需，科学严谨的翻译对于学科的发展、学术交流都起到至关重要的作用。

学者们在对旅游景区进行定义时，概念范围略显宽泛，不只是强调旅游景区的某一特征，但从定义的主要倾向上，仍然能够总结出概念界定的主要视角，概括起来，主要有以下几点。

1. 从旅游者需求或旅游产品的供给角度

在《风景名胜区规划条例》（1985）中，完全以需求的角度对景区进行了定义，景区是根据景源类型、景观特征或游赏需求而划分的一定用地范围。从旅游供给的角度，旅游景区以吸引游客为目的，为游客提供一种消磨时间或度假的方式，开发游客需求，为满足游客需求进行管理，并提供相应的设施和服务（张凌云，2010）。吴忠军（《旅游景区规划与开发》，2003）将供给和需求两个角度结合，认为旅游景区是指具有吸引游客前往游览的吸引物和明确划定的区域范围，能满足游客参观、游览、度假、娱乐、求知等旅游需求，并能提供必要的各种附属设施和服务的旅游经营场所。

2. 从旅游景区的区域性角度

此种视角主要强调旅游景区在地域上构成、活动和管理等方面的特性。例如，邹统钎（《中国旅游景区管理模式研究》，2006）将旅游景区定义为具有吸引物、具有管理机构、经营旅游休闲活动、具有明确范围的区域。刘正芳（《旅游概论》，2006）认为旅游景区是由若干共性特征的旅游资源与旅游设施及其他相关条件有机组成的地域综合体。

3. 从旅游景区的空间性角度

此种视角主要强调旅游景区在空间上的特点。例如，王衍用等（2007）认为旅游景区就是一个空间环境，这个空间环境具有自然或人文景观，且人们在其中进行旅游活动。

4. 从旅游景区的功能性角度

此种角度强调景观的价值能够给游客带来的体验，例如赵黎明（2002）强调休闲、娱乐、观光、度假等功能，王德刚强调参观游览、娱乐休闲、康体健身、科学考察、文化教育等活动。

5. 从多种角度的糅合

有的学者将旅游景区定义为特定功能的空间或区域。例如，李肇荣、曹华盛等（《旅游学概论》，2006）认为旅游景区是一种空间或地域，在这一空间或地域中，旅游及其相关活动是其主要功能。有的学者将景物构成和功能、地域特性相结合。例如马勇（2006）将旅游景区定义为是由一系列相对独立的景点组成、从事商业性经营、满足旅游者多层次精神需求、具有明确的地域边界的小尺度空间旅游地。

（三）我国官方机构对旅游景区的内涵界定

我国国家质量技术监督局 1999 年发布的国家标准《旅游区（点）质量等级的划分与评定》的定义为：经县级以上（含县级）行政管理部门批准成立，有统一管理结构，范围明确，具有参观、游览、度假、康乐、求知等功能，并提供相应旅游服务设施的独立单位。包括旅游景区、景点、主题乐园、度假区、保护区、风景区、森林公园、动物园、植物园、博物馆、美术馆等。

中华人民共和国国家标准 GB/T 17775—2003《旅游景区（点）质量等级的划分与评定》对旅游景区的定义为：旅游景区是以旅游及其相关活动为主要功能或主要功能之一的空间或地域。本标准中旅游景区是指具有核心吸引物，具备参观游览、休闲度假、康乐健身等功能，具备相应旅游服务设施并提供相应旅游服务的独立管理区。该管理区应有统一的经营管理机构和明确的地域范围。包括风景区、文博院馆、寺庙观堂、旅游度假区、自然保护区、主题公园、森林公园、地质公园、游乐园、动物园、植物园及工业、农业、经贸、科教、军事、体育、文化艺术等各类旅游景区。

　　本书中对旅游景区的定义采用中华人民共和国国家标准 GB/T 17775—2003《旅游景区质量等级的划分与评定》对旅游景区的定义，该定义中强调旅游景区必须具有核心吸引物，同时具有一定的功能，具备相应的旅游服务设施和管理。

二、旅游景区相关概念辨析

　　旅游景区是有效开展旅游活动的依托，在旅游业普遍发展的今天，旅游景区的身影不再神秘，理论概念是现实状况的描述与说明。因此有必要结合各地区的景区现状及现有的代表性定义，对旅游景区的相关概念进行解读。

（一）相关概念

1. 旅游目的地
　　旅游目的地一般是一个较大的地理区域，是具有以下四个特征和功能的旅游地域综合体：吸引性——有旅游景区或旅游吸引物；舒适性——提供与旅游活动直接相关的住宿、餐饮、娱乐和商业零售等其他配套设施；可达性——提供方便快捷的区际、区内交通；辅助服务——提供当地社区服务，如信息咨询、银行、邮政、快递、医疗、治安、法律援助。

2. 旅游资源
　　自然界和人类社会能对旅游者产生吸引力的、可以为旅游业开发利用，并可产生经济效益、社会效益和环境效益的各种事物和因素。

3. 开放式景区
　　开放式景区，顾名思义是指开放式的，相对于封闭式景区（点）可以利用墙和围栏等进行明确的空间划定，它是没有具体范围限制的空间场所，即无法确切划定这些景点的空间、地域范围，这具体包含两层含义：第一，场地上的开放，即景点没有严格的空间和面积限制，无法准确地圈定其地域范围；第二，门票上的开放，即非营利性质，免收门票或收取少数旅游景点的门票。这两层含义使得景区的管理难度大大增加。

　　开放式景区相比一般的旅游景区，主要通过 3 个方面来界定。第一，开放式景区是一个开放的场所，没有严格的空间和面积限制，很难准确地圈定景区的地域范围，所以，从管理角度上讲，也很难确定一个管理范围，它往往体现的是一个城市综合治理的反映。第二，开放式景区是免费开放的，或是景区内的个别景点是收费的，但不会影响整体景区的游览。所以开放式景区很难从个别景点的收费，来反映整个景区实际游览情况。它需要有强大的住宿、餐饮等配套设施来作为支撑。第三，开放式景区的游客容量，相比封闭式的流动性更大，也更难控制和管理。这里的流动性，不光是游客的人流量，更涉及景区内的车流量，对景区的交通组织、协调更是严峻的考验。

简言之，开放式景区是指融入整个城市的环境格局中，即通常所说的"城市景区化、景区城市化"，没有准确的地域范围，且属于免费开放的社会公众旅游场所。同时，城市管理者，特别是景区管理人员对景区内人流、车流的控制和管理面临巨大考验。例如，杭州西湖景区，武汉东湖景区，上海的外滩、南京路、人民广场，城市中的历史风貌街区等都属于开放式景区。而一些免费开放有围墙的城市公园、未经开发形成景区的自然风光带等都不在本课题研究的开放式景区的范围之内。

隋丽娜、程圩在《三类不同开放程度景区游客感知差异研究》提出根据开放程度的衡量对开放式景区提出了两层含义：一是空间的限制程度，即有没有严格的空间范围限制；二是指门票上的开放情况，即是否收取门票。由此，可按门票收取情况及空间限制程度，将城市景区划分为如下四类：第一类，空间围合，且收取门票；此类景区开放程度最低，较为常见，如大唐芙蓉园。第二类，空间开放但部分区域收取门票；常见于围绕核心景点而设的广场、公园，如大明宫国家遗址公园。第三类，空间围合，但不收取门票；常见于具有鲜明公共属性的博物馆、纪念馆、专类公园等，如陕西省历史博物馆、兴庆宫公园。第四类，空间开放，且不收门票；此类景区多无法确定划分这些景点的空间、地域范围，常见于带状公园以及广场、湖滨、特色街区或大型活动所在地，属开放程度最高的景区，如曲江池遗址公园、唐城墙遗址公园。第一类、第四类分别为封闭式景区、开放式景区，而第二类、第三类则为半开放式景区。黄筱焯在《浅谈开放式旅游景区（点）的容量管理——以上海南京路步行街为例》一文中也提及开放式景区：开放式旅游景区（点）是没有具体范围限制的旅游场所，即无法确切划定这些景点的空间、地域范围，在这样一个开阔的空间里，管理人员无法精确地控制出入者的数量，开放类旅游景区（点）的范畴通常更广，例如，它可以表现为像人民广场、各个历史风貌街区、外滩这样的观光休闲场所，也可以表现为节庆和赛事等大型活动所在地。

4. 风景名胜区

风景名胜区，是指具有观赏、文化或者科学价值，自然景观、人文景观比较集中，环境优美，可供人们游览或者进行科学、文化活动的区域。设立风景名胜区，应当有利于保护和合理利用风景名胜资源。风景名胜区划分为国家级风景名胜区和省级风景名胜区，并分别规定了申请条件和程序。风景名胜区所在地县级以上地方人民政府设置的风景名胜区管理机构，如风景名胜区管委会负责风景名胜区的保护、利用和统一管理工作。国务院建设主管部门负责全国风景名胜区的监督管理工作。国务院其他有关部门按照职责分工，负责风景名胜区的有关监督管理工作。省、自治区人民政府建设主管部门和直辖市人民政府风景名胜区主管部门，负责本行政区域内风景名胜区的监督管理工作。省、自治区、直辖市人民政府其他有关部门按照规定的职责分工，负责风景名胜区的有关监督管理工作。自然景观和人文景观能够反映重要自然变化过程和重大历史文化发展过程，基本处于自然状态或者保持历史原貌，具有国家代表性的，可以申请设立国家级风景名胜区；具有区域代表性的，可以申请设立省级风景名胜区。1985年6月，国务院颁布了《风景名胜区管理暂行条例》，后作了全面修订，新的《风景名胜区条例》于2006年12月1日起正式施行。

5. 旅游度假区

具有良好的资源与环境条件，能够满足游客休憩、康体、运动、益智、娱乐等休闲需求的，相对完整的度假设施聚集区。能够提供游客主体休闲度假产品的关键吸引物，包括自然资源与人文资源2大类。自然资源包括海洋、内湖、山地、滑雪地、森林、温泉、草原7小类；人文资源包括乡村田园、传统聚落、主题运动（指人工环境下的主题运动，如高尔夫等）、主题娱乐（如赛马、影视城、主题乐园等）、人文活动（指以人为媒介的传统习俗、非物质遗产等）5小类。为正确引导国家级旅游度假区建设，2011年1月14日，原国家旅游局发布了《旅游度假区等级划分》国家标准（GB/T 26358—2010），并于2011年6月1日起实施。《旅游度假区等级划分》国家标准（以下简称标准）的发布和实施，对于推动我国旅游度假区进入科学发展阶段、增强市场竞争力具有重大意义。旅游度假区的具体要求：为了有序推进旅游度假区发展，加强度假区等级管理，提高旅游度假区发展总体水平，依据《中华人民共和国旅游法》等国家法律、法规和中华人民共和国国家标准《旅游度假区等级划分》（GB/T 26358—2010）及相关细则，特制定本办法。旅游度假区等级管理对象，是指具有独立管理和服务机构的综合性旅游度假区，不单独对度假村、度假酒店等独立度假设施进行等级评定。旅游度假区的等级从高到低依次为：国家级旅游度假区和省级旅游度假区2个等级。国家级旅游度假区属国家级开发区，是指符合国际度假旅游要求、接待海内外旅游者为主的综合性旅游区，有明确的地域界限，适于集中设配套旅游设施，所在地区旅游度假资源丰富，客源基础较好，交通便捷，对外开放工作已有较好基础。旅游度假区等级管理工作坚持公正、公平、公开的原则，按照统一的内容、标准和程序进行。凡在中华人民共和国境内正式开业从事旅游度假经营业务2年以上的旅游度假区，均可申请省级旅游度假区。公告为省级旅游度假区 1 年以上的度假区，可申请国家级旅游度假区。国务院旅游主管部门负责旅游度假区等级管理办法的制订工作，对全国旅游度假区等级管理办法的实施工作进行监督检查。

为认真贯彻落实《国民旅游休闲纲要（2013~2020 年）》《国务院关于促进旅游业改革发展的若干意见》（国发〔2014〕31 号）和《国务院办公厅关于进一步促进旅游投资和消费的若干意见》（国办发〔2015〕62 号），适应我国居民休闲度假旅游需求快速发展需要，为人民群众积极营造有效的休闲度假空间，提供多样化、高质量的休闲度假旅游产品，为落实职工带薪休假制度创造更为有利的条件，文化和旅游部近年先后制定了《旅游度假区等级划分》国家标准（GB/T 26358—2010）、《旅游度假区等级划分细则》和《旅游度假区等级管理办法》。2015 年上半年，原国家旅游局正式下发了《关于开展国家级旅游度假区评定工作的通知》。各省区市和旅游度假区高度重视，积极参与国家级旅游度假区创建工作。

6. 自然保护区

自然保护区是指对有代表性的自然生态系统、珍稀濒危野生动植物物种的天然集中分布区、有特殊意义的自然遗迹等保护对象所在的陆地、陆地水域或海域，依法划出一定面积予以特殊保护和管理的区域。

自然保护区是一个泛称，实际上，由于建立的目的、要求和本身所具备的条件不同而有多种类型。按照保护的主要对象来划分，自然保护区可以分为生态系统类型保护区、生物物种保护区和自然遗迹保护区 3 类；按照保护区的性质来划分，自然保护区可以分为科研保护区、国家公园（即风景名胜区）、管理区和资源管理保护区 4 类。不管保护区的类型如何，其总体要求是以保护为主，在不影响保护的前提下，把科学研究、教育、生产和旅游等活动有机地结合起来，使它的生态、社会和经济效益都得到充分展示。

2016 年 1 月 13~14 日，就内蒙古锡林郭勒草原、河南小秦岭、宁夏贺兰山、山东长岛、广东丹霞山 5 个国家级自然保护区的生态环境问题，环境保护部约谈了5 个国家级自然保护区相关负责人。

7. 智慧景区

智慧景区主要是借助网络技术，对景区基础设施和自然资源等进行应用，对这些内容做出全方位、立体化和多角度的实时控制。人们在衣食住行上均需要互联网，存在一些手机客户终端和人们日常生活紧密联系。在 2014 年，原国家旅游局提出了"智慧景区"这一概念。互联网＋、云技术、大数据等逐渐被应用在人们的生活当中，人们逐渐感受到这类技术给人们生活所带来的改变。还有一些新的概念和知识点请查阅右侧二维码。

"智慧景区"评价标准体系

国民旅游休闲纲要（2013–2020 年）

绿色旅游景区标准（LBT 015—2011）

国家（绿色旅游、蓝色旅游、人文旅游、康养旅游四类旅游示范基地）

（二）旅游景区与相关概念之间的关系

1. 旅游景区与旅游景点之间的关系

国内学者对国外"visitors attraction"这一词的翻译理解为旅游景区或旅游景点，多数学者将旅游景区和旅游景点视为一个概念的不同说法（张超广，2008），在著述中并未做详细区分。有的学者将其做了详细的说明，认为空间范围大的旅游景点是旅游景区（李冠瑶、刘海鸿，2005）。从字面上看，景区和景点完全是一个面和点的关系，不能随便将其混为一谈，旅游景点应该是构成旅游景区的单位，旅游景区是由单个旅游景点或多个旅游景点构成的地域，例如，杭州西湖旅游景区，就包含了三潭印月、苏堤春晓、花港观鱼等名胜景点。安徽黄山风景区包括九龙瀑、翡翠谷、木雕楼等景点。

2. 旅游景区与旅游地之间的联系

在旅游地理学、土地规划的相关书籍中，旅游地的提法最常见，关于旅游地（tourism area 或 sightseeing place）的概念，多数学者都有以下共同认识：一是它的空间性或地域性，以旅游及其相关活动为主要功能（高峻，2007），与旅游景区存在必然的联系（陶犁，2007）。二是它有两层基本含义（王万茂，2008；高峻，2007）：第一层，旅游者浏览、观光、访问的目的地即旅游活动与旅游资源的所在地，这里的意思也就是旅游目的地或旅游目的地上的旅游景区；第二层，指土地利用方式，如同农业用地、林业用地、牧业用地一样，旅游地是一种游憩用地，它是政府部门规划的供人们进行旅游活动的地域或环境空间。如果将旅游地的景观结构进行划分，则可以分为：旅游地（区）—景区—景点（陶犁，2007）。由此可见，旅游地是一个地域范围更为宽广的概念，在其空间范围内，有各种供游客旅游的景区类型。

3. 旅游景区与旅游目的地之间的联系

旅游目的地是一个从旅游者角度出发来讨论的地方，是一个与旅游客源地相对应的名词，含义很宽泛，它可以是指某个特定功能的旅游胜地，例如西湖，也可以是某个可以进行旅游活动的县市，例如西湖所在的杭州市，甚至可以泛指整个国家。由此可见，旅游景区的地理区位在旅游目的地的范围内。

4. 旅游景区与风景名胜区之间的区别

风景名胜区的概念多见于环境资源、城市规划、园林建设、旅游地理等书籍中。纵观专家们的观点，风景名胜区就是那些资源价值重大，环境优美，能够供人游览、观赏、休息和进行科学文化活动的区域。由此可见，那些资源价值重大的旅游景区就堪称风景名胜区，例如杭州西湖是一个 5A 级的旅游景区，也是一个国家重点风景名胜区（在 1982 年被评定）。同时，基于风景名胜区招揽游客与接待游客的现状，风景名胜区是旅游景区的一部分。

为了更好地理解旅游景区的概念及其外延，本书已将易混淆的概念加以分析，并将各概念的外延加以图示（见图 1-1），由于旅游目的地的概念很宽泛，所指区域范围有大有小，从大范围上将其他的几个概念加以涵盖，从小范围上，与旅游胜地、旅游景点相吻合。

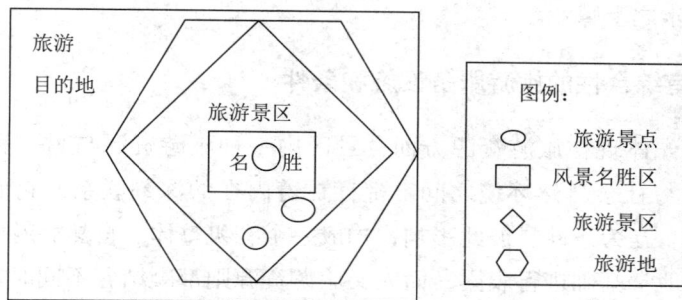

图 1-1　旅游景区、风景名胜区、旅游景点、旅游地和旅游目的地之间的区别与联系

三、旅游景区的基本特征

旅游景区是对旅游者具有吸引力的、能够满足旅游者旅游体验的、有明确地域范围的空间综合体，是一个包含了自然和人文旅游资源及各种有形或无形服务的地域综合体。旅游景区具有以下五个特征。

（一）具有旅游活动的核心吸引物

旅游景区吸引物就是景区内标志性的观赏物。它是景区旅游产品中最突出、最具有特色的景观部分。旅游也可称作"眼球经济"，游客正是为了观赏旅游景区某一特定物才不远千里、不怕车马劳顿赶来旅游的。这是旅游景区赖以生存的依附对象，是旅游景区经营招徕游客的招牌和幡帘，是景区旅游产品的主要特色显示。中山陵以民国文化和孙中山先生的博爱精神吸引每一位旅游者；常州恐龙园以恐龙文化和惊险刺激的氛围吸引着旅游者的到来。

（二）具有明确的地域范围

旅游景区不论大小都有一个相对明确的地域范围。任何旅游景区的开发都是在划定的地域范围中进行规划设计。在规划某景区旅游发展时，规划者也总是首先界定区域的范围。在 A 级旅游景区评价中，也会要求景区应该达到多大的面积。

从旅游景区的经营管理角度而言，旅游景区具有一定的规模和范围，这种范围的界限可以是一个自然实体，如山、江、河等，也可以是一个人工的隔离物。从游客观光、欣赏的角度而言，旅游景区在明确的地理分界以外，还有一个缓冲地带，这个缓冲地带可以让游客在此感受景区的某种文化，甚至游客可以在某个站位看到景区内的部分景物。例如昆明的翠湖景区，游客完全能够在白石围城的景区周边看到红嘴鸥在湖水之上嬉戏。

（三）具有综合性的旅游服务设施和条件

综合性首先体现在旅游资源方面，景区内一种旅游资源与另一种旅游资源之间，旅游资源与社会自然环境之间，都存在着内在的深刻联系，它们之间相互依存、相互作用、互为条件、彼此影响，构成一个有机整体。自然旅游资源的整体性是通过共同的地学基础进行表露，而人文旅游资源则都凝结着不同时期社会文明的各种产物和积淀，如南方众多的瀑布、溪流和葱郁的森林植被，种类繁多的珍稀动物及适宜的气候共存于一体；海南三亚海滨旅游胜地是沙滩、阳光、大海、绿色、空气以及特有的热带作物等多种自然旅游资源要素共生并存体；北京的园林、皇宫建筑、城楼、寺庙以其特有的人文气息与近千年的古都史结合在一起。另外，旅游活动是一项融食、住、行、游、购、娱六大要素于一体的综合性活动。为使游客顺利完成旅游活动，旅游景区必须有相应的基础设施和接待设施与之配套。

（四）是专门的旅游经营场所

旅游景区是按照国家有关法律依法成立的经济实体，设置有专门的经营管理机构。如果某一地自然风光极好，但尚未进行开发，也无专门的经营管理机构，便不是旅游景区，如南京中山陵旅游景区由中山陵管理局经营管理，四川九寨沟由九寨沟管理局经营管理。

（五）根据需要可具有一定的可创性

这是指旅游景区可根据人们的意愿和自然规则进行创造、制作而再生、再现。比如古人建造的古典园林、现代的主题公园及一些著名的现代建筑等都是典型的再创旅游景区。旅游景区的这种特点也说明随着时间的推移，人们的兴趣、需要以及时尚也随之发生变化，这使得旅游景区的创新成为必要和可能；在传统旅游资源匮乏的地区，也可借助经济实力人为地创造一些旅游资源。

四、旅游景区的类型

从国内、国外专家的定义和很多官方的资料来看，可以将旅游景区按照以下情况来分类。

（一）按照资源类型来划分

以自然资源的类型来划分，可将景区划分为以下三类。

1. 自然类旅游景区

自然类旅游景区以名山大川，江河湖海，生态大自然为代表的旅游景区，在全国大体上可以占到2/3，是目前旅游的热点。随着近年来回归自然理念的深入人心，生态旅游、特种旅游、休闲度假旅游的兴起，此种种形式都需要以自然类旅游景区为根本载体。自然类旅游景区是我国旅游景区的主体，其地位毋庸置疑，在我国旅游业发展中的作用是显著且重要的。知名的自然类旅游景区如九寨沟风景名胜区、黄龙风景名胜区、武陵源风景名胜区、三江并流等。

2. 人文类旅游景区

人文类旅游景区主要以物质文化和非物质文化旅游资源为载体，通常以非物质资源为主体建立的景区较少，我国人文类旅游景区大部分是以物质人文资源为载体，非物质人文资源为辅助。例如南京的夫子庙，主要以明清风格建筑为主体，同时也拥有较多的非物质文化，如提线木偶戏、乌衣巷传说、秦淮童谣。中国历史悠久，人文类景区也比较丰富。故宫、颐和园、八达岭等都是人文类旅游景区的典型代表。

3. 综合型旅游景区

综合型旅游景区兼具文化与自然两种类型的旅游资源，如山东泰山，除了具有山岳自然风光，还有封禅文化、书法文化等景观。

（二）按照景区功能来划分

按照景区功能来划分，现有景区可划分为观光类景区（包括自然观光和人文观光）、度假休闲类、乡村旅游类、博物馆类、红色旅游类、主题游乐类、工业旅游类、科技教育类。其中观光类景区（包括自然观光和人文观光）、度假休闲类、乡村旅游类在我国所占比例较高，同时新兴旅游景区也不断涌现。

1. 观光类

以独特、优美的自然环境、人文环境为主，以观赏为主要功能的旅游景区，如苏州园林、五台山。观光类景区是我国目前旅游景区的主体，也是比较传统的旅游

城市旅游公共信息导向系统设置原则与要求 LBT 012—2011

旅游信息资源交换系统设计规范

旅游资源分类、调查与评价（GBT 18972—2003）

景区类型。

2. 度假休闲类

度假休闲类景区是指以满足旅游者消遣娱乐、康体健身、休憩疗养、放松身心为主要目的，强调为游客提供安全、宁静的优美环境、丰富多彩的娱乐生活和高品质的服务。现代度假休闲型旅游景区主要集中在海滨、山地、湖泊和温泉疗养地等，以避暑和休疗养为主要目的，如南京汤山温泉度假区、连云港连岛海滨旅游度假区。

3. 乡村旅游类

以具有乡村性的自然和人文客体为旅游吸引物，依托农村区域的优美景观、自然环境、建筑和文化等资源，在传统农村休闲游和农业体验游的基础上，拓展开发会务度假、休闲娱乐等项目的新兴旅游景区。如江苏南京傅家边现代农业园、苏州太湖胥王山休闲农业园。

4. 其他

随着社会资源不断与旅游产业的融合，新兴旅游景区不断涌现，如主题游乐类、工业旅游、科技教育等，这些景区的出现使景区功能更加多样化，增强了旅游产业的生命力。

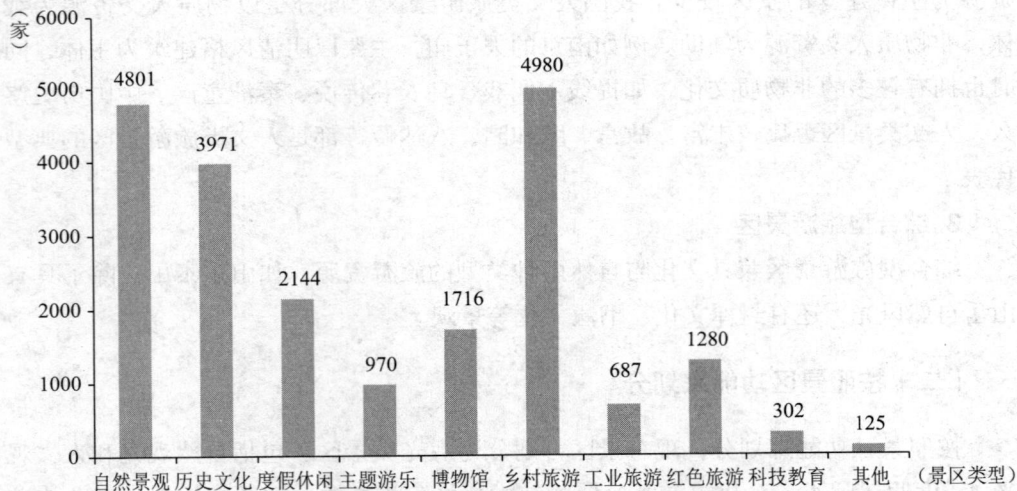

图 1-2　2012 年全国不同功能类型旅游景区规模

注：数据来源于《2012 中国旅游景区发展报告》。

（三）按照景区的质量等级来划分

根据中华人民共和国国家标准 GB/T 17775—2003《旅游景区质量等级的划分

与评定》将旅游景区分为 5 个等级。

1. 五级分类

旅游等级景区不仅是重要的综合性区域旅游吸引物，也是区域旅游产业发展的重要基础。我国的旅游景区质量等级划分为 5 级，从高到低依次为 5A 级、4A 级、3A 级、2A 级、1A 级旅游景区。旅游景区质量等级的标牌、证书由全国旅游景区质量等级评定机构统一规定。

2. 两级分类

2006 年 12 月 1 日起施行的《风景名胜区条例》中规定，我国风景名胜区等级分为国家级和省级两级。

（1）省级风景名胜区。自然景观和人文景观能够反映重要自然变化过程和重大历史文化发展过程，基本处于自然状态或者保持历史原貌，具有区域代表性的，可以申请设立省级风景名胜区，报省、自治区、直辖市人民政府批准公布。

（2）国家级风景名胜区。自然景观和人文景观能够反映重要自然变化过程和重大历史文化发展过程，基本处于自然状态或者保持历史原貌，具有国家代表性的，可以申请设立国家级风景名胜区，报国务院批准公布。

（四）按照景区的经营方式来划分

1. 所有权、经营权、管理权统一的景区

该类景区管理机构既是所有权代表，也是景区的经营主体，负责景区的开发和保护，景区三权互不分离。如广胜寺风景旅游区，该景区属国务院首批公布全国重点文物保护单位，国家 4A 级风景旅游区，世界文化遗产保护地。有世界唯一保存完整的琉璃宝塔，有佛经稀世之宝《赵城金藏》及全国保存唯一的大型元代戏剧壁画，有流量每秒 4 个立方的霍泉。这类景区的优势主要体现在高度权威的管理制主体，职能充分，运行高效。劣势在于董事会领导下的总经理负责制对管理者的能力要求很高，责、权、利不明，产权虚置或者弱化。再如大同云冈石窟，该景区文物资源的保护、管理和开发及全部经费一概由国家财政负担，其工作人员属政府或事业编制。

2. 所有权、经营权、管理权分离的景区

（1）股份制景区。这种模式是在旅游景区开发建设和经营管理资金不足的情况下产生的，是为了筹集景区的开发建设资金，对景区进行股份制改造，即政府委托股份制企业经营度假旅游景区，或在景区经营企业的基础上新组建一家股份制公司，所有权归景区管理机构所有。例如开封清明上河园景区，所有权归开封市政府和海南置地集团有限公司共有，各占一定比例的股份，而经营权和管理权则归海南置地集团有

限公司下属的清明上河园有限公司。这类景区的优势在于市场融资能力强，经营机制灵活，效益稳步提升，有效地促进了国家资产的保值增值，三权相互分离有利于资源保护。劣势在于存在政策风险，企业的商业化行为可能导致对资源的破坏，对投资和政策环境要求较高。

（2）整体租赁型景区。将旅游景区的所有权和经营权分开，政府统一规划，授权一家企业较长时间（不超过50年）对旅游景区实施控制和管理，该企业可以组织一方和多方主体对景区进行投资，成片租赁开发。该经营模式景区的主要特征是景区的所有权和经营权有效分离，政府对景区统一规划，并对企业的开发经营、资源保护实施监督管理权，而企业则长期进行垄断性经营，负责景区的开发与保护，并向景区管理委员会上缴景区租赁费，政府和企业各司其职，相互制约。例如河南尧山国家5A级旅游景区、国家地质公园，该景区的所有权归鲁山县人民政府，景区整体租赁给天瑞集团有限公司行使景区的经营权，承担景区的开发、建设及经营管理，而石人山风景名胜区管理处作为管理机构只行使景区经营与资源保护的监督管理权。

3. 企业化经营景区

开发型旅游景区完全以营利为目的，基本上采用了现代企业管理模式，正在朝"产权清晰、责权明确、政企分开、管理科学"的现代企业制度发展。以企业化经营方式经营的景区，如常州恐龙园，就是完全采用市场化运作的方式经营。又如平遥古城汾河三坝温泉旅游度假区，其开发与经营则采取企业市场化运作方式，企业自主经营、自负盈亏。当地政府分期将度假区的土地出让给公司，公司则筹集资金，并利用转让土地增值收入，完成度假区的基础设施建设。

（五）按照《旅游景区分类》团体标准（T-CTAA 0001—2019）

《旅游景区分类》团体标准是自2017年11月4日全国人大常委会发布修订版《中华人民共和国标准化法》以来，旅游行业内发布的又一重要团体标准，是团体标准的一次重要实践，对旅游景区的发展具有重要意义。《旅游景区分类》团体标准依据景区规模、核心旅游吸引物、景区功能与产品、景区运营主体及其目标4个维度对旅游景区进行了分类，共计44个基本类别。其中，依据景区规模划分为特大型旅游景区、大型旅游景区、中型旅游景区、小型旅游景区4个基本类别。依据核心旅游吸引物划分为综合吸引类景区、自然景观类景区、人文景观类景区、乡村田园类景区、现代娱乐类景区、其他吸引类6大类，28个基本类别。依据景区功能与产品划分为综合服务型旅游景区、观光体验型旅游景区、休闲娱乐型旅游景区、度假旅居型旅游景区、康复疗养型旅游景区、会奖节事型旅游景区、研学教育型旅游景区、运动体育类型旅游景区、其他型旅游景区 9 个基本类别。依据景区运营主体及其目标划分为公益性旅游景区、准公益性旅游景区、商业性旅游景区 3 个基本类别。

整体来说，从景区体量大小、核心旅游资源类型、景区的功能类型、景区运营主体角度对景区进行了分类，框架体系结构清晰；具体类别上，4 个维度、44 个基本类别全面囊括了各类型景区，有效避免了相互包含、交叉重合的现象，体现了系统性和完整性要求。

《旅游景区分类》团体标准（T-CTAA 0001—2019）

知识链接

请同学们查找《旅游景区分类》团体标准（T-CTAA 0001—2019）

第二节　认知旅游景区组织机构管理

案例导入

景区管理机构禁止从事经营活动

2010 年 3 月，四川省十一届人大常委会第十五次会议第一次全体会议在成都举行。备受关注的《四川省风景名胜区条例（修订草案）》第二次提交会议审议。在第一次审议的基础上，二审稿对风景名胜区管理机构的管辖范围、职权、义务等做了进一步明确和细化，并明确规定：风景名胜区管理机构不得从事以营利为目的的经营活动，其工作人员不得在风景名胜区内的企业兼职。管理机构的工作人员不得在风景名胜区内的企业兼职。"这是为了禁止风景名胜区管理企业化的弊端"，省人大城乡建设环境资源保护委员会副主任委员李纯刚说，我省风景名胜区，自然保护区、森林公园、地质公园、文物保护单位重叠交叉的情况比较多，管理多头、职责不清，难以有效履行资源保护、建设和管理的行政职能，因此在二审稿中明确了风景名胜区管理机构是法律法规授权的具有管理公共事务职能的组织，具有行政管理、行政处罚的主体资格，禁止了其管理企业化的弊端。

风景名胜区内项目实行特许经营制，既然不允许风景名胜区的管理机构从事经营活动，那么，游客来了以后吃什么、玩什么？对此，二审稿也明确规定"风景名胜区内项目实行特许经营管理制度"。二审稿规定，风景名胜区管理机构是特许经营的特许人，特许经营项目包括景区内交通（车队、船队、索道等）、漂流及餐饮、住宿、商品销售、娱乐、摄影、摄像、户外广告和游客服务等。宗教活动场所和景区门票不得列入特许经营项目范围。

（资料来源：《华西都市报》）

思考：

1. 为什么旅游景区禁止从事经营活动？

2. 旅游景区禁止从事经营活动对景区的环境保护具有什么作用？

一、旅游景区组织与基本形式

（一）旅游景区组织的内涵

旅游景区组织是指为有效地配置景区内部有限资源、实现景区可持续发展目标，按照一定的规则、程序所构成的一种责权结构安排和人事安排。其目的在于确保以最高的效率实现景区目标。

景区组织既包括有形组织，即景区的组织机构（有形实体）；又包括无形组织，即景区的组织活动，它是作为景区关系网络或力量协作系统的组织内容。景区无形的组织活动与有形的组织机构之间是一种手段与目的的关系，是旅游景区组织必不可少的两个方面，如图 1-3 所示。

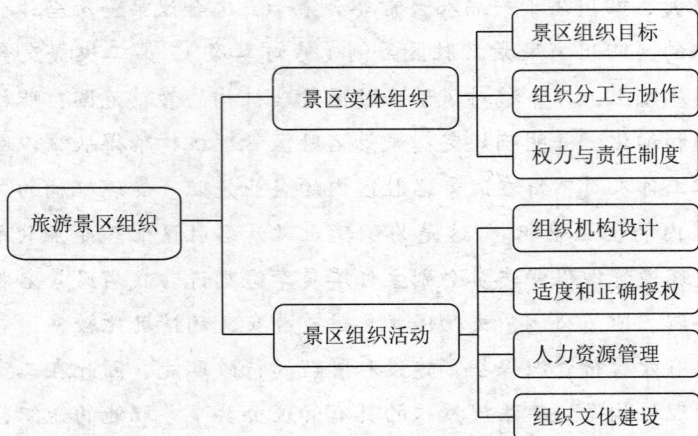

图 1-3　旅游景区组织

（二）旅游景区组织建立的原则

旅游景区是劳动密集型企业，员工数量较多，一个好的旅游景区组织机构要能够充分协调员工的利益、发挥员工的工作效率、实现有效的管理。为了实现旅游景区有效运行与管理，旅游景区组织建立需要遵循以下原则：

一是组织架构承接旅游景区发展战略。旅游景区战略不同，组织架构的模式和职能也不同，一定程度上体现了目标管理的组织架构。

二是精简、高效原则。机构精简、人员精干，才能实现高效率。旅游景区在进行组织机构的设立时要做到人事匹配，充分发挥每个员工的工作效益。

三是旅游景区组织架构要很好地响应市场和客户需求。例如，传统景区的营销部门往往在设置上被忽略，而现代型景区如主题公园营销机构则是非常重要的组成部分。

（三）旅游景区组织的基本形式

旅游景区组织形式，又称为景区组织结构，是对旅游景区组织框架体系的描述，是帮助景区组织实现其目标的手段。一般而言，它是为了协调组织中不同成员活动而形成的一个框架、机制，即景区的部门划分。每个组织都要分设若干管理层次和管理机构，表明组织内各部分的排列顺序、空间位置、聚散状态、联系方式以及各要素之间的相互关系。

1. 直线型

该模式在我国较为常见。它以典型的等级原理为基础，是一种集权式组织结构。其基本特点是景区各种机构和部门按照纵向系统直线排列，形成自上而下的指挥系统，上级直接对下级进行综合管理，下级直接从上级那里接受指令。该模式权限呈直线形式，关系明确。该模式适合规模较小的景区，管理工作较简单。

优点：一是机构简单，决策迅速；二是职责清楚，权限明确，责任心强；三是权力集中，上下联系简捷，有利于统一指挥，提高效率。

缺点：一是要求景区管理者具有全面的经营管理知识和业务能力，并具有较强的综合协调能力和指挥能力；二是由于集权过多，缺乏横向协调和配合，一旦景区经营规模扩大或产生复杂问题，就会出现不适应状况。该模式一般适用于那些规模较小、内部管理机构较简单的个人业主制景区和小型合伙制景区。

2. 职能型

又称为"U"形组织，是以一种按照市场营销活动来组织管理的结构形式。该模式的主要优点：根据旅游管理业务划分不同专业职能部门，使各部门在其职责范围内对下级行驶管理职权，同时各职能部门统一由景区总经理负责管理。这样，在各职能部门之间责任明确，有利于提高效率。与直线型结构以单独的一个上级对所有下级进行全面综合管理相比是一种进步。但是随着市场的扩大，该种模式也存在明显的缺陷：

一是容易产生多头领导。由于现代景区经营管理活动十分复杂，在业务职能上分工很细；景区规模越大，部门林立，对基层形成了多头领导。

二是难以互相协调。基层服务人员往往同时接受不同上级互相矛盾的命令、指示，在管理上容易产生混乱；各职能部门为了获取更多的预算和较其他部门更高的地位而竞争，使总经理经常面临协调上的难题。

三是上下容易脱节。上层领导与基层单位之间信息难以畅通，从而会影响最高决策层管理的有效性。该模式只适用于那些中等规模，经营管理活动不是很复杂的景区。

3. 直线—职能型

也称为直线参谋型结构。它是在"直线型"和"职能型"结构基础上发展而来的，以纵向统一指挥为主，职能参谋为辅，是介于直线型结构和职能型结构之间的一种组织形式。它将各种职能部门变成了领导的参谋和助手，上级领导直接指挥下级，下级只对直接上级负责，而不对各职能部门负责，这就避免了职能型的上下脱节和多头领导之误。

优点：一是既能以垂直管理来维持强有力的统一指挥，又可通过各职能部门的设置贯彻专业化管理原则，从而提高景区管理水平；二是有利于加强直线行政领导的权威，提高景区经营活动的有效性和高效性；三是有利于突出景区经营管理的主次，发挥专业管理人员的作用，提高景区专业管理水平；四是有利于培养有较强行政指挥能力的综合管理人员，特别是景区的总经理、部门经理等管理人员。该结构模式在一定程度上兼有直线型和职能型的长处，但总体上还是一种集权型的管理形式。一般来说，这种模式比较适用于中小规模景区。

缺点：各职能部门在责任和权力上容易产生矛盾。同时由于最高领导者的知识经验、能力时间和精力的限制，很难适应不断变化的情况。

4. 事业部型

事业部型又称为部门化组织模式，其特点是在一个景区的总部下，设立一些半独立的经营机构，并把这些机构称为事业部。各事业部有自己的经营项目和市场划分，在某个方面的旅游营销中实行独立核算。它是一种实行集中决策、分散经营的分权型组织形式。该结构的优点：要求将革新与高效统一起来，上下关系不是靠一条纵轴简单进行调整，左右关系也不是靠协商来解决。相反地，在矩阵型结构中，命令强制力减弱，有时是带指导性的。下级成员在这种多元指挥体系中，必须有判断和协调能力，才能完成组织目标。这样更能发挥每个成员的作用和能力，以保证经济效益，减少风险。

二、旅游景区组织机构的设置与职权分配

（一）旅游景区组织机构的设置

1. 旅游景区组织机构设置的内容

机构设置就是通过建立组织机构，规定职务或职位，明确责任和权力，使组织中的成员互相协作配合、共同劳动、有效实施组织目标的过程。景区机构设置的工作内容包括：确定实现景区目标所需要开展的活动，并按照专业化分工原则进行分类，按照类别设立相应工作岗位；根据景区所处外部环境，景区目标需要根据自身特征划分工作部门，设计组织机构和结构；规定景区组织机构中的各种职务或者职位，明确各自的责任，并授予相应的权利；制定规章制度，建立健全景区组织机构上下、左右、前后各方面的相互关系。

2. 旅游景区组织机构设置的程序

机构设置是关系组织系统发展和领导职能实现的大事，必须依据一定的程序来进行。景区组织机构的设立大致要经过以下五个程序和步骤：

（1）明确机构设立的指导思想，确定机构组建宗旨，明确所设组织机构的性质、任务、职能等。

（2）就机构编制、职位、职责进行系统的设计，搞好职位机构的设计工作。

（3）报请有关部门批准或依据法规自行设立。

（4）任命、配备领导干部和工作人员。

（5）通过责任制等一系列规章制度，建立健全机构运行机制，把机构变成一个有效运转的有机体。

3. 旅游景区组织机构的设置

景区组织机构的设置是根据景区功能和景区为旅游者提供的各种产品和服务来设置的。不同性质的景区，因其资源特征、规模大小、经营性质、管理内容不尽相同，所以在机构设置上具有不同的模式。

我国旅游景区的管理机构有：政府型、管委会型和管理局型。

（二）旅游景区组织机构的职权分配

景区组织的职权分配是指对景区经营活动中权力与责任的划分，并以制度的形式做出规定。其包括：对各种权力的界定，相应机构责、权、利的划分及相互关系的协调，是关系到景区能否有效进行经营活动的重大问题。

旅游景区管理权可大致划分为决策权、指挥权和监督权三个方面。对景区管理者来说，许多工作要通过授权来完成，因此掌握授权方法很重要。授权方法包括以下三方面的内容：一是确定授权程度；二是遵循正确的授权程序；三是授权人要对最终工作结果负责。

三、旅游景区组织的运行机制与管理制度

（一）旅游景区组织的运行机制

1. 动力机制

即推动景区组织及其成员开展经营活动，不断提高经营管理水平，改善经营管理的动机、目标与手段等因素相互关联构成的系统，它是旅游景区持续发展的内在基础。

2. 竞争机制

即推动相关主体相互比较、学习和赶超的竞争环境、动机和手段等要素的综合。按照竞争主体不同，可分为景区之间的竞争机制和景区内部部门之间、成员之间的竞争机制，前者为外部竞争，后者为内部竞争。

3. 约束机制

即将景区及其成员的行为约束在一定的范围内的组织、制度和相关措施的综合。它与动力机制、竞争机制相对应和配套，确保动力机制和竞争机制在合法、合理范围内起作用。

（二）旅游景区组织的管理制度

景区组织管理制度是指景区在生产和经营过程中所必须遵守的规定和准则。景区由多个部门共同实现旅游产品的生产，内部需要有协调分工与合作。因此，制定这些系统性、专业性相统一的规定和准则，就是要求景区工作人员按照景区经营、管理相关规范和规则来统一行动。实际上，景区管理制度是对景区内部工作人员行为的总体规范和约束。常见的旅游景区组织管理制度包括以下两种：

（1）多机构共管模式。它是指一个景区由两家以上的机构进行管理。该模式主要有三类：一是按照资源类型和功能划分景区管理机构及其权限。二是按照空间位置划分景区管辖权。主要出现在景区跨几个行政区的情况，对于位于不同行政区内的部分则由相应地区的管理部门进行管理。三是按照资源类型和景区内部空间布局共同划分管理权限，确定景区管理机构，这种管理模式容易形成一山多治、政出多门、分而制之、管理薄弱等不合理局面。

（2）单一机构模式。单一机构模式是指景区内单一机构进行管理，该模式也可以分为三种情形：一是县市直接管辖模式，是指景区由所在地的县市政府直接管辖。二是乡镇管理模式，是指旅游景区由一个乡镇政府直接进行管理，多见于新兴开发的景区或大型景区内的子景区。三是管理局模式，是指一个景区由上级政府设立的景区管理局进行统一管理，如江西庐山、三清山等。景区管理局作为当地政府的派出机构，实施对景区的统一规划、开发和管理。

阅读材料

景区医疗机构设置存在缺陷

6月25日，小昕（化名）的父母收到了乌鲁木齐市中级人民法院的终审判决书。两年前，8岁的小昕外出旅游时突发意外导致死亡，其父母状告景区及景区所在地乡政府、县政府未尽到安全保障义务，索赔30余万元。然而景区认为：景区设有卫生院，且标志明显，不该承担赔偿责任。最终，法院判决景区承担20%的赔偿责任。新疆作为旅游大省，如何为游客提供更具人性化的服务？如何更全面地保护游客的合法权益？以及景区医疗机构设置问题，引起了景区管理者的关注。

缺乏明显标志致使景区担责：2008年6月1日，小昕与父母前往乌鲁木齐南山国家森林公园菊花台景区（下称菊花台景区）游玩。13时许，突发疾病的小昕被送往乌鲁木齐县永丰乡中心卫生院。小昕的父母告诉卫生院医务人员：小昕在山上玩耍时，被一种虫子叮咬了右下颚部，10分钟后，小昕出现双下肢发软、不能行走、想睡觉的表现，在送往卫生院途中呈现昏迷状态，面部口唇出现青紫。医院病历记录了患者入院时的情况：无意识，面部及口唇发紫，四肢指尖发紫，经抢救无效死亡。6月3日，因小昕父母不愿做尸检，乌鲁木齐市公安局出具了死亡证明：小昕在菊花台景区因意外死亡。小昕父母认为，菊花台景区由乌鲁木齐县甘沟风景旅游管理区（下称景区）负责经营管理，景区及景区管理者在旅游区内未设立警示标志，未明示医疗机构所在位置，导致孩子未得到及时救治，小昕的父母遂将景区、乌鲁木齐县甘沟乡人民政府、乌鲁木齐县政府诉至法院，要求三方赔偿各项损失30余万元。一审法院做出判决，景区赔偿小昕父母各项损失的20%——5万余元；乡、县两级政府不承担责任。景区不服判决，上诉至乌鲁木齐市中级人民法院。景区在庭审时指出，距菊花台景区售票点200米处就是乌鲁木齐县甘沟乡卫生院，有明显的标志，景区不存在管理上的疏忽，不应承担20%的赔偿责任。庭审质证时，小昕父母所持的是一张菊花台景区通票，持该票可以分别前往菊花台景区、东西白杨沟景区游玩。为了查清事发现场的具体环境，主审法官前往菊花台景区进行现场勘查。法官在现场看到，甘沟乡卫生院所在位置与前往菊花台景区的道路处于岔路，甘沟乡卫生院缺乏明显标志。且景区也没有证据证实其在事发时已设置标有医疗机构所在位置的明显标志，故景区管理存在疏忽，承担20%的赔偿责任。乌鲁木齐市中院做出终审判决，驳回上诉，维持原判。

景区医疗机构大多不能提供专业救护。主审该案的法官接受采访时说，新疆旅游业与内地旅游业不同，疆内旅游景点大多地处偏远地区，多数游客需要在景区住宿，如果发生意外事件，游客得不到及时救治，就会引发法律诉讼。然而现实是旅游景点设置的医疗机构标志大多看不见，有的景区即便有医疗机构，标志也不明显，这为景区日后的经营管理埋下安全隐患。因此，旅游景点提供更具人性化、更全面的服务才是吸引游客的最佳措施。

（资料来源：《合肥晚报》）

第三节　认知旅游景区（点）标准

案例导入

蒙山沂山联手创"沂蒙山"5A景区

继济南"天下第一泉"申报国家5A级景区成功后，临沂蒙山旅游区和潍坊沂山旅游区跨地域联合创建"沂蒙山"5A级景区，成为山东省创建5A级景区的下一个重点。

从山东省旅游局获悉，经过一年时间筹备，目前，蒙山、沂山按照国家5A级景区标准所进行的景区软硬件全面提升工作已近尾声，申报5A的报告书及各项档案材料已报送国家旅游主管部门，正静等国家旅游主管部门的景观质量评审和暗访评审。

"争创 5A 级景区，做大做强山东省知名旅游品牌"，这是建设旅游强省的重要内容。山东省不久前出台的《关于提升旅游业综合竞争力加快建成旅游强省的意见》中提到，加强旅游产品品牌建设，到 2017 年，设区市至少建成 1 处 5A 级旅游景区或国家级旅游度假区或国家生态旅游示范区；对新创建的 5A 级景区等将给予奖励。

据了解，蒙山旅游区和沂山旅游区同为国家 4A 级景区，也是当地知名旅游目的地，各有一定的体量和影响力。去年，两地均提出各自创建 5A 级景区的目标。省级旅游主管部门经过研究分析，建议两地不妨借助"沂蒙山"这一已有形象和口碑，提出"沂山、蒙山联合创建沂蒙山旅游区"、共同申报 5A 的总体思路。

原山东省旅游局规划发展处负责人、沂蒙山创 5A 工作协调小组办公室主任蒋卫东称："两地虽属不同行政区划，但同属沂蒙山革命老区和同一条山脉，而且沂蒙山这一品牌早已家喻户晓，若彼此单独申报，各自景区体量不是问题，品牌影响则相对欠缺。"

原山东省旅游局这一建议立即得到临沂、潍坊两市及蒙山、沂山两管委会的认可和采纳。蒙山旅游区管委会副主任解东和沂山旅游区管委会副主任李刚在接受采访时坦承，两地以"沂蒙山"名义联合创建，确实是"创建成功的一种需要"。一年来，省级旅游主管部门对"沂蒙山"5A 创建工作大力支持，今年 4 月份专门成立"沂蒙山旅游区创建国家 5A 级旅游景区工作协调小组"，确保各项创建工作的落实。

在原山东省旅游局统一调度下，创建小组办公室先后组织召开协调推进会议三次，并组建了综合协调、档案材料、宣传营销、规划推进、现场建设五个创建推进工作组。潍坊和临沂两市对照国家 5A 级景区创建标准，围绕各自分工，协调推进5A 创建工作。

解东称，一年来，蒙山旅游区围绕创 5A 标准进行了 8 个方面的硬件提升建设和 5 个方面的软件提升建设，省级层面的抽评和各方面评审均已通过。李刚介绍说，沂山旅游区也进行了总投入过亿元的旅游硬件和内部管理的提升改造工作，对包括景区景观、导视系统、语言广播系统、游客中心、旅游厕所、停车场、换乘中心等进行了全面提升。

不同地市辖区、两个完全独立管理系统的景区，联合创建打造 5A 级景区，最困难处莫过于两景区的统一机制、管理模式、利益分配、营销推介等环节。解东解释，省级旅游主管部门已经成立了筹建沂蒙山旅游区领导小组，蒙山和沂山各有景区管委会，两者在省级旅游主管部门领导下相互协调统一创建，政府层面的体制机制已经理顺，主要难点在于经营管理层面。下一步，双方将着手筹划成立一个沂蒙山旅游景区经营管理公司，把相关各个景区的经营管理统一到这个公司里。

蒋卫东证实，下一步将成立沂蒙山旅游区经营管理公司，统一整个沂蒙山旅游

旅游景区游客中心设置与服务规范

2016 版本旅游厕所质量等级的划分与评定（GBT 18973—2016）

区的营销、管理、经营、服务等工作。

蒙山、沂山联合打造 5A，对双方来说是一次"双赢"。解东称，沂蒙山在全国各地包括港澳台地区，知名度都是非常大的。两地联合打造这个品牌，有利于挖掘历史文化资源、红色文化资源，实现该品牌优势最大化。同时，先前两地"各自为战"，彼此存有一些矛盾和竞争，资源开发呈现同质化、重复化现象，如今通过出台统一的沂蒙山旅游规划，对各景区重新进行定位，对相关旅游产品开发也重新进行梳理，使得每个景区都有不同的定位和主题，在项目上呈现出互补，有利于整个沂蒙山旅游产品集群的开发。

蒋卫东也指出，两地若联合创建 5A 成功，山东省 5A 级景区将达到 10 个，对山东省旅游发展意义重大，对当地区域经济发展的带动作用也是不可估量的。同时，对于两景区自身来讲，可以借助创建 5A 使整个景区软硬件设施得以全面提升，对于景区今后融资也有极大便利。"由于 5A 级景区的通过率低、数量少，景区等级高低是作为景区资源价值评估和获取金融机构贷款授信的直接依据，5A 这块牌子即是最好的抵押。"

（资料来源：新华网）

思考：

1. 在创建高等级景区过程中，如何加强区域合作？
2. 创建 5A 级景区的意义是什么？

我国旅游业的标准化建设经历了 20 多年的发展，从旅游饭店标准化开始至今已经形成了一个相对完整的旅游标准化体系。为了提升我国旅游景区（点）的管理水平和服务质量，1996 年国家质量技术监督局正式发布《旅游区（点）质量等级的划分与评定》，该标准既是衡量旅游区（点）管理和服务水平的尺度，又是旅游区（点）开发建设的重要规范，也是旅游产品建设的重要依据。这一国家标准的出台，表明旅游区（点）步入一个新的历史发展阶段。这是我国在旅游区（点）标准化建设方面的一个创举，是借鉴国际经验，体现时代精神，用全新的理念和科学的办法促进我国旅游区（点）走向开发、建设、保护、经营和管理新高度的一项重要举措。

一、实施旅游区（点）质量等级评定的重要性

全面贯彻实施《旅游区（点）质量等级的划分与评定》标准，对规范景区旅游接待行为，提高旅游管理和服务水平，改善景区景点服务设施，营造良好的旅游秩序，开发更多的旅游景区和旅游产品，帮助旅游区（点）在市场上树立良好的形

象，促进旅游景区（点）的繁荣与发展，推动我国旅游健康有序发展，将起着重要的作用，其作用具体表现为：

（一）有利于增强旅游区（点）竞争能力

随着改革开放步伐的加快，使市场关系发生了变化，旅游区（点）面临着优胜劣汰的竞争局面。旅游区（点）能否在竞争中取胜，关键取决于旅游区（点）的竞争能力。竞争能力主要取决于产品质量、服务质量、信息反馈能力、市场应变能力、发展能力等。其中，质量是基础、是核心。质量评定标准的推行将大大提高旅游区（点）的服务质量、环境质量和资源质量，提高市场竞争能力。

（二）有利于旅游区（点）合理开发利用资源

旅游资源是旅游区（点）生存和发展的物质基础，评级标准把资源的合理开发和保护列为重要评价项目。有利于旅游区（点）对自身资源的种类、等级、品位、组合特征、价值、分布等进行实事求是的评价。同时，对资源的优势和劣势、利用前景、效益预测等各方面进行科学分析、论证、防止盲目开发、低层次开发和破坏性开发，促进有序开发资源，合理利用，反过来促进旅游区（点）的可持续发展。

（三）有利于推进旅游区（点）管理现代化

质量评定标准的推行，将优化旅游区（点）发展战略，使旅游区（点）走上质量效益型道路；优化旅游区（点）发展目标，形成以质量目标为核心的目标体系；优化旅游区（点）基础管理工作，达到管理工作的规范化，进而实现旅游区（点）的整体优化。

（四）有利于加强员工队伍建设

旅游区（点）质量等级评定，是一项需要所有员工参与的工作，通过全体员工进行培训教育，规范员工的服务态度、服务纪律、服务技能和服务方式，极大地提高了我国旅游区（点）从业人员的素质。

二、旅游景区质量等级评定的标准和范围

旅游景区质量等级评定工作依据中华人民共和国国家标准《旅游景区（点）质量等级的划分与评定》（GB/T 17775—2003）及文化和旅游部颁布的有关评定细则进行。

旅游景区质量等级评定与划分国家标准评定细则

凡在中华人民共和国境内，正式开业从事旅游经营业务 1 年以上的旅游景区，包括风景区、文博院馆、寺庙观堂、旅游度假区、自然保护区、森林公园、主题公园、地质公园、游乐园、动物园、植物园及工业、农业、经贸、科教、军事、体育、文化艺术等旅游景区，均可申请参加质量等级评定。

旅游景区质量等级评定，是指对具有独立管理和服务机构的旅游景区进行评定，对园中园、景中景等内部旅游点，不进行单独评定。

三、旅游景区质量等级评定的组织和权限

旅游景区质量等级评定按国家和地方两级进行。

国家文化和旅游部负责旅游景区质量等级评定标准、评定细则的制订工作，负责对质量等级评定标准实施进行监督检查。

国家文化和旅游部组织设立全国旅游景区质量等级评定委员会。全国旅游景区质量等级评定委员会负责全国旅游景区质量等级评定工作的组织和管理，并具体负责 5A 级旅游景区和 4A 级旅游景区的组织评定工作。5A 级旅游景区从 4A 级旅游景区中产生。被公告为 4A 级旅游景区 1 年以上的方可申报 5A 级旅游景区。

各省级旅游行政管理部门组织设立本地区旅游景区质量等级评定委员会，并报全国旅游景区质量等级评定委员会备案。根据全国旅游景区质量等级评定委员会的委托，省级旅游景区质量等级评定委员会负责评定 3A 级、2A 级、1A 级旅游景区，并负责向全国旅游景区质量等级评定委员会推荐 4A 级旅游景区。

四、旅游景区质量等级评定的原则和程序

（一）旅游景区质量等级评定的原则

旅游景区质量等级评定工作，遵循自愿申报、分级评定、动态管理、分类指导的原则。各级旅游景区的质量等级评定工作按照"创建、申请、评定、公告"的程序进行。

（二）旅游景区质量等级评定的程序

参加创建质量等级的旅游景区要按照国家标准和评定细则的要求，制订创建计划，明确责任目标，落实各项创建措施。旅游景区在创建计划完成后，进行自检。自检结果达到相应等级标准和细则规定的旅游景区，填写《旅游景区质量等级评定

报告书》，并向当地旅游景区质量等级评定机构提出评定申请。经当地旅游景区质量等级评定机构审核同意，向上一级旅游景区质量等级评定机构推荐参加相应质量等级的正式评定。

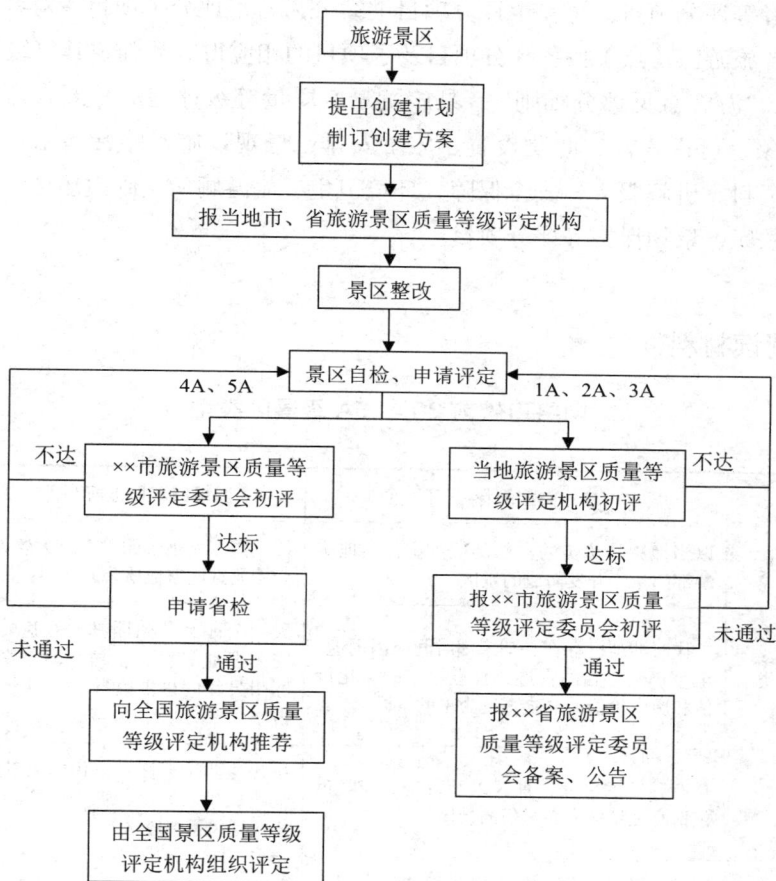

图 1-4　A 级景区申创流程

五、旅游景区质量等级评定的内容

旅游景区质量等级划分为五级，从高到低依次为 5A 级、4A 级、3A 级、2A 级、1A 级旅游景区。旅游景区质量等级的标志、标牌、证书由国家旅游行政主管部门统一规定。旅游景区质量等级的确定，按照"服务质量与环境质量评分细则"和"景观质量评分细则"的评价得分，并结合"游客意见评分细则"的得分综合进行评定。

文明旅游示范区要求与评价（LBT 074—2019）

标志用公共信息图形符号（GB/T 100001.2）

城市停车规划规范（GB/T 51149—2016）

景区标识标牌系统设计规范标准

标志用公共信息图形符号_第1部分：通用符号（GBT 10001.1—2006）

标志用公共信息图形符号_第2部分_旅游休闲符号（GBT 10001.2—2006_）

第一，"服务质量与环境质量评分细则"，包括旅游交通、游览、旅游安全、卫生、邮电服务、旅游购物、经营管理、资源和环境。

第二，"景观质量评分细则"，包括旅游资源吸引力、市场吸引力和年接待海内外旅游者等评分项目。每一个评分项目继续分为若干评分子项目。对各子项目赋予分值，各旅游区（点）按各评分项目及子项目的相应得分数确定其等级。

第三，"游客意见评分细则"，是旅游景区质量等级评定的重要参考依据。包括总体印象、可进入性、游路设置、旅游安排、景观设施、路标指示、景物介绍牌、宣传资料、讲解服务、安全保障、环境卫生、旅游厕所、邮电服务、购物、餐饮、旅游秩序、景物保护等评分项目。

阅读材料

网络口碑前 20 名 5A 级景区类型

类型	类型解释	网络口碑评价前20名5A级景区
自然风光类	以当地独特优美的自然环境为主，当地旅游部门精心开发而成的景区	西溪国家湿地公园、太行大峡谷旅游景区、云阳龙缸国家地质公园、蜈支洲岛
文化古迹类	古代时期就已存在，却未因时间原因消逝，至今仍然存在的古迹，具有一定的文化价值和历史价值的文物古迹为主的景区	天坛公园、苏州园林、八达岭—慕田峪、安阳殷墟景区、土楼、南京秦淮风景区、苏州吴江同里古镇景区、明十三陵、平遥古城
风景名胜类	具有独特的风光、景区以及古迹，同时也包括有独特的人文习俗的景区	扬州瘦西湖景区、麦积山风景名胜区、鼓浪屿风景名胜区、青秀山旅游风景区、杭州西湖风景名胜区
主题公园类	以某个独特主题，采用现代科技和多层次活动设置方式，集娱乐活动、休闲要素和服务接待设施于一体的现代旅游景区	上海野生动物园、金石滩国家旅游度假区

资料来源于：《中国旅游景区发展报告（2018）》。

本章小结

现代旅游业是一个充满活力和生机的新兴产业，以其强劲的需求、快速的增长、广阔的前景，被誉为朝阳产业。旅游景区作为旅游产业链的核心环节，将成为推动旅游业向深度发展的动力源。本章在旅游景区发展的背景下，阐述了旅游景区的定义、特征、类型、组织架构以及景区（点）标准。通过学习本章的内容，学习者能够掌握什么是旅游景区以及旅游景区的建设要求。

案例分析

2019 年 7 月，文化和旅游部公布了一项公告：为加强旅游景区质量管理，提升旅游景区品质，净化旅游消费环境，依照中华人民共和国国家标准《旅游景区（点）质量等级的划分与评定》（GB/T 17775—2003）与《旅游景区质量等级管理办法》，根据 5A 级旅游景区年度复核结果，文化和旅游部决定，对复核检查严重不达标或存在严重问题的 7 家 5A 级旅游景区的处理结果如下：给予山西省晋中市乔家大院景区取消旅游景区质量等级处理；给予辽宁省沈阳市沈阳植物园景区、浙江省温州市雁荡山景区、河南省焦作市云台山景区、广东省梅州市雁南飞茶田景区、四川省乐山市峨眉山景区、云南省昆明市石林景区 6 家景区通报批评责令整改处理，限期 3 个月。现予公告。

中华人民共和国文化和旅游部
MINISTRY OF CULTURE AND TOURISM OF THE PEOPLE'S REPUBLIC OF CHINA

搜索

| 首 页 | 机构简介 | 信息发布 | 政务公开 | 在线办事 | 公共服务 | 互动交流 |

当前位置：首页 › 信息发布 › 公告通知

文化和旅游部公告

发布时间：2019-07-31 19:15　　来源：文化和旅游部政府门户网站　　编辑：杨倩

为加强旅游景区质量管理，提升旅游景区品质，净化旅游消费环境，依照中华人民共和国国家标准《旅游景区质量等级的划分与评定》（GB/T 17775-2003）与《旅游景区质量等级管理办法》，根据 5A 级旅游景区年度复核结果，文化和旅游部决定，对复核检查严重不达标或存在严重问题的 7 家 5A 级旅游景区处理如下：

（一）给予山西省晋中市乔家大院景区取消旅游景区质量等级处理；

（二）给予辽宁省沈阳市沈阳植物园景区、浙江省温州市雁荡山景区、河南省焦作市云台山景区、广东省梅州市雁南飞茶田景区、四川省乐山市峨眉山景区、云南省昆明市石林景区等 6 家景区通报批评责令整改处理，限期 3 个月。

现予公告。

文化和旅游部
2019 年 7 月 31 日

1. 文旅部摘掉景区牌子的依据是什么？

2. 这些景区主要存在哪些问题？

思考与练习

1. 通过本章的学习请同学们依照相关程序编写一个旅游景区质量等级评定的行动方案。

2. 课后请查找中国旅游景区协会发布的《旅游景区分类》团体标准（2019 年 12 月发布），掌握我国旅游景区有哪些分类？

第二章　旅游景区的发展现状与趋势

学习目标

通过本章的学习，你应该能达到：

知识目标：

1. 了解旅游景区的发展历程。

2. 了解旅游景区的发展综况。

3. 熟悉旅游景区新业态发展。

4. 熟悉旅游景区发展趋势。

能力目标：

1. 能够准确判断旅游景区运行特征。

2. 能够合理评价旅游景区服务质量。

3. 能够科学规划旅游景区空间布局。

实训目标：

1. 能够准确判断旅游景区的问题所在。

2. 能够科学预设旅游景区未来发展。

第一节　旅游景区的发展历程与现状

案例导入

在人类发展进程中，世界文明先后经历了三次浪潮。第一次浪潮是农业文明，人类掌握了农耕技术，主动地耕种以获得粮食，实现人类农耕文明的兴起，带动农业的辉煌发展；第二次浪潮是工业文明，由蒸汽机的发明带动了技术革命，由农业文明向工业文明转变，带来工业化的飞速发展；第三次浪潮是信息化，互联网技术提供了信息交流的平台，引领信息化改革，全球进入知识经济时代。

目前，全球低碳化掀起的第四次浪潮正在加速来临，大力推进以低能耗、低污染为基础的"低碳经济"是在国际竞争中抢占经济发展先机和产业发展制高点的关键。而旅游产业作为一种新兴朝阳产业、无烟绿色产业、综合关联产业、劳动密集的先进服务产业，是"低碳经济"的代表性产业，也是中国核心支柱产业之一，通过其复合化发展才能释放出其潜力巨大而全面的综合产业优势，有力推动中国经济产业结构优化和可持续发展。

2009年12月1日，国务院发布了促进旅游产业发展的20条工作方针，强调旅游产业的复合化发展、强调资源的一体化应用、强调发展模式的推陈出新。有人说旅游业大发展的春天终于来了，我们非常期待看到中国的旅游开发从理论体系到方法体系与管理体系实现革命性的飞跃。

第二次世界大战以后，许多发达国家都经历了多次的经济危机以及动荡，只有旅游业受到的冲击最小，而且一直向前发展，兴盛不衰。有一组国际旅游组织的统计数字：1950年，世界各地的国际旅客总数是21.3万，旅游总收入21亿美元，到了1960年国际旅游人数增加到7200万人次，旅游总收入增加到68亿美元。到了1970年国际旅游人数增加到15870万人次，旅游总收入增加到179亿美元。到了1980年国际旅游人数增加到2.85亿人次，旅游总收入增加到925亿美元。总而言之，从1950年到1998年，48年之间国际旅游人数增长了24.7倍，旅游总收入增长了212倍，这个发展速度是世界上任何产业所没有的。旅游已经成为当下最主要的经济活动之一。旅游业收入占了GDP的5%，每12个工作岗位就有一个在旅游业，旅游服务占全球旅游出口的30%，毫无疑问旅游能带动就业，拉动经济增长，增强社会活力。

就国内的旅游业来讲，近代旅游业起步是比较晚的，但是发展的速度和后劲是惊人的，2012年全球旅游人数是10亿人次，再创新高，其中中国的游客是最大的增长动力。以出境旅游指标来判断，中国旅游在世界上的位次，1979年是第41位，1990年上升到第31位，2000年上升到第5位，现在已经是全球第3，如果按照三大市场综合判断，出境入境国内游来讲中国已经是世界第一位的旅游体。未来5年中国将从世界旅游大国提升为世界旅游强国，在国内的经济体系中间也将成为战略性的支柱产业。《2011年中国旅游市场信息观察员的预测报告》预测到2020年全国旅游业的增加值会占到全国服务业增加值的12%以上，成为国民经济的重要产业。

（资料来源：百度百科）

思考：

1. 上述旅游产业发展会受到什么影响和冲击？

2. 您能判断出旅游产业的趋势走向吗？

一、旅游景区的发展历程

旅游景区是旅游业发展的先决条件和核心载体，是最主要和最根本的旅游供给。旅游景区是老百姓对旅游业的第一认知，是满足人民对美好旅游生活需要的本底资源和经典空间。不了解旅游景区的变迁历程，就很难理解国家旅游发展的历史脉络和发展现状。我国旅游景区发展始于 20 世纪 70~80 年代，现已进入高质量快速发展阶段，大致经历了粗放式开发阶段、规划开发阶段和创新开发阶段三个阶段。中华人民共和国成立后，我国旅游业的发展经历了一个从行政接待到市场化运作的过程，相应地，景区管理工作也可以划分为以下四个发展阶段。

（一）无为而治阶段

从中华人民共和国成立后到改革开放，旅游景区的建设停留在保证景区完整性，使其免遭破坏，并适当地修建一些必需的基础设施。这一时期，景区无须为经营和管理的成本奔波，其运行经费主要由相关的行政主管部门拨款。总体上来看，该时期的景区管理开发性的内容较少，对景区资源和环境的改变不大。

（二）市场运作阶段

1978 年，中国开启改革开放的历史进程；1979 年，邓小平同志"黄山讲话"打开了世界了解中国的大门，开始中国旅游景区的现代化进程。入境旅游伊始，长城、兵马俑、大熊猫、桂林山水、黄山、丽江等就是中国旅游的代名词，也是当时乃至很长一段时间中国旅游业的核心支撑点。大批海外游客来华旅游，国内旅游随之逐步兴起。很多旅游景区游客密度增长过快，使得原有的景区人满为患，新景区的开发迫在眉睫。由于不重视生态保护，突破了"重保护轻开发"的传统观念，主要表现为对自然景观、人文历史景观和人造景观的粗放式开发。

景区逐步完成了由事业单位向企业转变的过程，景区的经费来源部分由主管部门拨款，部分靠自身的经营所得。为了获得更多的经济效益，景区开始关注内部的基础设施以及娱乐设施的建设，一些简单的游览设施出现在旅游景区之中。这一时期旅游景区虽然已初步实现市场化运作，景区的管理内容和方法较为简单，属于景区市场化运作的初级阶段。

（三）项目导向阶段

由于初期景区的粗放式开发，导致生态环境受到了较严重的破坏，政府部门逐渐意识到景区无序开发所带来的不利影响，因此，为避免景区的无序发展，旅游景区步入了规划开发阶段，旅游景区的开发规划作为一种宏观管理手段在有效运作，在景区的开发、规划和经营管理的过程中引入了可持续发展的理念，不仅仅只注重经济目标的实现，而是把景区的经济、社会文化和自然生态效益的最优化放到了主要位置，尽量减少和避免对生态、社会环境的负面影响。我国大部分地区景区开发水平低，产品同质化现象普遍，区域内同类景区竞争压力增大，景区工作将重心转移到项目的创新设计与开发上，内容从单纯的资源管理发展为景区项目管理和服务质量管理，通过创新优化的项目设计和项目运作打造景区的独特个性。

（四）战略开发阶段

随着现代旅游活动向多样性和参与性方向发展，旅游活动也从传统的观光旅游扩大到休闲旅游、工业旅游、科技旅游、教育旅游、体育旅游等。为了迎合市场需求，景区的类型也不断创新，如乡村旅游区、农业观光区、工业游览区等。市场竞争不断加剧，景区管理工作关注长期内发展的战略决策问题，在注重经营管理的同时，强调市场竞争中应采取的战略对策。景区建设学者冷静考察国内外市场环境，剖析景区具备的优劣势和面临的机遇与挑战，在此基础上制定科学合理的发展战略规划。2017 年人均年出游近 3.7 次，进入大众旅游的纵深化发展阶段，景区信息和价格信息依然是游客最关心的信息，其中 68.70% 的团队游客和 64.20% 的散客出游前主要查找了景区方面的信息，游客平均游览景区 3~5 个。

从发展过程来看，旅游景区的四个阶段是一个发展阶段，是一个历时代的概念。但是从现状看，又是共时代的概念，这四个阶段目前在我国仍然共同存在。大体的现状是西部地区目前仍处在市场运作、粗放开发阶段，中部地区处在项目导向、规划开发阶段，东部地区则已进入了创新开发、战略管理阶段。

二、旅游景区的基本情况

（一）景区类型分析

景区类型请参照《旅游景区分类》团体标准的要求分类，前面已做过介绍，这里仅从 A 级景区的划分方面做简要分析，主要包括 5A 级、4A 级、3A 级、2A

级和 1A 级景区。其中高星景区（5A 级、4A 级）分别由文化和旅游部、厅进行审批负责。

截至 2019 年 8 月底，全国共有 5A 级景区 259 个。其中江苏省以 23 个位列省份（含直辖市）排行第一名。浙江省、广东省、河南省、新疆维吾尔自治区、四川省 5A 级景区个数分列 2~6 位，依次为 17 个、13 个、13 个、12 个和 12 个。截至2019 年 8 月底，全国 5A 级人文类旅游景区有 99 个。华东地区的 5A 级人文旅游景区占比为 26%，华北地区占比为 21%，华南地区占比为 10%，西南地区和东北地区的占比分别为 15% 和 5%。人文类 5A 级景区多分布在经济较发达的区域。

（二）规模化分析

从不同等级来看，A 级景区的资产规模和员工数量与景区等级高低呈现明显的正比例关系。从不同类型来看，现代游乐景区资金密集度较高；自然景区的资产规模最大；度假型景区资产规模最小，反映出我国度假型旅游产品发展还不成熟；工农业科技旅游景区员工规模最小，反映出此类景区经营灵活的特点。

（三）接待情况分析

我国 A 级景区越往东部，市场驱动型特点越突出；越往西部，资源驱动型特点越突出；中部旅游业则稳步发展。从不同类型景区的接待情况来看，现代游乐型景区游客接待量最大，其次为自然景区和人文景区，工农业科技旅游景区最少。我国旅游景区中拥有的旅游资源中对外国人具有较大吸引力的仍然是观光及现代游乐产品，而度假型和工农业科技旅游产品的主要客源市场仍然是国内。

（四）收入情况分析

从不同类型景区的营业收入和门票收入情况来看，现代游乐型景区、工农业科技旅游景区和自然景区的年平均营业收入较高，人文景区和度假型景区年平均营业收入较低。从不同级别景区的收入情况来看，景区年营业收入和门票收入随级别降低而呈现明显的下降趋势。从不同地区的景区营业收入和门票收入情况来看，从东到西依次递减。

（五）经营效益情况分析

旅游景区仍然属于劳动密集型行业，具有较强的就业拉动能力，平均每 1 个直接就业机会可以带动 3 个间接就业机会。景区的劳动生产率水平与景区规模、服务水平和档次的关联性不大，西部景区的经营效益落后于东部和中部地区。

三、旅游景区的行业管理

随着各级政府对发展旅游业的重视程度日益提高，对旅游资源的开发力度进一步加大，从而形成了一批批新的旅游景区，景区类型也日益丰富。我国观光、休闲度假和专项旅游相结合的较为完整的产品体系初步形成。目前，我国旅游景区行业管理中还存在诸如旅游资源多头管理、条块分割、产权主体缺位、国家投入有限、资源保护力度不够、景区融资渠道狭窄、资源开发与保护相应法规与标准不健全、规划滞后、规划贯彻乏力等一系列问题。

（一）理念创新——突破传统景区开发思维

传统的旅游景区开发思想受到保护观念的束缚，使旅游景区的开发放不开，没有形成大规模、大动作和大项目。随着我国旅游产业规模的不断扩大，旅游景区的进一步开发将成为我国旅游产业发展的又一助推器，因此我们要在合理保护的前提下，以实现旅游景区开发效益的最大化、持续化为旅游景区发展的一个重要任务。促进旅游景区效益最大化、持续化的措施很多，诸如整合观念、整合资源、整合产品、整合战略、整合先进项目、整合管理体制等。一个旅游景区经营效益好坏，关键在于能否创意新品牌、深挖文化和形成特色。在开发理念上，应强化旅游景区的亮化、美化、洁化工程，使旅游景区开发有亮点、重点，并坚持自然和人文产品相融合，找准市场卖点、切入点。

（二）体制创新——所有权与经营权相分离

随着我国经济改革和转型的深入以及地方发展旅游经济竞争的需要，我国旅游景区的产权制度改革必将进一步展开，旅游景区的企业化经营势在必行。而实现旅游景区的企业化经营最关键的是旅游景区如何出让经营权的问题。目前出让经营权的方式很多，主要有租赁经营、委托经营以及买断、拍卖等，具体操作没有统一范本或标准，一般由各地自行界定，因此也不可避免地存在诸多问题，例如，因景区资源价值缺乏客观判断而导致在出让过程中被低估，以及由此产生的寻租行为等不法现象；因监督机制不健全而出现的民营企业获得经营权后不进行合理开发，以及圈地现象等。在我国"入世"的承诺中，到 2003 年，外商可以在我国投资景区，旅游景区（景点）可以对外资实行转让经营、出租经营、委托经营等新的模式。因此不管是从我国旅游景区发展的需要还是从面临的大环境出发，都有必要进行旅游景区管理体制的创新，切实做好旅游景区所有权与经营权分离的工作，制定相应的保障措施和监督制度，加强政府对旅游景区规划监督和政府部门监管的力度，使旅游景区经营权的出让确实能够促进旅游景区的开发，并在一定程度上制止旅游景区的经营行为对生态环境和资源造成的破坏。

（三）运作创新——加强政府与企业的合作

近年来，我国一些旅游景区和旅游企业也进行了旅游景区开发新的尝试，比如四川省的民营企业投资旅游景区开发的碧峰峡模式、国有企业投资旅游景区开发的海螺沟模式和沿海股份制企业投资旅游景区开发的熊猫基地三种模式，以及被业界誉为中国旅游管理最现代化的旅游企业华侨城的"曲阜模式"等，其中有成功的例子，也有失败的例子，但不管怎样，这表明了我国旅游景区和有关企业正在进行旅游景区开发新模式的探索，无论合资、独资、股份制合作、租赁、承包还是出让开发权等旅游景区开发的新方式，都是一种积极的、值得鼓励的尝试。

第二节　旅游景区的建设发展综述

案例导入

近年来，旬阳县旅游业围绕县委、县政府《关于加快旅游业发展的实施意见》文件精神，以科学发展观为统领，采取政府主导和打造旅游精品开发战略，加快旅游基础设施建设步伐，加大景区开发建设力度，先后实施了太极城森林公园、观极台景观建设、祝尔慷大道二级堤修建、公共设施配套、宾馆饭店升级等一系列工程；高起点、高质量、高标准建成了红军纪念馆；积极开展蜀河古镇改造，修建黄州馆、杨泗庙、清真寺、三义庙等古文物遗址；积极跟进羊山旅游招商，政府投资修建羊山旅游公路，为深度开发大羊山奠定基础。同时，围绕县内其他重点景区，初步建成天门山旅游区、公馆西沟景区及仁河水泉坪、石门西岱顶等景点的旅游基础设施。强化组织协调，围绕"食、住、行、游、购、娱"六要素，努力提升旅游服务水平和档次，使旅游业在经济社会发展中的重要作用不断彰显，旅游产业发展初具规模。

（资料来源：百度百科）

国务院关于加快发展旅游业的意见（国发〔2009〕41号）

思考：

1.上述政府结合《关于加快旅游业发展的实施意见》文件，对景区发展提出的改革措施有哪些？

2.请说一说旅游景区发展的要素是什么？

一、运行特征分析

　　旅游景区包括风景区、文博院馆、寺庙观堂、旅游度假区、自然保护区、主题公园、森林公园、地质公园、游乐园、动物园、植物园及工业、农业、经贸、科教、军事、体育、文化艺术等各类旅游景区。近年来，旅游景区数量继续增加，这主要是由我国旅游业蓬勃发展的态势所决定的，旅游业的发展势头使社会认识到了它对经济发展的贡献。各级地方政府都加快了旅游业的发展速度，或将其作为支柱产业来培植，或将其作为先导产业来发展，因而各地大力进行旅游资源开发，形成了一批又一批的新旅游景区，并呈现以下运营特征：

　　第一，以保护为基础，依靠传统优势旅游资源，拓展社会景区资源。旅游景区确立了独立的产业地位，提升了我国旅游目的地形象，带动了城乡一体化发展进程，成为支撑旅游产业发展的中坚力量。当前，依照国家法规，按照市场规则，越来越多的地方把景区逐步推向了市场，在经济大潮的推波助澜下，景区发展呈现出鲜明的市场化特点。景区投资方涵盖了政府、民营、外资、国有企业等多个领域。旅游景区成为旅游投资和资本运作最活跃的领域。

　　第二，景区转向结构性服务的收入作为运营盈利方向。随着我国景区经营转型，依赖景区门票的利润下降，服务收入的利润比例上升。2015年我国景区整体利润达到2025亿元，同比2014年增长13.22%，旅游景区（点）的平均利润率为34%，部分旅游景区净资产回报率达到60%，远高于酒店业5%~10%、旅行社业2%~4%的行业表现。旅游景区在各个财务指标和股市中表现都好于其他旅游行业。旅游景区投资将超过酒店投资，成为旅游业内最大的投资领域。

二、景区服务质量

　　国际标准化组织（International Standardization Organization，ISO）颁布的ISO 9004-2《质量管理和质量体系要素第2部分：服务指南》（*Quality management and quality system element – part 2: Guidelines for service*）认为："服务是为满足顾客的需要，供方与顾客接触活动和供方内部活动所产生的结果"，并将服务内容概括为设施、能力、人员的数目和材料的数量；等待时间、提供时间和过程时间；卫生、安全性、可靠性和保密性；应答能力、方便程度、礼貌、舒适、环境美化、胜任程度、可信性、准确性、完整性、技艺水平、信用和有效的沟通联络。

（一）景区服务质量的内涵

服务是以游客为核心展开的。景区服务质量是指景区服务满足明确的或隐含的游客需要的特征的总和。旅游景区的管理者和员工在特定的旅游资源环境下，凭借相应的旅游服务设施，帮助游客实现各种显性和隐性利益的过程。旅游景区服务质量分为旅游景区服务技术质量和功能质量。

1. 旅游景区服务技术质量

即景区提供什么给游客。主要指景区服务带给游客的价值。例如景区为游客提供可供观赏的优美景观，可供游客使用的度假设施，餐馆为客人提供色、香、味俱佳的菜肴，酒店为客人提供干净卫生的床上用品等。旅游景区服务质量是指利用设施、设备、消费环境和产品，提供服务劳动，在使用价值方面适合和满足游客需要的物质和心理的满足程度。

2. 旅游景区功能质量

如何给游客提供服务，指顾客接受服务时的感觉，即顾客对服务的认知程度。例如，饭店服务人员上菜时的动作、旅游服务人员结账时的态度等。管理者必须加强对景区服务质量和功能质量这两方面的考虑，尽量缩短顾客期望和实际接收到的服务之间的差距。

知识链接

景区质量管理的基本原则

1. "以顾客为关注焦点"原则

组织依存顾客。因此，组织应当理解顾客当前和未来的需求，满足顾客要求并争取超越顾客期望。应用"以顾客为焦点"原则，景区应建立对市场的快速反应机制，创造竞争优势，增强顾客的满意度。因此，景区应做到以下几点：识别并理解顾客的需求和期望；确保景区的质量目标体现顾客的需求与期望；确保在整个景区内沟通顾客的需求与期望；监视、测量顾客满意度并据此采取相应的改进措施。

2. "领导作用"原则

领导者确立组织同意的宗旨和方向。他们应当创造并保持使员工能充分参与实现组织目标的内部环境。应用"领导作用"原则，达到员工主动理解并自觉去实现景区目标，领导者应做到以下几点：识别并理解所有相关方的需求和期望；清晰描绘景区未来的远景，确定富有挑战性的质量目标；建立适合于景区、鼓励进取的景区文化；为员工提供所需的资源与培训。

3. "全员参与"原则

各级人员都是组织之本,只有他们的充分参与,才能使他们的才干为组织带来收益。应用"全员参与"原则,景区应做到以下几点:让每个员工了解自身贡献的重要性及其在景区管理中的角色;建立以员工为本的景区文化;根据员工各自的目标及时评估其业绩。

4. "过程方法"原则

将活动和相关的资源作为过程进行管理,可以更高效地得到期望的结果。应用"过程方法"原则,景区应做到以下几点:系统地识别景区所有的过程;明确管理的职责与权限;测量和分析关键过程的能力;识别并管理过程间的相互作用;注重改进过程的资源、方法等因素;应用"过程方法"建立服务质量管理体系,形成以过程为基础的服务质量管理体系模式。

5. "系统方法"原则

将互相关联的过程作为体系加以识别、理解和管理,有助于组织提高实现目标的有效性和效率。服务质量管理体系的构成要素是过程。景区内的所有过程组成一个服务质量管理体系。将构成体系的过程作为系统予以识别、理解并管理,可使过程相互协调,使职责、权限、能力对应,以便最大限度地实现预期的结果。应用"系统方法"原则,景区应做到以下几点:建立一个健全的服务质量管理体系;系统地识别、理解并管理服务质量管理体系内在过程间的相互作用;确定如何系统地运作服务质量管理体系中的过程;通过测定和评估,持续改进服务质量管理体系。

6. "持续改进"原则

持续改进总体业绩应当是组织的一个永恒的目标。持续改进是"增强满足要求的能力的循环活动,"由一系列的改进过程(PDCA 循环)构成,是景区的发展战略。其对象可以是服务质量管理体系、过程、产品等。其目的是提高景区服务质量管理体系的有效性和效率,实现质量方针和质量目标,增进顾客和其他相关方面的满意。应用"持续改进"原则,景区应做到如下几点:在整个景区范围内使用统一的方法持续改进景区业绩;将产品、过程和服务质量管理体系的持续改进作为景区每位成员的职责;利用培训使员工掌握持续改进的技能;测量、评审持续改进。

7. "基于事实的决策方法"原则

有效决策是建立在数据和分析的基础上。应用"基于事实的决策方法"原则,景区应做到以下几点:确保数据和信息的充足与可靠;让需要者得到数据与信息;使用正确的方法分析数据;基于事实分析,权衡经验与直觉,做出决策。

8. "与供方互利关系"原则

组织与供方是相互依存的,互利的关系可增强双方创造价值的能力。应用"与供方互利关系"原则，景区应做到以下几点：平衡短期与长期利益，确立与供方的良好合作关系；与供方共享专门技术与资源；识别与选择关键供方；与供方及时沟通；评价并鼓励供方的改进。

（二）景区服务质量的特征

旅游服务质量与一般产品质量相比，除了具有一般产品质量的共性（如质量的广义性、时效性和相对性）外，还具有旅游服务质量的自身特色。

第一，质量构成的综合性。旅游服务质量是由服务设施和设备质量、服务环境质量、服务用品质量、实物产品质量和劳务质量等构成。

第二，质量显现的短暂性。在旅游服务过程中，每次具体服务所提供的使用价值，其质量的显现时间都比较的短暂，如导游服务中的接送服务、景点介绍等。

第三，质量内容的关联性。旅游服务质量的具体内容包括有形质量和无形质量两个方面。每一个方面又是由很多具体因素构成的，这些因素互相关联、互相依存、互为条件。例如导游服务中，接团质量不好，直接影响游客的第一印象；导游讲解乏味，又影响景点质量的发挥。

第四，对员工素质的依赖性。旅游服务质量的高低，在很大程度上取决于景区员工的素质。他们的主动性、积极性和创造精神的发挥程度以及服务态度、服务技能、专业技术水平和劳动熟练程度，都直接影响旅游服务质量。

（三）景区服务质量的标准评价

一般来说，质量的评价总是以标准来衡量，但旅游景区服务产品由于其特殊性，使标准本身的确定要受到很多因素的影响。旅游景区标准分为内部标准和外部标准。

1. 旅游景区服务质量内部标准

旅游景区服务质量内部标准是指符合服务工作规律，适合游客需求和特点的服务规范和质量标准，是旅游景区提供有效服务的基本保证。但长期以来，我国许多旅游景区的管理重心是旅游资源、环境的开发与保护，没有把游客作为考虑问题的出发点，服务的规范化管理落后，服务质量内部标准的制定没有得到应有的重视。1999 年《旅游景区（点）质量等级的划分与评定》国家标准的颁布与实施对旅游景区服务内部质量标准制定起到了极大的引导作用和推动作用，其后也相继出台了相关制度，如《旅游景区服务指南》《旅游景区讲解服务规范》等。

国内有关质量标准有《旅游区（点）质量等级的划分与评定标准》（GB/T

旅游景区服务指南（GB/T 26355—2010）

旅游景区讲解服务规范（LBT 014—2011）

17775—2003）、《游乐园（场）安全及服务质量标准》（GB/T 16767—1997）、绿色环球 21 系列质量体系、ISO 9000 系列标准。

2. 旅游景区服务质量外部标准

旅游景区服务质量应符合并满足游客的期望，是游客对实际所提供服务，或其享受到的服务的评判。游客在这一评价过程中是以自身体验为基础，通常非常笼统、直观。通常以满意度（顾客对其要求已被满足程度的感受）来表示，一般会产生以下 3 种情况（图 2-1）：

当体验到的质量 = 预期的质量时，游客感到满意；

当体验到的质量 < 预期的质量时，游客感到不满意；

当体验到的质量 > 预期的质量时，游客感到非常满意。

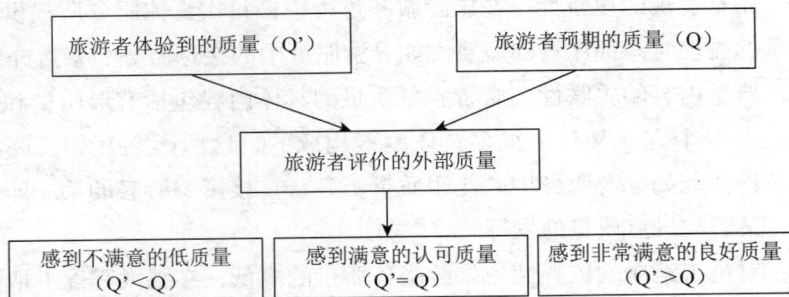

图 2-1　游客对服务质量的评价

（四）景区服务质量的管理体系

质量管理体系是按照质量管理原则，在确定市场及顾客需求的前提下，制定企业的质量方针、质量目标、质量手册、程序文件及质量记录等体系文件，确定企业在生产（或服务）全过程的作业内容、程序要求和工作标准，并将质量目标分解落实到相关层次、相关岗位的职能和职责中，形成企业质量管理体系执行系统的一系列工作。

1. 景区服务质量的体系构建

体系由三个组成部分：质量管理职责（含质量方针、质量目标、质量职责和权限等）、人员与物质资源、服务质量体系结构（建立服务质量环、建立质量文件体系、内部质量审核）。

（1）服务设施和设备质量。在游客来到之前，设施、设备反映景区的服务能力，在游客到来之后，它是景区有形服务的表现形式。在为游客服务过程中，景区设施、设备的完好程度、舒适程度、美观程度都直接或间接地影响服务质量。因此，设施、设备是提供优质旅游服务的基础。

（2）服务环境质量。服务环境质量主要包括景区绿化环境、空间结构、灯光音响效果，色调情趣。环境卫生、安全保障及设施和场所装饰等方面的质量。

（3）服务用品质量。服务用品包括服务人员使用的各种用品和供游客消费的各种产品。这些用品和产品的质量必须符合等级规范要求，以实现优质旅游服务。

（4）实物产品质量。实物产品质量主要表现为饮食产品和满足游客购物需要的商品质量。

（5）劳务活动质量。劳务质量是以劳动的直接形式创造的使用价值的质量。内容包括服务态度、服务技能、服务方式、仪表仪容、言行举止、服务规范、礼貌修养及职业道德等方面。劳务质量是旅游服务质量的主要表现形式，也是最基本的表现。

（6）游客满意程度。游客满意程度是旅游服务质量高低的最后体现，它主要表现在游客在游览过程中享受到服务劳动的使用价值，得到物质和精神感受、印象和评价。上述5个方面的质量高低最终都通过游客满意度表现出来。因此，提高旅游服务质量必须从游客的消费需求、消费心理出发，有针对性地提供各项服务，重视游客的满意程度，并随时掌握游客心理变化，不断地改进服务工作。只有这样，才能提高游客的满意程度，取得高水平的服务效果。

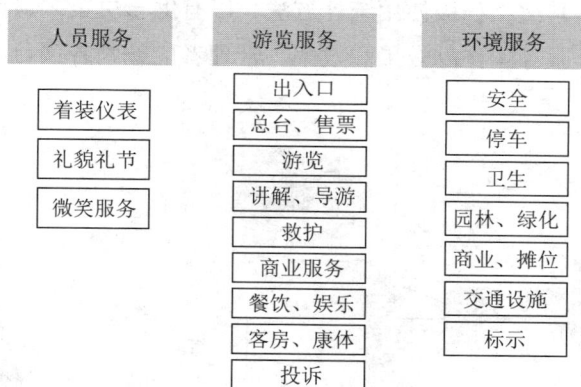

人员服务	游览服务	环境服务
着装仪表	出入口	安全
礼貌礼节	总台、售票	停车
微笑服务	游览	卫生
	讲解、导游	园林、绿化
	救护	商业、摊位
	商业服务	交通设施
	餐饮、娱乐	标示
	客房、康体	
	投诉	

图 2-2 景区三大服务模块

2. 景区服务质量的体系执行

旅游景区提供或生产的服务具有很高的综合性，它由多种服务内容组合而成。诚然，旅游景区有不同的类型，包括风景名胜区、旅游度假区、历史古镇、主题公园、博物馆等，其景点体系的内容和特点、所处位置、功能等都有所不同。因此每一个旅游区在服务组合上都会形成自己的风格和特点，不会千篇一律。依据服务组

环境空气
质量标准

声环境质量
标准

地表水环境
质量标准

中华人民共
和国环境噪
声污染防
治法

45

织的服务质量环节、确定若干个运作要素，景区可以依据下列四大要素细分更多的运作要素（图 2-3）。

（1）市场开发。通过调研收集市场信息，确定顾客对服务的需求；规定服务责任、能力和义务；编制服务大纲；拟定开展服务项目的计划时间表，确保一切必要的资源、设施和技术支持；认真开展服务宣传，但不可夸张或不符合实际，以免承担由此产生的责任风险及经济纠纷。

（2）服务设计。该要素主要是把服务大纲的内容与要求转化为服务规范、管理规范（即服务提供规范）和考核规范（即质量控制规范），同时设计服务方案，如提出服务目的、方针和成本等。

（3）服务提供。每一个服务组织都可以依据其服务提供过程的内容与特点，划分为若干个服务提供阶段并认真做好对服务质量的顾客评定和供方评定工作。对服务质量状况应给予记录，对不合格服务应及时识别和纠正。对服务测量系统，包括人员技能、测量程序、用于测量和试验的任何分析模型或软件应给予监控和保持。所有的测量和试验，包括顾客满意的调查和调查表，均需做真实性和可靠性检验。对用于服务的所有测试设备的使用、校准和维护保养均应加以控制。

（4）服务业绩的分析和改进。该要素要求对服务过程实施连续评价，以识别和积极寻求服务质量改进的机会。首先，通过顾客评定、供方评价和质量审核等手段收集和分析数据。其次，积极使用统计方法，以有助于决策。最后，持续地改进服务质量，提高整个服务运作的效果和效率。管理者应鼓励各项目人员为服务质量改进做出贡献。

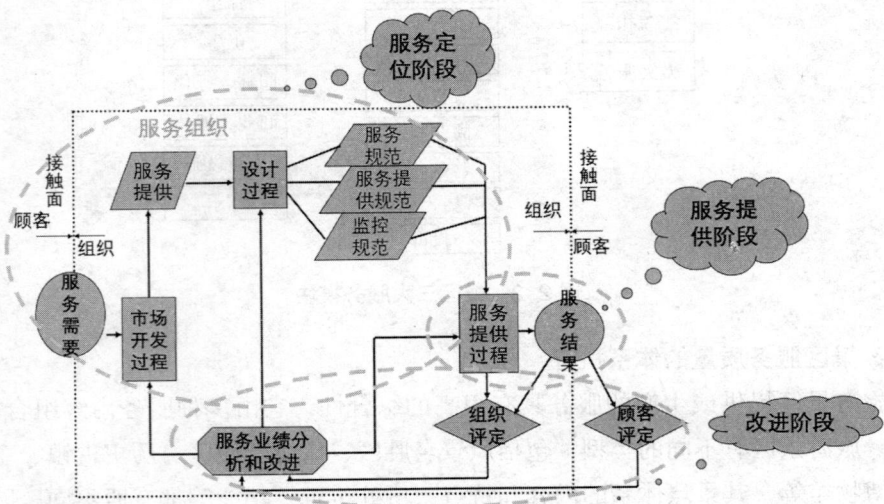

图 2-3　景区质量管理体系的原则和 PDCA 模式

三、景区空间布局

景区空间布局，根据不同的尺度可以划分为宏观布局、中观布局和微观布局三个层次。宏观布局是指旅游发展在空间上的总体轮廓和部署，中观布局则主要是确定景区在地域空间内部的配置与部署和关系，微观布局，则是在具体分析各点的潜力和制约的基础上，着重研究点与点、点与中观布局，甚至与整体的相关性，选择出最优化的多维网络结构。

（一）功能布局的要素

旅游景区空间布局主要包括空间划分、功能定位、主题定位、形象定位、项目选址。

1. 空间划分

将景区在空间上分成具有不同功能的几个部分。进行空间划分时既可以某些自然的界限为基础，如山脊、河流等，也可以利用人工建筑和设施将区域人为分隔开来。

2. 功能定位

在景区空间划分的基础上对每个空间的主导功能进行界定。景区空间的功能一般具有多元化的特征，所以在对不同的区域进行功能定位时，除了确定主导功能外，还应对该分区的辅助功能以及支撑功能等加以限定。

3. 主题定位

为每个功能分区的开发确定一个核心，围绕该方向规划分区内的项目、设施及其他要素。

4. 形象定位

在分区主题的基础上，针对旅游者的心理认知而设计的景区形象。对于大尺度空间的旅游发展总体规划而言，旅游景区的形象设计要涉及旅游口号、标志语以及吉祥物等。然而在旅游景区内部区分的规划中，该形象定位通常表现为一个概念设计，用简单的语言表示即可。

5. 项目选址

在确定了景区内功能分区的范围、发展方向的基础上，将规划项目按照一定的规律和原则布置在相关的空间里。

（二）旅游景区空间布局原则

1. 突出分区特色

突出分区特色是旅游景区空间布局的核心原则。旅游者在游玩过程中感触最深的往往是景区中最具特色之处。因此，景区中各分区的特色是否突出是判定景区空间布局成功与否的基础性标准。

旅游景区空间布局的突出分区特色原则主要体现在下列两个方面：一方面，旅游景区的空间布局以一定的自然资源条件为基础，即空间的划分和区域特色的确定不能凭空想象，而是应该以实际资源和环境条件为依据。在对景区进行空间布局设计时，应对该景区各区域内地质地貌、景观环境、历史人文等基础条件进行充分的调研，在此基础上依据相关的理论来确定空间布局的模式。另一方面，旅游景区空间布局的特色化原则要求景区各分区内的景观和项目设计应与该区域的功能和形象保持高度一致。旅游景区规划与开发中，景区旅游形象的塑造必须以提供的各种产品与服务为媒介，最终通过自然景观、建筑风格、园林设计、服务方式、节庆事件等来塑造与强化景区的形象。因此，旅游景区空间布局中应强调各分区中景观、项目、活动、服务的特色与分区主题形象定位的一致性，以此来实现区域的特色化设计。

2. 功能单元大分散、小集中

旅游景区空间布局的另一个重要原则是功能单元的空间分布应体现大分散、小集中的特征。所谓大分散是指景区内各分区的功能及主要项目的相对分散化分布，小集中则指在区域范围内旅游服务配套设施的布局采用相对集中式。旅游项目是景区的主要吸引物，因此，旅游项目如果在景区空间内过于集中则不利于景区内空间上的平衡发展，同时也可能因旅游者人数过多而导致超出环境承载力，对景区环境造成破坏。

3. 协调功能分区

所谓景区功能分区的协调主要是指处理好旅游景区内部各分区与周围环境的关系、功能分区与管理中心的关系，功能分区之间的关系以及景区内主要景观结构与功能分区的关系。

旅游景区开发规划时要根据不同区域的资源和环境状况来对其使用导向进行适当的划分，并通过相应的项目和设施的设置来促进其达到最佳的利用状态。协调功能区还应对各种旅游活动进行相关性分析，以确定各类旅游活动、分区功能与形象间的协调性以及旅游活动与环境之间的协调性，从而更加有效地划分功能区及布置各种项目和设施。

4. 合理规划动线和视线

所谓动线是指在景区内旅游者移动的线路，视线则指旅游者的视力所及范围。合理规划动线和视线要求景区在空间布局上应从人体工程学的角度，充分考虑旅游者各感官的满足。在为旅游者提供高效的旅游交通服务的同时，还要使其体验到旅途中的视觉美感度。

景区内交通是连接各个功能区的关联性要素。景区内部交通网络应高效且布局优化。路径与园林景观有效配置，并建立公共交通系统，采用步行或无污染的交通方式，限制高速行车，使行走与休息均成为一种享受。对于相距较远的景点之间应配备公共汽车，邻近景点间设置人行道、缆车或畜力交通方式，可使景区内部实现低污染的交通优化。旅游景区的空间布局还应体现出层次，在区内布置若干具有良好景观效果的眺望点和视线走廊，如在一些制高点、开阔地带或主要景观地区设置一系列的眺望亭与休息区，让游客能在区内最佳视点充分享受自然美景。

5. 保护旅游环境

旅游景区空间布局的另一个重要原则是要有利于保护景区内的旅游环境。景区环境保护的目的是保障景区可持续发展。具体而言，旅游环境主要包括三个方面的内容：第一，保护景区内特殊的环境特色，如主要的吸引物景观；第二，使旅游景区的游客接待量控制在环境承载力之内，以维持生态环境的协调，保证旅游景区的土地合理利用；第三，要保护景区内特有的人文旅游环境和真实的旅游氛围。旅游景区空间布局还应对不同类型的功能分区在空间上形成一定的间隔，以更加突出各个区域内的旅游特色。特别是对于环境较为脆弱的生态观光区而言，设置具有一定障碍性区域边界缓冲带能有效地对人流量加以限制，对该区域内自然环境保护具有正面作用。

另外实施景区环境保护时，还要充分体现以人为本的原则，实现人与环境的协调，即规划应同时满足旅游功能及美学上的需求，实现经济价值与人类价值观的平衡；创造充满美感的经历体验；满足低成本开发及运营技术上的要求；提供后期旅游管理上的方便。

（三）功能布局的模式

景区内各种功能区的布局，总体来说应与景区的主题相符合，适应景区的景观特色，当然也受当地的地形和原有基础设施条件的限制。例如，旅游村的设置，就往往要依托原本已形成一定规模的城镇，依靠其已形成体系的基础设施和服务设施来支持旅游业的发展。综观景区的功能布局设置，一般有以下六种模式。

1. 链式模式

链式布局模式适应于旅游资源和服务设施主要沿着交通线分布的情况，交通线可以是公路，也可以是水路，有时交通线本身也是构成游览的主要内容。

2. 核式布局模式

采用这种布局模式的主要有以下两种情况：一个是资源的集聚度，如在许多景区内，存在旅游资源分布不均的现象，其中有一个核心景区，集聚了大量高品位的旅游资源，而为此服务的基础设施和服务设施也主要在这里进行布局，周边的旅游资源构成为辅助性的吸引物。第二个是服务的集聚度，基础设施和服务设施主要集中于某一中心点上，而旅游资源则围绕着这一中心点布局。

3. 双核式布局模式

当一个景区内出现两个势均力敌的资源集聚体时，可以采取此种布局形式。

4. 组合式布局模式

组合式布局模式是在双核式布局的基础上的进一步延伸和扩展，也就是出现了几个处于同等地位，但在地域范围和功能上不能相互重合时采取的布局方式。

5. 渐进式布局模式图

这一布局模式与组合式布局模式有着相似之处，都是由不同地域范围内的不同功能的区块组合而成，需要有多样化的分区才能体现出功能上的不同。

6. 圈层式布局模式

根据尺度定义的大小，对于一个景区的理解也存在多层次化。因此，在每一个大尺度景区之下，又往往划分出次级的功能区，一层层往下，形成圈层结构。

（四）功能布局的结构

本节以风景区各组成部分的布局为例，介绍旅游景区的功能布局方式。虽然各风景区由于大小、级别、特点等的不同，在组成部分上有所不同，但一般都可以分为以下几部分：游览区、旅游接待区、休疗养区、商业服务中心、居民区、行政管理区、加工工业区、园艺场及副食品供应基地、农林地区。

1. 游览区

这是景区的主要组成部分，景点比较集中，是具有较高风景价值和特点的地段，也是游人主要的活动场所。一个景区由许多游览区组成，各游览区的景观主题应各有特色。可以山景为主，以突出山峰、山洞的游览主题，如黄山天都峰、庐山龙首崖、三清山神女峰等；可以水景为主，以突出瀑布、溪水、水潭等游览主题，如杭州西湖、桂林漓江、九寨沟诺日朗瀑布等；可以文化古迹为主，如泰山碧霞寺、峨眉山报国寺、山西乔家大院等；可以植物为主，以观赏富有特点的植物群落或古树为主题，如黄山的"迎客松"。

2. 游览接待区

此区是风景区的重要组成部分，要求有较好的住宿条件，有完善的商业服务、邮电设施等。旅游接待区的布局形式有以下几种：

（1）分散布局即分散在各风景点附近的布局方式，但这种布局易出现破坏风景的现象。

（2）分片布局将各种等级的旅馆分片设在若干专用片段，相对集中，便于管理，如庐山、黄山。

（3）集中布局在风景区中或城市边缘，集中开辟旅游接待区。

（4）单一布局即在条件允许的情况下，选择适当地区新建一个单一性质的旅游接待小城镇，把各种旅游接待服务设施组织在一起，如秦皇岛的北戴河。

3. 休疗养区

许多风景区设置了休疗养区，并成为风景区中一个较为重要的组成部分。例如庐山风景区中的莲花谷，杭州西湖风景区中的九溪休疗小区，都是专用的休疗养区。以旅游为主的风景区中的休疗养区，是专用地段，应与一般游人有所隔离，避免相互干扰，但也要有相应的商业文娱设施。

4. 商业服务中心

除分散的服务点，风景区内应有数个商业服务设施较为集中的地区，为旅游者和当地居民服务，但在布局时要注意与周边环境的配合。

5. 居民区

此区为风景区中工作人员及家属的集中居住场所，一般常和管理机构结合在一起，而不宜和旅游者混杂，以免相互干扰。

6. 行政管理区

风景区中行政管理机构集中的地段，与游人不发生直接联系。

7. 加工工业区

直接为本区旅游服务的主副食品加工业、工艺品工业等，可以靠近或分散在居民区中，有的工艺品厂还可供参观游览用。

8. 园艺场及副食品供应基地

担负着为旅游者、休疗养人员提供新鲜食品的任务，如果园、菜地、奶牛场等。副食品的供应，一般单靠风景区范围本身的基地是不够的，常需从附近地区调配。

9. 农林地区

从事农业、林业生产的地区，与旅游活动虽无直接关系，但占地广大，对风景区的景观及生产、环境保护都有影响。

四、新业态景区发展

旅游新业态是指旅游围绕市场的发展和消费需求，与其他行业不断融合创造而产生的新的旅游产品及消费运营形式。"十三五"旅游发展规划明确表示要实施"旅游+"战略，推动旅游与城镇化、新型工业化、农业现代化和现代服务业的融合发展，拓展旅游发展新领域、新业态。

（一）新业态：旅游＋城镇化

完善城市旅游基础设施和公共服务设施，支持大型旅游综合体、主题功能区、中央游憩区等建设。发展城市绿道、骑行公园、慢行系统，拓展城市运动休闲空间。加强规划引导和规范管理，推动主题公园创新发展。建设一批旅游风情小镇和特色景观名镇。

（二）新业态：旅游＋新型工业化

鼓励工业企业因地制宜地发展工业旅游，促进转型升级。支持老工业城市和资源型城市通过发展工业遗产旅游助力城市转型发展。推出一批工业旅游示范基地。大力发展旅游用品、户外休闲用品、特色旅游商品制造业。培育一批旅游装备制造业基地，鼓励企业自主研发，并按规定享受国家鼓励科技创新政策。

（三）新业态：旅游＋农业现代化

加强规划引导，开展农业遗产普查与保护。大力发展观光农业和休闲农业，推动科技、人文等元素融入农业，发展田园艺术景观、阳台农艺等创意农业，发展定制农业、会展农业和众筹农业等新型农业业态。推进现代农业庄园发展，开展农耕、采摘、饲养等农事活动，促进农业综合开发利用，提高农业附加值。

（四）新业态：旅游＋现代服务业

旅游业与现代服务业互融共荣，旅游服务业面临巨大的发展机遇。政府工作报告提出，要"大力发展旅游、健康、养老、创意设计等生活和生产服务业"。明确界定旅游业属于现代服务业，兼具生活服务业和生产服务业的双重属性，不但凸显旅游业在国民经济发展战略中的地位和作用，而且也是协调推动经济稳定增长和结构优化的需要。

（五）新业态：旅游 + 文化

培育以文物保护单位、博物馆、非物质文化遗产保护利用设施和实践活动为支撑的体验旅游、研学旅行和传统村落休闲旅游。扶持旅游与文化创意产品开发、数字文化产业相融合。发展文化演艺旅游，推动旅游实景演出发展，打造传统节庆旅游品牌。推动"多彩民族"文化旅游示范区建设，集中打造一批民族特色村镇。

（六）新业态：旅游 + 健康医疗

鼓励各地利用优势医疗资源和特色资源，建设一批健康医疗旅游示范基地。发展中医药健康旅游，启动中医药健康旅游示范区、示范基地和示范项目建设。发展温泉旅游，建设综合性康养旅游基地。制定老年旅游专项规划和服务标准，开发多样化老年旅游产品。引导社会资本发展非营利性乡村养老机构，完善景区无障碍旅游设施，完善老年旅游保险产品。

（七）新业态：旅游 + 教育

将研学旅行作为青少年爱国主义和革命传统教育、国情教育的重要载体，纳入中小学生综合素质教育范畴，培养学生的社会责任感、创新精神和实践能力。开展文物古迹、古生物化石等专题研学旅行。成立游学联盟，鼓励对研学旅行给予价格优惠。规范中小学生赴境外研学旅行活动。加强组织管理，完善安全保障机制。

（八）新业态：旅游 + 体育

编制体育旅游发展纲要，建成一批具有影响力的体育旅游目的地，建设一批体育旅游示范基地，推出一批体育旅游精品赛事和精品线路。培育具有国际知名度和市场竞争力的体育旅游企业和品牌。引导和鼓励特色体育场馆、设施和基地向旅游者开放共享。支持有条件的地方举办有影响力的体育旅游活动。

（九）新业态：旅游 + 商务会展

加快北京、上海、杭州、昆明等商务会展旅游目的地建设，发展国际化、专业化的商务会议会展旅游业。加快相关场馆设施建设，培育具有国际影响力的会议会展品牌，提高会展旅游专业化水平。加大会议会展促销力度。

五、生态旅游景区现状

（一）生态旅游景区特征

1. 原始的生态环境

由于特殊的地理和历史环境，很多自然景区长期处于较封闭的状态，开发程度低，受现代工业化的影响和污染较少。一般来讲，自然景区地广人稀，游览区内植被基本上是天然植被。例如，四川省甘孜藏族自治州的海子山自然景区，具有典型的暗针叶林植被、原始的川滇高山栎林、原始的杨树林、独特的高寒湿地生态系统、高山草甸均保存非常完好。一般来讲，我国主要的自然景区整个保护区基本未受到人类大面积的侵扰，完整保持着原生态特色。

2. 独特的湿地生态

我国自然景区大部分拥有独具特色的湿地生态系统。海子山自然景区内高寒湿地生态系统是我国青藏高原保存较完好的湿地生态系统：独特的灌丛木本沼泽，是青藏高原低纬度、高海拔地带所罕见的；保护区湿地面积占保护区总面积的31.3%；湿地生态系统功能非常完整；第四纪末次冰川退缩后形成的冰碛湖数量极多，共有大小湖泊1145个。保护区内坡度小于30°的高寒草甸和高山灌丛区域有1/3以上是湿地生态系统。海子山自然景区是青藏高原东南部高寒湿地生态系统的典型代表，在世界同纬度地区都具有独特性和典型性。

3. 奇异的地质地貌景观

自然景区重要的原生态特征是奇异的地质地貌景观。例如，海子山自然景区最具特色的景观之一是古冰帽遗迹。这是青藏高原东南第四纪古冰帽遗迹保存最大、最完整的区域。其古冰帽遗迹由冰川侵蚀地貌与冰川堆积地貌构成，类型齐全。其中，冰蚀岩盆星罗棋布，无论规模还是数量，在我国均是独一无二的。

4. 稀有的生物物种群落

我国自然景区分布广泛，分布在全球生物多样性的热点地区，拥有稀有的生物物种群落，例如喜马拉雅横断山区，也分布在我国主要的地理分界线，重要的山、河、湖、海。可能拥有原始森林，森林生态系统保存良好，生物多样性明显，也可能拥有良好的湿地生物物种群落，也可能拥有美轮美奂的草原景观，保持了较为完整的草原湿地生态系统，这些都具有战略意义的潜在价值。

5. 原生态人类文化和少数民族

自然景区保留着鲜明的原生态人类文明和少数民族聚居区，拥有特色的民俗风情和宗教文化等。例如，四川省甘孜州的自然景区属于康巴文化的范畴，牧业与农业并存，以藏文化风俗为主，同时融会吸收了当地和邻近地区其他民族文化，呈现出丰富多彩的多元文化美。

（二）生态旅游景区主要问题

1. 生态旅游不生态

生态旅游的形式包括游览、观赏、科考、探险、狩猎、垂钓、田园采摘等，呈现出多样化的格局。但在实际运作中出现了所谓"生态旅游不生态"的现象，即生态旅游日益"标签化"。其活动组织形式日渐大众化、对目的地的责任渐趋淡化等。究其原因，是因为我国的生态旅游开发大多只停留在浅层，生态旅游活动的大多数内容是浅尝辄止的，仅限于驻足、观赏，景区的生态文化展示和游客的生态体验较肤浅，生态旅游系统的和谐度较低。

2. 生态旅游观念问题

环保观念和生态意识不强。从地方政府角度看，重开发轻保护，强调经济收入和游客接待量，一味扩大旅游人数、建筑数量，盲目发展机动车辆，致使污染增大，忽略了生态旅游的本质要求；从经营管理者角度来看，为了谋求自身利益，对资源采用掠夺式、粗放型的开发利用方式，造成了许多不可再生资源的损害；从旅游者的角度来看，在景区内留下废弃物、随意采摘、乱刻乱画等行为都破坏了生态环境甚至是生态平衡。

3. 生态旅游引起的环境问题

尽管生态旅游被认为是一种可持续性的旅游形式，但是它也会带来一些环境问题，生态旅游环境问题的类型可以划分为三种类型：一是原生态旅游环境问题，包括生态旅游环境破坏、生态旅游环境退化等；二是次生态旅游环境问题，包括生态旅游环境破坏、生态旅游环境污染、生态旅游环境不协调等；三是社会生态旅游环境问题。总结当前的研究成果表明，当前我国主要存在以下方面的生态旅游环境问题：大气污染；水体污染；垃圾污染；游客分布不平衡，超过景区的环境容量；生物多样性遭到破坏（包括动物、植物）；景观破坏和视觉污染；自然遗迹破坏；非生态景点的污染与破坏等。

4. 发展旅游与生态环境保护的矛盾突出

发展旅游业在一定程度上会使当地的生态环境面临严峻的挑战，加之各地追求经济效益的意识很强，人们的科学意识、生态环境意识还没有完全建立起来。在旅游规划中，数量指标、利润最大化等经营设计思想充斥其中；在开发方式上则存在粗放性、掠夺性并存的弊端，使发展旅游与生态重建的矛盾更加突出，只有发展生态旅游才能消除这个矛盾。

（三）生态旅游景区现状与开发模式

1. 生态旅游景区旅游开发模式的提出

在国外自然景区的旅游研究中，生态旅游作为一种新的旅游形式，发展时间不长，在自然景区开展"生态旅游"这一概念，最早是由世界自然保护联盟（IUCN）特别顾问 H. Ceballos Lascurain 在 1983 年首先提出的。他强调了在自然景区生态旅游开发中，原始生态对旅游的需求。1992 年，D.H. Green 等对自然景区生态旅游对环境影响的正负两方面进行了研究。1993 年，国际生态旅游协会把生态旅游定义为：具有保护自然环境和维护当地人民生活双重责任的旅游活动，生态旅游的内涵更强调的是对自然景观的保护，是可持续发展的旅游。受到国际旅游组织和学术界的广泛重视，在短短 20 年的时间里，在自然景区开展生态旅游迅速发展壮大，掀起全球性"自然景区生态旅游"热潮。

从生态旅游开发的国外经验来看，当前世界上两个成功发展了生态旅游的发展中国家是哥斯达黎加和肯尼亚。哥斯达黎加把生态旅游（可持续发展）作为一项基本国策，并且综合考虑生态旅游的可持续性、经济效益和当地居民的生活质量。而肯尼亚生态旅游发展的经验是维系当地人民生活、强调社区参与并兼顾当地居民的利益。国际学术界认为亚洲的生态旅游发展相对滞后，但在泰国也有些值得学习的经验。泰国对社区生态旅游和民族生态旅游的开发经验值得借鉴。

我国自 1982 年建立了第一个国家森林公园——张家界国家森林公园以来，关于在自然景区开展生态旅游的研究就逐渐起步了。许多专家从不同的角度纷纷对自然景区生态旅游做了研究。从生态旅游景区开发理论来看，结合国内外的开发实践和理论，研究发现小众型和本土化开发模式比较适合我国当前的生态旅游发展。另外还有对山区生态旅游发展模式的研究，如以广东省梅州市阴那山生态旅游发展为例探讨山区发展生态旅游的道路。也有学者提出深层生态旅游开发，并给出了深层生态旅游开发的"四体两翼"和两翼对接模式。

2. 浅层生态旅游与深层生态旅游开发模式

根据开发程度的不同，可以将自然景区生态旅游开发划分为浅层生态旅游和深层生态旅游开发模式。所谓浅层生态旅游是在自然区域进行的、以不破坏资源环境为行为底线的旅游。旅游形式以观光休闲为主。人地关系也只在较低的层次上达到和谐，仅体现了生态旅游的自然属性。深层生态旅游是提高层次的科普、文化、体验旅游，是对自然知识、历史文化、生态体验的深度获取，以此形成"师法自然，天人合一"的生态智慧，并使人地关系的和谐上升为整个生态旅游系统的和谐"共赢"。它一方面强调开发活动中对景区生态文化的挖掘、展示以及旅游活动中对生态文化与体验的获取，另一方面强调旅游活动对景区生态环境的保护和对社区发展的关爱，目标指向整个生态旅游系统的高效和谐及可持续发展。

3. 小众型、小规模的生态旅游开发模式

根据市场群体的受众及细分市场，自然景区生态旅游开发重要模式是小众型、小规模的生态旅游开发模式。因为许多国家级自然景区旅游业并不适合大规模开发，"小众型、小规模的开发模式"是确保自然景区实施真正意义上的生态旅游，确保生态旅游健康持续发展的有效模式。"小众旅游"是指针对细分了的旅游目标市场中某一类或某几类旅游者的需求、特点、心理、习惯开发设计的旅游活动。"小众旅游"中的"小众"一词源于现代传播学和营销学，是指对某一类旅游产品具有独特和持久兴趣的旅游者。他们在人数上不占优势，但在生活方式、旅游兴趣、受教育程度、经济能力方面完全符合该类旅游产品的特点，是该类产品的重度使用者。研究表明，作为生态旅游受众的生态旅游者具有收入高、花费大的特点，他们比传统旅游者愿意支付更多的费用。因此，通过吸引具有高附加值的国内、国际生态旅游者，可在确保旅游收入、提升经济效益的基础上，有效保护环境与脆弱的生态系统。同时，小规模的开发既适应保护区资金不足和游客承载量较小的条件，又能把对环境和社会的负面影响控制在最小范围内，也便于及时根据游客需求调整旅游经营，是自然景区生态旅游开发的一种适宜方式。

4. 根据类型划分的生态旅游开发模式

由于自然景区开发生态旅游类型的多样化，根据开展生态旅游受敏感性因素的影响，着重研究了森林、草原、湿地、海洋4种开发模式。

（1）森林生态系统生态旅游开发模式。森林生态旅游是指人们利用闲暇时间在林区内依托森林资源自愿地进行的以享受、娱乐、保健为目的的行为和现象。因此，无论人们开展的活动是直接使用森林，还是间接地把森林作为一种环境或陪衬，这些活动都属于森林生态旅游的范畴。它具有放松、猎奇、求知、求新、健身、陶冶情操和激发艺术灵感等多种功能，具有较强的自然性、真实性、观赏性、科普性和参与性，其最终产品是旅游者的"感受""身心满足"或"精神愉悦"。

森林是我们进行旅游的一个重要场所，由森林生态系统的旅游资源特点可以看出，在森林中可以开展的生态旅游项目多种多样，如登山、探险、度假、徒步、观光等。那么，森林生态系统自然景区生态旅游开发模式主要包括以下几个方面：

①森林观光。观光是最基本的旅游活动，而一般的森林旅游是由观光旅游开始的，具有十分广泛的市场，而森林生态系统优美的自然环境提供了良好的观光旅游条件，加之观光旅游投入少、见效快，因而是较好的旅游项目。主要有动植物观赏、观日出日落、特殊的天象等。

②森林游憩。在基本层次之上设立部分参与性的游乐项目，增加参与性，也符合旅游发展趋势，主要有森林秋千、梅花桩、攀崖、陀螺场、拓展训练场、游乐场、森林童话屋、森林八卦迷宫、森林露天音乐舞厅、森林泉水茶吧、森林健身房、森林网吧、森林伐木模拟场、脚踏汲水车等设施。

③森林保健（休闲度假）。在优美的环境中度假疗养，进行森林浴开展保健活动，利用洁净清新和富含空气负离子的空气，改善身体状态，解除疲劳，促进身心健康。

④徒步穿越（探险）。对于一些喜好探险和户外活动的游客，达到返璞归真的目的，可适当开展。

⑤环境教育。森林生态旅游除了给人们提供一个观光、度假的旅游功能之外，其实也是一个环保教育的"大课堂"。旅游者通过观赏森林生态系统奇特的物种形态、群落结构，呼吸清新空气、饮用洁净的泉水，从而了解森林生态系统内部的物质、能量和信息流程与循环，认识森林保护物种，涵养水源、净化空气、美化和改良区域环境等多种功能。可以在森林中设置相对应的环境教育旅游项目，如特殊生态系统、古树名木、珍稀动物的介绍及其意义和价值。

（2）草原生态系统生态旅游开发模式。草原生态系统一般分布在干旱地区，这里年降雨量很少。与森林生态系统相比，草原生态系统的动植物种类要少得多，群落的结构也不如前者复杂，在不同的季节或年份，降雨量很不均匀，因此，种群密度和群落的结构也常常发生剧烈变化。草原生态系统是由草原地区生物（植物、动物、微生物）和草原地区非生物环境构成的，是进行物质循环与能量交换的基本机能单位。草原生态系统在其结构、功能过程等方面与森林生态系统有较大的差距。草原生态系统自然景区生态旅游开发模式主要包括以下几个方面。

①草原观光。草原旅游资源的核心是草地植被，各类草地植被与其环境，如山地丘陵、滩川平地、水体道路、设施建筑等组成宁静迷人的旅游景观综合体，是吸引游客的资源基础。可以开展动植物观赏，如草原花卉观赏、草原动物观赏等。

②民族风情体验。优美朴实的少数民族风情和风味是草原吸引游客的又一原因。我国主要草原区是蒙、满、哈萨克、藏、裕固等少数民族聚居区，其各具特色的民族风情是吸引游客的重要资源。骑马射箭、手抓羊肉、篝火晚会等独具特色的活动深为游客所喜爱。同时，草原上还产出特有的野生药材、野生食用植物及特有风味农作物等，可向游客提供。

③草原休闲度假。夏季凉爽宜人的气候是吸引游客来草原消夏避暑的主要原因。我国主要草原区均分布于高原和中、高山地，其最热月平均气温不到20℃，

与邻近的大中城市有 10℃ 以上的温差，为调理身心和盛夏避暑提供了良好的条件。"夏季到草原来滑草"已成为人们的一种时尚追求。

④草原探险。草原一般开阔平坦风景优美，可以在此开展探险，难度小，只需要简单的设备即可，考虑生态旅游特性，应限制机动车行驶，所以主要考虑开展徒步探险和科学考察等。

（3）湿地生态系统生态旅游开发模式。湿地是指地表过湿或常年积水，生长着湿地植物的地区。由于这些地区的水分和阳光充足，土壤肥沃，相对人为干扰较轻，因此，植物生长茂盛吸引许多动物栖息，形成多姿多彩的生物世界。作为一类生态系统，湿地是介于陆地生态系统和水生生态系统之间的一种过渡型生态系统，因而兼具两种生态系统的特点，是地球上生产力最高的特殊类型，与全球变化、生物多样性保护及环境质量密切相关。

湿地景观比较特殊，许多湿地水、洲纵横交错，是人们回归自然、开展旅游的理想场所。湿地生态系统自然景区生态旅游开发模式主要包括以下几个方面。

①动物（鸟类）观赏。观赏动物是湿地一项常见的旅游活动，尤其是观赏鸟类，在发达国家和地区的湿地生态系统已经十分普及。但是进行观鸟活动时要注意选择合适的地点和时机，管理机构要编制《观鸟手册》，告知游客注意事项，划定专门区域，避免对鸟类的影响。

②水上项目。由于湿地生态系统水面开阔，有大量的水生动物，因此可以开展一些水上项目，主要包括垂钓、捕鱼、养殖观光等一些水上项目，增加旅游活动的种类，使旅游活动更加丰富多彩。

（4）海洋生态系统生态旅游开发模式。海洋旅游开发首先应突出与内陆文化有较大差异的海洋文化特色，注意深层次挖掘具有鲜明海洋文化特色的旅游产品，适应旅游市场不断发展的要求。尽量突出海洋的自然美和人文美，保持海洋旅游资源的原始风貌和原汁原味的地域文化，应选择最有优势和无可替代的海洋旅游资源进行重点开发，在市场上树立自己鲜明而稳固的旅游形象，做到"人无我有，人有我优"，突出自己的优越性和产品的独特性。海洋生态系统自然景区生态旅游开发模式主要包括以下几个方面。

①海岸项目。海岸有美丽的海滩、阳光和蔚蓝的海水，在此可以开展丰富多彩的旅游活动，主要包括游泳、生态观光、沙滩排球、沙滩竞技、海水浴、沙疗、日光浴、观海鸟、拾贝壳、捉螃蟹、划船等。

②水上项目。海水给人以运动、辽阔之感，适合开展多种体育项目，如冲浪、帆船、滑水等，也可以开展海上游艇观光、观浪等。

③水下项目。由于海水深度变化大，在海水下生长着各种各样的海洋生物，海

底地貌各异，适合开展潜水、潜艇观光、海底探险等旅游活动，如海底珊瑚礁潜水观光。

（四）生态自然景区旅游开发对策

1. 生态旅游管理的法律完善

就当前而言，中国生态旅游管理还存在政策与法规不健全；有法不依，执法不严；管理与运行机制不科学等诸多问题。为此，必须加强立法建制，加强执法监管，提高管理队伍素质，建立生态旅游评价、评估体系等工作。有学者们已经对生态旅游与自然资源保护间存在的问题进行了经济法律分析，并对生态旅游法律保障的内涵、构成与功能进行了探讨。未来还应从产权归属、生态理念、国际接轨等方面完善相关的法律法规。

2. 特许经营

1965 年，美国国会针对国家公园的管理经营活动通过了特许经营法，该法案要求在国家公园体系内全面实行特许经营制度，即公园的餐饮、住宿等旅游服务设施应向社会公开招标，经济上与国家公园无关。国家公园管理机构是纯联邦政府的非营利机构，专注于自然文化遗产的保护与管理，日常开支由联邦政府拨款解决。特许经营制度的实施，形成了管理者和经营者角色的分离，避免了重经济效益、轻资源保护的弊端。政府特许经营反映在政府规制行为上，是一种以合同方式进行管制的方式，政府特许经营合同比法律法规更严格、更具体。

我国于 2004 年 7 月 1 日施行《行政许可法》，其第 12 条规定：有限自然资源开发利用、公共资源配置以及直接关系公共利益的特定行业的市场准入等，需要赋予特定权利的事项，可以设定行政许可。这为政府通过特许经营权的方式使私人企业进入自然景区经营提供了法律依据。

尽管美国国家公园的特许经营也引起一些负面评价，但这的确有助于减少政府财政压力，并提高资金效率和服务质量，这也是美国联邦政府继续推进国家公园私有化改革的理由。特许经营作为一项在美国比较成功的制度，把它移入中国自然资源管理当中是否一样有效呢？目前国内与此相关的研究很少，主要集中在案例介绍、立法和公平性等方面，还没有深入分析制度移植对自然保护的影响及内在原因。而从目前我国自然景区的发展来说，分析主要利益相关者的行为，把特许经营移植入我国自然资源管理中存在一定的合理性和可行性。

3. 生态旅游认证

生态旅游认证，是开发自然景区生态旅游的重要保障。目前国外广泛流行不同类型的生态旅游认证制度，如绿色环球 21、澳大利亚的 NEAP、厄瓜多尔的 Smart

国家生态旅游示范区建设与运营规范（GBT 26362—2010）

国家生态旅游示范区建设与运营规范（GBT 26362—2010）评分实施细则

Voyager，国内还没有生态旅游认证体系，因此很多学者呼吁尽快建立符合我国国情的生态旅游认证体系。但是中国实施生态旅游认证制度的机遇和面临的挑战，需要进一步从构建原则和标准内容设置上逐步构建对我国生态旅游认证标准，以及生态旅游区认证指标体系，由此加强自然景区的开发与保护。

4. 生态旅游管理方法的改进

生态旅游需要高效的管理。全球权威性组织"绿色环球21"与澳大利亚生态旅游协会共同制定的《"绿色环球21"国际生态旅游标准》，可供我国作为规范生态旅游市场的标准。另外，道德风险和逆向选择是我国生态旅游市场失灵现状的两个原因，因此我国发展生态旅游政府管制的两条途径是用社会手段来约束逆向选择产生的负内部性；用经济手段来抑制道德风险产生的负内部性。也有学者研究了从社区参与的角度对生态旅游进行管理。

从理论上来讲，生态旅游管理要实现包括生态体验、经济效益和生态保护的生态旅游管理的综合目标，其管理应该坚持区域管理、政府介入、量度依赖和信息传播 4 个原则。具体来说，生态旅游管理的基本要素包括：生态旅游区的基础数据、生态旅游环境变化的指标、生态旅游的单位及其边界管理和生态旅游管理手段的选择以及生态旅游的合作管理方式。再具体到社区生态旅游的管理，其管理的要素包括：社区生态旅游的规划管理、评价指标的构建与管理、教育与培训管理、利益分配与管理、科研管理、政策制定与决策管理、组织管理。

绿色旅游景区管理与服务规范

第三节　旅游景区的发展趋势与展望

案例导入

《中国旅游景区发展报告（2019）》发布

由中国旅游研究院发布的《中国旅游景区发展报告（2019）》显示，未来，观光旅游仍是国内旅游的基础市场，并将呈现出观光游与度假游融合发展的趋势。

该报告是在 12~13 日浙江德清召开的 2019 中国未来景区发展论坛上发布的，内容涵盖景区发展现状以及未来趋势、投资、景气指数、消费需求与服务质量评价、宏观政策法律法规、发展建议等。

报告中的数据调研显示，国内观光游基础市场地位三年来首次上扬。其中，文化类景区持续升温，超过 90% 的游客参加了文化活动；夜间旅游潜力巨大，已成为旅游目的地夜间消费市场的重要组成部分。

更值一提的是，红色旅游的升温彰显时代魅力。中国旅游研究院产业研究所研究员战冬梅表示，经过这几年，尤其是党的十八大以来，对红色文化的引领以及旅游从业人员对红色旅游的关注提升，年轻人对红色文化认同感增强，"80后""90后"，甚至"00后"已逐渐成为红色旅游中坚力量。

报告显示，未来观光旅游仍是国内旅游的基础市场，并将呈现出观光游与度假游融合发展的趋势。战冬梅解释，一种观点简单认为旅游产业成熟的标志是由观光游向休闲度假游过渡，但这不是简单的过渡，中国旅游市场有自己的特色，应是观光游和度假游融合发展。

在消费需求与服务质量评价方面，游客追求更高品质的体验。数据显示，2018年，国内游客与入境游客对景区景点的满意度指数分别为 8.07 和 7.55，均处于"基本满意"水平，国内游客对景区的评价相比 2017 年有所提升，入境游客对景区的服务质量满意度相比 2017 年则有较大下降。

在景区相关的政策及法律法规方面，报告显示，2018 年至 2019 年上半年，各部委密集出台相关建议，意味着景区的高质量发展是大势所趋，国有景区门票降价势在必行。

[资料来源——2019 年 12 月 14 日 07:48 重庆日报 新华社（记者 段菁菁）]

思考：

1. 中国旅游景区发展的明显趋势是什么？

2. 看过这段报道你认为国内旅游景区的质量是提高了还是下降了？

一、旅游景区的发展趋势

（一）定位全球化

我国旅游景区作为旅游行业的核心，已开始由过去传统单一的接待模式向更加市场化、更加多元化和更加国际化的方向转型。经济的一体化、世界多元化，中国经济持续增长，中国的旅游业在时代背景下，中国景区的发展将拓宽到国际国内旅游市场的发展，旅游者的数量不断增多，诉求越来越多样化。

（二）基建细节化

把旅游基础设施建设作为投资的重要方面，有计划地加强旅游区的基础设施建设，为基础设施和服务设施建设做好先决条件。细节化，就是杜绝以前的粗放式经营管理，设施建设中既充分考虑到游客的需求，也考虑到整体景观的和谐度。比如景区内的公厕、垃圾箱等除要做到数目、位置、卫生环境达标外，还要做到标识美观化、造型景观化，独特美观，与环境相协调，同时还出台了《绿道旅游设施与服务规范》。既要从景观质量、环境质量层面加强景观设施、旅游基础设施的完善和提升，包括加快景区游客服务中心、景区内外旅游道路、导览系统、卫生设施、安全设施、景区游客高峰时段应对规范等方面的建设，同时也需要从景区消费体系和盈利体系的角度完善相关配套设施，包括餐饮、游乐、住宿接待、购物消费等。此外应提高标准要求，从打造精品景区角度逐步完善景区游憩体系、景观体系、消费体系、安全体系、环保体系、营销传播体系、服务体系、旅游保障体系等，从而使得景区朝着旅游精品方向健康发展。

景区游客高峰时段应对规范（LBT 068—2017）

同时，旅游景区基础设施建设、游憩设施建设、配套设施建设等是 A 级景区验收评估的重点，结合景观质量、环境质量标准，全面完善和提升旅游景区各项基本建设，可为 A 级景区的创建提供分量极重的"砝码"。

（三）产品特色化

旅游产品是旅游生产者和旅游经营者为满足游客的需要，在一定地域上生产或开发供消费的物品或服务，包含核心旅游产品和组合旅游产品。旅游产品的特色化包括核心旅游产品的主题化和组合旅游产品的特色化两个方面。一个景区的旅游产品要想有吸引力，必须要有独特性，甚至是不可替代性，游客才能趋之若鹜。所以在进行产品设计时，一定要突出原生态、本土化、静态与动态兼备、时尚与怀旧相济的独立特色。景区只有打造与景观特色、景观文化紧密联系的特色文化旅游产品，树立自己的品牌，创造文化旅游精品，最终才能获得高起点、高品位、健康、有序的发展。同时，大力扩展旅游产品结构，给旅客更多的旅游项目选择。继续保持观光度假型旅游产品的发展的同时，深入挖掘文化内涵，挖掘出更多的文化旅游产品，突出主题，不断创新，大力开发专项旅游产品。景区需要增强旅游项目的参与性、趣味性、互动性、情境化、体验化，纵向发展当地旅游，发起观光型景区向休闲度假的升级，拉长当地旅游产业的产业链，促进产业的优化升级。

（四）管理智慧化

数字地球在我们的日常工作生活中已经如火如荼，以计算机技术和网络化技术应用为主要手段的信息化已成为全球经济的发展趋势。旅游业跨越多个行业，是交通、餐饮、娱乐、住宿、购物等诸多传统服务业的集成，旅游业的智能化、现代化，不仅是自身发展的需要，也会带动其他产业的优化升级。

旅游管理的"智慧化"就是搭建网络互动平台，让游客与网络实时互动，游程安排进入触摸时代。利用移动云计算、互联网等新技术，借助便携的终端上网设备，帮助游客互动体验并及时安排和调整旅游计划，是以一体化的行业信息管理为保障，激励产业创新、促进产业结构升级的重要手段。从 2010 年始，南京、苏州、温州等城市相继制定了智慧旅游发展战略，至今已经取得了初步成效。文化和旅游部也部署了智慧旅游城市试点工作，确定了江苏镇江为国家智慧旅游服务中心。借助手机或便携电脑，利用现代信息技术，享受信息咨询、在线支付等周到服务。智慧旅游正在从一个新概念，变成可感可触的新体验。

（五）旅游人本化

无论旅游的目的地是哪里，旅游的主体始终是人，使人有愉悦感和舒适感是旅游目的地各项建设存在的最终目的。基于旅游者的种种心理需求，中国现代旅游业如果缺乏人性化的因素，将会显得空洞、无内涵，从而难以立足于世界旅游市场。因此，旅游人性化的发展趋势是必然的。

旅游的人本化包括自然景观的人性化、景点设计的人本化和旅游交流的以人为本三个方面。不同游客的需求侧重点不同，但他们都有一个共同的需求，就是人性本原的满足。根据现代行为科学的理论，人的行为取决于动机，旅游者对于景观的青睐行为，正是出于要求得到景观对于人性本原满足的这种动机；景点的人本观是景点如何让旅游者通过观光感受到对人性的关注，或通过对景点的观光使游客感受到对人性的爱护；旅游对于服务提供者来说是一种经济行为，但对于消费者来说是一种文化意义、交流意义、联谊意义的人本行为。一个旅游者到一个陌生的地方，他是带着自身所熟悉的生活方式，来了解一种未知的，至少是陌生的东西。旅游者希望得到的，除了观光上的满足和文化上的收获之外，还有一种感情上的寄托，希望得到旅游地人民的理解，建立与他们的友谊，这就是旅游的人本观念。

而人类总是从修学、审美、休憩、康体、交流等需求，或因几种需求相结合而开始旅游生涯；当旅游多年，积累丰富以后，开始寻求不同于日常生活也不同于一般旅游的体验式旅游；当体验式旅游达到了一定的积累，一部分人将会追求旅游作为一种生活方式，一种或定时或不定时的，与工作、日常生活同样重要的生活方式，一种自我实现中不可缺少的生存方式。因此，旅游景观要想吸引游客第一次到来，首先要具有的特征就是满足以上一种或几种需求能力，游客满足度越高，到目的地的可能性就越大。而如果想要吸引游客多次到来，则有了更高的要求。游客要求体验式的旅游也就是更多的娱乐体验，这就要求了解游客到旅游目的地的娱乐诉求是什么，再围绕此主题做好文章。

（六）产业多元化

在旅游业的快速发展过程中，旅游业多元化发展的特征日趋明显，既表现为外延多元化，也表现为内涵多元化和动态多元化。一般来说，旅游产业具有投资规模大、回收期长和经营季节化显著等特征，这给旅游业的经营带来了一定的行业风险。而旅游经营多元化则是可以规避该风险的一个有效措施，同时紧随主业的相关产业多元化有利于景区的做大做强。另外，当前旅游客源市场的多元化、产品的多元化和旅游保障系统的多元化，也从客观上催生了旅游产业的多元化。

根据近年上市公司的数据研究结果显示，在现金流数量无大区别的情况下，多元化经营的旅游企业的营利能力优于其他企业，多元化经营带来的正的经济后果，即范围经济和协同效应提高了企业的经营效益。虽然有时一个成功的单体特色旅游产品也会造就一个巨大的磁场形成所在地区的旅游市场聚集效应，但是一个成熟的旅游目的地除了核心吸引力的旅游产品外，更需要区域中心城市综合环境对当代旅游者的凝聚力。

综上所述，在旅游业的快速发展过程中，旅游业基础建设的细节化、旅游产品的特色化、景区管理的智慧化、旅游体验的人性化和产业发展的多元化等特征日趋明显，总体表现为外延的延伸和内涵的凝聚。中国不仅是一个旅游大国，而且是一个旅游强国，其旅游业呈现出全方位、多层次、多样化、新格局的发展态势，并将成为国民经济发展的一个重要组成部分。景区要想获得好的发展，必须突出当地旅游资源的特色性和多样性，旅游产品的独特性和组合性，旅游管理的统一性和动态性，旅游运营的针对性和综合性，在充分整合旅游资源的基础上，发挥区域旅游优势，促进旅游业快速协调发展。

二、旅游景区发展中的矛盾与问题

（一）旅游景区发展中应注意的三大矛盾

当前中国旅游市场入境旅游、出境旅游和国内旅游呈三足鼎立之势，发展环境与条件明显改善，但国际化的市场需求和国内化的旧式管理之间的矛盾越来越显著。综合以往研究成果和景区案例分析，我国景区现今主要存在三大矛盾和四大问题。

1. 发展与结构的矛盾：体制症结

体制问题是旅游景区在开发过程中面临的一大难题，它已经成为束缚我国旅游景区发展的最大障碍，而其中最令人关注的又是旅游景区的所有权和经营权问题。有些地方由于受制于体制问题，旅游景区的进一步发展受到了限制，许多对旅游景区有开发兴趣和投资意向的投资商也因此而扼腕叹息。比如，旅游景区经营权外包曾一度成为被许多地方效仿的上佳模式，有些地方也因此推进了景区的发展。可是由于我国的旅游景区隶属于多个部门，比如建设、国土资源、林业、文物等部门，旅游景区的经营权外包后，相关部门就会表示反对，使得旅游景区经营权外包成为敏感问题。因而亟须建立一种协调机制来解决这些问题，以便促进我国旅游景区的开发，进而推动我国旅游业的发展。

2. 集资与制度的矛盾：资金瓶颈

资金一度是我国旅游景区开发所面临的瓶颈。因为在旅游景区的开发过程中，前期投入和基础设施建设需要大量的资金，而旅游景区的开发资金来源主要为政府，政府对景区开发的投入又有限。随着市场经济的发展和金融体制的改革，社会上积累了大量的闲散资金，这些资金的持有者到处在寻找资金的投向，而旅游业迅猛的发展态势给了他们把资金投向旅游景区开发的信心，这给我国许多旅游景区的开发和发展带来了希望，但是相关制度又使实际操作变得困难重重。因此从根本上说，资金虽是旅游景区开发的瓶颈，但随着我国市场经济的深入发展，真正的问题还是在于体制。

3. 开发与保护的矛盾：生态环境

旅游景区的生态环境较为薄弱，旅游景区开发会对其生态环境造成一定影响，如果开发不当的话，则会对景区的生态环境造成重大破坏。特别是对于人文类的旅游景区来说，还会对文物等具有科研、考古价值的资源造成破坏。在我国旅游景区开发过程中，有些地区确实存在如匆忙上马、盲目开发、近距离重复建设等问题，个别地方还重开发轻保护、重建设轻管理，致使出现旺季游客数量失控、白色污染、文物古迹屡遭破坏等问题。对于这些问题，通过正确的引导和相应的控制应该可以解决，但不能把生态环境和文物的破坏完全归结于旅游的开发。旅游景区的开发与生态环境的保护存在密切的联系，开发不是放弃保护，保护也不能放弃开发。旅游景区是一种宝贵的资源，如果不对其进行开发的话，资源的价值就体现不出来，关键是看如何处理好旅游景区开发与保护的关系。因此，用科学的发展观开发建设景区，是解决争议的主要方法。

（二）旅游景区发展中应注意的四大问题

1. 产品雷同，缺乏创新意识

"千人一面"是中国旅游业一个不可忽视的问题，例如当前很多历史文化名城文化内容丰富，但缺少成熟和高品位的旅游产品，更缺乏完美的能将文化历史发展过程展示出来的旅游产品，致使面临"有名无实"的尴尬。

旅游产品老化，缺少主题，低水平重复建设等，导致景区间恶性价格竞争，进入行业高失败率的恶性循环。20 世纪 90 年代初，深圳"锦绣中华"—"中华民俗文化村"—"世界之窗"成功实现了三级跳，开创了我国人造景观的先河，一时间可谓名利双收。但紧接着广东沿海地区人造景观一哄而起，广州的"世界大观""华夏奇观""航天奇观"，广州增城的"华夏春秋""风情大世界"，珠海的"圆明新园"，阳江"宋城"，潮州的"美人城"一系列的重复项目盲目跟上，结果或是胎死腹中或是半途夭折，即使建成开业者也免不了惨淡经营，难以为继。盲目模仿不仅不会成功，而且使那些已成功的旅游景区也陷入恶性竞争的泥沼之中，对整个旅游产业都是一个致命性的打击。

2. 设施不完善，"人文"关怀缺失

基础设施不完善、不合理是我国许多观光型景区的通病，如厕所数量不足，与整体景观不搭调；商贩缺乏统一管理，随意摆摊，商品低档次高价位；休闲娱乐设施缺少，餐馆和饭店千篇一律，特色不突出；环境卫生条件差，商贩和游客环保意识薄弱，等等。这些问题拉低了整个景区的档次，致使景观突出依然难形成强势吸引核，游客倾向于短时旅游和一次旅游，不会长时间逗留和二次到来。

事实上，游客之所以旅游是趋从于人类对审美、休憩、康体等身心放松的某种需求，并不是片面地追求景色优美，身心的舒适度更是其考虑的重要方面。因此，景区要想吸引游客、留住游客，必须有高规格的服务质量，让游客感到物有所值，不虚此行。

3. 主题不突出，辨识度低

景区的总体形象是什么？与周边的同类景区形象差异在哪儿？这些问题模糊不清就会造成景区建设主题不突出，个性不鲜明。对旅游者来讲，缺乏辨识度的景区会逐渐失去对其的兴趣及关注。

国内景区在经营管理上缺乏市场运作和主体竞争的观念，即使有部分景区产生了朦胧的主题意识，开始向主体经营、资本运作的领域深入，也往往因其主题不突出，主营业绩较弱，导致游客对主题的错误认识，无法发挥主题效益。以广东省为例，全省具有一定注册规模的旅游景区有 400 多个，但绝大多数没有形象设计与主

题营销。有些自然景区、自然资源属于世界级奇观，却没有被充分利用，只是简单地开展观光式旅游；而有些历史文化资源则缺少总结概括，景区内仅涉及少量的历史文化方面的旅游产品，缺乏提炼的精品文化主题。

4. 盈利模式单一，门票经济横行

统计显示，游客的旅游花销多在门票上，门票支出占旅游消费最重的游客比例较大，达 21.92%，随后才是交通、购物、餐饮、住宿和文化娱乐。究其原因，旅游产品结构不合理、景区的攀比心理和地方财政对门票收入的依赖形成了门票经济的"三大推手"。旅游"食、住、行、游、购、娱"六大要素，都可以成为旅游经济的重要盈利方式，甚至现在又增加了"文、深、慢、漫、精、境"六个要素，这12 个要素加在一起才构成一个完整的运营体系，以往我们只关注一个或几个环节，难免就造成当今盈利模式单一的局势。景区收入的单一化，不能通过其他途径来消化成本，提高收入，对"门票经济"过于依赖。这就导致国内景区门票价格不断上涨，而部分景区更是"逢节必涨"，黄金周的到来使各景区更是"涨声"一片。它的危害显而易见，一方面将使人们对旅游的兴趣减弱，另一方面更会损害我国旅游市场的信誉和形象。"门票经济"不适合当前旅游的发展，景区要想实现可持续发展，逐步摆脱"门票经济"向产业经济发展，更是其必经之路。

三、旅游景区的发展展望

随着旅游业的发展和旅游市场竞争的日趋激烈，旅游景区需要进行经营和管理创新，根据游客需求的变化，寻求自身与竞争对手的差异，也是追求民族化、地方化和差异化，满足游客对差异的索求，形成自身的特色，逐步挖掘自身的文化内涵，整合多方面的资源，最终形成旅游景区的品牌，提高景区的竞争力和吸引力。

（一）运营模式从单一到综合

复合型产品、多元化发展是景区发展的方向。酒店景区化，景区度假化，度假生活化。每一种类型都有不同的诉求。景区是观光为王，度假是酒店为王，休闲是玩乐为王，不要求每个景区都这么做，但是规模大了一定要走复合型发展，规模小可以走专业化道路。

（二）景区目的地模式的转换

目的地模式就是在综合体模式基础上的扩大和升级，理想状态是终极目的地，中间状态是主要目的地，初级状态是顺访地。面积大的景区，本身已经形成目的地模式。有突出特色的景区必须向目的地景区发展。比如旅游小镇的田园综合体加上景区，可能成为新的趋势。因为旅游小镇和田园综合体投资量大、运营困难，需要绑架景区。如果和旅游小镇嫁接，绑在一起就可能双赢，形成一种目的地模式。

（三）空间扩张以功能为目的

旅游景区不可没有内容光有旅游环境，这需要分区规划、云布局，大分散，小集中。大分散是整个资源的占用，小集中就是通过可用的土地形成集中消费，这就需要不断丰富内容，不断创新内容。强化功能成为主驱动力。譬如亭子有美观的功能，但是最终功能是实用。依据普遍规律，内容决定功能，功能决定结构，结构决定形式。

（四）时间延长从阶段性到全年利用

延长全年经营时间，要塑造新形象；延长客人停留时间，要深化产品丰富内容，要有四季产品和四时产品。通过二次消费拉动景区吸引力。通过各种运营的花样延长了客人逗留的时间，所以全年、四季、四时都需要研究。进了景区，5分钟要有一个兴奋点，15分钟要有一个高潮点，需要创造亮点，形成焦点，突出尖叫点，爆款的产品就是这样。3小时一顿饭，6小时一晚上，这样就需要有日光经济、夜光经济，这才能把时间充分利用，这种时间的充分利用是景区的关键。

（五）从观光到沉浸的体验

景区消费过程是消费场景、消费过程、消费体验，全面沉浸成为旅游体验的新核心。这需要深度建设，进行情景规划与体验设计。情景规划涉及内容规划、功能规划、空间规划、时间规划。我们现在上来就是空间规划，然后就是功能规划，时间规划和内容规划都短缺。情景规划还有一些方法。体验设计方面，视觉、听觉、味觉、触觉、运动觉、活动设计，这一系列都是体验设计，就是要让客人达到一种深度的沉浸，这种沉浸需要我们综合性地进行情景规划和体验设计才能创造出来。

（六）智慧景区未来发展

1. 追求以人为本

智慧主要来源于对人的认识，无限的智慧则需要对人的认识进行不断了解。而其中的关键则在于如何积累大量的信息，怎样才可以通过海量的信息对人员进行分析，借助这些信息给人提供更加优质的服务，智慧的背后主要是对人的需求做出合理的判断。

2. 建立系统化智慧

智慧属于一个系统，对未来的智慧景区进行具体建设过程中，一定要超越单体、超越环节，并且要超越景区，将景区自身存在的智慧无极嵌入相应的商业系统当中，建立起以移动为基础的智慧、以流动为基础的智慧以及以信息为基础的智慧等。

3. 智慧景区融入互联网

随着智慧时代的到来，人们用互联网思维发展景区，其中所涉及的内容还是我们涉足较浅的内容。通过一系列关键词对互联网思维进行描述，其中有人口、流量和开放、创新等方面的内容。这种情况下，旅游企业应当思考，怎样将互联网思维融入景区当中，不然景区在未来的发展过程中，难以实现可持续发展目标。

GBT
30225—
2013 旅游景
区数字化应
用规范

本章小结

本章从旅游景区的发展历程现状分析着手，介绍了我国旅游景区的发展经历了无为而治阶段、市场运作阶段、项目导向阶段、战略开发阶段四个阶段，介绍了旅游景区发展的基本情况以及行业管理的理念、体制、运作创新。对我国旅游景区的建设包括运行特征、服务质量体系、景区空间布局、新业态的发展一一做了解读，最后分析了我国旅游景区发展中的矛盾与问题以及未来的努力方向。

案例分析

2018 年，国家推出政策鼓励景区下调门票价格，截至 2019 年 3 月，国家发改委进一步发布《关于持续深入推进降低重点国有景区门票价格工作的通知》，要求推进更大范围降价、更大力度降价，并确保降价取得实效；2019 年 8 月，国务院办公厅印发《关于进一步激发文化和旅游消费潜力的意见》，提出了 9 项激发文化和旅游消费潜力的政策举措，其中包括继续推动国有景区门票降价等。在这种政策的持续倡导下，国内景区已经掀起了门票的"降价潮"，多家文化旅游景点甚至以免门票的方式吸引游客，促进游客人次增长。

思考：

1. 我国旅游景区效益主要是依赖门票获取收入，请分析这种政策下景区还有其他获取收益的路径吗？

2. 我国旅游景区如果都像杭州西湖景区一样实施开放式免收门票，这些景区该何去何从？

思考与练习

1. 我国旅游景区发展过程中遇到哪些问题？产生了哪些矛盾？你认为如何解决这些问题和矛盾？

2. 请描述我国智慧旅游景区的发展需要哪些技术支撑？

第三章　自然景观类旅游景区

学习目标

通过本章的学习，你应该能达到：

知识目标：

1. 了解自然景观类旅游景区的概念、特征。

2. 了解自然景观类旅游景区的分类及其发展分析。

3. 了解自然景观类旅游景区定位与开发。

4. 了解自然景观类旅游景区营销策略。

5. 了解自然景观类旅游景区产品设计。

能力目标：

1. 能够辨析自然景观类旅游景区的概念。

2. 能够对自然景观类旅游景区进行正确分类。

3. 能够对自然景观类旅游景区的开发进行认知和解读。

4. 能够对旅游度假区产品进行初步设计与开发。

实训目标：

1. 能够准确地判断自然景观类旅游景区的类型。

2. 能够对自然景观类旅游景区营销策略进行调研。

3. 能够给出自然景观类旅游景区产品的设计初步方案。

第一节　自然景观类旅游景区的概念与内涵

案例导入

准确的主题定位、良好的位置、政策的支持为何没有留住景区的辉煌？海口市旅游局规划发展科科长文德林谈起此事无奈地说："当时，该项目规划通过政府部门审批，整个项目分两期开发，项目的核心部分在第二期。在建成第一期工程后，考虑到开发商的实际情况，政府同意其先开业，边营业、边开发，滚动发展。从此就埋下了隐患。开发商建成第一期后，就对外开业，接待游客，因为园内有特色的景点不多，加上第二期项目迟迟未建成使用，这一主题公园失去了其最突出的主题，游客逐渐稀少，经营状况每况愈下。"

海南是个海洋大省，好些资源都具备人造景点的基础，但要紧紧抓住海洋文化做文章。该项目最有看点的第二期工程迟迟没有竣工，而园内的景点还修了人工湖、观光塔等严重偏离了海洋主题的产品，游客看不到想看的东西，景区缺乏核心竞争力和吸引力，逐渐失去游客。游客也普遍反映：花几十元门票看不到什么有特色的景点，热带海洋世界公园见不到海洋生物，名不副实。

（资料来源：百度百科）

思考：

1. 该案例失败的原因是什么？

2. 如何抓准地方自然旅游资源做景区开发？

一、自然景观类旅游景区的概念

自然景观是指由具有一定美学、科学价值并具有旅游吸引功能和游览观赏价值的自然旅游资源所构成的自然风光景象，也就是指大自然自身形成的自然风景。

自然旅游景区是由各种自然要素组成并相互作用而形成，供人们游览欣赏的天然风景区，包括天然和人文两类不同的风景旅游资源和不同的景观。例如：山岳、湖泊、河川、海滨、森林、石林、溶洞、瀑布、历史古迹名胜等，其间可设休疗养区，并配备道路、建筑、服务设施。

因其景观特点，大多分布在城市的郊区或乡村中，对海内外及周围城市居民都有较大的吸引力。自然旅游景区作为景区中的一个主要类别，其涵盖范围很广，包括：国家公园、地质公园、自然保护区、野生动物园及其他各类山、河、湖、海自然景观类风景区等。

二、自然景观类旅游景区的特点

（一）天赋性

天然存在是大自然鬼斧神工的杰作。自然景观类旅游景区都是大自然长期发展变化的产物。

（二）地域性

中国自然景观类旅游景区由各自然要素相互作用，北雄南秀，具有明显的地域特性。由于其成因、特点、分布的不同，各要素之间都有相互的联系，相互配合。

（三）综合美

从审美学角度，一切自然景观都具有自然属性特征的美，只有具备引起人们美感属性的自然景物才是美的代表。同时具有科学道理，要求自然景区导游员讲解时讲究科学性和知识性。

1. 形式美

自然景观的美首先表现在形式上，包括视觉美、听觉美、嗅觉美、味觉美、触觉美等。例如风声、雨声、涛声、流水声；植物花卉散发的香气；植物果实或山林特产尝之的味觉美。一切能给人以感官上的愉悦、心理上的惬意的任何景观的具体形式都属于形式美的范畴。

2. 文化美

具体的物象所表现出来的人类文明的程度。这种程度越高，物象的审美价值就越大。通常会有历史掌故、传说故事。例如，神女峰、老人山、姐妹峰、望夫岩等景点的历史典故传说。

知识链接

阿诗玛传说

在小石林内，有一泓湖水碧波粼粼，湖畔屹立着一座独立的石峰，每天都吸引着无数的游客前来观赏、留影。瞧，那颀长高挑的身段、风姿绰约的动人体态，还有那包头衫，身后的背篓，多么像一位彝族少女啊！这就是著名的阿诗玛石峰。她还有一段动人的故事呢。从前在贫苦的格路日明家出生了个美丽的姑娘，爹妈希望女儿像金子一样珍贵闪光，给她取名叫"阿诗玛"，也就是金子的意思。阿诗玛渐渐长大了，漂亮得像一朵艳丽的美伊花。她能歌善舞，许多小伙子都喜欢她。她爱上了和她青梅竹马、两小无猜、相亲相爱的孤儿阿黑，立誓非他不嫁。一年的火把节，她和聪明勇敢的阿黑定了亲。

财主热布巴拉的儿子阿支看上了美丽的阿诗玛，便请媒人去说亲，但不管怎样威逼利诱，都无济于事。热布巴拉家乘阿黑到远方放羊之机，派人抢走了阿诗玛并强迫她与阿支成亲，阿诗玛誓死不从，被鞭打后关进了黑牢。阿黑闻讯，日夜兼程赶来救阿诗玛，他和阿支比赛对歌、砍树、接树、撒种，全都赢了阿支。热布巴拉恼羞成怒，指使家丁放出三只猛虎扑向阿黑，被阿黑三箭射死，并救出了阿诗玛。狠毒的热布巴拉父子不肯罢休，勾结崖神，趁阿诗玛和阿黑过河时，发动洪水卷走了阿诗玛。十二崖子的应山歌姑娘，救出阿诗玛并使她变成了石峰，变成了回声神。从此，你怎样喊她，她就怎样回答你。她的声音、她的影子永远留在了人间。

3. 象征美

主要是在于暗示对象本身以外的某一较大的、普遍的意义。例如："岁寒三友"松、竹、梅，在严冬仍能保持其生态，年年月月仍旧不变，以此比喻友情长存；"花中四君子"梅、兰、竹、菊，梅，剪雪裁冰，一身傲骨；兰，空谷幽香，孤芳自赏；竹，筛风弄月，潇洒一生；菊，凌霜自行，不趋炎势。

三、自然景观类旅游景区的类型

自然景观类旅游景区依据开发利用的情况，可分为原始自然美景，位于交通不便、人烟稀少、崇山峻岭中，很少被干扰（如珠穆朗玛峰、东北林海雪原）；人文点缀自然美景，多位于我国东部（如四大名山等）。

自然景观类旅游景区依据旅游资源的不同，可分为以下类型：地文景观、水域旅游景观、大气旅游景观、生物旅游景观、天象旅游景观。

类型	分类	著名景点
地文景观	山地景观（我国地势总体来说西高东低）	• 以"奇松、怪石、云海、温泉"称雄的"中国第一奇山"黄山 • 以"雄、险、幽、峻、秀"为特色的"五岳"：东岳泰山、西岳华山、北岳恒山、中岳嵩山、南岳衡山 • 四大佛教圣地：山西五台山、四川峨眉山、安徽九华山、浙江普陀山 • 道教圣地：青城山、龙虎山、武当山、齐云山、崂山、茅山 • 以峰瀑洞石见胜的雁荡山 • "碧水丹崖"的武夷山 • 以形状怪异的火山熔岩地貌著称的五大连池火山群
	岩溶景观	• 岩溶景观广布于我国的桂、黔、滇、川等地区 • 桂林的七星岩、芦笛岩、云南的路南石林、贵州安顺龙宫、浙江桐庐瑶琳仙境 • 由于石灰岩易于溶蚀，易于形成河流峡谷，如：云南的虎跳峡、川鄂的长江三峡及大宁河小三峡、北京延庆的龙庆峡
	风沙景观	甘肃敦煌的鸣沙山、内蒙古包头的响沙湾、新疆罗布泊的雅丹地貌、克拉玛依的魔鬼城
	黄土景观	陕西岐山县五丈塬为典型黄土塬景观、云南元谋盆地的土林景观、西藏札达县的土林景观
	火山景观	黑龙江的五大连池、云南腾冲火山、台湾的大屯火山
	地震遗迹景观	1976年7月河北唐山大地震，7处地震遗址
水域旅游景观	江河景观	江河之上最迷人的景观莫过于峡谷 长江三峡；大宁河小三峡；澜沧江大峡谷；金沙江峡谷；雅鲁藏布江大峡谷
	湖泊景观	我国拥有大小湖泊2万多个 杭州西湖、鄱阳湖、洞庭湖、青海湖、太湖、滇池、洱海、长白山天池、纳木错、艾丁湖、博斯腾湖、嘉兴南湖、武汉东湖、扬州瘦西湖、南京玄武湖、台湾日月潭、北京的昆明湖、北海
	瀑布景观	黄果树瀑布、庐山的三叠泉瀑布、雁荡山的大龙湫瀑布、九寨沟的树正瀑布、黄山的人字瀑、镜泊湖吊水楼瀑布、黄河壶口瀑布、长白山瀑布、金华冰壶洞瀑布
	泉景观	• 按泉的功能分：泉水甘美、纯净，沏茶香气隽永而味醇，如杭州西湖的虎跑泉；泉水能酿出名酒，如贵州茅台；适于沐浴，如陕西临潼华清池；泉水饮用有益于身体健康，如山东崂山的矿泉水 • 按水的储存条件：温泉、冷泉、间歇泉、药泉、矿泉、水火泉、甘苦泉、鸳鸯泉 • 温泉中著名天然浴池：广东从化、内蒙古阿尔山、巢湖半汤温泉、南京汤山、福州的温泉 • 拉萨附近的羊八井间歇泉，最高温度可达92℃，喷发时可升起40~50米
	海域景观	• 海滨度假胜地：海南的三亚；河北的秦皇岛北戴河；山东的青岛、烟台；辽宁的大连；浙江的嵊泗列岛、普陀山；福建的厦门鼓浪屿、湄洲岛；广西的北海 • 海蚀风景：浙江普陀山的梵音洞和潮音洞、大连的金石滩、三亚"天涯海角"的"南天一柱"、青岛海滨的石老人 • 珊瑚礁景观：海南岛、雷州半岛 • 红树林景观：海南琼山东寨港、文昌清澜港 • 钱塘江涌潮

类型	分类	著名景点
水域旅游景观	冰川景观	冰川形成于雪线以上的常年积雪区 ● 新疆乌鲁木齐以南的胜利达坂冰川 ● 四川贡嘎山的海螺沟冰川（海螺沟还是我国最大的冰瀑布） ● 云南的玉龙雪山 ● 甘肃嘉峪关七一冰川
大气旅游景观	雨景	● 黄山"雨中看山也莫嫌，只缘山色雨中添" ● 峨眉山"洪椿晓雨"、鸡公山"云头观雨" ● 蓬莱"漏天银雨"、贵州毕节"南山雨雾" ● 羊城"双桥烟雨"、北京延庆"海坨飞雨"
	云雾景	泰山的"云海玉盘"、三清山的"响云"
	冰雪景	● 杭州的"断桥残雪"、东北大地上的"林海雪原" ● "银苍玉洱"（大理的洱海与苍山的积雪交相辉映）
	雾凇、雨凇景	雾凇又名树挂，是种白色固体凝结物，由过冷的雾滴附着于地面物体上迅速冻结而成 ● 吉林树挂 ● 我国出现雨凇日数最多的地方是峨眉山
	风景	● "石洞秋风"碣石山 ● "经台秋风"东天目山 ● "茶磨松风"浙江海盐 ● "白水秋风"峨眉山 ● "下关风"大理"风花雪月"四大奇景之一
	蜃景	由于气温在垂直方向上的剧烈变化，使空气密度的垂直分布产生显著变化，引起光线的折射和全反射现象，导致远处的地面景物在人眼前造成奇异的幻觉 山东蓬莱和长岛附近海面上的"蓬莱仙境"
	佛光	佛光又称"宝光"，是一种特殊的大气光学现象 峨眉山金顶最为典型
	霞景	霞是日出或日落时，天空云层受日光斜射而呈现的光彩 ● 浙江东钱湖中的"霞屿镇岚" ● 江西彭泽"观客流霞" ● 贵州毕节的"东壁朝霞" ● 鸡公山的"晚霞夕照" ● 天子山的"霞日"
生物旅游景观	植物景观	● 有"活化石"之称的水杉、水松、银杏，以及珙桐、香果树、鹅掌楸 ● 太湖之滨邓尉山"香雪海"的梅花、昆明的茶花、湖南张家界森林景观、内蒙古呼伦贝尔草原景观、黄山奇松、山西太原晋祠的"周柏"、洛阳的牡丹花会
	动物景观	● 大熊猫、金丝猴、白鳍豚、东北虎、丹顶鹤、扬子鳄等皆为珍稀动物 ● 大连的蛇岛、青海湖的鸟岛、海南的陵水猕猴岛、四川卧龙大熊猫自然保护区、黑龙江扎龙丹顶鹤自然保护区、云南大理和台湾岛的蝴蝶聚会

续表

类型	分类	著名景点
天象旅游景观	"白夜"景观	指夜晚之时天空通宵处于半光明状态，是地球环绕太阳公转而产生的自然现象 我国观赏"白夜"的地区在"中国北极村"黑龙江漠河
	"日月并升"景观	浙江平湖乍浦镇九龙山的临海山顶；杭州市葛岭初阳台；苏州洞庭西山山顶；苏州天平山顶莲花洞；杭州湾北岸浙江海盐南北湖畔的云岫山鹰巢顶

第二节　自然景观类旅游景区的分类与发展分析

案例导入

　　九寨沟位于四川省阿坝藏族羌族自治州九寨沟县境内，因有9个藏族村寨（所以又称何药九寨）而得名。九寨沟海拔在2000米以上，遍布原始森林，沟内分布108个湖泊；九寨沟为全国重点风景名胜区，并被列入世界遗产名录。2007年5月8日，阿坝藏族羌族自治州九寨沟旅游景区经原国家旅游局正式批准为国家5A级旅游景区。

　　九寨沟的山水形成于第四纪古冰川时期，现保存着大量第四纪古冰川遗迹。九寨沟的地下水富含大量的碳酸钙质，湖底、湖堤、湖畔水边均可见乳白色碳酸钙形成的结晶体。九寨沟的活水泉又异常洁净，加之梯形状的湖泊层层过滤，其水色愈加透明，能见度高达20米。

　　（资料来源：百度百科）

思考：

旅游景区分为哪些类型？

九寨沟景区属于哪一种，可以说一说它的景区特征吗？

　　中国旅游景区协会于2019年发布了关于发布《旅游景区分类》团体标准的通知。根据《旅游景区分类》团体标准里关于景区的分类，将自然类景区分成8个部分，即山岳型景区、森林型景区、湖泊型景区、河川型景区、海洋型景区、沙漠型景区、草原型景区、温泉型景区。

一、山岳型旅游景区

我国幅员辽阔，地形地貌繁多，拥有很多山岳型景区，山地旅游资源十分丰富。大多数山岳景区拥有优美的自然环境和深厚的文化底蕴。因此，山岳景区是综合性非常强的旅游景区，无论是从自然景观、人文景观还是相关旅游活动类型来划分都是如此。

（一）山岳型旅游景区的发展特征

山岳景区有着不同于其他景区的特点，游客对其服务设施及服务功能的体验更为敏感。与城市旅游走马观花的游览方式不同，山岳景区游客一般在景区停留较城市旅游时间长，并且更加关注出游期间的交通路线便捷与否、路况良好与否、交通工具舒适与否、食宿设施及服务到位与否、康乐设施设置丰富与否等问题。山岳景区对公共基础设施及服务设施都有着更为特殊的要求，这是由其远离城市的区位特殊性决定的。首先，交通、水电、通信、给排水、废弃物处理等公共基础设施的设计不仅要满足游客需求，同时要满足当地居民生活及工农业生产的需求。建设基础设施时需综合考量多方因素，估测环境承载力及旅游承载力，满足各方需要的同时，又不能破坏生态环境和旅游区景观美感。其次，住宿设施、餐饮设施、康体保健疗养设施、娱乐设施、商务会议设施、安全保护设施等专为旅游者提供服务的旅游服务配套设施，具有完善功能与鲜明个性的旅游服务设施既是促进景区可进入性提升的载体，也是举足轻重的旅游吸引物。

1.景观文化

景观文化是文化山岳的主体内容，在中国的山岳中自然景观与人文景观往往同时存在，融为一体。如泰山中路的景观，雄奇壮丽的自然山水中贯穿绵延的人工盘山石道，点缀以无数或庄严，或秀巧的庙宇、亭台、石刻等，人工建筑与自然山水相互生色。

2.宗教文化

"天下名山寺占多"，中国山岳宗教文化的特点是"三教"并存，儒、道、释三家齐集、遗迹并存，是中国宗教文化与西方相异的突出特点。如在泰山凌汉峰景区，儒家有五贤祠，道教有全真派之三阳观，佛教有普照寺。

3.诗词文学

中国名山往往是历代作家诗人登临、游览、隐居之地，是历代文学作品反复咏歌的对象。例如，杜甫的三首《望岳》记录了其对于泰山、衡山、华山三座名山赞美与崇拜的情感，又是山岳文化发生、发展的传承载体。

4. 艺术文化

在漫长的历史进程中，中国山岳积聚了建筑、书法、雕塑等众多的艺术创造，形成了一座座巨大的艺术宝库。例如，泰山石刻、西安碑林与龙门石窟合称中国三大书法艺术宝库。

5. 民间文化

中国山岳文化最丰富多彩的当数民间习俗、民间文学、民间艺术、民间工艺等民间文化。例如，泰山石敢当，影响海内外；泰山庙会，自宋朝即兴。这些民间文化，是中国山岳文化中最贴近生产、生活的部分，其文化价值不可忽视。

（二）山岳型旅游景区的发展模式

1. 生态观光型

山岳旅游资源最大的特征是自然性，由于地理位置和海拔等原因，一般能较好地保持原有的自然风貌及山岳文化，在开发过程中注重山岳人文景观与自然景观的相互映衬，让山岳的名人墨迹、传说典故以及宗教寺庙、政治遗址等成为山岳旅游的亮点。主要特征是以壮美的自然风光和独特的人文情怀取胜，对山岳旅游资源的禀赋要求极高。产品业态有景观观赏、观景台、栈道、宗教朝拜等。布局形态是中心式。

2. 养生度假型

山岳度假旅游是以山岳自然资源和人文旅游资源为吸引物，以山岳旅游基础设施和休闲度假设施为载体，为旅游者提供以养生和度假为主要目的，是山岳观光旅游发展到较高阶段的产物，是休闲旅游时代的新型、高端旅游方式。主要特征是基于山岳自然人文资源和一定的土地基础，以度假功能为导向进行的土地综合开发。产品业态是度假酒店、度假村、瑜伽、文化养生、温泉等。布局形态是中心式或多核心。

3. 休闲体验型

通过体验山区的生活方式、感受山地的风土人情，而让游客产生的一种有别于城市生活方式的山区生活方式，这种开发模式往往用于海拔在1000米以下的人群聚集的中低山地区域。主要特征是通过参与当地的歌舞文化表演、文化节庆活动等方式，让游客体验山区的民俗文化、宗教信仰内涵。产品业态是文化节庆活动、山地乡村旅游、休闲农场等。布局形态是分散式。

4. 山地运动型

随着竞技体育向大众化休闲项目的发展，户外运动休闲已成为一种时尚。山地因其独特的地质地貌、优美的自然风光和人文景观，以及越来越完善的山区管理已经成为户外休闲运动的最佳选地。主要特征是按山岳资源条件开展主题化运动项目如徒步旅游、漂流旅游、滑雪旅游、森林探险等，并且提供专业的运动设备以及安全救护保障。产品业态是徒步、漂流、林地探险、露营、滑雪、溯溪、骑马、攀岩、山地摩托等。布局形态是中心式或多核心。

山岳旅游除了上文提到的主要的四种开发模式外，还有科普教育、旅游地产等其他的开发模式。在实际的旅游开发过程中这些模式并非相互独立的，而是相互交融、相辅相成地进行，只是各个旅游区的侧重点还是有所不同的。

二、森林型旅游景区

森林型旅游景区是人们以森林、湿地、荒漠和野生动植物资源及其外部物质环境为依托，所开展的观光游览、休闲度假、健身养生、文化教育等旅游活动。美国可以说是森林旅游的鼻祖，1872年的黄石公园算是前身。第二次世界大战后，依托森林来发展旅游逐渐兴起，到1960年，森林旅游的现实价值获得了各界人士的承认，并一跃成了森林资源开发的主要部分之一。在美国举行的第五届世界林业会议，是森林旅游发展过程中一个重要里程碑，从那以后各国积极进行自然保护区及国家森林公园的规划，这不仅为本国国民提供了健身益智的活动场所，同时也招徕了外国的观光游客，成为一项无烟工业。我国张家界森林公园的建立，标志着中国森林旅游业作为一项产业开始形成。森林旅游已经成为我国公众特别是城镇居民常态化的生活方式和消费行为。公众的出游动机和对森林旅游产品的偏好呈现多样化，热衷于山地运动、森林养生的群体正在快速壮大。

（一）森林型旅游景区的发展特征

1.森林型旅游景区的旅游动机集中

进行森林旅游最常见的动机是欣赏自然景观、养生健身、游乐休闲等，通常体现为以亲朋小团队家庭为单位的集体出游。

2.森林型旅游景区的产品需求

森林旅游最具吸引力的资源是森林植被、山石地貌、人文景观，其次是野生动物、水体景观等；而最受旅游者喜欢的产品是徒步登山、野营烧烤、漂流攀岩、休闲度假等参与性强的项目。

3.森林型旅游景区受消费行为影响

从传统的自然观光到休闲度假的转变，从一般娱乐项目到新奇旅游项目的转变，是随森林型旅游景区管理水平提升与经营模式转变而变化的过程。游客消费行为受森林型旅游景区的引导和管理的影响较大。

4. 森林型旅游景区人均消费不高

由于我国森林旅游业的产品结构大多还是以观光产品为主，旅游商品消费量不多，旅游购物消费占旅游总消费的比例还不到20%，而旅游业发达国家的购物消费已占到旅游总消费的40%~60%，我国一些旅游业较为发达的省份，旅游购物消费所占比例也只达到30%。

5. 不同年龄的消费者森林旅游消费特点不同

青少年偏爱结合科普、学习、交流、探险、运动等项目，中老年人则主要是以康体养生、度假为核心，在优秀的生态环境中，享受生活，感悟人生，更多的是深度体验旅游。森林型旅游景区在森林旅游项目开发中，必须针对客源市场细分，做更为细致深入的调查。

（二）森林型旅游景区的发展模式

1. 森林型旅游景区的度假村模式

按照度假类型来划分，森林度假村的设计完全不等同于滨海度假村，这是资源、景观、地理条件、产品构架等形成的综合需求，也决定了森林度假村的设计理念。欧洲的森林度假村有几类，包括古堡型、庄园型、酒店型等，从需求方面说，又可以分为温泉型、滑雪型、疗养型等。从国内度假项目开发借鉴的角度来说，确定度假资源和打造度假核心吸引物是关键。森林度假资源的划分，可以从考核整体生态环境入手，包括森林覆盖率、动植物数量、负离子含量、水矿资源等，一个理想度假项目的设计，第一步必须从保护开发的角度看地块利用，最大化地利用自然地形条件进行建设，并且处理好排污、供暖等污染控制的问题，形成内部资源的生态循环机制，充分利用光能、水能等清洁能源，限制机动设备的使用。

森林度假项目需要形成度假核心吸引物，如滑雪、温泉、顶级观光资源、康体运动基地等。代表性的度假村包括：瑞士的铁力士山滑雪度假、美国的北加州国家森林公园的徒步之旅、中国台湾的观雾森林游乐区以及德国的黑森林旅游区等。当然，原始森林或园艺环境本身就是核心吸引结构的第一要素，这种给游客提供体验自然、回归真我的机会，不仅仅是高端游客所向往和找寻的最高境界，也是度假村成功运作的重要标志。

2. 森林型旅游景区的露营地模式

露营作为一种已经在全球普及的度假形式，与森林度假有着密不可分的关系。中国的露营产业发展潜力巨大，随着私家车的普及，露营人口正在大幅上升，从构成上来看，女性和中老年人群也越来越多地参与其中。德国在露营地建设方面堪称典范，阿尔卑斯山下和莱茵河畔，都能看到环境优美的露营地，无论是过境还是停留，人们不需要大型的场馆和餐厅，酒吧、烧烤、狂欢，一切都在一种默契中进行，前期完善的配套，能够满足人们主要需求，减少了后期的人员维护成本，管理简便而高效。

3. 森林型旅游景区的私人度假村模式

私人度假村一般分为几类，包括居所类、分时度假类、会所类和私营类等。这里面最有影响力的可能要属"福布斯世界富豪榜"前10名中这些巨头们所营建的森林行宫，包括沃伦·巴菲特的"快乐山谷"、萨默·雷石东的"比华利山庄"以及迈克尔·戴尔的"山顶神话"等。私人度假村一般会与海滩和湖泊相关联，但决不能缺少森林的元素，如世界知名的塞舌尔群岛的 Frégate Island Private 度假村和斐济岛的 The Wakaya Club，依靠的都是海滩与热带雨林的完美结合，加上特色的森林休闲、水休闲和游乐项目，形成了世界级的产品吸引力；新西兰的 Huka Lodge、南非的 Singita Private 等则完全依靠原始风貌的自然资源和原生特色，形成了具有独特性的产品竞争力。

三、湖泊型旅游景区

（一）湖泊型旅游景区的发展特征

湖泊旅游景区分为城湖共生型、乡村大湖型、远郊野外型、综合目的地型，呈现出不同的发展特征。

1. 城湖共生型

以城市"后花园"、城市特色功能的承接板块为主要发展导向，重要发展片区与城市建设空间结合较为紧密。

2. 乡村大湖型

环湖乡村布局众多，一般与湖区美好乡村建设、乡村旅游开发相结合，既满足当地农民的农渔生产需求，又具有乡村湖泊休闲功能。

3. 远郊野外型

远郊野外型，远离人口聚集区，周边几乎无开发基础，一般以郊野公园或湖泊自然保护区的形式为主，或一些个别案例如滨湖主题公园的形式进行"飞地式"建设。

4. 综合目的地型

综合目的地型，多种开发模式并存，公园、景区、度假区、休闲区、综合体均有发育，且或多或少与城市建设、村镇空间相互交织。

（二）湖泊型旅游景区的发展模式

依水而居、枕水人家是中国旅游景区与社区共建的特殊产物，由此湖泊旅游景区大多与城市家园相互依存，也就注定了湖泊旅游景区与一般景区发展模式的差异。

1. 人居共建的发展模式的四种类型划分

（1）城湖共生型——政府主导、部门分工模式。这类模式与城建管理体系结合紧密，湖区是城市空间的有机组成部分，即使整体开发以旅游引导，也仍要以城市建设为主线，因为关系到城市顶层设计和宏观布局，必须以政府为核心，各机关部门分工的模式进行管理运营。总体思路以政府为主导进行总体规划，确定湖区功能和建设引导导则，各机关部门根据职责范围对所辖工作或辖区进行管控。如果跨县市，则以市（县）界为界限分片管控，如需采用"国家旅游休闲区"等类似整体开发模式的湖区，则在此基础上成立统一的管理委员会协调统筹。

（2）乡村大湖型——政府引导、乡镇协作模式。乡村大湖的核心特征是以环湖村落为主要行政单元，与村民生活、农村产业结合十分紧密，因此，围绕这类大型湖泊的旅游开发的利益相关者也将以村镇为核心，在此基础上，需要由政府以新农村、新型城镇化建设为契机，主导乡村大湖型湖泊旅游开发，并根据农村建设发展的现实流程，由乡镇政府组织村级行政单元根据上级要求付诸实际行动。总体思路是政府对村落进行旅游开发的方向定位规划把控，由乡镇负责指导村落操作实施。通过村集体成立村级龙头企业或乡村旅游合作社形式，对村落进行统一管理，规范乡村游乐项目开发经营，鼓励村民自愿参与；对乡村公共空间进行统一营造，组织村民开展旅游接待服务等。村民与外来投资者一起承建乡村旅游开发有限责任公司，利润由村民和外来投资者按比例分成。

（3）远郊野外型——机关部署、村镇料理模式。远离人口聚集区的大型湖泊，一般作为储备用地使用或以生态保育为主。如果作为旅游开发使用，则一般以郊野湿地公园、水主题乐园的形式为主。对于远郊野外型的大型湖泊，即使用于旅游开发，也往往与城乡村镇的建设的关系较为疏远，一般由分属机关部门直管。总体思路是林业、农业、水利等相关机关部门在所辖范围各司其职的基础上，沟通协力，进行能够促进各产业与旅游业融合发展的"多规合一"规划引导，并向各村镇布置具体工作任务。

（4）综合目的地型——政府统筹、社会参与模式。当确定以综合模式对大型湖泊进行开发建设后，为形成更具有规模效应的吸引力、保证开发大方向正确，政府都要进行宏观把控，并十分重视招商引资行为，最大化发挥湖泊的社会经济效益，因此这种类型的大型湖泊旅游开发的利益相关者结构组成一般较为多元化。总体思路是政府掌握湖区开发大方向，在项目招商后制定各项目发展导则。项目投资商在发展导则允许和鼓励的范围内进行有序开发、有主题开发、特定功能开发。具体机构设置和运营权责如下：避免过分多头管理，政府牵头，以湖区为单位组建旅游管理委员会进行统一管理。主要负责湖区的旅游资源保护、旅游规划、建设、管理；负责旅游基础配套设施建设；负责旅游项目招商引资和开发建设，统一负责旅游品牌管理、营销。成立旅游开发有限公司，主要负责重点景区的经营、文化演出、景区交通、购物、餐饮、休闲及旅游基础设施投资建设等。由政府主导，湖区旅游管理委员会统一负责部分旅游多项目招商，并对建设项目加强监督，最后实现统一建设、统一管理、统一运营，使旅游项目建设协调有序地发展。

2. 旅游资源的发展模式的五种类型划分

（1）观光模式。并不是所有的湖泊资源都适合开展休闲、度假类的旅游产品，譬如西湖、青海湖和天池等资源优势突出且生态敏感性较强的湖泊。该类开发模式是湖泊旅游的基础模式，直接作用于湖泊旅游的周边层（水岸、水滩、水空）。

这些湖泊或山水相映，或环境优美，或有奇特的自然景观，或有深厚的历史文化映衬，且大多数位于离城市较远的区域。出于保护水体或周边环境生态敏感性等因素的考虑，此类资源不宜进行直接侵入水体等参与性项目的开发。较为典型的有青海湖、天池等。观光模式可升级的空间不是很大，也是国内湖泊旅游开发中最易产生同质化的地方。但同样可以通过观光产品的差异化设计，使游客获得不一样的体验。比如，改变观光方式和角度，灵活运用周边层的水圈资源，打造多层次湖泊景观和产品，还可依托湖泊的地域文化特征和自然资源特性，选择相应的"水文化"要素，进行主题化打造。

（2）休闲模式。该类模式直接作用于湖泊的核心层（包括水心、水面和水中）和周边层。一般处于立体开发阶段，从水底到水空，全方位实现湖泊资源的开发。

该类湖泊自净能力较强、不易受到污染，水面较为开阔，深度适宜，环境优美，能够开展各类水上运动（水游乐）、岸上运动（高尔夫、马术等）以及其他娱乐休闲活动（如特色餐饮、购物、酒庄等）。这类湖泊一般位于市内或城郊等离市场客源较近的区域，既包括自然湖泊，也包含人工湖泊，且人工湖泊开发利用所占的比重呈现逐步上升的态势。该类开发模式的升级空间较大，关键是如何实现游客与水"亲密接触"的差异化。一方面，可以通过增设各种水游乐设施，增强亲水型游憩项目；另一方面，在不影响生态环境的前提下，对核心层和周边层的水圈进行局部改造，形成各种亲水游乐场所等，还可以湖泊自然资源作为各种陆地游乐和娱乐项目的改造要素。通过浮岛手法，可将陆地上的温泉游乐移植于水中，打造"湖中温泉"等。较为典型的有千岛湖和南湖等。

（3）度假模式。该类型模式作用于湖泊的所有圈层，在综合保护和对核心层及周边层适度开发的基础上，重点对扩展层（滨水层，即可以看到水体的岸上区域）加以开发，一般处于深度开发阶段，湖泊旅游地产等项目会介入（如宾馆、度假别墅或疗养院等）。

该类型湖泊分布在离城市较远的农村或山区等区域，气候适宜、水面开阔、水质优良，一般多以拥有特殊的有益物质而闻名。该类型开发模式是湖泊旅游的必然趋势，主要以水体各圈层作为载体，打造各种小屋、垂钓平台、休闲山庄、渔庄等度假项目。通过资源组合手法，针对各种湖泊景观的组合特征打造极具特色的度假休闲环境，如崖壁酒吧、水上阁楼、休闲廊桥等。在不影响整体景观美感和不破坏生态环境的前提下，与滨水旅游地产项目有机结合，全方位打造度假旅游的良好氛围，最典型的就是渔人码头、休闲水镇等。

（4）综合模式。湖泊资源的复合性，决定了其旅游度假开发的综合性极强，这也是和旅游产业的特性相辅相成的。这种特性，不仅仅表现在旅游度假产品的多样化，更重要的是，湖泊旅游开发，本身即是以旅游为主导的湖区区域经济的整体开发。

该类型湖泊一般水面开阔、水温适宜，水质较好、水体自净能力强，周围景观多样、生态环境良好，交通条件好、可进入性强，附近有较为理想的城镇作为游客接待等。该类型开发模式的关键是在水体资源细分的基础上，以水为脉，整理湖泊各种资源的组合状况，结合各自特色，形成多样化、具有不同主次关系的资源开发结构，并与多种产业结合，全方位塑造湖泊的差异性和典型性。

湖泊旅游的综合模式可以将旅游产业与农林渔业、运动健康产业、会展会议产业、文化创意产业等各种绿色产业紧密相关，形成互动开发格局，根据湖区的自然生态特点，通过招商引进、战略合作开发、场地出租、优惠政策等方式引进1~2个其他产业的重要环节，打造诸如创意休闲湖、运动康疗湖、乡村体验湖、永久会址湖等；将休闲度假与这些产业环节进行融合，打造属于这些行业的业内人士必游之所，以产业促进湖区的稳定客源，以休闲度假提升这些产业的经济价值。真正实现互利开发、互动提升。

（5）其他模式。根据其特有的功能而作用于不同的圈层，在综合保护各圈层的基础上，对特有作用圈层的功能进行深度挖掘。一般处于专项深入开发阶段。其资源或因奇特成因造就了特殊的湖底构造，或有异常现象发生，或因有特殊的研究价值而对探险者或科学考察具有不可抗拒的诱惑力，或与周边景物形成独特的景观组合等，因其独特之处，吸引游客来此观光、考察、探险等。该类型开发模式主要是明确主题，重点保护，针对性开发，打造知名度，进行产业相关配套。较为典型的有昆明湖、艾丁湖和喀纳斯湖等。围绕大型湖泊展开，为凸显论述针对性，因此主要以大湖总体运营模式为出发点进行探讨，不着重介绍将岸线过度拆分、分别开发后形成的若干独立空间的情况，因为这些开发形式并不具备大型湖泊的运营独特性。

四、河川型旅游景区

河川型旅游景区是指以水域或水利工程为依托，具有较好风景资源与环境条件，可开展观光、休闲、度假和科学、文化、教育等活动的区域。2001 年起，水利部成立评审委员会，每年评选一批国家级水利风景区，示范带动这类景区发展。不过，河川风景区并不等同于水利旅游区。保护水生态、优化水环境是构建水利风景区的首要目的。

（一）河川型旅游景区发展特征

1. 河川型旅游景区客流量少

客流量少是许多河川风景区的困扰。景区一般都在偏远地区，交通不便，知名度和影响力不够，这是客流量少的重要原因。

2. 河川型旅游景区过度商业化

商业化运作也给水利风景区的管理带来新的挑战。当前，河川风景区的商业开发主要依托社会资源，必须尽早规范化管理，避免一味追求经济利益，而破坏生态效益的现象出现。

水利风景区
管理办法

3. 河川型旅游景区缺乏规范

国家已出台《水利风景区管理办法》《水利旅游项目管理办法》等，但许多地区尚未出台相应的实施细则，对防范商业化的无序、过度开发缺乏有效监管。

水利旅游项
目管理办法

4. 河川型旅游景区打造精品

找准景区定位，河川风景区建设要强化精品意识，突出水文化特色，塑造精品水景观，因地制宜，突出山水特色，注重自然景观开发，以水为中心发展生态河川风景区。

5. 河川型旅游景区融入文化

水文化作为水利风景区特色与优势的重要因素之一，有助于提升其格调与整体氛围，将是水利风景区吸引力、影响力、竞争力的保证。充分利用当地民俗风貌形成有区域特色的水文化，在景区内营造一个良好的水文化氛围，体现以水文化为核心的主题，在基础设施和服务设施的建设上应紧紧围绕水文化，如风景区内使用的材料应都是对水体无污染、无害的绿色创新环保材料，体现出河川风景区中人与自然和谐共处，绿色发展的理念。

6.河川型旅游景区软硬结合

紧密结合水利工程的建设与改造，绿化、美化、亮化工程，加强景区的水土保持、生态修复和景点建设，不断改善交通、通信、供水、供电、供气等基础设施条件和标识、安全、卫生、餐饮、住宿、娱乐、科普教育等服务设施，大力优化水利旅游消费环境。强化景区资源管理、工程管理、安全管理和游客管理，完善旅游服务体系，提升河川旅游的档次和水平。

7.河川型旅游景区科普建设

要推进河川风景区科普文化建设。通过进一步完善河川风景区导览、文化、科普等设施，加强工程纪念馆、河川科普馆、水文化展示馆、户外科普解说及环境教育设施等建设，积极开展科普教育活动，发挥河川风景区传播文化科普平台作用，提升河川风景区的文化魅力。

8.河川型旅游景区精细化管理

学习借鉴酒店精细化经营管理经验，进一步加强河川风景区接待、游乐、绿道、卫生、安全及救生救护等服务设施建设，完善景区接待服务功能。建立健全各项管理制度，细化服务标准，全面提升从业人员服务意识、服务质量，为群众亲水近水提供人性化、亲情化、精细化的服务。

（二）河川型旅游景区的发展模式

1.水态博物馆模式：水利生态叠加休闲教育的科普基营

此类型是最基础也是较为常见的一种开发模式，以生态保护、河川保育为行动准则，依据河流各段功能、背景、条件差异，实施特色开发，较为典型的有台湾冬山河。该类型开发主要兼顾河流、旅游两大功能，对城市形象、文化、经济等方面的映射较少，对居于城市远郊的河湖型水利景区较为适用。

河流功能方面，以自然生态保育、水利工程保障为主。尽可能保存水域、沼泽地、水田等景观，构筑良好的排涝蓄水条件；堤岸空间和景观的塑造上，大量使用石材组合，尽量减少人工设施，沿岸景观以大片草地和树林为主，在城市与河流之间建设良好的生态屏障。

旅游功能方面，以河川生态科普、轻体量亲水休闲为主。多开发河川科普馆、活水公园、湿地观景区、小生物观察区等充满自然生态野趣的科普产品；同时，在人与水的自然伦理观念的引导下，建设涉水区、游泳池等轻体量的亲水休闲活动。

2. 商业综合体模式：水利生态契合城市功能的休闲高地

此类型多见于城市中心或者城乡接合部的河流型水利景区，是在城市用地紧张、城市扩张、城市商业空间拥堵等背景下形成的，较为典型的有圣东尼奥河。该类型在保障河川生态功能基础上，更注重滨水游憩、城市商业休闲功能的塑造，服务的对象更多是城市居民而非游客。

滨水游憩功能方面，以滨水生态景观和游憩活动的融合为主。在河道治理、水环境保护的基础上，通过栈桥、亲水台阶、滨水广场、景观桥等景观的建设，导入滨水游憩活动，增强河流的游憩功能。

城市商业休闲功能，以购物、餐饮、休闲娱乐等业态设计为主。为迎合城市发展、完善城市功能，多以商业综合体的模式，以"夜经济、夜消费"为特色，导入酒吧、星级酒店、高端商业中心、美食街、精品购物街等项目，建设城市新的商业中心，也是未来城市旅游的重要载体。

3. 文化产业带模式：水利生态融合城市文化的创意地标

城市水系与城市文化有着密切的联系，任何一条河流都有自己独特的历史文化价值，因而此类河流型水利景区不仅是城市的生态命脉，同时也是城市印象的展示区，较为典型的有泰晤士河、黄浦江等。该类型开发在保护河道传统功能的基础上，更关注城市文化展示、城市文化休闲功能的打造。

城市文化展示功能方面，以景观设计、文化节点设计为主。多利用滨水景观环境，设计水利景观、博物馆、文化雕塑公园、标志性景观广场等项目，即利用蜿蜒水系，建设文化水廊，既为居民提供休闲空间，又可对外展示城市形象。

城市文化休闲功能方面，以文化产业融合休闲、娱乐业态设计，并导入文化商业活动。围绕"好玩、好看"的目标，以 DIY 制作、地方工艺、特色工业等结合创意设计，并融入清吧、闲吧等创意业态，建设特色文化休闲项目；在文化休闲项目建设的基础上，举办艺术节、文化擂台等项目，提升影响。

4. 黄金旅游带模式：水利生态缝合游客需求的旅游新宠

此类河流型景区往往成为城市旅游的重要游玩节点，甚至是所处城市的品牌旅游景区，较为典型的案例有运河杭州段、秦淮河等。该类型开发在维持城市生态结构的同时，一方面关注水生态旅游产品的深化设计，另一方面又从游客角度出发，关注旅游产品设计能否给游客提供满足的体验。

水生态旅游方面，以水上游线设计为主。通过不同游览方式、不同时间游线等打造立体化、全天候的水上游览线路，同时导入船餐、垂钓、水上运动等活动，让游客感受亲水、触水、玩水的乐趣。

旅游产品设计方面，城市居民以家庭出游、亲子出游为重，产品以好玩为主，游客则以商务休闲、大众休闲为重,产品以品质新颖为主。城市居民方面,多开发小型主题乐园、沙滩广场、都市农场等项目,满足游乐和家庭休闲功能;游客方面,则多开发度假酒店、风情商业街区等项目,满足品质休闲需求。

五、海洋型旅游景区

以海岛、海岸、海面等海洋地理空间为活动范围,包括观光、度假和特种旅游的各类旅游形式的总称。海洋旅游与文化旅游、健康旅游类似,是一个集合型概念,不是某一类专项旅游产品,海洋旅游强调依托海洋空间、文化旅游强调依托文化资源、健康旅游强调依托康体产品。这一类旅游形式往往关联庞大的产品与产业体系。

(一)海洋型旅游景区的发展特征

1. 海洋型旅游景区的组成部分丰富多元

海洋型旅游景区基本由三大组成部分构成,一是海洋旅游建设包括酒店餐饮、滨海别墅等;二是滨海配套的基础设施建设,包括旅游码头、零售业等;三是旅游活动,包括滨海活动的休闲游船、海岸生态旅游、邮轮旅游、潜水休闲垂钓等,也包括海洋活动如深海垂钓、游艇旅游等。

2. 海洋型旅游景区的空间载体相互衔接

滨海、海岛、海和洋是海洋型旅游景区的空间载体。滨海是海陆的交界面,人类接近海洋的门户,也是海洋旅游资源活动形式最为丰富的地方。海岛是适合陆地相对隔离的独特空间,海洋旅游的重要载体。海是大洋的附属部分,水深较浅,与陆地关系密切,有边缘海、内陆海和地中海的区别。洋是海洋主体,水深在3000米以上,最深处可以达到11000多米。

3. 海洋型旅游景区的旅游资源自然人文兼有

海洋型旅游景区蕴含着丰富的海洋自然旅游资源和海洋人文旅游资源。海洋的自然旅游资源主要特指海洋的地形地貌、海洋的天象气候、海洋生物资源和海洋水体。海洋地形地貌在目前的海洋旅游中占据主导地位;海洋生物资源将以万千的形态、绚丽的色彩强烈地吸引旅游者向海上空间延伸,海洋的人文旅游资源主要有滨海城市风情、海洋古遗址古建筑、海洋生活民俗和海洋文化。海洋人文资源将以深厚的文化底蕴、独特的地域风情吸引旅游者向腹地空间延伸。海岸地貌与海岛,是海洋旅游开发过程中最重要的自然资源条件。

4. 海洋型旅游景区的旅游产品复杂综合

因海洋旅游是一个集合性概念，海洋旅游产品复杂而综合，从不同角度出发可总结不同的产品模式。从旅游开发的角度看，海洋旅游产品的模式可以分为七种模式。一是特色风情休闲渔港，其代表有美国旧金山的渔人码头、中国台湾的淡水渔人码头和中国浙江的象山渔港。二是海洋主题公园集群区，其代表有澳大利亚的黄金海岸、英国的黑池欢乐海滩。三是滨海旅游度假区，其代表有美国的佛罗里达滨海旅游度假区、墨西哥的坎昆、美国的新泽西海洋城。四是邮轮游艇基地，其代表有加勒比海百慕大邮轮区、地中海邮轮区。五是海洋旅游产业园，其代表有天津滨海旅游产业示范园区。六是综合旅游行海岛，其代表有新加坡的圣淘沙、英国的泽西岛、印度尼西亚的巴厘岛。七是特色主题度假岛，其代表有马尔代夫群岛、菲律宾长滩岛。

（二）海洋旅游景区的发展模式

1. 滨海城市（镇）驱动型

旅游城市，海滨旅游业为重要产业乃至主导产业的城市，市区或市郊建有海滨旅游区和海滨旅游设施。例如，法国尼斯、中国上海和中国海南的三亚等。旅游村镇，沿海的旅游为主要特色的村镇，如中国海南的博鳌、日本北海道的小樽镇等。

依托滨海城市的主导与带动作用，错位开发城市商务会议、文化交流、主题游乐等多主题产品，与滨海旅游产品共同构筑旅游天堂。依托海岸而建设，主要表现为提供旅游服务的开发区，包括滨海观光区、主题景区和度假区。各旅游区之间相对独立，彼此之间联系不强。代表案例为美国佛罗里达滨海旅游度假区、墨西哥坎昆、美国新泽西海洋城等。

2. 海岛资源驱动型

完全依托海岛自身的海水、沙滩、宁静、独立等环境，开发海岛度假地。其中近岸离岛是靠近大陆海岸或靠近较大的岛屿，并对其有一定依附性的离岛。由于一些半岛体现了较强的岛屿特征，可将其视为离岛。其中也有独立海岛或群岛，即离海岸较远、面积较大的海岛或群岛，是相对独立的旅游目的地。代表案例有西班牙的加那利群岛和马略卡岛、美国的夏威夷群岛、印度尼西亚的巴厘岛、韩国的济州岛、日本的冲绳岛、泰国的普吉岛等。

3. 海洋产业驱动型

旅游业为主导，带动多种产业并形成互动的产业集群，具有整体品牌形象和多种滨海旅游形式的大规模、综合性海岸带经济区域。代表案例有法国蓝色海岸，西班牙太阳海岸及系列海岸，澳大利亚黄金海岸、阳光海岸等。依托海洋渔业、港口

码头运输业、邮轮游艇产业、海洋生物医药产业等发展的海洋产业旅游区，如中国的天津滨海旅游区和台湾淡水渔人码头。

4. 旅游地产驱动型

通过在自然或人工的海洋活动空间打造高端富人社区、高端度假酒店聚集区，吸引世界各地财富度假人群，打造滨海高端度假地。佛罗里达棕榈滩度假区、英国泽西岛、普吉岛拉古那海滩、阿联酋迪拜。

5. 运动娱乐驱动型

依托众多富有趣味的主题乐园、极具吸引力的水上活动，打造海洋休闲娱乐活动聚集地，如澳大利亚黄金海岸、新西兰皇后镇滨海旅游。邮轮旅游，大型豪华邮轮是流动的海上旅游目的地，如美国佛罗里达邮轮游艇中心等。譬如沿海游船，中、小型近海游船和游艇，提供服务设施和小规模娱乐设施，以近岸离岛观光和海岸观光为主要功能。各种主要滨海旅游区和旅游城市大多开展此项目，如英国南安普敦区域游船线路、青岛"蓝海明珠"号海上航线、烟台主题游艇海上旅游等。

六、沙漠型旅游景区

沙漠是一种独特的旅游资源，沙漠地区以特殊的自然和人文环境为背景，强烈的地域差异和文化差异对回归大自然、返璞原生态的诉求逐渐增强的旅游者构成很大的吸引力。20世纪80年代以来，作为一种新兴的旅游方式，中国的沙漠旅游逐渐受到游人青睐，沙漠旅游逐渐从探险家的乐土成为大众的新宠。进入21世纪以来，由于市场需求不断扩大，沙漠旅游开发更是方兴未艾，各种类型的沙漠旅游景区层出不穷，具有代表性的有新疆库木塔格沙漠公园、内蒙古响沙湾旅游区和宁夏沙湖旅游区等国家级风景名胜区；作为中国最大的沙漠，新疆塔克拉玛干沙漠开发了沙漠公路风景线，并拥有塔里木河沿岸壮观的原始胡杨林及独特的人文历史资源和现代工业景观；尤其值得一提的是，2007年揭牌开园的阿拉善沙漠国家地质公园于2009年被正式公布为世界地质公园，这是我国唯一的沙漠世界地质公园。

（一）沙漠型旅游景区的发展特征

1. 以观光旅游项目为主体

提起沙漠，人们习惯和"惊险""刺激""神秘"等字眼联系在一起，这些特征更符合以往探险旅游作为沙漠旅游的主要形式的大背景，随着人们对沙漠了解的深入，目前的沙漠旅游开发已逐渐地转向大众。我国风沙地貌类型的多样化决定了沙漠形态的多样性，作为一种特殊的资源类型，沙漠景观独特，具有不可替代性，这些当然主要通过视觉来感受。我国沙漠还多和水体、绿洲、植被、人文景观有机组合，构成奇妙的沙漠景观，具有很高的视觉美学效果，观光旅游自然首当其冲。

2. 开始注重旅游体验

旅游消费是一种体验性消费，旅游产品的核心就是游客的体验。经过多年的发展，我国沙漠旅游已由单一的沙漠探险旅游发展为沙漠观光游、沙漠竞技游和沙漠生态感知游等多种产品类型的旅游活动，这些活动孕育了多种体验可能。一些沙漠博物馆利用现代技术、完善及全方位的解释系统，提高了旅游景物的可读性和可感知性；滑沙、沙滩体育比赛、摄影创作等增强了旅游项目的参与性。这些产品项目，注重旅游者与旅游对象的相互作用，满足了他们对沙漠环境深层体验的心理诉求，同时一些挑战性强的旅游项目能使其产生高峰体验，从而产生自我实现的满足感。旅游，本质上是获得体验，同时，旅游者的旅游体验还是其最为重要的营销内容和宣传广告。今后沙漠景区多种多样的主题活动及项目设计将会继续注重体验式旅游。

3. 注意环保和生态科普教育

沙漠是自然环境十分脆弱的部分，它的发展和演变直接影响着人类的切身利益。随着沙漠旅游的发展和西部大开发的日益深入，游客日益增多，沙漠地区生态环境的保护也日益受到专家学者的重视。我国沙漠旅游景区在开发之初就比较重视环保和生态科普教育，不少景区已成为开展沙漠生态教育的基地。建成较早的甘肃武威沙漠公园颠覆了沙漠在人们心目中的传统形象，呈现出生机盎然的生态景观，这种集中展示多手段治沙成果的园林式沙漠景区可谓活生生的环保科普教材；内蒙古的恩格贝沙漠生态旅游区就是由环保志愿者开创的，从种植一株树苗开始，经过多年的努力，这里已成为"变沙漠为绿洲"的典范，游客除了观赏大漠绿洲的奇妙风景，还能从景区放养的沙漠珍禽动物和大规模的生态农业园区中获得善待自然、保护环境的最真实的感受和教育。吐鲁番沙漠植物园、沙坡头旅游区本身就是治沙基地或科研基地，走科研、旅游一体化创新道路，在此旅游的同时也感受了生态文化，满足了人们"回归自然"的愿望。其中吐鲁番沙漠植物园还被命名为全国科普教育基地、全国青少年科技教育基地、爱国主义教育基地。

4. 将沙漠资源与其他旅游资源结合开发

在我国的沙漠分布区，往往伴着其他资源。比如说内蒙古巴丹吉林沙漠中就分布着数目众多的海子（湖泊），新疆塔克拉玛干沙漠中分布着古城遗址，甘肃武威沙漠生态公园其实也是沙生植物的展示地。各景区在开发中自然将沙漠资源和这些水资源、生物资源和历史遗迹等整合在一起进行包装经营，这样必然会增加旅游项目，丰富产品内涵，提升景区的整体吸引力。原本处于旅游低地的宁夏，就利用大漠和黄河相伴共生的奇特景观，将沙坡头旅游景区打造成精品景区，大大提升了该自治区的旅游竞争力。此外，即使在沙漠之外的一些旅游资源也往往被旅游决策者们拿来做文章，最为典型的就是鸣沙山—月牙泉与敦煌莫高窟的资源组合开发，还有后来内蒙古自治区将沙漠草原观光游和周边的呼和浩特市、包头市、鄂尔多斯市等地的蒙古族文化结合为旅游精品线路，作为推向海内外的旅游名牌产品，这些都增强了当地旅游的市场竞争力，相信会为其他的旅游规划者提供有益的启示。

5. 旅游区开发存在同质化现象，特色不够鲜明

在我国，由于一些沙漠旅游景区依托资源雷同，开发项目趋近。比如观光型的旅游区无非就是欣赏大漠风景及伴生景观，除此之外有一些诸如滑沙、骑骆驼、沙滩排球等娱乐项目；生态型的景区多是一些沙漠生物展示和农家乐项目等。再加上有些景区邻近，故之间的替代性增强，吸引力产生抑制，使各自处于竞争削弱的局面。比如宁夏沙坡头和沙湖景区分别位于银川南北，均以相似项目辐射同一地域，这种负性的空间竞争减小了各自本来应该拥有的旅游市场。内蒙古库布齐沙漠的银肯响沙湾和恩格贝旅游区也存在类似的情况。这要求以后的决策者们要在旅游区形象塑造上增加创意，树立其独特的鲜明形象，推出 1~2 个主打旅游项目，并通过开展一系列主题活动强化这一形象，增强景区营销推广力度。

（二）沙漠型旅游景区的发展模式

1. 风景主导类型

代表景区是鸣沙山—月牙泉旅游区和沙坡头旅游区。前者位于甘肃省敦煌市境内，该旅游区风景秀丽，开发特色鲜明，品位较高，以"山泉共处，沙水共生"的奇妙景观闻名于世。后者位于宁夏中卫市，以沙漠为主体，并拥有河流、高山、绿洲等地貌类型，以独特的自然景观和人文景观组成了具有垄断性质的资源。

2. 地质公园类型

代表景区是内蒙古阿拉善国家地质公园。这是个特殊的类型，包含若干次级景区。公园内自然景观优美，人文景观独特，地质遗迹类型丰富，具有完整性、典型性、唯一性的特点和极高的美学与科学研究价值。根据地质遗迹的成因类型、地理分布特点以及保存方式，该地质公园被划分为三个园区：巴丹吉林园区、腾格里园区和居延海园区。巴丹吉林的雄浑神秘、腾格里的奇妙俊美、居延海的不老传说与土尔扈特部落的人文历史交相辉映、相得益彰，是沙漠地质公园的精华所在。

3. 生态展示类型

代表景区是甘肃武威沙漠公园和内蒙古恩格贝生态旅游区。前者位于武威城东，是镶嵌在腾格里沙漠前缘的一颗"绿色明珠"，园区内种植沙生植物 500 多万株，几十个品种，绿化率达 80% 以上，已成为集大漠风光、绿洲园林、生态乐园等为一体的度假游览胜地，被誉为中国"沙海第一园"。后者地处内蒙古鄂尔多斯市，区内有沙漠和草场，是著名的治沙中心，植树旅游是这里的一大特色。旅游区现已发展成为集沙漠珍禽动物观赏、大漠风景观赏、生态农业观赏、沙生植物观赏和游客休闲度假综合服务为一体的沙漠生态示范旅游区。

4. 集观光、游憩、度假于一体的综合性类型

典型景区是宁夏沙湖旅游区和内蒙古腾格里沙漠的月亮湖景区。它们都是以湖泊为依托，具有典型沙漠景观的区域，是集观光、休闲娱乐、度假、康体疗养为主的综合性旅游景区。尤其是沙湖旅游区，集江南水乡风光与大漠风情于一体，被誉为"塞上明珠"。

5. 探险、考古、科考功能突出的类型

典型代表是新疆塔克拉玛干沙漠的若干旅游区。楼兰古城是汉代通往西域的必经之地，罗布泊神秘悠远，这些是许多探险家进入大漠的主要目的地。从罗布泊至库尔勒与古丝绸之路中线会合，此线路分布着众多的驿站、佛寺、古塔、烽燧和汉长城等，是考古游的理想选择。如果将阿拉善沙漠地质公园中的巴丹吉林景区剥离出来，它也是符合这一类型的景区。巴丹吉林沙漠连绵起伏的高大沙山是探险的好载体，曼德拉岩画、海森楚鲁风蚀地貌则是开展科教和考古的好对象。

6. 主题公园（游乐园）类型

正在建设发展中的甘肃临泽沙漠公园应当属于这一类型。从长远看，其将会成为一座集旅游、商贸、餐饮、娱乐为一体的大型现代化游乐中心。这里建有中科院沙漠实验站，园内沙漠、戈壁和绿洲景观浑然天成，与之相邻的一些大型现代化农牧业设施陆续建成，便于它们共享基础设施，相互促进，联合开发，实现商贸、旅游和沙漠治理三位一体。相信在不久的将来，这座以沙漠游乐与治理为主题的公园会成为西部的绿洲沙漠、百姓的欢乐家园。沙漠旅游开发要依据当地沙漠的自然特点以及各种旅游资源的组合情况，从我国的实际来看，绝大多数景区是沙漠与其他旅游资源组合而成的，而且往往是多种类型旅游资源的组合，这为我们的划分工作带来了不便，所以说由于资源的复杂性和开发的综合性，我们的划分不是绝对意义上的，但是在一定区域内往往又是以某一两种资源要素为主导，开发也有其功能侧重点，那么我们的划分又有相对合理性，是一种有益的尝试。

七、草原型旅游景区

草原旅游是以草原辽阔的空间、独特的游牧文化、差异化的草原气候、良好的

生态环境、可亲近的动植物资源等为依托，满足人们别样的观光、度假、文化、娱乐、探险等旅游需求的体验式旅游。地域历史文化资源的深度演绎，是草原旅游区差异化发展的核心依托，由于草原景观同质化较强，单纯依托草原观光产品，较难与同类旅游区形成差异，而目前草原文化的展示还无法跳出"骑马、吃肉、看歌舞"的传统套路，这造成了草原旅游产品同质化的发展困境。如何深化草原旅游景区的体验，形成专属性较强的旅游品牌，是众多草原旅游区面临的共同难题。

（一）草原型旅游景区的发展特征

1. 草原型旅游景区的景点散、要素杂

草原型旅游景区的旅游点分布较散，还有大量的小型旅游点穿插其中，其分布更没有合理整齐的规划。这样的散布不仅给游客造成困扰，影响了旅游点的收益，而且加大了政府的管理难度。

草原型旅游景区旅游点规模大小不一，设施不完备，经营人员流动性强，已建成旅游点规模差异大。建设差异如此之大使一些旅游点内部设施不完备，功能不完善，出现安全、环境等问题，导致旅游景区原始环境的破坏，旅游点声誉的下降。经营人员成分复杂、流动性强。一些小型旅游点实行的是承包制，经营人员只是在一定的月份或年份进行承包经营，因为其接待的游客多是散客，于是经营者大多不遵守经营规则，出现"店小欺客"现象。而且由于其具有流动性，其承担法律责任的可能性小，更加剧了违法经营行为，使众多游客产生了负面情绪并给出了劣质评价，这将使整个地区的旅游业发展陷入恶性循环，失去持续发展的动力。

2. 草原型旅游景区的吸引力弱

草原型旅游景区旅游点市场竞争力弱、影响力弱，中小型旅游点自身存在大量问题降低了市场竞争力。旅游点自身设施条件有限，旅游点产品少，使得旅游点竞争力弱。草原旅游产品单一，产品组合开发水平低，草原旅游点给旅游消费者提供的消费体验，也只是草原景观观赏、吃手把肉、骑马等浅尝试的自然与民俗文化体验，体验内容单调、雷同，这样的旅游产品产生不了大的吸引力，对增强旅游点的市场竞争力贡献小。还有中小型旅游点存在前期资金投入不足，没有长远发展规划，内部设施老化甚至缺乏，专业的旅游管理人才较少等问题。旅游点自身存在的这些问题不仅导致其自身再发展受到极大阻碍，而且在市场条件下，相较于其他地区旅游点，竞争力明显不足，使其在市场中处于被动地位。中小型旅游点影响力弱，没有较强的正面经济推动力，反而产生大量的负面影响。本地的旅游业并没有发挥出强大的经济推动力，对于本地旗县、农村经济发展辐射影响弱，带来的经济

推动效应范围窄，只局限于旅游点周边，没有形成一定规模的旅游经济。反而因为违法经营等行为带来了不可估量的负面影响。这样的发展方式是无效的，给地区经济发展带来了大量负面成本。

3. 草原型旅游景区的客流量低

草原型旅游景区旅游点客流量不稳且低，旅游点没有长期规模较大的旅行社合作伙伴，无法带来稳定大量的客流，且自身市场影响力小，无法为自己带来较多游客。外部市场条件和内部自身缺陷共同作用下，使客流量问题成了旅游点可持续发展的又一大阻碍，也使本地区旅游业难以获得突破性发展。政策条件的改善，使大多数消费者倾向于自驾旅游，于是旅游点经营人员便抓住这个趋势，在通往旅游点的必经之路上拉散客。尽管利用这种方式带来了一些消费者，但是仍体现出客流量不稳定和低数量的特点。这样的拉客方式不仅没有带来足够多的游客，而且导致很多违法行为出现，价格欺诈等问题就是典型代表。

4. 草原型旅游景区的经营时间短

草原旅游旺季短决定了旅游点经营时间短，旅游点经营时间短导致了其获利时期短，这是一条由草原气候所引起一个连锁反应链条，是草原旅游无法避免的天然缺陷，同时也是草原旅游的一大特征。这个问题的存在对于草原旅游点的发展有着巨大的影响，逼迫其努力寻找和转变发展模式，发掘自身潜力去进行旅游点的适应性开发，走多元化发展道路。

（二）草原型旅游景区的发展模式

1. 打造品牌

草原型旅游景区旅游点协作打造地区旅游品牌，形成旅游点集聚区，为本地区整个旅游产业提升知名度。旅游点普遍规模较小，无法产生巨大的市场影响力，而且旅游点空间分布密集，使消费者难以对某一个旅游点形成深刻的印象，旅游点无法很好地获得旅游服务反馈和后期声望评价，对其持续发展造成困难。进行联合发展，打造独特品牌，是地区旅游点发展的必由之路。各旅游点合作可以形成旅游地区集群，以整体的全新面貌走向市场，以整体影响推动个体发展。品牌建设是模式构建的重中之重。品牌效应在当代社会所起到的作用毋庸置疑，优秀品牌是推动地区产业发展的重要力量，这就是品牌建设的重大意义。

2. 优劣互补

草原型旅游景区旅游点协作可以进行整体调节，使设备、人才等资源实现共享，从而达到中小型旅游点的共赢。各旅游点在旅游资源的占有上十分不平衡，各有优劣，有面积优势型、风景优势型、设施优势型、人员优势型等，还有相对的各种劣势，这些优劣势的存在极大地限制了旅游点的发展。联合发展模式可以推动合作者内部资源的自由流通，既有效地利用了各种现存设施，又加速了旅游点自身的发展，最终实现各旅游点的共赢。

3. 制定行规

草原型旅游景区中小型旅游点经营管理需要有一整套合适的规范规则，这样的发展才会拥有不竭的动力。中小型旅游点经营者法律意识淡薄，且缺乏政府强有力的管理措施去限制其不正当的经营行为，在市场条件下，必然会产生违法行为。旅游点联合制定规则则弥补了这一缺陷。联合状态下所制定的规则首先必须是合法的，然后可以根据本地旅游点发展的特点和具体需要提出相关的限制条款和互相帮助的措施。在保证了各个合作者自身利益的情况下，以书面的形式拟定具体条款实现共同发展，这种联合制定规则的方式是已经被证明了的且极其适合内蒙古地区所使用的一种管理方式。

4. 组织活动

草原型旅游景区中小型旅游点联合举办活动是提升其影响力和吸引力的主要方式，还可以极大地分担独自组织活动所承担的经济压力。随着时代的发展，单纯的旅游观光已不再占据旅游业的主导地位，不能够满足消费者多样化的需求，组织开展大型活动，是旅游点寻求发展的新方式。独自举办活动会带来巨大经济负担，协同举办既避免了这一问题，还会为各旅游点带来附加收益。蒙古族特色的文化贯穿其中，既起到了文化宣传的作用，又可以给游客留下深刻印象，吸引更多的消费者。

5. 对外合作

草原型旅游景区中小型旅游点不仅要实现地区内部的合作，还要加强地区间、行业间的合作。地区旅游点的发展不能仅仅依靠自身，合作是其正确的选择。对外合作首先带来的就是影响范围的扩大，这就提供了潜力无限的市场。对外合作分为与不同地区同行业的合作、与不同地区不同行业的合作，以及与同地区同行业的合作、与同地区不同行业的合作4种。合作更多地意味着互相学习、交流经验，这对于旅游点自身建设有着重要意义；合作意味着引进某一种产品或进行投资加盟，可以促进合作双方共同的发展；合作意味着各地文化间的交流；合作体现了旅游业自身的推动力量，即推动本地区其他产业发展，促进地区经济的整体进步；合作是最理想的一种地区发展方式，体现了地区旅游业发展的终极目的即推动地区整体进步。通过对外合作，形成了一张巨大的发展网，可以联系东西，贯通南北，促进本地区旅游业面向全省甚至全国市场扩展。这四种合作方式既相互贯通又独立存在，旅游点可以根据自身发展需要灵活选择。

6.产业融合

草原型旅游景区发展本地区中小型旅游点的发展已被旅游所限制，缺乏向其他产业渗透的意识，旅游业逐渐与其他产业相融合是其发展必要及必然的选择。其他地区旅游业对旅游融合产业的探索已经有了很大的成就。他们以本地特色文化为出发点，利用现代新型科学技术打造出了具有文化气息的特色产品，受到消费者的大力追捧。最为成功的便是与演艺业的融合，产生了著名的《宋城千古情》《云南映象》等优秀表演剧目。这些剧目以当地文化为基础，以表演的形式来展示，不仅仅保护和推广了当地文化，还以文化促发展，走出了一条现代化经济发展的必由之路。

八、温泉型旅游景区

温泉型旅游景区以健康养生为特色，集旅游、休闲、会务于一体，已成为21世纪旅游度假的一大热点。温泉旅游集旅游、休闲、健身于一体，正在成为休闲度假旅游的一大热点，温泉经济更是被称为朝阳产业中的朝阳。在北京、广东、福建、东北、四川等温泉资源丰富的省份，近年来温泉旅游已经成为各大旅行社省内游增长最快的板块。

（一）温泉型旅游景区的发展特征

1.温泉、旅游、地产的结合融合

只要温泉旅游景区的地热条件较好，环境和区位条件合理，温泉旅游景区驱动的旅游景区的开发风险就不大。但要认清温泉旅游景区业态的定位，温泉旅游景区的地产旅游项目和旅游景区、户外运动、康体养生、会议度假、亲水娱乐等具有天然可融合性。

在温泉旅游景区旅游项目策划时应特别注重与上述项目的要素复合配置。温泉旅游景区旅游资源对于旅游景区开发的主体作用越来越大，成为带动区域泛旅游产业发展的新动力。特别是依托经济较为发达的大中型城市，交通便捷，区位优势明显，周边范围汇集较高品位观光、休闲旅游资源的温泉旅游景区，都可成为泛旅游产业的整合源。由此，形成一大批温泉旅游景区休闲度假区、温泉旅游景区如温泉地产小镇、温泉旅游景区城和温泉旅游景区城市。

2.本土化与国际化

纵观目前国内温泉旅游景区旅游，能够传达历史，体验汤泉文化经典的项目少之又少，大多是"拿来主义"形成的"万国文化"，缺乏品牌自主性，缺乏产品差

异化，无法形成国际竞争力。

旅游消费是消费文化。"特色是旅游之基，文化是旅游之魂，环境是旅游之根，质量是旅游之本"；真正的差异源自文化，文化差异是可持续的竞争力。因此，温泉旅游景区设计应当挖掘中国传统文化和本地文化资源。

3. 市场细分准确定位

细分市场是温泉旅游景区旅游大众化发展的必然趋势，市场需求决定产品和服务特色。市场的细分会加快，会出现许多特色温泉旅游度假村，大众会被分众市场分流，这是市场发展的必然分工；调查表明，当下针对中年男性、家庭群体、老年保健和中小型商务群体的针对性温泉旅游景区旅游产品最受追宠。

对区域市场进行细分和研究，对同一区域细分市场的消费游客再进行细分和研究，针对不同的年龄、消费能力、偏好提炼消费需求，跟进需求开发特色产品，并通过市场的检验进一步提炼，形成定制化、经典化的套餐，不断完善质量，提升品质，从而形成竞争优势。

4. 亲水休闲四季整合

不同于其他旅游项目的时间限制性强的特点，温泉旅游景区 24 小时可消费产品（日夜泡浴、餐饮、住宿、娱乐、商务），与一般旅游吸引物也不同，温泉旅游景区淡旺季越来越不明显。四季休闲，是温泉旅游景区产业最为可持续发展的结构要素。由此，引发了四季休闲产业全新的集结与整合，形成了以温泉旅游景区为中心的新产业模式与业态发展。

5. 生活方式与游憩方式不断创新

旅游是一种短期的生活方式；从社会角度看，就是一种常态的社会生活方式；它已经成为城市居民生活质量的重要组成部分。近年来温泉旅游景区的泡浴方式在不断创新，温泉旅游景区动态化、娱乐化在持续发展，温泉旅游景区产品的附加值在不断提升。从巧克力浴、咖喱浴等洗浴类型的创新，到室内外温泉旅游景区、音乐泉、温泉旅游景区烹饪等利用方式的创新，再到温泉旅游景区辅助减肥、美体等温泉旅游景区套餐的开发，创意产品层出不穷。除了泡浴方式，温泉旅游景区游憩方式还可以在温泉旅游景区休闲文化体验上进行创新。

6. 核心竞争力延伸产业链的策略

针对国内温泉旅游景区旅游同质化的问题，温泉旅游景区产业态的核心竞争力主要体现在服务上，同时决策者要考虑未来对温泉旅游景区的综合利用。温泉旅游景区旅游不是单一项目结构，而是产业结构。温泉旅游景区资源和收益是有限的，但温泉旅游景区旅游可以形成产业体系，带动景区产业发展；温泉旅游景区旅游项目可以延伸为多种业态的丰富产业链，从而获得稳定宽广的收益。

（二）温泉型景区的发展模式

1. 温泉旅游景区的高端精品模式

与传统的大众温泉旅游景区洗浴开发方式不同，高端精品温泉旅游景区的打造赋予了温泉旅游景区度假更多的内涵，包括高端的服务、精美的设计、优越的环境、超然的享受，将养生、度假、文化等多种体验方式和温泉旅游景区融为一体，提供高档次、专业化的服务项目，以"精致型、小型化、私密性"的方式经营，使游客在尊享高端温泉旅游景区度假产品的同时，达到身心的彻底放松和享受。

温泉旅游服务规范 LB T046—2015

这种全新的温泉旅游景区休闲度假方式最大的特点在于温泉旅游景区与SPA、文化内涵的紧密结合，已经成为现阶段温泉旅游景区旅游的一个重要消费理念。

2. 温泉旅游景区的品牌加盟连锁模式

旅游产品已经进入了品牌消费的时代，随着我国温泉旅游景区旅游的日益蓬勃发展，品牌的建立和维护在温泉旅游景区旅游的开发中显得越发重要。

品牌输出模式正是随着这种趋势的发展应运而生的一种开发模式。该模式的特点在于企业通过对温泉旅游景区资源的合理开发，形成经典的开发案例，在业界产生一定的品牌知名度和影响力，然后吸引其他合作者进行品牌加盟，通过这种方式实现连锁化经营和品牌管理。这种新型的开发模式使温泉旅游景区突破了地域的限制，实现了"多泉管理"，创造了跨地域的温泉旅游景区品牌。

在这种模式下，温泉旅游景区品牌一旦形成，便可以采用加盟的形式来推广，受地域的局限性小，后期品牌项目的建设资金投入也小，并且可以迅速发展成集团化经营，产生规模效应，占据客源市场。

对于品牌后期的加盟者而言，品牌本身就是区别于其他旅游景区项目的吸引点，通过加盟，既可以将自身与其他地产项目区别开来，又可以利用品牌效应占据较大的市场份额，节省投资和营销推广费用，正所谓何乐而不为。另外，通过品牌加盟也可以降低温泉旅游景区开发的投资风险。

3. 温泉旅游景区的旅游综合体模式

温泉旅游景区开发的投资规模将会越来越大，动辄几千万元、几亿元的项目综合化温泉旅游景区综合体会越来越多。除了温泉旅游景区外，配套的项目越来越丰富，有酒店、娱乐、高尔夫等。

随着温泉旅游景区旅游的迅速升温，人们对温泉旅游景区的需求远远不止于沐浴、康体等一般产品，而是开始追求产品多元化体验，尤其在自然资源一般的温泉旅游景区度假地，仅靠单一的温泉旅游景区资源开发是不足以支撑度假区的有效发

展的，需要多元化的产品来增强温泉旅游景区地的吸引力和竞争力，这一现状推动了综合式温泉旅游景区开发模式的产生。

这种模式以旅游区内良好的温泉旅游景区资源为基础，利用周边优美的自然环境，辅之以人工设施，开发休闲度假、康体健身、观光娱乐、商务会议等多功能的旅游产品，以此来吸引各种需求的游客。其最大的特点是能够适应各层次、各类型的旅游市场。

第三节　自然景观类旅游景区的定位与开发重点

案例导入

广东白水寨景区是位于广州近郊的 4A 级风景区，以落差 428.5 米的中国内地落差最大瀑布著称，是备受珠三角市民青睐的生态休闲胜地。其成功之处：一是高水平策划与设计，突出标志景观吸引力；二是应对"蓝海"市场需求，开发多元产品；三是认真调查市场，找准区域市场空隙；四是着力旅游产业的上下整合，让旅行社输送客源。

该项目最早利用了一项关于该景区的游客问卷调查表明的缺乏食、住等餐饮设施的研究报告，围绕食、住项目开始进行景区开发，具体做法有：一是立足广州市民及大众旅游市场，围绕温泉、食住进行多元产品打造和组合。二是及时扩大开发乡村旅游产品，如村民菜地观光与蔬菜采摘，开拓漂流项目。三是联合旅行社，通过"广之旅"的进入合作开发，带动了景区发展。使游客从开发前每年不到 10 万人，达到现在的每年 300 多万人，成为一个都市周边市场火爆的休闲观光景区。

（资料来源：百度百科）

思考：

1. 上述案例中景区开发成功之处是什么？
2. 在开发之前，该景区做了哪些准备工作？

自然景观类风景区从功能上可划分为观光型风景区和度假型风景区两大主要类型。由于客观历史条件的限制，度假旅游对于中国人来说才刚起步，观光旅游占据了我国旅游业的主导地位，致使以往差不多所有的自然景观类风景区都被当作观光型风景区加以定位和开发。许多旅游者至今仍对度假旅游存在着误解，认为它是有钱人的高档享受。度假旅游比之于观光旅游，尽管属于更高一级的行为层次，但在旅游者占据了较多的闲暇时间和可自由支配的经济收入后，它就成了大众消费形式。那么，究竟哪些自然景观类风景区适宜开发为观光型旅游产品，哪些自然景观类风景区适宜开发为度假型旅游产品呢？概括来说，自然景观类风景区都具有观光功能。但有的自然景观类风景区发展观光旅游对旅游者的吸引力并不大，若发展度假旅游，反而吸引力更大。在开发自然景观类风景区前，对自然景观类风景区的定位要准确。尽管有的风景区可同时开发为观光、度假复合型旅游产品，两种功能客观上存在交叉重叠关系。但这类风景区毕竟不太多。一个自然景观类风景区，是开发为度假旅游产品还是观光旅游产品，这种主导性定位直接关系着景区的开发特色、规划及对客源市场的吸引力。

自然景观类风景区开发为何种类型的旅游产品，是由以下几个重要因素决定的。

一、自然景观类风景区的资源品级

适宜开发为观光型的自然景观类风景区，一般要求风景优美、景点众多、景观特点突出、风景资源品级高，尤其在同类或同区域景区中一枝独秀，或者在某方面有独特性，具有独到的观光、游览价值。观光型自然景观类风景区的景观特色和风景资源品级是对客源市场产生吸引力的最重要的因素。一个自然景观类风景区是具有国际客源市场吸引向性或者国内客源市场吸引向性，或者只具有地区客源市场吸引向性，也就是说该风景区对客源市场的吸引向性有多大，很大程度上取决于此因素。景观特色越突出，风景资源品级越高，对客源市场的吸引力就越大。此外，大多数观光型自然景观类风景区并非单一的自然景观，自然景观往往与人文景观融为一体，形成自身的特色。如峨眉山除了以它的"秀"闻名天下外，作为全国四大佛教名山之一的地位也同样注定了它的资源品级具有国际客源市场吸引向性；青城山不仅以"幽"名闻四海，还因为它作为道教发源地的历史地位也使之享有国际声望。这一秀一幽以及作为佛教、道教的圣地，恰是对峨眉、青城二山的特色和资源品级的高度概括。所以，峨眉山、青城山对国际、国内客源市场就具有了很强的吸引力。与之相应，有的观光型自然景观类风景区仅对本地区客源市场产生吸引力，这也同样是由风景区的特色和资源品级决定的。

对于那些离中心城市较近，可进入性良好，资源品级高，景观特色突出的观光型自然景观类风景区，可以适当开发度假旅游，增加其度假旅游功能，使这类自然景观类风景区的旅游功能向复合型发展，如峨眉山、青城山等风景区，已具有这种条件。但对于那些距离中心城市远且可进入性较差的风景区，就不便开发为度假型旅游产品，如九寨沟、海螺沟等风景区即是如此。另外，对于那些离中心城市近、可进入性好，但资源品级不高、产品特色容易被同类景区替代的自然景观类风景区，则以开发度假旅游产品为宜。

所以对于那些自然风景优美，但风景特色不太突出，其特色容易被同区域内特色更突出的风景区所替代，且风景资源和人文资源品级不高，一般仅具有地区吸引向性的风景区，如果开发为观光旅游产品，对客源市场的吸引力不大，效益不会太好。但如果开发为度假型旅游产品，则可扬长避短。在将这类风景区定位为度假旅游产品后，食、住、行、玩、娱、购一体化开发，这类风景区就将成为受人喜爱的度假休闲地。

二、自然景观类风景区的区域分布

自然景观类风景区在某一区域分布较密集，或呈块状分布，或呈带状分布，这种区域分布状态是开发观光型旅游产品的良好条件。因为它能使旅游者在单位时间内游览到更多的景区，便于形成最佳的闭环式旅游线路，可避免走回头路。旅游者能在沿途欣赏到不同风格的景观，获得较多的旅游信息量，不会因为去某一旅游目的地而将大部分时间消耗在往返途中。但当自然景观类风景区群集为块状或带状的区域分布时，会出现景区特色相互抵消的问题。在这一区域内，如果各风景区景观特色雷同，相互间有可替代性，则景观特色最突出的景区吸引力最大，其他景区的吸引力被其抵消或减弱。此时，景观特色最突出的景区开发观光旅游颇具实力，而其他景区开发观光旅游，对客源市场吸引力不大，倘若后一类景区可进入性好，距离中心城市近，则可开发为度假型风景区，这样反而会变短处为长处。如果将此类风景区不加区别地开发为观光型风景区，其吸引力并不大，这就是定位不准的缘故。

此外，若居于某一区域的自然景观类风景区处于孤立状态，周边无其他风景区作依托，旅游者前往观光、游览不得不走回头路，这类风景区除非其资源品级高、景观极具特色，否则不适宜开发为观光型风景区。但如果这类风景区可进入性较好，并且离主要客源市场较近，开发为观光旅游地不是最理想的场所，开发为度假旅游地却十分理想。位于杭州市郊的莫干山风景区之前长期效益不好，就是由于定位不准开发观光旅游的缘故。由于旅游者不是带着观光目的去旅游，而是以度假为目的去休闲，所以并不太在意走回头路，旅游线路的重复不会给旅游者带来太大的缺憾。旅游者若能在度假地真正享受到娱乐、休闲，能够呼吸到新鲜的空气，享受静谧的环境，就会对度假地满意。因此，度假地娱乐项目和休闲项目的开发，是度假地的生命力之所在。

三、自然景观类风景区的可进入性

自然景观类风景区的可进入性具体体现为风景区离主要客源市场或风景区离所依托的中心城市的距离，以及中心城市到自然景观类风景区的交通、运输条件。对于自然景观类风景区来说，可进入性是其发展旅游业的重要条件，旅游资源开发的一个重要项目就是对风景区可进入条件的开发。可进入性对于发展旅游业的重要意义，由此可见一斑。尽管所有的自然景观类风景区都需要良好的可进入条件，但由于社会经济实力等原因，决定了在现实中并非如此。在自然景观类风景区可进入条件参差不齐的时候，观光型旅游地对可进入条件的要求就没有度假型旅游地对可进入条件的要求高。也就是说，可进入性好的旅游地适宜开发为度假旅游产品；可进入性差的旅游地最好开发观光、考察、探险等旅游产品。

度假旅游产品以吸引周末和节假日度假、休闲客源为主，度假旅游者到度假旅游地主要不是去体验奇特旖旎的风光，而是为了享受到身心的娱乐和休憩。旅游者并不希望在路途上耗费太多的时间。度假旅游地一旦对旅游者产生吸引力后，旅游者在一生中可能多次去此地，成为该地的回头客。所以，度假旅游地对可进入性要求很高。一般情况下，从中心城市到风景区所依托的城镇要有高等级公路、铁路等运输线路直达，从城镇到风景区的公路等级也要求较高、路况要好；同时，要求从风景区到中心城市的距离不能太远，以在 160 千米以内为宜（位于偏远地区的观光、度假复合型旅游地除外）。

一般的观光型自然景观类风景区对可进入条件要求也高，除非风景区资源品位很高，景观极有特色。在此时，该风景区的景观吸引力可以掩盖可进入条件的不足，对客源市场仍然有较大的吸引力，比如九寨沟、泸沽湖、海螺沟就是如此。换言之，对于那些可进入条件较差的风景区，只能开发为观光型旅游地，一般不能开发为度假型旅游地。

四、不同类型自然景观类风景区客源的差异

旅游者对自然景观类风景区的选择行为也会对风景区的开发产生影响。观光旅游者会毫不犹豫地选择观光型风景区，度假旅游者也会毅然决然地选择能够愉快地度假的旅游地——如果旅游者是成熟的旅游消费者的话。反过来说，不同类型的自

然景观类风景区吸引不同类型的客源。一般来说，旅游者几乎不可能自愿前往同一个观光型风景区两次，也即是说，观光型风景区很少能吸引回头客。相反地，度假型风景区必须将吸引更多的回头客作为自己的开发战略和经营策略。在很大程度上，回头客的数量多少是度假型旅游地是否长盛不衰的根本因素。由于两种旅游区吸引的客源类型不同，决定了旅游区开发的战略也不一样。

在对自然景观类风景区进行开发前，必须对自然景观类风景区究竟适宜开发为何种类型的风景区或者以开发为何种类型的风景区为主进行定位。而自然景观类风景区的开发定位，又是由以上几个因素决定的。有的风景区在开发后，为了转变经营方向，还得进行再开发。在再开发前，也应对风景区进行重新定位。定位，是对风景区的价值、特色、吸引力等方面进行审定，以确立自己在同类景区中的地位和价值。准确的定位，会大大减少开发的盲目性。

将自然景观类风景区开发为观光型风景区还是度假型风景区，取决于对自然景观类风景区的定位。在对自然景观类风景区进行了恰当、准确的定位后，不同类型的风景区开发的重点就不同，这种不同的开发重点会使风景区形成各自不同的特色。一旦将自然景观类风景区定位为观光型风景区后，只能按观光型风景区的特色要求进行开发（可同时开发为度假型旅游产品的风景区除外），而不能将景区开发为度假型旅游产品。与之相同的是，度假型风景区的开发也应遵循同样的原则。

五、不同类型自然景观类风景区的开发侧重点

观光型风景区和度假型风景区开发的侧重点不同。观光型风景区开发的重点在景点、旅游线路和游览路线等方面。而度假型风景区开发的重点在食宿接待条件、旅游服务水平、娱乐设施和娱乐项目等方面。因此，观光型风景区开发的宗旨是尽量突出景观特色，以旖旎的自然风光来吸引旅游者。在设计游览线路时，尽可能将本景区的特色景点设置在最佳位置，使旅游者在进入景区、游览途中和游完景区这三大时间段的时候，都能体验到本景区最迷人的景致，直到游完后仍感意犹未尽。所以，观光型风景区的开发应在"游"字上做文章。度假型风景区的开发应多体味"度假"二字，游客为了达到休闲、娱乐的目的，对景区的食宿条件、服务水平、娱乐设施和娱乐项目这些软硬件要求高。观光型风景区食宿条件稍差一点，游客不会有太大意见，因为自然风景的吸引力可以弥补食宿条件的不足。但度假型风景区的食宿条件差，游客意见就很大。食宿、娱乐等接待条件成了度假型风景区的主要吸引力。所以，度假型风景区的开发，应在"娱"字上下功夫。

此外，开发山地风景区、观光型风景区不宜修建索道，度假型风景区可以修造

索道。然而，在我国山地旅游资源开发中，几乎所有的风景区都不加区别地建索道，这是一种典型的滥开发行为。观光型风景区的住宿点应尽量建在山脚，山上只能适当修造食宿点。即使在山脚的食宿点，也要尽量避免城市化倾向，楼房的高度、布局、造型等要与周围的风景协调一致。度假型风景区的住宿点除了安排在山脚外，在山上、山腰可以开发度假区。度假区的建筑物要与周围环境协调一致，并应特别注意隐蔽性。度假区的建筑风格与自然景观和环境对称调和后，是增加了自然美，而不是减弱了自然美。所以，度假区的建筑风格、布局等对于度假型风景区来说，显得十分重要。

第四节　自然景观类旅游景区的营销策略探索

案例导入

　　成都都江堰景区拥有"山、水、道、熊猫"等特色旅游资源，2016 年全年吸引游客 300 多万人次。景区注重互联网营销和推广，并和携程、驴妈妈、去哪儿网开展深入合作。此外从政府到景区管理部门都积极开展各类创新营销活动，如打造中国精品景区联盟、推出主题 IP 等，打造独特旅游城市品牌。

2017年都江堰景区重点营销策略

响应全域旅游，打造中国精品景区（营销）联盟
都江堰联合九寨沟和黄龙景区进行合作，成立精品景区（营销）联盟，实现信息互享和客源互送，以此辐射周边、带动整体区域协调发展

"跟着panda去旅行"，主打IP吸引游客参与互动
旅游景区管理局将在五一推出这一亲子主题旅游活动，包含"甜甜蜜蜜全家福"、"DIY胖达"等互动活动，切实提高游客参与度

结合当地民风民俗，开展特色营销
结合川蜀少数民族的风土人情，如放水节时推出历史舞台剧表演，吸引中外消费者

来源：公开资料及企业访谈。
©2017.4 iResearch Inc
www.iresearch.com.cn

　　（资料来源：百度百科）
　　思考：
　　1. 成都都江堰景区拥有哪些自然资源？
　　2. 成都都江堰景区是如何开展营销活动的？

一、整体制定原则

（一）景区环境保护与可持续发展原则

我国自然景观类旅游景区大多为公共性资源类景区，所有权归国家所有，承载着资源保护、科研、教育、经济等多项职能，因此保护景区环境是确保以上职能实现的根本。自然景观类旅游景区产品是以自然景观类旅游资源为基础，如果景区的环境遭到破坏，则会严重削弱景区产品的质量，影响旅游者的景区感知价值，同时会给社会带来极大的负面影响。世界环境和发展委员会（WECD）认为"可持续发展"是既满足当代人的需求，又不危及后代人满足其需求的发展。因此自然景观类旅游景区的开发需要有"度"，不能一味追求扩大景区接待规模、提高景区服务质量而大兴土木，大量添设人造设施，要在把握一定开发限度的基础上提升景区品质。

同时，可持续发展观念也是景区营销观念（营销哲学）经历初级营销观念、市场营销观念、社会营销观念后趋向绿色营销、永续经营，通过保护景区生态环境过程中获取更多、持续的商业机会的较高层次营销思想，能有效避免违规开发、破坏性开发、不注重旅游者需求、服务较差、票价随意调整、渠道合作缺乏、促销手段落后等一系列营销策略的问题。为此，要大力培育景区可持续发展理念，倡导景区可持续开发，推行绿色营销，开展景区可持续化经营。

（二）市场导向与景区多方效益结合原则

旅游景区开展市场营销活动应树立景区市场导向观念，充分重视及发掘旅游者的需求，以市场需求为依据进行旅游景区开发与营销策略制定。为此要进行景区市场细分、选择细分市场、市场定位、开发符合旅游者需求的景区产品，通过各种策略、项目确保景区产品的生命力经久不衰。但在注重市场经济效益的同时，也必须兼顾第一条原则，经济、社会、环境效益目标协调发展，尽量降低资源浪费、节约成本、减少环境破坏，在此基础上提高旅游收益、增加景区经营利润、增强景区社会贡献。景区营销策略制定及改进需重视市场导向，提高景区的经济效益，同时讲求社会效益和环境效益，谋求综合效益的全面提升。

（三）营销策略适度超前原则

在制定旅游景区营销策略时，需要树立适度超前原则，要以战略性的思维来思考景区的营销策略问题，以适度超前的营销思维及营销策略手段来营销我国旅游景区。在营销发展目标上，应适度超前，不再注重旅游者人数而偏向于旅游者结构及平均收益；营销产品需预测市场需求，超前打造、发展具有特色、富有竞争力的景区产品；营销渠道应重视渠道间合作及一体化；景区促销则应重视系统化、多样化以及应用高科技手段促进策略创新。

（四）关注竞争者原则

自然景观类旅游景区的营销策略制定需时刻关注竞争者的行为状况，产品策略需要与竞争对手形成差别化并模仿、借鉴竞争对手的成功策略，还可与竞争对手进行战略联盟，共同设计景区线路、开发景区产品；价格策略方面需关注竞争对手的定价，进行同行比较才能制定出合理的价格，同时还可与竞争对手进行价格策略的合作，联合定价；渠道策略方面景区不仅需与竞争对手竞争渠道终端，还可进行渠道横向合作，取长补短；促销策略方面更需了解竞争者的策略动向，适时应对，若与竞争对手属于同一旅游目的地，还可联合进行旅游目的地的促销，节约成本的同时还更具竞争力。

二、影响因素分析

众所周知，一般企业的营销策略是战略指导的结果，其战略又是外部环境与自身实际情况匹配的结果，因此必须先分析外部宏观环境，然后产业环境、竞争环境，最后才落实到自身情况的具体分析。不可否认，外部环境会对自然景观类旅游景区产生一定影响，但自然景观类景区具有的唯一性、不可移动性以及自身的特色与良好的经济社会效益使得外部环境影响实在有限。自然景观类旅游景区制定营销策略的最主要影响因素为区位条件、景区资源、景区发展阶段及营销目标。

（一）区位条件

距离远近及交通状况是旅游者出行决策考虑的重要因素。根据国内部分学者研究（吴必虎等，1997），中国城市居民旅游和休闲出游市场，随距离增长而衰减，80%的出游市场集中在距城市500千米范围内。另外乘车时间及交通方便程度也是目前旅游者选择景区出游的主要考虑因素。区位条件对景区营销影响首先表现在交通投入上。我国许多自然景观类景区由于所处山沟、山顶，距离城市客源市场较远，且路况不畅、产品配套设施不全，旅游者要进入此类景区，必须得花相当长的时间及费尽舟车劳顿之苦，因此此类自然景区若要吸引大量旅游者必须首先加大对交通便利的投入，只有交通便利才能使景区适应更多类型的旅游者。

另外，区位条件会影响景区的目标市场选择。距离远近及交通状况是旅游者出行决策考虑的重要因素。试想若成都旅游景区将其主要目标市场圈定在美国及欧洲是不切实际的。当然，区位条件会直接影响景区产品类型的选择，如果是距离城市较远的景区就不太适合开展休闲会议性质的旅游。

（二）景区资源

景区资源要素包括景区的资源特色、资源类型以及景区规模。景区资源特色是吸引旅游者观光游览的核心因素，景区资源丰富、稀世少有时，将能吸引大量观光游客；若景区旅游资源单一、普遍时，可能吸引不了较远地区、求新求异的游客，辐射范围有限，是限制景区发展的主要因素。但景区资源特色需要经过充分挖掘与探究，绝不能停留在表面，只有正确认识、全面掌握了景区各种资源，才能真正打造出适合景区发展的资源特色。景区资源类型是指资源属于山地、森林、水景、洞穴或其他类型，不同类型景区资源将对产品、渠道等营销策略产生较大影响。景区规模是指景区的总体规模实力，如财务能力、地方支持、范围大小等；大小决定着景区容量、变化及吸引力，景区规模实力越大，通常政策支持力度就大，可利用的资源也越丰富，产品富含变化的可能性也就越大，同时将容纳更多的游客；若规模实力较小，则开发能力有限，景区容量较小，资源及产品的丰富程度也往往受到限制，易显单调，较难吸引远距离旅游者。

（三）景区发展阶段

根据学者 Butler 的旅游地生命周期理论，可将自然景观类旅游景区的发展分为探索、起步、发展、巩固、停滞、衰落六个阶段，各个阶段有各自的特征及应对策略。

（四）营销目标

我国自然景观类旅游景区多为公共性资源，所有权是归国家所有，景区不仅有经济功能，还有资源保护、科研、教育等多项功能。因此若地方政府重视景区的经济功能，则会加大营销投入，通过各种策略将景区较好地营销出去，获取较大的经济利益；若地方政府重视景区的保护、科研等功能，基于长期考虑想要较好、较完整地保护当地旅游资源，则可能会限制营销，减少开发投入，限制修建宾馆、饭店、交通等大规模旅游的必备设施，减轻景区生态负担。另外，景区营销目标切忌僵化、短视，更切忌只以经济利益为导向。据作者询问相关工作人员了解到，三亚天涯海角旅游景区的营销目标竟是以达到较高规模的旅游者数量为标准。此种现象折射出经营者营销观念落后，可持续营销意识不强，如此一味强调游客人数及门票销售收入的增长只能使景区经营效率低下，同时使旅游者景区停留时间、满意度、重游率徘徊不前，应予以避免。

三、我国自然景观类景区产品策略建议

旅游景区产品策略是根据市场需求及景区可持续发展原则，对景区产品进行规划、设计、开发和组合的活动指导方案。自然景观类旅游景区产品按功能划分主要为观光型景区、休闲会议型景区以及综合型景区三种类型；具体而言，包括自然旅游资源、旅游配套设施及景区服务三个方面。本部分将从认识产品特点、产品开发类型建议以及创新策略建议三个方面依次展开。

（一）认识自然景观类景区产品特点

1. 服务产品很难控制质量

每个旅游者对同一景区、景点、景象可能得到的体验感受都不一样，这中间由于旅游者的喜恶存在感知质量的个体差异；除此之外，还有许多景区自身所无法掌控的影响产品质量的因素，如糟糕的天气会对旅游者感知产生很大的负面影响。

2. 不属于生活必需品

景区产品属于奢侈品，而非生活必需品，是否购买此种产品主要取决于旅游者收入状况和景区价格水平。另外，自然景区等旅游产品的替代程度较高，当一个景区过远、价格过高或者服务不好时，旅游者就可能选择到其他地方去旅游，甚至会放弃旅游。但值得注意的是资源非常具有特色的小部分顶级自然景区，由于其知名度高、条件好，因而其需求旺盛，价格弹性其实较小。

3. 产品的不可移动性

自然景观类景区产品的不可移动性主要表现为以下三个方面：一是景区产品在交换过程中不发生所有权的转移，旅游者只拥有暂时的使用权；二是旅游者对景区产品消费是一种群体公众性消费，不能独占或垄断使用权；三是自然景观类景区产品一般具有地理位置不可移动的特点，这点就不比城市主题公园，如环球嘉年华主题公园就能随时整体搬迁位移。这样的特点也使得自然景观类景区即使地处偏远，交通条件不方便也不能搬到距离客源市场较近的地方。

4. 自然景观类景区的季节性

景区产品是非必需品，与旅游者休闲时间、可自由支配收入等因素密切相关，况且我国许多自然景区距离其客源市场较远，需花费一定时间，因此景区也出现了淡旺季之分。在淡季时可谓门可罗雀，在旺季时则人声鼎沸，不堪负荷。景区淡旺

季的现实对景区经营者的营销策略有着重大影响。

5. 景区产品变化的局限性

自然景观类景区最主要的产品为自然资源，其他产品都以此为依托，而景区自然资源普遍缺乏创新改造的空间。另外，我国大部分的自然景区都处于世界级、国家级、省级的保护区内，资源严格受到法律保护，很难继续人工改造。自然景观类景区产品的天然变化最多就是季节、气候等带来的，而此类变化特别是临时性的气候性变化非常难把握，这对景区营销产品的创新也造成较大困难。

6. 景区的区域分布较分散

从某个特定地域来看，我国自然景区分布相对分散，处在一个竞争充分的市场结构之中。地理分布分散的特性，使得许多旅游者为某个景区不仅要受长途奔波痛苦，还要造成较大机会成本的损失。地理分布分散也使得景区与景区间联盟策略因线路设计、旅游者时间等因素而较为困难，也较大程度制约着景区营销策略的发挥。另外，我国大部分自然景观类景区地理位置较为偏远，如四川海螺沟景区距离其最近的中心城市大概 8 小时的车程，这也给旅游者出行及景区间的横向合作带来困难。

7. 产品供给呈现刚性特征

景区产品供给的刚性主要包含三层意思：一是自然景区产品一旦成型则很难做出修改创新，因此景区线路设计、景点设置、配套设施等策划建设都应慎重考虑；二是自然景区产品资源既定，很难改变，这在产品局限性中已提到；三是景区容量有限，接待量基本固定，不能如一般工业产品般随着需求调整产品供给，同样景区接待若未达到既定容量，则意味着供给过剩且资源浪费，但却无法缩小供给。景区产品的供给又无法转化为其他产品输出，产品转换性不高也决定着景区产品供给刚性的特点。自然景区的产品特点是景区与生俱有的，很多情况下产品无法改变，因此景区产品特点对营销策略的影响相当重要，只有认清了产品特点，才能清楚自身优劣势，才能打造出符合自身特点且结合市场需求的景区产品。

（二）开发类型建议

1. 自然景观类旅游景区开发类型

自然景观类旅游景区产品根据旅游需求划分，可分为观光游览型、休闲会议型及综合型三种类型。观光游览型主要是指品位突出、风景优美、资源禀赋较强的自然景区，以开展游览、观光、科考、探险等观赏体验性强的旅游活动项目为主，如九寨沟风景名胜区、四川稻城亚丁景区等。休闲会议型则一般是具有宜人的气候、温泉、海滩、海水、阳光等，区位条件优越，配套设施齐备，符合现代旅游需求的发展趋势，以组织、经营度假休闲、运动健身、康体娱乐、疗养、会议等旅游产品为主的自然景区，但景区资源通常较为普通，如城郊温泉度假区等。综合型是指既具有观光游览型的资源条件，又具有休闲会议型的区位优势，适合观光、休闲、会议的综合性自然景观类旅游景区，如四川青城山景区、河北北戴河景区等。

2. 开发类型建议

根据自然景观类景区产品不可移动性、变化局限性等特点以及景区的营销影响因素，自然景观类景区均有其适宜的开发类型，必须根据景区区位条件、资源特色、类型、规模、发展阶段及营销目标进行合理开发。

景区区位条件较差，即距离目标市场较远、交通条件不便、配套设施较落后的景区无法满足开展度假休闲、会议旅游的基本条件，因此只能开展观光游览，靠出色的特色资源吸引旅游者克服交通困难前往观光。若区位条件较好，距离目标市场较近、交通便利、设施齐全先进，则适合开发会议休闲产品或者综合型产品。

资源条件突出、规模较大的景区可开发观光游览产品，若同时还具有较好的区位条件，则还可开发综合型产品；但资源单一、规模不大的自然景区则应开发成为休闲会议类型，规避观赏性不强、资源不够丰富等弱势。另外，景区资源为奇异山地以及洞穴型的景区不适合于开发休闲会议型产品。景区发展处于靠前阶段的自然景区适宜开发观光产品，满足旅游者求新求奇的需要；而发展处于靠后阶段，如停滞、衰落阶段时，说明该景区已不再新奇，资源已不如以前有吸引力，可考虑打造休闲会议类产品，完善配套设施，提高舒适感，增强在休闲会议市场的竞争力。

景区营销目标偏重经济功能则可不受开发类型限制；但若营销目标偏重保护功能，强调限制开发，则不能大兴土木，加入过多人工元素，开发大型的休闲会议及综合类景区，其只能局限在观光游览的类型上。

（三）景区产品开发中应考虑的其他主要方面

1. 积极塑造景区品牌形象

因为自然景观类景区产品具有生产消费同时性及供给刚性的特征，旅游者无法在消费前体验景区产品价值，因此无论是观光还是休闲、综合类景区都一定要塑造品牌，树立良好的景区形象，提高景区的知名度及美誉度，吸引更多旅游者观光休闲。打造景区品牌形象要使旅游者将景区记忆及信号浓缩成景区的形象口号，形成条件反应，产生品牌联想。它需要根据景区资源特色及市场特征、环境、竞争与需求综合考量，提炼、宣传具有鲜明特色和吸引力的景区形象。例如，四川九寨沟景区的品牌形象"童话世界""水景之王"等都深入人心，较好地反映出景区特色的同时又很好地与竞争对手形象进行了区别，使旅游者若想去看水，就自然联想到九寨沟景区。另外，塑造景区良好品牌形象，还需要在创造社会效益上下功夫，如自然景观类景区应常向旅游者及社会传递景区保护、社区和谐等能提升景区社会形象的信号。

2. 注重景区线路设计开发

景区线路是指旅游者游览景区的路线安排，在线路中串联景区景点，使旅游者根据设计线路能游览景区精华部分，提高满意度。但由于自然景区产品一旦成型则很难修改更新，因此线路设计需保证"一次成功"，在景区具体线路设计中应考虑多方因素：一是便利、高效、安全、舒适与经济原则，即游览线路不应使旅游者太累，照顾大多数旅游者的体验，保证旅游安全，并能做到景点与景点间的线路高效便捷；二是给予旅游者多种选择，若景区想提高旅游者平均停留天数，使旅游者能在景区多消费，就必须给旅游者设计多种选择的线路，也可称为多天游览线路，使旅游者能在时间安排、游览方式、消费水平、景点游览上进行多套路线的选择，这也是体现景区对旅游者个性化关怀与经济效益提高的有机结合；三是在串联更多景点的情况下尽量避免路线重复，在线路设计上需将景物、景点、景区连接成有机的游览体系，使旅游者产生移步换景的感觉，发挥各景点的整体效应，而重复的路线往往造成旅游者相互碰撞、阻塞道路甚至造成安全事故，同时也使旅游者感觉线路乏味，影响体验感知，因此景区线路设计宜尽量设计为环线，步行区域更是宜曲不宜直，形成曲径通幽、柳暗花明的感受。

3. 景区产品系统配套策略

旅游者对旅游景区的体验感受是建立在食、住、行、游、购、娱旅游六要素的综合体验基础上，任一环节的问题都会影响旅游者对旅游的购后评价。这就需要首先在观念上树立景区可持续发展原则，在景区可持续发展的基础上避免过度开发、资源浪费、设施建造的视觉污染等问题；其次在景区制度上需明确景区管理的各方权责，尽量通过协商合作方式达成一致，使景区旅游的各项要素统一协调，共同带给旅游者较高的服务质量与较好的旅游体验；再次，从具体措施上，休闲会议型景区的道路、停车场、休闲娱乐区、咨询中心、景区厕所、食宿设施、商业设施等景区配套产品需系统完备，观光游览型景区也需备齐道路、通信、住宿等必要的配套设施，保证游客安全。同时还应遵循保护景区的原则，设施布局上要尽可能地将宾馆、饭店、停车场、商店等服务设施设置在景区外，与周边城镇合作，在城镇上增加基础服务设施，保护景区的同时带动周边经济的发展；而景区内应尽量少设置人工设施，以免破坏环境、造成视觉污染。

第五节　基于体验经济的自然景观类景区旅游产品设计

案例导入

巴伐利亚森林国家公园（Bavarian National Forest Park）位于多瑙河、伯尔默森林和奥地利国界之间，于 1970 年正式成为德国第一座国家公园，面积达 243 平方千米。它与东面接壤的舒马瓦国家公园、波希米亚森林一起，构成了中欧最大的连片森林保护区。公园里的中等山脉风景区，森林覆盖面积高达 95%。在这里可远眺巴伐利亚—波希米亚边界山脉一望无垠的壮丽森林全景。此外，公园内还有沼泽地、清澈的山涧以及唯一的一个冰川湖泊——拉赫尔湖等自然景观。

固本求源，不忘自然资源核心价值。"让自然保持自然"，是巴伐利亚国家森林公园的哲学，而实际情况也确实如此：欧洲再鲜有其他公园像这里一样，能够让如此规模巨大的自然生态按照自然界永恒和固有的规律发展。在这里，对自然景观的保护永远是第一位的，游客任意时间到访都能领略到最原真的巴伐利亚森林风光。

观光延伸，搭建与自然沟通的桥梁。公园中的巨型树塔是对观光旅游很好的一种延伸，开启了森林特色体验的新概念。高达 44 米的巨型树塔，围绕着 3 棵巨型杉树而建，斜坡蜿蜒向上，总长超过 500 米。在顶端的观景平台，游客可以观赏到森林的旖旎风光和辽阔壮美的山峰。在树塔的底部，还有一条与之相连接，长约1300 米的空中栈道，它在树腰和树冠间游弋穿梭，走在上面的游客能更近距离地观赏栖息在森林中的各种鸟类，体验穿行于其间的如探险般的刺激感。

（资料来源：百度百科）

思考：

1. 该案例中，景区捕捉到了游客哪些体验感？

2. 针对旅客的体验感，景区做出了哪些建设？请举例说明。

旅游根本上是一种主要以获得心理快感为目的的审美过程和自娱过程，其本质在于审美和愉悦（谢彦君，1999）。旅游本身就是体验的一种主要方式，体验是旅游的固有属性。因此，旅游业是天然的"体验产业"。旅游者离开日常居住的环境（逃避现实），接受跨文化与异域风情的洗涤（审美），尽情享受休闲时光（娱乐），并通过这一系列感官刺激和心灵感受，获取精神的成长（教育）。旅游消费从本质上就是为了追求经历和体验，旅游业出售的就是让顾客快乐的"体验"，体验经济时代的到来为旅游业发展提供了很大的空间，旅游业应率先进入和适应体验经济的时代。同时，现代旅游业的发展也表明，越来越多的人认为旅游不完全在于我到过哪里，更多的是一种生活方式的体验、一种旅游心情的分享。

旅游消费也开始追求个性化需求和全方位感受，旅游者在消费过程中在注重产品质量的同时，更加注重情感的需求，偏好那些能与自我心理需求引起共鸣或者能实现自我价值的个性旅游产品；旅游者对大众旅游产品感到厌倦，开始追求一种彰显自我个性的旅游产品服务，注重接受产品时的感受；要求与生产者共同设计能使他们产生共鸣的"生活共感型"旅游产品；旅游者在活动中会主动投入时间和精力，追求能参与互动和能获得舒畅而独特感受的旅游方式；旅游消费过程中会打破旅游地和旅游吸引物的绝对性和权威性，会更加尊重人性、追求个性和创造快乐。越来越多的旅游者希望"到农民家里体验田园生活""像职业探险家一样穿越西部大峡谷"，体验式旅游正悄然升温，旅游需求已经明显趋向体验化。因此，如何适应人们现代旅游需求的转变，创新性地开发设计出体验旅游产品，将成为未来旅游业发展的重点。

一、树立以游客体验需求为中心的开发理念

自然旅游景区是完成现代旅游活动的重要场所，景区提供的产品风景、项目、设施、活动都是为游客服务的，游客在自然景观类风景区的消费过程其实就是一种体验过程。随着体验经济时代的来临，后现代旅游的兴起，以经历欲、享乐欲的满足为主的现代旅游变为以体验性、探索性、求知性为基本诉求的新型旅游，景区仅靠提升旅游常规服务已经难以满足旅游者的需求，必须把握游客新的需求动机，走体验化开发的道路，以使游客在景区旅游活动中得到终生难忘的旅游体验。各种信息表明，体验经济时代为自然景观类风景区旅游产品的开发和经营提出了更严峻的挑战，处理不好会使旅游产品需求与供给的矛盾更加突出，一方面旅游者的旅游需求不断提高，另一方面在传统旅游资源开发模式下开发出来的旅游产品已不能满足旅游者日益提升的旅游需求。面对旅游需求趋向体验化和自然景观类风景区旅游产品开发的现状与问题，自然景观类风景区的旅游资源开发必须要有新突破、新思路，立足于创造游客难忘的经历和感受，以游客体验为中心来选择、利用资源，开发旅游产品，建设旅游项目，这样的自然景观类风景区自然会成为旅游者丰富和满足娱乐体验、教育体验、遁世体验和补偿体验的首选地，也会成为人们寻求新奇体

验，追求时尚旅游的乐土，实现绿色旅游的最佳选择。

二、对景区进行体验化设计

在体验经济时代下，走体验化旅游产品开发设计的道路，借助体验经济的体验设计理论来对旅游进行体验化设计，是自然景观类风景区发展的一种有效的途径，也是值得探索和研究的问题。体验旅游，既是体验旅游过程，更注重旅游过程带给人的心灵的放松与感悟，是现代社会压力与竞争日益增加的社会发展过程中人们的普遍要求。自然景观类风景区的产品开发必须充分考虑旅游者的需求变化，一方面要充分挖掘和展示旅游区的科学价值与文化内涵，开发出个性化、参与性的产品，满足旅游者对文化知识和生态体验的需求与向往，强化认知和过程参与，以适应旅游娱乐、求知和审美体验的要求，促进人类心灵智慧与情趣的全面发展；另一方面要促成景区旅游系统各要素之间的相互协调，形成开发与保护的协调统一，促进旅游景区、旅游经营者和旅游者的互动多赢，以达到景区旅游系统的高效和谐和旅游产业可持续发展。产品开发要充分体现体验经济的时代背景，使体验性旅游与知识经济和学习型社会相适应，以提升景区旅游的开发层次，增加旅游文化和旅游价值，从而旅游方式也由单纯地在景区环境优美的区域进行的自然观光向有文化内涵、互动参与的体验与感受方向发展。

三、以地域特色为基础进行深度开发

现代旅游发展已经进入资源深度开发期与体验旅游时期，在旅游活动设计中，以自然景观类风景区为舞台，景观资源和游览项目为道具，产业要素为支撑，围绕着游客的观赏游览、科考学习和参与体验等需求创造出值得游客回忆的经历。通过适当的主题提炼、情景规划和项目设计，让旅游者在景区中得到最丰富和最深刻的体验，以期达到最好的旅游效果。随着学习型社会和体验性旅游的兴起，游客的旅游活动已不满足于浅层的观光休闲，而希望通过全身心多方位的参与，充分认知和感受自然生态和历史文化，将其看成身心放松、知识学习、精神快乐、境界提升的过程。充分利用自然景观类风景区优美的环境，挖掘其所包含的历史演化、生态进化及历史发展等内涵，进行科学、历史、文化、宗教等学习与体验。要使游客真正感受到大自然的鬼斧神工、千奇百怪，自然选择的精巧和生物进化的多样性，历史文化的久远与厚重，宗教文化的神圣与博大精深。旅游产品可识性、易感受和参与性是景区深层旅游开发的核心。同时旅游者消费也逐步成熟，景区竞争的加剧，投资者必须关注游客的体验效果，景区开发要围绕游客的体验，突破资源的局限，用创造快乐体验的手段，对资源体验方式和体验深度加以改变，创造出不同的体验效果，通过建立多层次的旅游产品体系来吸引游客重复消费，使景区获得持续发展。因此，在体验经济时代下，对自然景观类风景区进行体验式开发是大势所趋，利用体验经济理论来对旅游产品进行体验化设计，是提升景区水平的一种有效途径。

本章小结

本章节主要叙述了自然景观类旅游景区的概念与内涵，揭示自然景观类旅游景区天赋性、地域性和综合美的特点。按照八大自然景观类景区的分类，描述了山岳型景区、森林型景区、湖泊型景区、河川型景区、海洋型景区、沙漠型景区、草原型景区、温泉型景区的发展特征与发展模式。着重讲述了自然景观类旅游景区的定位与分类、营销策略与旅游产品开发建议。

案例分析

不同类型自然景观旅游景区的产业开发

在经济转型"新常态"下，随着无数高收入、高教育水平、注重生活品质的"新中产阶级"崛起，中国文旅产业在蓬勃发展，大量优秀文旅项目诞生。此外，国家发改委发布了《关于完善国有景区门票价格形成机制，降低重点国有景区门票价格的指导意见》后，全国景区普遍降低门票价格。景区转型的大背景下，二消产品日益火爆，很多景区全力进军二消市场。景区交通类二消主要有电瓶车、停车场、索道、小火车、游船等。

景区门票类二消是指除去进入景区必须首付的门票外，游客在游玩博物馆、故居、寺庙等再次支付的费用；休闲娱乐类二消是指景区内的游乐项目、文化体验、演艺、体育活动、采摘等活动；旅游商品类二消是指在景区内的工艺品、零食、特产、特色纪念品等产品的消费；餐饮类二消是指在餐厅、咖啡厅、酒吧、茶楼等发生的消费；住宿类二消是指星级酒店、民宿、木屋、营地等住宿设施的消费；此外，还会有在景点内的导游服务等。中国旅游用户在游览国内景区时在餐饮类二消产品消费的人数占比为78.6%；在购物类二消产品消费的人数占比为70.8%；在景区交通类二消产品消费的人数占比为58.7%。为了更准确地为景区创造二次经济，不能一味在餐饮、交通、旅游商品上打造二消产品，合理增加二消产品要看景区的类型。

山岳型旅游景区除了可以打造交通型二消产品，还可以打造一些高空体验类二消产品。山岳型景区景色壮丽，途中鬼斧神工的自然风景令人叹为观止，以山岳的高差景观为特点，打造休闲趣味或惊险刺激的高空体验产品，成为景区最受欢迎的二消产品。如玻璃栈道，就是将玻璃结构创意性与景区栈道相结合，并因此衍生出了市场上一系列玻璃类型体验项目，并为景区吸引了大量的客流。悬崖秋千、高空飞行、攀岩、蹦极、森林滑道等惊险高空体验项目也深受欢迎。

河川型旅游景区可以引入的二消产品主要是以赏水、戏水为主要游乐方式的休闲娱乐项目。自然类水利型的景区包括峡谷、河流、湖泊、水库、湿地等类型，引入皮划船、快艇、游船等以赏水、戏水为主要游乐方式的休闲娱乐项目，可以充分让游客在体验戏水乐趣的过程中，通过近距离感受大自然的美，多一种放松心情、释放压力的方式。水上极限运动也受到了大众的欢迎和青睐，具有较高的观赏性和参与性。如：水上飞船、水上飞行器、滑水等。

草原型旅游景区以草原辽阔的空间、独特的游牧文化、差异化的草原气候、良好的生态环境、可亲近的动植物资源等为依托，满足人们别样的观光、度假、文化、娱乐、探险等旅游需求的体验式旅游，因此，可以增加一些草原特有的休闲娱乐活动，如射箭、蒙古包特色住宿、篝火晚会等。

沙漠型旅游景区以特殊的自然和人文环境为背景，强烈的地域差异和文化差异对回归大自然、返璞原生态诉求逐渐增强的旅游者构成很大的吸引力。因此，可以增加滑索、索道、观光车、滑翔伞等形式的二消产品，经过升级改造，进而打造出具有沙漠主题特色的体验项目。

思考：

1. 八大自然景观景区分类体系中的森林型旅游景区、湖泊型旅游景区、海洋型旅游景区、温泉型旅游景区可以开发哪些二消旅游产品？

2. 自然景观类景区在进行产品开发和策略时需要注意哪些要点？

第四章 人文景观类旅游景区

学习目标

通过本章的学习，你应该能达到：

知识目标：

1. 了解人文景观类旅游资源的特征。

2. 了解人文景观类旅游景区的细分类别。

3. 了解人文景观类旅游景区的开发现状及存在的问题。

能力目标：

1. 能够辨析不同类型的人文旅游景区。

2. 能够明确人文旅游景区规划开发的思路。

3. 能够理解人文旅游景区未来的发展趋势。

实训目标：

1. 能够准确地判断人文旅游景区的类型。

2. 能够依据标准对人文旅游景区进行调研。

案例导入

2019 清明出游人数创新高，"周边游"和"人文旅游"成新时尚！

清明假期是春节后的第一个小长假，也是春游大军的集中爆发期。百度数据"暴露"了清明假期的有趣现象：北京周边游持续火爆，人文历史类景区走俏。

据文化和旅游部网站统计，2019 年清明假日期间全国国内旅游接待总人数 1.12 亿人次，同比增长 10.9%。以北京为例，俗话说，"不到长城非好汉"，八达岭长城成为当之无愧的必打卡之地，在清明节期间又一次迎来了游客高峰期。近 30 天百度搜索指数显示，八达岭长城在清明节期间热度飙升，在 4 月 5 日达到峰值，可以说是凭实力上的热搜。另外，北京的故宫、颐和园等人文历史景区也受到人们的欢迎。近 30 天，百度搜索指数显示，"故宫门票"在 4 月 5 日到达峰值 9628 张，这是继春节、元宵节过后，故宫又一次到达波峰。这也可以看出，在文旅融合的大趋势下，人们出游的需求和属性也有了新的变化，博物馆、文化遗产、民俗风情等为代表的民俗文化游成为新的亮点。经文化和旅游部数据中心调查显示，参观博物馆、美术馆、图书馆、科技馆和历史文化街区的受访者分别高达 54.33%、32.36%、38.24%、37.23% 和 42.91%。

（资料来源：网易新闻 2019.4.9）

思考：

1. 你去过哪些人文旅游景区？哪些人文旅游景区令你影响深刻？

2. 你认为哪些景区属于人文旅游景区？

第一节　人文景观类旅游景区的分类

根据旅游资源的分类及特点，并结合旅游产业发展现状，可以将旅游景区分为自然类旅游景区、人文景观类旅游景区及社会类（综合类）旅游景区。人文景观类旅游景区以人文旅游资源为核心吸引物，吸引游客参与相关的旅游活动。结合国内外文化旅游的发展现状，可以将人文景观类旅游景区分为古迹遗址型景区、宗教型景区、非物质文化遗存型景区、工业型景区、科普型景区、纪念地型景区、文化园型景区、度假（村）型景区、小镇型景区类型。

一、古迹遗址型景区

从某种意义上讲，旅游是一种文化行为，即旅游者旅游的过程，是一种了解历史文化的过程。历史古迹是历史文化的集中体现，它凝结着人类的智慧，展现了当时的历史；能够满足旅游者求美、求奇、求知和求异的心理需求。历史古迹是指人类在发展过程中所留下的历史遗迹、遗物和遗址，是古代人类适应自然、利用自然和改造自然的结果，是人类历史的载体和见证。

古建筑的凝重美、古人类遗址的苍凉美、古战场的悲壮美、历史文物的深邃美和名人故居的沧桑美，都给旅游者留下了深刻的印象。历史古迹类景区是以历史古迹类旅游资源为核心吸引物打造开发的旅游景区，根据其核心吸引物的不同，可以将历史古迹类景区细分为以下类型。

（一）人类历史文化遗址

（1）古人类文化遗址。古人类文化遗址是指从人类形成到有文字记载历史以前的人类活动遗址，包括古人类化石、原始部落遗址、生产工具和生活用品。例如各种猿人化石、打制和磨制石器以及彩陶、黑陶等。北京周口店北京猿人和山顶洞人化石及其遗址、河南渑池仰韶文化遗址、陕西半坡文化遗址、重庆巫山大溪文化遗址等都是重要的古人类文化遗址。

（2）社会历史文化遗址。这指的是人类有文字记载以来活动场所的遗址，包括古城遗址、古道路遗址、古战场遗址。千百年来，这些遗址或者由于自然地理环境的变迁而被掩埋，或者由于社会条件的变化而成为废墟。但是，它们在历史上的辉煌，却深深地吸引着游客，有的已发展成为重要的旅游景区。例如楼兰古城遗址、丝绸之路遗址、蜀道遗址以及赤壁之战遗址、重庆市合川钓鱼城遗址等。

（3）名人故居和活动遗址。历史名人因自己的才能、人品以及对历史发展做出的重大贡献而被载入史册，成为后人学习的榜样。他们的故居和活动遗址，得到后人的保护，现在大多成为重要的旅游景区，如山东曲阜孔子故居、湖南韶山毛泽东故居，四川乐山沙湾郭沫若故居等。而在这类旅游景区中，又衍生出一种独具特色的旅游景区分类——红色旅游景区。

（二）古建筑类景区

（1）宫殿类。宫殿是古代帝王居住和处理朝政之所，是古代建筑中级别最高、技艺最精的建筑类型，北京故宫、沈阳故宫和拉萨布达拉宫是其代表。

（2）楼阁。楼阁是两层或两层以上的房屋，古代大多为木质结构。楼的用途很广，可远眺和游憩。阁一般建在高处，四周开窗或设围栏，除远眺、游憩外，还可藏书、供佛。我国古代楼阁极其丰富，有的已成为名传千古、远及海外的重要旅游资源。我国四大名楼——黄鹤楼、岳阳楼、滕王阁、鹳雀楼是其中的典型代表。

（3）军事防御工程。军事防御工程主要包括城墙、瓮城等。这类建筑是古代城市防御不可缺少的工程设施，其建筑十分完整，城外还有护城河，在古代战争中起着不可替代的作用。现存较完整的有南京城墙、西安城墙等，并衍生出一批相关的旅游景区，如南京的台城、石头城、中华门城堡等。在这类景区中最具代表性的是以古长城作为核心景观的景区。长城是我国古代最大的防御工程，以其工程之大、历史之长、保存之好、文化内涵之丰富，成为我国最具代表性的旅游吸引物，同时也是中华民族的象征之一。

（4）古代桥梁。我国古代桥梁是重要的交通建筑，具有高超的艺术成就、科学技术价值和艺术鉴赏价值。我国遗存的古桥很多，其中一部分独立成为景区吸引旅游者参观游览，一部分作为景区中的核心吸引物存在。例如北京永定河上的卢沟桥、广东潮州的广济桥、福建泉州的洛阳桥和河北赵县的赵州桥为我国四大古桥。另外，还有悬索桥、廊屋桥等。其中有些桥曾是重大历史事件发生的地方，具有重要的旅游价值，如卢沟桥、大渡河铁索桥等。

（5）水利工程。我国地域辽阔，部分地区易发生旱涝灾害。因此，古代人民重视水利工程的修建。这些水利工程历史悠久，反映了古代人民的聪明才智和科学技术水平。同时，它们或者独立构景，或者与山水融为一体，成为重要的旅游资源，并建设成为旅游景区，四川都江堰是其中的典型代表。

大运河遗产
保护管理
办法

（三）古代陵墓类景区

陵墓是历史的产物，是陵墓修建时期的政治、经济、科学、建筑和民俗的集中表现之一，是认识历史、了解历史的直接材料之一。陵墓建筑、陪葬文物、优美的环境、墓主效应已成为主要的旅游吸引力，在旅游活动中占有重要的位置。

我国陕西的秦始皇陵、西汉帝陵、唐代帝陵，南京明孝陵，北京十三陵以及河北清代陵墓等，都是极其重要的旅游景区。除帝王将相陵墓外，我国民间独特的墓葬形式，如四川珙县、重庆巫山的崖墓悬棺以及佛教寺庙前的塔墓，其造型各异，既是佛教文化产物，又是古代砖石建筑和雕刻艺术的精品，它们都是重要的旅游吸引物。

二、宗教型景区

宗教是一种社会历史现象，原始宗教的产生主要是人们对自然现象、社会现象无法解释，不能控制，于是便想象出能够主宰一切的神，幻想以祈祷祭献或巫术来影响神灵而避祸赐福；原始宗教产生后，逐渐向人类生活的各个领域扩展，最后形成宗教文化。

世界上流行的佛教、基督教和伊斯兰教，被称为世界三大宗教。还有一些宗教，只在某个国家内流行，如中国的道教、日本的神道教、以色列的犹太教等。道教为我国的固有宗教，142年即东汉汉安元年由张道陵创立，奉老子为教祖，《道德经》为其主要经典。

各种宗教有丰富的宗教知识，能满足游客求知的心理。宗教艺术、雕刻、建筑、绘画等具有强烈的艺术感染力，可给游客以美的享受。宗教仪式独特神秘，可以满足游客猎奇的心理。因此，宗教成为重要的人文旅游资源。

宗教旅游的含义包含两个方面。第一，以宗教朝拜为目的的旅游行为；第二，

大众旅游者非宗教动机的观光、修行、休闲、体验行为。根据 Cyprus 旅游组织的定义（2006），宗教旅游吸引物是能够吸引不同动机旅游者的宗教旅游资源。宗教旅游吸引物可以分为以下三种：宗教朝圣的圣地、宗教空间、宗教礼仪和仪式。宗教旅游景区则是建立在宗教旅游吸引物基础上的旅游景区，可以分为以下类型。

（一）宗教建筑类景区

出于人们对宗教的崇拜，著名的宗教建筑几乎都是当时建筑的典范。在结构、用料、装饰、布局等方面体现着当时的建筑艺术水平。同时，由于人们对神灵的敬畏，宗教建筑受人为破坏较轻，大多保存较好。例如，法国巴黎圣母院，德国科隆大教堂，是基督教建筑的典范。我国山西应县木塔、西安大雁塔和小雁塔等，都是佛教建筑的代表。宗教建筑，特别是寺庙与周围环境浑然一体，二者相得益彰，形成众多的宗教名山。它们是重要的旅游景区，例如五台山、峨眉山、九华山、普陀山、青城山、武当山等。

阅读材料

我国四大佛教名山与四大道教名山

一、四大佛教名山

1. 五台山

五台山位于山西省东北部，为文殊菩萨的道场，因五座山峰峰顶平坦如台，故名五台山。五台山最高峰为北台叶斗峰，海拔 3058 米，有"华北屋脊"之称。五台山是中国唯一一个青庙（汉传佛教）、黄庙（藏传佛教）交相辉映的佛教道场。五台山现存寺院共 47 处，多为敕建寺院，曾有多朝皇帝前来参拜。其中著名的寺院有：显通寺、塔院寺、菩萨顶、南山寺、黛螺顶、广济寺、万佛阁等。五台山山上气候多寒，盛夏仍不见炎暑，故又别称清凉山，列中国十大避暑名山之首，并先后成为"中华十大名山"之一、国家 5A 级旅游景区等，2009 年被联合国教科文组织以文化景观列入世界遗产名录。

2. 峨眉山

峨眉山位于四川省峨眉山市境内，为普贤菩萨的道场。峨眉山景区层峦叠嶂、山势雄伟、景色秀丽，有"峨眉天下秀"之美誉。峨眉山本来是道教发源地之一，后来因明代皇帝的扶持而成为中国佛教名山。峨眉山现存有寺庙约 26 座，重要的有八大寺庙，佛事频繁。最高峰万佛顶海拔 3099 米。佛教圣地华藏寺所在地金顶（3077 米）是峨眉山旅游的最高点，在金顶可观看峨眉四大奇观——日出、云海、佛光、圣灯。峨眉山山路沿途有较多猴群，常结队向游人讨食，成为峨眉山一大特色。1996年，峨眉山—乐山大佛作为一项文化与自然双重遗产被列入世界遗产名录。2007年，峨眉山景区被评为国家5A级旅游风景区。

3. 普陀山

普陀山是浙江省舟山群岛中的一个岛屿，是观音菩萨的道场。全岛呈狭长形，最高处为佛顶山，海拔约300米。它风光旖旎，山石林木、寺塔崖刻、梵音涛声皆充满佛国神秘色彩，具有"海天佛国""南海圣境"的美誉。普陀山现有20多座寺庵，其中最大的是普济禅寺、法雨禅寺、慧济禅寺三大寺。不肯去观音院是普陀山最早的观音道场。多宝塔、杨枝观音碑、九龙藻井合称为"普陀山三宝"。每逢观音菩萨诞辰、出家、得道三大香会期，全山人山人海，寺院香烟缭绕，一派海天佛国景象。2003年举办了首届普陀山南海观音文化节，此后每年举行一届。2007年，普陀山被评为国家5A级旅游风景区。

4. 九华山

九华山位于安徽省池州市青阳县境内，是地藏菩萨的道场。唐代诗仙李白睹此山秀异，九峰如莲花，因而取名"九华山"。九华山最高峰十王峰海拔1342米。唐开元年间（719年），新罗国王子金乔觉渡海来唐，在九华山苦心修行75年，被认为是地藏菩萨化身，九华山由此被辟为地藏菩萨道场。九华山现存寺庙99座（开放93座），僧尼近千人，佛像万余尊。1978年以来，九华山佛教协会每年都举行"地藏法会"，或称"祈祷世界和平法会"。九华山山间遍布深沟峡谷，垂涧渊潭，流泉飞瀑，气象万千，宛如一幅清新自然的山水画卷。目前九华山已成为著名的游览避暑胜地，2007年入选国家5A级旅游旅游区。

二、四大道教名山

1. 武当山

武当山位于湖北十堰市境内，主峰天柱峰，海拔1612米。武当山是我国著名的道教圣地、太极拳的发祥地。武当道教得到封建帝王的推崇，明朝达到鼎盛。永乐皇帝"北建故宫，南修武当"，明朝皇帝直接控制的武当道场被称为"皇室家庙"，成为道教第一名山。元末明初道士张三丰集其大成，武当武术成为中华武术的一大流派。武当山山势奇特，雄浑壮阔，主要景区有金顶景区、南岩景区、太子坡景区、玄岳门景区、琼台景区和五龙宫景区。1994年，武当山道观建筑群被列入世界遗产名录。2011年，被评为国家5A级旅游风景区。2008年，武当山道教学院成立，武当道乐还被列入国家级非物质文化遗产名录。

2. 龙虎山

江西龙虎山位于江西省鹰潭市境内，以丹霞地貌峰林景观闻名于世，其中主峰龙虎峰，海拔 247.4 米，是道教正一派的祖庭。东汉中叶，正一道创始人张道陵曾在此炼丹，传说"丹成而龙虎现，山因得名"。张道陵第四代孙张盛在此定居，世代相传，以张天师闻名于世。元代张天师被封为正一教主，主领三山（龙虎山、茅山、阁皂山）符箓。龙虎山的丹霞地貌成因多样，拥有包括峰墙、石林、峰丛等在内的 23 种丹霞地貌景观。龙虎山于 2007 年被列为世界地质公园，2010 年被列为世界自然遗产，2012 年入选国家 5A 级旅游风景区。

3. 青城山

青城山位于四川省都江堰市西南，为典型的丹霞地貌，主峰老霄顶海拔 1600 米，为中国道教发源地之一，素有"拜水都江堰，问道青城山"之说。青城山有阴阳 36 峰呈环状排列，锋锐崖陡，"青翠四合，状若城郭，故名青城"，有"青城天下幽"之美誉。传说道教天师张道陵晚年显道于青城山，并在此羽化，此后，青城山成为天师道的祖山，全国各地历代天师均来青城山朝拜祖庭。青城山上主要的道教建筑有建福宫、老君阁、圆明宫、上清宫、天师洞。2007 年，青城山—都江堰旅游景区成为首批国家 5A 级旅游景区。2000 年 11 月，青城山—都江堰被列入世界文化遗产。

4. 齐云山

齐云山古称白岳，属于黄山山脉向西南延伸部分，位于安徽省休宁县，为典型的丹霞地貌。齐云山以"一石插天，直入云端，与碧云齐"而得名。最高峰海拔 585 米，虽山不甚高，却崖壁直削，谷地幽深，间以曲洞、碧池、清泉，汇成胜境。齐云山与黄山、九华山并称为中国皖南三大名山，是国家级风景名胜区、国家森林公园。齐云山道教沿革正一派，历史悠久，道教活动始于唐乾元年间，至今已有 1200 多年的历史，道教香火波及华东及东南亚各国。齐云山与武当山均供奉真武大帝，故有"江南小武当"之美称。

（节选自《中国旅游地理》一书）

（二）宗教艺术类景区

这类旅游景区以宗教绘画、雕塑、石窟、音乐、书法等作为核心吸引物供游客参观、游览、体验。例如敦煌莫高窟、云冈石窟、龙门石窟、乐山大佛、大足石刻等，都是其典型代表。

三、非物质文化遗存型景区

我国旅游业一直具有和非物质文化遗产结合的传统，要依托非物质文化遗产的深度利用，突破高速期的旅游业发展模式，推进新的增长模式的形成，需要实现多层次的结构性破题，其核心在于三个方面：（1）依托改革，提高非物质文化遗产的转化效率；（2）围绕市场，推进旅游文化消费的深化；（3）拓展发展边界，建立前沿拓展型的创新模式。

我国传统民族文化形式可谓多姿多彩，56个民族历经悠久的时代变迁，积累了极具特色的各类文化传统，如传统音乐、美术、舞蹈、民俗活动和手工技艺等。这些传统文化构成了非物质文化遗产的重要组成部分，如此可见我国非物质文化遗产项目数量之多。假如把非物质文化遗产审批作为起点，那接下来要做的传承、保护与发展就有很长一段路要走，非物质文化遗产产业化便是一个路径。在我国，非物质文化遗产产业化快速铺展开来，引起了学术界的关注，成了近几年学术研究热点之一，相关的学术成果层出不穷。为了更深入地研究非物质文化遗产产业化，使研究成果能够更好地指导实践，很有必要对现有的研究成果做梳理、综述，以发现问题，弥补现有相关研究中存在的不足。

（一）非物质文化遗产定义

"非物质文化遗产"作为学术概念正式运用的时间始于21世纪初，而且经历了一个不断演化的过程。1950年，日本在其《文化财保法》中提出了与"非物质文化遗产"概念含义相似的"无形文化财"一词；1982年联合国教科文组织下设了一个"非物质遗产"部门，1989年又在《保护民间创作建议案》中提出保护非物质文化遗产的建议，不过只是以"民间创作"来指代"非物质遗产"概念；受《文化财保法》的影响，1992年又将此前设立的"非物质遗产"部门改称为"无形遗产"部；2001年，联合国教科文组织在第31届成员国大会的文件中首次使用"非物质文化遗产"概念；2003年《保护非物质文化遗产公约》颁布，"非物质文化遗产"一词才成为正式术语被人们广泛接受。《国家级非物质文化遗产代表作申报评定暂行办法》中，定义非物质文化遗产是指各族人民世代相承的，与群众生活密切相关的各种传统文化表现形式和文化空间。

中华人民共和国非物质文化遗产法

民族民俗文化旅游示范区认定（GBT 26363—2010）

（二）非物质文化遗产分类

当前，非物质文化遗产保护官方最具代表性的分类有联合国教科文组织《保护非物质文化遗产公约》中的五分法，我国《非物质文化遗产法》中的六分法，以及《国家级非物质文化遗产名录》的十分法，具体如下。

《保护非物质文化遗产公约》分为口头传统和表现形式，包括作为非物质文化遗产媒介的语言、表演艺术、社会实践、礼仪、节庆活动、有关自然界和宇宙的知

识和实践、传统手工艺。

《非物质文化遗产法》分为传统口头文学以及作为其载体的语言、传统美术、书法、音乐、舞蹈、戏剧、曲艺和杂技、传统技艺、医药和历法、传统礼仪、节庆等民俗传统体育和游艺、其他非物质文化遗产。

《国家级非物质文化遗产名录》分为民间文学、传统音乐、传统舞蹈、传统戏剧、曲艺、传统体育、游艺与杂技、传统美术、传统技艺、传统医药、民俗；这类景区代表性的有中国非物质文化遗产园，为国家 4A 级旅游景区、文化旅游景点。

中国非物质文化遗产园，位于合肥市北城卧龙山自然生态风景区（合淮路与绕城高速交会处向北 1.5 千米处），总占地面积 2.3 平方千米，是以文化、娱乐、旅游、休闲为主基调，涵盖文化、旅游、休闲、购物、演艺、酒店、培训、会展、养生、度假等多业共生模式，是一个以中国传统文化、民俗文化为主题，非物质文化遗产为核心内容的世界文化艺术交流中心、世界文化旅游目的地，青少年体验教育活动基地。园区的核心项目有 16 个，包括中国非物质文化遗产展示中心、中国传统与民间工艺遗产园、中国园艺及徽派盆景文化遗产园、国际性非物质遗产学术研究及会议中心、中国名茶文化遗产园等。中国非物质文化遗产园不仅是旅游的天堂，也是彰显多元文化魅力的舞台和传承文化精华的经脉，园区按照历史和形态将文化加以分类，设置了楚汉文化园、千年文房四宝园、佛艺园、大自然玩乐园、中华物产园等子园区，丰富的业态让每个人都可以在园中找到自己的兴趣乐园，让每个游客都可以感慨不虚此行，受益匪浅。此外，中国非物质文化遗产园还将打造青少年素质教育基地，在有趣的活动中实现寓教于乐与文化的传承和发扬。

四、工业型景区

工业型景区是指一些大企业，为了让自己的品牌效益吸引游客，同时也使自己的产品家喻户晓，按照文旅部门的要求将部分生产基地规划、开发成供游客观赏和体验的旅游景区。

工业旅游起源于法国，从汽车行业开始，最后逐步深化为工业旅游。中国工业旅游未来的发展趋势应该更重视工业旅游经济效益的增长点，即工业旅游购物。旅游规划专家分析，工业旅游规划项目因具有文化性、知识性、趣味性，具备现场感、动态感、体验感等独特魅力而深受游客青睐。

国外很多工业旅游规划的景点，都因为其独特的个性和具有文化、艺术气息的设计风格而成为人们津津乐道的经典。在法国，不仅酿酒、香水、服装业等普通生产企业对游人开放，就连汽车、飞机和火箭制造业每年也要接待几十万的游客。德

国作为世界著名的工业大国，他们对有代表性的工业遗迹进行保护，并加以利用作为工业博物馆、展览和演出的场所。

鲁尔区是德国传统的煤铁工业基地，在心脏地带的埃森，过去的厂房、矿区被装修和改造成了音乐厅、体育馆、博物馆，随之相配套的餐饮、住宿、交通、娱乐业蓬勃兴起，人们在参观奔驰汽车公司总装线时，可以穿上工作服，拧上几颗螺丝钉，到工人的食堂里吃顿午饭，体验"奔驰人"的生活，最后购买些印有奔驰商标的钥匙圈、丝巾、手表等纪念品，或者把车买走。这些国外成功经验表明，工业旅游作为一种高品位的旅游方式，有着广阔的发展远景，并会产生巨大的社会效益和经济效益。

工业旅游是伴随着人们对旅游资源理解的拓展而产生的一种旅游新概念和产品新形式。工业旅游在发达国家由来已久，在我国，有越来越多的现代化企业开始注重工业旅游。近年来，我国著名工业企业如青岛海尔、上海宝钢、广东美的、佛山海天等相继向游人开放，许多项目获得了政府的高度重视。工业型景区发展具有以下规律。

（一）从地域分布来看

我国的工业旅游点在地域分布上与工业发展状况基本吻合，即在老工业基地和新兴工业城市发展较快。在 2004 年原国家旅游局公布的 103 家首批工业旅游示范点中，经济发展强劲的浙江省 11 家企业入选，数量为全国之最。传统工业重省河南省 10 家企业入选，位居第二位。东北老工业基地辽宁省、吉林省分别有 9 家和 8 家企业入选，位居第三位和第四位，山东与广东、安徽均为 6 家，并列第 5，上述 6 省共有 56 家企业入选，占全部示范点的 50% 以上，而经济基础较弱的西部地区则寥寥无几。

（二）从行业分布上看

在 103 家工业旅游示范点当中，入选的大都是行业领先者，如四川长虹、青岛海尔、上海宝钢、山西杏花村等。其中酿造类企业最多，有 18 家，其次是汽车、机车、船舶、飞机制造、水力、发电类，均为 12 家，石油、煤炭、矿物开采类 8 家，陶瓷类、医药类、电器类和钢铁制造类 7 家，食品饮料类、工艺品类 6 家，服装、鞋帽、纺织品类 4 家，日用品类 3 家，烟草类、港口类 2 家，其他 2 家。

全国旅游资源规划开发质量评定委员会对外发布《关于推出 10 个国家工业旅游示范基地的公告》（以下简称《公告》）。《公告》指出，根据《国家工业旅游示范基地规范与评价》行业标准，经各省、区、市推荐和全国旅游资源规划开发质量评定委员会专家组评定，并公示无异议，确定推出以下 10 个国家工业旅游示范基地，现予以公告。以下为全名单：①山东省烟台张裕葡萄酒文化旅游区（蓝裕文化、酒城之窗、百年大酒窖）；②江苏省苏州隆力奇养生小镇；③福建省漳州片仔癀中药工业园；④内蒙古自治区伊利集团·乳都科技示范园；⑤云南省天士力帝泊洱生物茶谷；⑥山西省汾酒文化景区；⑦新疆生产建设兵团伊帕尔汗薰衣草观光园景区；⑧黑龙江省齐齐哈尔市中国一重工业旅游区；⑨辽宁省大连市海盐世界公园；⑩安徽省合肥市荣事达工业旅游基地。

五、科普型景区

科普型景区是通过对科普景点、科普示范基地进行深层次开发利用，突出其科学文化内涵，以满足人们探索大自然奥秘的好奇心，提高自然科学知识普及的生态旅游精品项目达到游客观赏和科普教育的景区，这是当前科普旅游的重要内容。如一些开放的科研院所、科技馆、博物馆、文物馆以及科普示范基地等，成为新的旅游观光景点。

科普旅游是一种通过旅游达到普及科学知识目的的特殊旅游形式。科普旅游最早出现于西方发达国家和地区，以 1906 年世界上第一座新型科学技术博物馆——德意志博物馆的诞生为标志。20 世纪 30 年代，法国雷诺、标志、雪铁龙三个汽车制造公司通过组织公众参观其汽车生产流水线等形式宣传企业形象，取得了良好的综合效益，科普旅游由此产生。经过 80 年的发展，科普旅游开发在国外发达国家已经逐步趋向成熟，成为旅游业的重要组成部分。目前，世界科普旅游的发展，主要是在科普主题园、科普展馆以及高新技术产业领域。我国的科普旅游已经起步并且发展形势良好。目前，北京已经初步形成了以中关村为中心，包括北大、清华、航天中心等其他 30 多个景点在内的科普旅游网络。在上海，目前已经建成了一批科普旅游基地，如上海科技馆、上海天文台、上海地震台、上海动物园、上海植物园以及一些科研机构的研究室、实验室、陈列室等，形成了许多实力雄厚的集科普、科研、旅游于一体的场馆或单位，如上海地震博物馆、上海超级计算机中心、上海浦东气象场馆等。另外，我国其他地区也相继认识到科普旅游的重要性，并且开始开展科普旅游，如武汉推出"光谷科普游"，中科院水生所、中国地质大学博物馆、武汉大学生物馆等也向游人开放。四川绵阳拥有的"两弹"研制基地——中国工程物理研究院、亚洲最大的空气动力研究中心和国家级的高新技术产业开发区等科技旅游资源，自 1999 年对游人开放后，已接待了几十万名游客。在实践上，我国科普旅游已经开始在全国范围兴起，但是，在理论上科普旅游的研究还存在很

博物馆条例

大的空间。

　　科普旅游业在西方发达国家呈现出蓬勃发展的良好势头，有配套的政策、投资和经营管理机制。在我国，科普旅游仍然处在起步阶段，还有很大的发展潜力。2006年国家发布的《全民科学素质行动计划纲要2006—2020年》表明国家把加强科学普及建设作为一项重大的战略任务。我国科普事业目前处于蓬勃的发展阶段。然而科普的专业性、枯燥性等特点必须要与旅游的娱乐性相结合。2017年制定的《"十三五"国家科技创新规划》明确提出要推动科普旅游产业和市场的发展。近年来，河北、江苏、北京、上海和广州等省市探索了科普旅游的开发，取得了良好的经济和社会效益。

　　科普型景区中博物馆的类型包括自然、科学、历史、艺术等方面。博物馆类型的划分，因国家、地域而不同。目前，博物馆在国际上分为四类。①历史类博物馆，其中考古博物馆是最重要的博物馆之一，它的主要特点是所有的藏品都是有价值的考古发掘。②科学技术类博物馆，博物馆陈列展示的内容与自然科学、地质领域、动植物学科等有关的博物馆。③综合类博物馆，它收藏的物品种类多样，自立门户，不归属其他类的博物馆。④艺术类博物馆，陈列雕塑博物馆、绘画美术馆、摄影及影视博物馆、建筑博物馆等美术品和工艺美术品的博物馆。博物馆旅游是游客为了接受教育、考察研究、增长见识、提高自身修养或休闲娱乐等目的前往博物馆进行参观游览的停留过程，获得审美与愉悦体验，并由此引起的各种现象和关系的总和。

　　科普旅游景点在蕴含着丰富的人文科学知识的同时，自然景观也不逊于观光景区。并且在地理位置上，科普景点往往也坐落于成熟的观光景区附近。因此在旅游旺季，承受着接待压力的观光景区可以通过疏导游客至附近欠发达科普景点的方式来降低自己的接待压力，同时科普景点也可以借此机会加大宣传，增加自身知名度，以提升影响力。

　　随着我国经济的发展，人民生活水平日益提高，生活质量要求也越来越高，昔日的旅游者不再满足于游山玩水，欣赏自然风光、人文景观的观光旅游，而更希望从旅游活动中获得更高层次的知识，特别是科普知识，因而科普旅游是人们今后的重要需求。同时，人们拥有大量闲暇时间和可支配收入，需要消遣、娱乐、增长见识的活动越来越多，因而旅游需求也越来越大。尤其是当前旅游市场竞争激烈的大环境下，能够推出科普旅游这一别具特色的新型品牌，肯定富有竞争力，将推动旅游业新的发展。因此，科普旅游的前景是十分广阔的。

研学旅行服务规范(LBT 054—2016)

六、纪念地型景区

《现代汉语词典》对纪念的解释是：纪同"记"，主要用于纪念、纪年、纪元、纪传等；念，想念。纪念，作为动词，指的是深切怀念，思念不忘，或用事物或行动对人或事表示怀念；作为名词，则指令人回忆的东西、用以表示纪念的事物或是纪念活动、纪念日。"纪念"囊括了多种含义，从具体到抽象、微观到宏观，大致可分为纪念品/物，纪念构筑物，历史记载、编年史，有历史价值的遗迹，纪念仪式等。"纪念"既是动词亦是名词，既具物质性又含精神性，词义本身体现其双重的属性：一方面，它是物质的，可以任何实体为载体，只要该实体与被纪念的人或事物之间存在某种联系；另一方面，它是精神的，可以通过思想、行为等人类活动把所激发起的情感体现出来，从而将其中的意义寄托在某样事物之中。而《韦氏词典》对"纪念性"一词有如下四层含义：①陵墓的或与陵墓相关的，作为纪念物；②与纪念物相似，有巨大尺度的或有杰出品质的；③相关于或属于纪念物的；④非常伟大的。"场所"一词指的是特定的人或事所占有的环境的特定部分，包括了场地本身与在场地发生的行为。纪念性场所可理解为本身具有纪念性意义，并容纳纪念性活动的空间处所。正如美国风景园林师沃瑟曼在《社团、仪式和纪念景观》一书中所说，"纪念空间是有思考、情感、精神和社会功能的场所，是一个回忆往事的地方，一个哀悼的地方，一个沉思和集会的地方"。纪念性场所囊括了一切具有纪念性意义的建筑、构筑物或景观类型。

从远古的自然与图腾崇拜到现代主题各异的纪念馆热潮，作为人类纪念情感在建筑空间上的物化，纪念性场所肩负着实现回忆与传承历史的职责，经久不衰。纪念地作为旅游吸引物，经过开发利用配备旅游的各种要素，供人们纪念、参观、学习，构成了纪念地型景区特色的旅游产品。包括各类纪念馆、红色旅游基地。

"红色"一词在当下的社会环境中所象征更多的是革命和政治觉悟，而"红色"一词出自1918年由列宁和托洛茨基组建的赤卫军，后改名为苏联红军。"红色旅游"这一概念是我国近些年所提出的一个具有特殊意义的旅游项目名词。近现代汉语词典对于这一词语的解释是结合革命教育及打造旅游产业的新型的主题旅游活动。《2004~2010年全国红色旅游发展规划纲要》中对于红色旅游概念的界定更加的完整。红色旅游，指的是以中国共产党领导人民在革命和建设时期建树丰功伟绩所形成的纪念地、标志物为载体，以其所承载的历史革命、革命事迹和革命精神为内涵，组织接待旅游者开展缅怀学习、参观游览的主题性旅游活动。而具有这种纪念意义的景区则是成了红色旅游景区。《2011~2015年全国红色旅游发展规划纲要》在以中国共产党领导下的革命战争时期内容为重点的基础上，将红色旅游内容进行拓展,将1840年以来170多年之间的中国近现代历史时期,在中国大地上发生的中国人民反对外来侵略、奋勇抗争、自强不息、艰苦奋斗,充分显示伟大民族精神的重大事件、重大活动和重要人物事迹的历史文化遗存,有选择地纳入红色旅游范围,这就更有利于传承中华民族先进文化和优良传统。红色旅游是把红色人文景观和绿色自然景观结合起来,把革命传统教育与促进旅游产业发展结合起来的一种新型的主题旅游形式。

2004~2010年全国红色旅游发展规划纲要

2011~2015年全国红色旅游发展规划纲要

2016~2020年全国红色旅游发展规划纲要

七、文化园型景区

有关文化园概念的内涵、外延,国内外学者对此进行了定义。国外对此的认识基本已经达成了共识。认为文化园是文化产业与娱乐设施在地理区域范围内的高度集中,融合了文化生产和消费。国内对此的认识还没有统一,大多定义以产业集群为主。认为文化园是以文化产业的集中汇集作为基础,它是文化产业集聚融合在一起发展的一个重要载体。根据我国的实际,结合上述国内外对文化园概念的定义,不难看出:文化园是与文化相关联、具有一定产业规模集聚、对外有着鲜明的文化特色以及旅游吸引力的特定的地理区域。

(一)文化园的特点

国外学者从文化园在活动、建筑形式以及意义3个方面概括出以下几个特点。

从活动方面看,创意是文化产业的核心,可是创意灵感往往来源于在许多的活动中通过和其他同行的互相接触交流过程中。文化园融合了文化生产和消费活动,所以,文化园的开发过程中通常会考虑设置集聚地点;从建筑形式看一般要有400米半径,5~8层建筑,10米范围内街道(含人行道)要非常少,这样的环境才是最适合的文化园活动空间。文化园的公共区域,应该具备很多功能,便于聚会交流;从文化园建立的意义看文化园是创新的场所,在文化园的设计风格、形象、活动中都有所体现,有着历史以及发展的重要意义。

基于文化园是与文化相关联、具有一定产业规模集聚,对外有着鲜明的文化特色以及旅游吸引力的特定的地理区域,历史文化园可以认为应是以某种历史文化集合为依托,进行产业规模集聚,反映其地域特色文化,使游客的某种文化、社会需求得到满足的特定地理区域。历史文化园作为文化园的一种类型,以历史文化资源为依托,具有教化功能,是历史文化传播的重要载体。历史文化园项目的特点是历史文化园作为文化园的一种类型,除了具有文化园的一般特性外,还有自身的特点:第一,以历史文化资源为依托,具有教化功能,是历史文化传播的重要载体。

第二，选址有着一定的局限，除了要考虑周围的交通、设施、环境，还要与历史文化园的历史和社会功能相结合。第三，在市场经济下，历史文化园的效益更多的是社会效益，鉴于此，其开发需要政府的扶持，只有这样，历史文化园的开发才可以吸引更多的企业参与进来。

（二）文化园的分类

文化产业园不能完全以工业生产的标准来定义，尤其是一些创意产业，其产品具有独特性和创新性，是无法与可用于批量生产的工业产品相比较的。于是按照其产品特点，文化产业园区也可以分为若干类别，如创意产业园（设计行业、影视动漫、游戏产业等），地方文化旅游区（如历史文化景点、博物馆等），以及比较类似于工业产业园的文化产品产业园（如出版印刷业、衍生品业等），还有以画家村为例的艺术产业园和以娱乐休闲业为主的娱乐休闲产业园区。

（三）我国文化产业与文化产业园存在的问题及其原因

1. 盲目跟风

一切产业的形成都是建立在有市场需求的基础上。现在我国的电影市场被欧美占去半壁江山，动漫市场长年由日本霸占，就连流行乐市场都有欧美、日韩各来分一杯羹。想要打破这样的现状，将市场对外来文化产品的需求转变为对我国文化产品的需求，只靠大量有名无实的园区建设，显然是不够的。现在全国各种影视城有数十个，重复建设严重，大部分都没有效益，经营惨淡。境况类似的还有全国各地的动漫产业园，青岛的动漫游戏产业园最初建成之时各大媒体纷纷为之造势，热闹非凡，而今几乎已人去楼空。有专家指出，我国的动漫产业泡沫已经开始出现。

市场需求是有的，但是需要的不是产业园的数量，而是更多优质的文化产品。只看到开发价值，而忽略产业的本质内容，不遵循文化产业的发展规律，盲目跟风，是导致文化产业出现泡沫的重要原因之一。

2. 市场不成熟

现在我国国民对于许多文化产品还没有形成一个成熟的消费理念，对于没有形成物质商品的文化产品没有认同感。许多人不认为网络上的音乐资源、文学资源和影视资源应该收费，这是因为人们对版权的理解不够充分，不能正确认识文化创意从业者的劳动成果。

3. 创作环境不佳

基于我国特殊的历史背景和社会环境，我国的文化创意人才进行文化创作的自由度远不如国外。另外，由于我国没有一个健全的作品分级制度，导致许多作品在针对合适的消费群体合理的宣传普及之前就惨遭封杀。这样的创作环境无疑是不利于激发创作者灵感和积极性的，而且为了使作品可以符合各种标准，顺利问世，创作者的发挥会在一定程度上受到限制，作品可能无法真实地诠释创作者的意愿，人文内涵不足。

4. 监管混乱，效率低下

过去 10 年，我国文化产业的快速发展主要取决于政府政策和公共资源扶持。政府在推动文化产业发展方面所承担的角色往往交织在公共文化服务职责与文化产业发展职责之间，不能很好地分清两者管理思路，明确手段。政府行政管理在文化产品的内容审查上有标准模糊、人为主观性强、客观操作性弱等问题，政府内容审查与行业标准分类没有区别对待，导致某些文化产品即便通过了政府的内容审查，在发行、放映等过程中依然问题丛生，甚至引起社会负面影响。

5. 文化产业增长标准不合理

用于衡量文化产业增长的重点不是创意和内容，而是生产制作，这种本末倒置的衡量标准对于文化产业的健康发展无疑有着非常严重的负面作用。影视、文学作品不看内容内涵，文化旅游资源不强调历史故事文化背景，只追求表面的经济收益，而没有使"文化"在产业中发挥真正的作用，这种粗放低端的衡量标准和增长方式大概是我国文化产业表面繁荣、实质空虚的最主要原因之一。

（四）我国文化产业与文化产业园发展建议

1. 合理利用地区资源，明确定位

充分了解各地资源优势及产业发展基础，有选择性地引进优势产业作为主导产业。在此之前，进行充分的市场调研分析，遵循市场发展规律，确立优势或特色产业，强化地区个性，积累经验，总结教训，不求快速崛起，但求基础扎实。

2. 加强市场规范

近期来讲，要加大打击盗版的力度；长远来讲，要从基础教育开始普及版权意识。短期内遏止盗版并不困难，难在让版权保护意识像维护公共秩序一样成为公民的道德准则。

3. 让企业成为产业园区的主导力量

要让企业成为产业园区的主导力量，除了政府发挥好它的服务作用外，还要充分激发企业的积极性、主动性。文化产业是一个比其他产业更需要创意、需要灵感的产业，政府要努力为其打造一个有着良性竞争的、健康的行业氛围，建立起完善合理的评估标准，规范市场环境，拉动企业和社会投资，帮助企业发现市场机遇，让企业在产业园区中的主导作用充分发挥。

旅游度假区等级划分（GBT 26358—2010）

4.完善分级制度

严格按照消费群体年龄、教育程度等对文化产品进行明确分级，规范大众传媒对不同等级的文化产品的播出时间、刊登位置、销售要求等。通过分级制度的实行放宽审核标准，为创意人才提供一个宽松自由的创作空间。

八、度假（村）型景区

指具有良好的资源与环境条件，能够满足游客休憩、康体、运动、益智、娱乐等休闲需求的相对完整的度假设施集聚区。从以上概念中可以看出度假型景区要满足三个条件：一是强调设施完备；旅游度假区要具备相对完整的度假设施，包括康体、休闲、娱乐、运动等设施，并具一定规模。二是强调目的地属性；旅游度假区是一种具有良好的资源与环境条件的旅游目的地。三是强调休闲度假功能；旅游度假区的功能是为满足游客休闲需求的，不同于纯风景区的游览观光功能。目前社会大众参与的比较多的旅游度假区的类型主要有以下几种。

（一）滨海型旅游度假区

目前，滨海型旅游度假区在整个旅游业中占有绝对优势，以 3S（阳光、海岸、沙滩）三大基本要素为基础的滨海度假，率先流行于拉丁美洲的加勒比海地区，然后逐渐扩散到欧洲和亚太地区。中国有 1.8 万千米陆地海岸线、1.4 万千米海岛岸线、6500 多个岛屿，沿海滩涂面积 20799 平方千米。漫长曲折的海岸线造就了十分丰富的滨海旅游资源，我国的 12 个国家旅游度假区除了云南昆明的滇池、福建南平的武夷山外，其余皆分布在环渤海地区、长江三角洲地区、珠江三角洲地区或与此毗邻的海滨地区。

（二）温泉型旅游度假区

温泉度假区在国外出现最早，1326 年，第一个温泉疗养地"斯巴"（spa）在比利时南部一个靠近列日的小镇兴起，后来"spa"演变成温泉度假的代名词，代表了一种放松身心的养生体验，后来逐渐向世界各地传播。

（三）湖泊型旅游度假区

湖泊型度假区是利用湖泊资源，通过营造良好的环境和选择优越区位，以满足旅游者休闲康体为目的，为游客提供各种休闲服务和设施的一种度假区。

国内湖泊度假区最为集中的是江苏、浙江两省，比如太湖、天目湖等度假区。

作为旅游资源的湖泊一般由以下几个层次构成：核心层是湖面旅游，在核心水域上进行旅游活动，如观景，水面运动等；周边层是湖滨观光和休闲活动；延展层是环湖观光带，在更大范围内开展观光、休闲、疗养活动。

（四）山地森林避暑旅游度假区

有"天然氧吧"之称的山地森林是理想的修身养性之地。特别是在夏季，山地森林的气温低于平原地区，因而成为避暑型旅游度假区选址的重要地方。我国森林资源主要集中在东北部、西南部，尤其是我国的东北地区。

（五）高尔夫、滑雪等运动型旅游度假区

高尔夫运动是在阳光、绿地、湖泊为主调的场地上开展的一种集运动、休闲、健身、娱乐和社交为一体的体育活动，于 20 世纪 80 年代进入中国。作为一种高端运动旅游形态，高尔夫是绿色、阳光、健康和高雅的代名词。滑雪度假旅游是冬季旅游的热点和支柱，盛行于欧洲和北美洲。滑雪作为一种冬季交通运输方式已有悠久的历史，但作为一种大众体育运动还是近几十年的事情。滑雪是在 19 世纪 90 年代由英国人从挪威传到瑞士阿尔卑斯山的，20 世纪 30 年代有了机动运送设备，此后，滑雪迅速成为大众体育运动，阿尔卑斯山也因此得到大规模开发。在我国的东北地区，得天独厚的气候和山地地形优势，使滑雪运动成为东北地区冬季旅游营销的主题。如今在大城市的郊外，比如上海、北京等地，涌现了诸多人工滑雪场，以满足都市人群的周末休闲需求。

九、小镇型景区类型

此类型依托于传统的行政区划单元上的一个镇和近几年兴起的"特色小镇"，它们有其独特的核心吸引物和旅游元素，可供人们旅游、观光、休闲、度假。近几年全国各地正在规划建设一批"小而美、特而强"的特色小镇，它们融入青山绿水、传承历史文脉、凸显产业特色、谋求"三生"融合，特色小镇"非镇非区"，不是行政区划单元上的一个镇，也不是产业园区的一个区，而是按照创新、协调、绿色、开放、共享发展理念，聚焦当地信息经济、环保、健康、旅游、时尚、金融、高端装备七大新兴产业，融合产业、文化、旅游、社区功能的创新创业发展平台。

《国家特色小镇认定标准》解读

旅游特色小镇设施与服务规范

十、其他人文旅游景区

除了以上分类之外，还有一些其他类型的人文旅游景区。例如：以人造景观为核心吸引物的旅游景区。人造景观，顾名思义，就是人们基于一定的文化特征，为旅游活动而修建的模拟景观。其基本方法是利用各种科技手段，将历史或异国他乡的自然和人文现象仿建并集中在一个地方，以达到人们游览的目的。这方面，世界最成功的例子当数美国的迪士尼乐园，我国深圳的"世界之窗"、无锡的"三国城"等都是成功之作，每年接待大批游客。还有一类以娱乐休闲为旅游目的的景区，即主题公园（将在其他章节中进行详细叙述）。

第二节 人文景观类旅游景区的开发分析

高质量的旅游景区一方面可以增加对游客的吸引力提高自身客流量，另一方面对带动地区经济发展也有着重要意义。而旅游景区的质量则是由旅游景区开发过程和旅游景区后期经营决定的。因此，想要确保旅游景区质量，那么在开发过程中，就要做到考虑全面，合理开发。

一、人文景观类旅游景区的开发模式

随着我国旅游业的快速发展，景区发展市场化程度不断提高，景区经营模式不断创新，日趋多样化，以求适应经济与社会发展的需要。经过多年的发展，我国的景区发展不仅达到了一定的规模，而且形成了一定的开发与经营（管理）模式。按照景区旅游开发投资主体的不同，可分为自发开发、自主开发、选点开发、招商开发等模式；按周期不同可分为滚动开发模式、分期开发模式、一次性开发模式。由此可见，我国旅游景区的开发与管理已经形成了一定的模式。其中有些景区较具代表性，有着自己鲜明的特色。

（一）整体租赁模式

其特点是将旅游景区的所有权与经营权分开，由政府统一规划，授权一家企业较长时间地进行控制和管理，组织一方或多方投资，成片租赁开发，垄断性建设、经营、管理该景区，并按约定比例由景区所有者和出资经营者共同分享经营收益。概括来讲，即"国家所有、政府规划、企业经营"，所有权、经营权、管理权"三权"分离的旅游开发模式。这种模式目前已成为旅游景区开发的典范，成为政企合作的样板。它最突出的特征是成功将所有权与经营权分离。创新了我国旅游资源开发管理体制，解决了资源开发的资金问题，并运用现代经营理念和管理方式发展旅游景区；政府统一规划，企业长期经营，确保对旅游资源的有力保护是成功的基本前提。

（二）上市公司经营模式

这是指旅游景区企业经过股份制改造上市后，受景区管理机构的委托，代理经营包括门票在内的一切旅游业务，成为景区内唯一负责旅游经营的机构，对旅游景区实行垄断经营。目前由上市公司投资经营的旅游景区有黄山和峨眉山。黄山是我国首批国家级风景名胜区。黄山旅游集团上市后，黄山景区凭借其在筹集资金方面的优势，逐步引进现代企业经营机制，实现了景区规模化、集约化经营。黄山景区所有权的代表是黄山风景区管理委员会，主要负责景区资源的保护。景区经营开发权委托给上市公司，从形式上看，景区管理权与经营权、开发权与保护权分离，似乎削弱了管理主体，但景区管理委员会作为景区经营管理事务的最高权力机构，管委会主任由黄山市人民政府市长兼任，这就将权力高度集中到政府手中，因此此模式实质上还是一种政企合一的经营模式。但管委会对景区进行统一规划、统一管理、统一经营，避免了多头管理和重复建设现象的发生。

（三）股份制企业经营模式

即对景区企业按照现代企业制度进行改造，并由政府委托股份制企业独家经营。它最显著的特点是以旅游资源入股，以股份制方式开发经营旅游景区；实现了开发权与保护权的部分分离，由于国家占有最大的股份，大部分开发权属于国家；广泛的融资渠道及企业长期独家经营，保证了景区建设运营的大量资金，是该模式成功的关键。

（四）网络复合模式

这种模式的特色是将景区经营权直接由具有政府职能的景区管委会控制，管委会主任又同时兼任景区控股集团董事长，掌握重大决策项目的拍板大权。管理体制上的混乱一直是制约一些景区发展的主要因素，管理部门多且各自为政，条块分割现象明显，景区无序开发造成资源和环境严重破坏，阻碍了景区的发展。在此模式下，景区管理委员会拥有景区的所有权和经营权是该模式成功的关键。管理委员会收回相关部门的管理权，将部分经营权转让给旅游发展集团公司，实行所有权和经营权部分分离，为解决景区发展中的诸多问题提供了便利。

（五）"政府主导，市场运作，群众参与"的新模式

即景区所有权属于政府，管理权归属于相关职能部门，经营权由企业管理的"三权分离"体制。该模式中政府主要职能由经营型转变成服务指导型，主要负责编制旅游总体规划及优惠鼓励政策的制定，为旅游项目的开展创造相对宽松环境。景区经营由企业实行市场化运作，鼓励旅游投资多元化，通过招商引资、民间投资等形式确保景区资金投入。

二、人文景观类旅游景区旅游产品的开发

在人文旅游景区中，旅游产品质量的高低直接影响着旅游者的旅游体验，影响景区的经济效益和生命力。而人文旅游景区旅游产品开发的核心在于挖掘旅游产品的文化内涵。旅游产品的文化内涵属于经济范畴，由于不同地区、不同民族的生活以及生产方式存在差异，进而导致其文化呈现不同的属性，促使文化作为资源进行利用和开发。文化资源与旅游资源属于不同的概念，而如何从当地的文化属性对旅游元素进行深度挖掘，是当前旅游资源利用与开发面临的重要问题。在旅游产品开发中，要注重其独特的文化属性，综合考虑文化所体现的同质性，例如时代性、发展性、集成性、民族性以及多样性等，旅游产品作为文化旅游的重要资源，一定要从文化特征中深度挖掘旅游元素。

随着时代的发展，旅游成了人们生活改善的一种体现，同时，旅游又体现了人们对现实的周期性以及暂时性解脱和回避。受到不同区域社会以及经济发展的影响，不同个人和群体对旅游产品的需求也呈现一定的差异，通过对旅游产品开发模式进行调查发现，人们开展旅游行为中，通过旅游产品而回忆以及体验旅游所带来的美好，并且起到缓解焦虑的作用，人们对旅游产品中所蕴含的文化属性更加重视，对旅游产品的需求也逐渐呈现文化性以及独特性，即产品要具有较高的辨识度。

（一）文化遗址类

文化遗迹类产品主要从人类学、人种学、美学、科学、艺术以及历史角度进行分析，并且突出其文化价值，进而满足旅游者在科学技术、传统文化以及历史演变等方面的文化需求，其产品包括：第一，体现古代人类活动的产品，例如三星堆遗址、北京人遗址等；第二，体现社会文化以及经济活动的产品，例如圆明园遗址、大明宫遗址以及秦始皇兵马俑等。

在开发文化遗址类产品的过程中，保证产品的特殊性和原真性是开发的关键和

核心：首先，旅游资源本身可能经历过重建、损毁以及改建等，现在的环境以及遗址仅仅代表其局部原貌和历史面貌，因此，强化资源的完整性以及真实性研究，是开发产品的基础；其次，遗址通常难以完整保存，为了保证游客可以全面了解其文化以及历史价值，要对遗址进行适当的修复和保护，尤其要根据保护对象的材料以及物质差异，保证其真实性，为游客呈现完整而真实的文化和历史信息；最后，通过生动的讲解、丰富的内容以及专业的阐述，加强游客对遗址价值的认知，进而发挥遗址对文化以及社会价值。

（二）历史建筑类

历史建筑类产品在建筑整体以及式样方面具有突出的价值，其包括民族聚落、古村落、古镇、历史街区以及文化名城等，例如宏村、西递、凤凰古城、丽江古城以及平遥古城等。该类产品由于自然灾害以及战争等因素受到不同程度破坏，因此，其产品开发的关键是要确保其资源的完整性以及真实性。

首先，在产品开发过程中，不仅要体现资源的真实性，作为一种旅游产品，还要在把握真实客观原则的基础上，对其进行艺术建构和提炼，从而保证产品充分体现当地传统习俗和文化特点，进而提高当地居民的自信心和认同感。其次，历史建筑类产品与历史建筑保护具有一定区别，产品开发要注重保持载体的完整性。最后，要将历史建筑所包含的文化有形化以及具体化，并且赋予产品以鲜活的表现力和生命力，进而提高产品的认可度、美誉度以及知名度。

（三）文化景观类

文化景观类产品开发包括以下三种类型：第一，以文化类、宗教类、田园类以及园林类为代表的人为创造和涉及的景观，例如嵩山古建筑群以及伦敦植物园等；第二，进化类景观，其主要包括古巴咖啡种植园、巴米扬山谷等；第三，具有强烈文化、艺术以及宗教特征的景观，例如汤加里罗公园。文化景观类产品开发要体现自然环境与人的互动，通过各类景观的特征，展示自然与人之间的互动关系，是该类产品开发的核心以及关键要素。

总而言之，文化旅游产品体现了旅游资源的独特性以及人文性，我们一定要根据文化景观类型合理选择产品开发路径，为旅游产品的定位和开发提供新思路，进而提高旅游产品的市场竞争力和辨识度。

第三节 人文景观类旅游景区开发中的问题

案例导入

衰败的白鹿原：文旅项目扎堆开景区，体验几乎只有吃

2017年，随着电视剧《白鹿原》热播，白鹿原这个独具西安特色的文化IP成为资本追逐的对象，仅仅200多平方千米的白鹿原上就分布了至少6家以"白鹿原"为主题的特色乡村旅游项目，分别是白鹿仓景区、白鹿原生态文化观光园、白鹿原影视城、白鹿原民俗村、簸箕掌民俗村、白鹿古镇。这些项目无一不将白鹿原文化作为卖点，游客实际体验后却发现，这些大都是以古建筑为特征，景区文化元素基本雷同——主营业务都是陕西小吃。

记者在白鹿原实地采访看到，除了白鹿原影视城，由于各景区的白热化竞争以及客源抢夺，6家特色乡村旅游项目，有的已关门大吉，有的或勉强维持。基于《白鹿原》这个IP而衍生的旅游景点，白鹿原民俗文化村是第一个，但也成了最先衰败的一个。西安向东30多千米白鹿原畔的半坡上，白鹿原民俗文化村就在这个绝佳之地上，蓝田县城、灞河、山野田园尽收眼底。据官方介绍，作为曾经的陕西省、西安市、蓝田县三级重点建设项目，这里保留了最原始的自然森林公园形态，通过仿古建筑、美食特产、传统技艺表演等形式，打造了一个集生态旅游开发等为一体的综合性旅游度假区。2016年5月1日，白鹿原民俗村开业当天就接待游客12万人次，红极一时。

时隔两年后，记者在白鹿原民俗文化村里看到，与原来相比，巷道里几乎空无一人，大量商铺已经关门，门上贴着"空铺"字样，房间里遗留有招牌、废弃灶具、物料等物品。还在坚持营业的少量店铺，被集中在中间平台的巷道里营业。仿古小吃一条街上，大门紧闭，只有路两旁的"凉皮、肉夹馍"等招牌昭示着这里曾经的辉煌。能停放近百辆车的停车场只有寥寥几辆车，景区摆渡车也随意停在路边，车轮上已是锈迹斑斑。

不少商户介绍，民俗村刚开始营业的第一年，确实游客多，生意火爆，商铺一铺难求，要加价好几万元从原来的商户手里购买。现在绝大部分都无人问津。"烂在手上了！"一个商户介绍说，"这还是周末，如果是周一到周五，几乎没有人。

我平时就不开门，只有周末来开两天，也卖不了多少钱，赔本生意。"白鹿原民俗文化村占地约600亩，由陕西渭水文化产业投资有限公司出资建设，总投资2亿元，是一个集生态农业观光、民俗文化体验、农事活动体验及乡村精品休闲度假为一体的文化旅游综合项目。

为何短短两年，白鹿原民俗文化村就发生如此大变化？当地商铺业主道出了缘由："民俗村内以小吃为卖点，除了餐饮，再没啥特色。白鹿原影视城相对来说规模大，和其他两家有一定的差异性，卖小吃不属于主营业务。白鹿原民俗村和白鹿仓主打的都是白鹿原传统文化，景区都以白鹿原为主要包装看点，许多景点如'白鹿村''小娥''黑娃'等基本雷同，主营业务都是卖小吃。"多位商铺业主表示，景区刚开业时候因为距离西安近，加之周边没有类似的旅游项目，每天客流量非常大，一些小吃店每天有近万元的收入，随着去年白鹿原影视城、白鹿仓景区等开业后，这里的生意一落千丈，"每天游客就这么多，大家展示内容又差不多，加上宣传不到位，运营又跟不上，自然就出现问题"。

不少业内人士指出，白鹿原的情况很典型。西安很多民俗村和旅游景点迎合了城市市民疲劳厌倦，希望寻找乡愁、感悟传统文化、周末出去走一走的愿望。但往往没有认真调研定位就快速上马，结果造成业态单一、招商难以为继、持续吸引力不足的现象。本应做好特色小镇，结果成了民俗餐饮街，缺乏生命力。

（资料来源：光明网 2018.8.7）

思考：
上述人文旅游景区的开发中体现出了哪些问题？

近些年来，随着我国旅游事业的发展，旅游景区的建设方兴未艾。具有普遍价值的人文旅游资源多被开发成为各类旅游景区，而更多地区更是充分挖掘自身潜在的人文旅游资源，建设旅游景区。这些旅游景区收到了可观的经济效益，同时也收到了较好的社会效益和文化效益，对丰富我国的旅游产品，促进我国旅游业的发展起到了积极的推动作用。但是，目前在我国人文旅游景区的开发建设中，也有不少问题令人担忧，需要引起社会和大众的警觉和关注。

一、盲目建设问题突出

人文景观盲目建设主要表现为人造景观开发热。许多地方不研究自己的区位特征，更不研究人文景观开发所需的区位条件，盲目投资、照搬模仿、同类项目近距离重复建设。

　　总体来说，我国旅游业发展历程较短，因此我国旅游行业相关的景区开发方面的人才也比较匮乏，这就导致我国目前景区开发时，没有依据景区所处环境与实际情况来制订完善的景区规划方案，使景区规划缺乏一定的科学性与合理性，影响了其自身功能的发挥。同时，部分景区开发过程中忽略了自身定位，因此在后期就会存在定位不准确，无法对游客产生足够的吸引力，从而影响景区客流量等情况的发生。

二、对自然景观造成严重破坏

　　景区内的人文景观均应围绕着保持、衬托、强化自然美的主题，使人文景观和自然景观相辉映，构成各具特色的风景。然而，有些地方建造人文景观，置自然景观于不顾，破坏性建设，甚至是毁灭性开发。人造景观的滥建，占用大量土地及大量耕地。同时为建设景区，大兴土木、采石、破坏植被等现象严重，许多名贵树种惨遭砍伐，在漫长的地质时期形成的地貌自然景观也毁于一旦，而这些天然景观不仅有极高的欣赏价值，也有极大的科研价值，一旦毁坏就不可再生。同时，部分开发商在开发过程中，为了将自身利益最大化，偷工减料，注重速度不顾及建设质量的情况时有发生。在景区建设过程中，一些建筑废料被随意丢弃，给景区当地的生态环境等造成了严重的破坏，进而影响旅游景区建成后的景观效果。另外，在景观建成后，景区为了获得短期利益，忽略了景区可以承载客流量的人数，导致景区人数超过自身接待能力，一方面，无法给游客带来较好的旅行体验，另一方面，还会对景区本不乐观的生态环境造成更为严重的破坏。

三、与自然景观发展不协调

　　从景观学的角度来看，人文景观是在特定的自然环境中人类活动的产物，它赖以产生和发展的基础是自然地理环境，离开这一基础，人文景观便无立足之地。因此，人文景观与自然景观紧密联系，不能分割。自然景观作为人文景观的"底色"，为人类人文景观的建立和发展提供了各种条件。人文景观的建设开发，体现了人类对自然的改造和利用，体现了人地关系是否协调。因此，在建设开发人文景观时要因地制宜，以已有的旅游景观作为依托与凭借，使之和谐配合，合理布局，组合成一个整体，才能情景交融、互相映衬、相得益彰。特别是新设的景点，必须以自然景观为主，以人文景观作为必要的点缀，统一构图，以达到与总体环境相协调，保持景区内景观资源具有完整性。人们在人文景观的开发建设中，往往忽视了与自然景观相协调的问题。常见的遇水搭桥、遇山开路、高地造殿、平地建筑的现象，使自然景观的生态环境的完整性遭到破坏。又如景区内索道的建立、宾馆的选址及设计风格不当等，也会破坏景区内生态环境的协调性。还有些本来风景秀丽的自然风景区，也充满了各种各类庸俗的"娱乐会所"，与周围自然环境极不协调。

四、忽视传统文化与现代文明

新的人文景观建设首先应把握历史文化导向，它的魅力在于它的民族性、艺术性、传统性和特殊性。同时，新的人文景观的建设也是社会精神文明建设的一部分，是人类文明创造的物质文化与精神的直接表现。这就要求旅游开发建设者具有历史责任感和社会责任感，建造出既再现民族历史，弘扬传统文化，又具有培养与提高旅游者的精神境界与审美观赏情趣的人文景观。然而，现在不少人文景观的建设，特别是展现历史题材的人文景观，一味地"仿古""复古""微缩"，无视民族历史遗产保护的真实价值和传统文化及现代文明，甚至采取媚俗手段，置基本的史实于不顾，离奇怪诞。一些格调低下、内容粗俗，带有封建迷信色彩的人造景观也大量涌现。不能否认，大多数"仿古"者是抱着展现祖国悠久历史，弘扬传统文化，发展当地旅游事业的良好愿望，但本身作为虚假和伪造的景观，一开始就背离了景区开发的初衷。在人文旅游景区的开发中，有关部门应该加强宏观控制，严格人文景观建设项目的审查和管理，进一步加强旅游资源和环境的保护，达到经济效益、社会效益和生态效益的统一，使我国的旅游业实现健康持续的发展。

第四节　人文景观类旅游景区的规划开发思路

在上一节中，我们就目前人文旅游景区开发中存在的主要问题进行了探讨。有问题，同样也象征着有机遇，对于已开发成熟的景区，未来应当如何发展，使景区立于不败之地？对于新的正在建设的景区，以及还在规划中筹备建设的景区，应当怎样吸取经验和教训，或标新立异，使景区获得成功？这些问题值得景区的开发和规划者深思。

一、景观空间与旅游时间协调

旅游者在景区游览的过程中，整体的游览过程成了游客游览或体验满意度的来源，这就要求景区必须将空间、时间和事物协调成一个不可分割的整体。也就是说，游客的体验是完整的，包含了空间、时间和事物的整合，因此要做到让游客"在适当的地方、适当的时间做适当的事"。尤其在人文旅游景区中需要强调景观空间与旅游时间的协调。因为相比于自然旅游景区的多样性，目前我国人文旅游景区多以吸引旅游者观光、游览为主，而这也与常见的人文旅游资源的特征相符。但在景区开发的过程中，往往开发及规划者多注重景观景点的数量而不求质量，一味地追求文化要素的面面俱到；或一味地认为文化景观应是多多益善；或不注重景区中核心旅游资源的规划，没有重点和针对性地进行开发，从而忽视了游客游览的体验感。所以在人文旅游景区开发的过程中，要注重文化主题，或重点文化元素的提炼，对于景区内各类旅游资源进行科学客观的评价、分析，为游客设计合理的、多样的、趣味性与知识性相结合的旅游线路或旅游产品，增强游客的满意度、体验感以及对景区的认知度。

二、静态产品与动态产品结合

人文旅游景区的核心价值在于其深厚的文化精髓，这是景区满足游客旅游需求及提高其满意度的关键要素。但目前我国的人文旅游景区开发规划中，景区为旅游者所提供的产品往往以"静态"产品为主，即纯粹的观光、游览产品。这使得游客与人文旅游资源的接触仅仅停留在表面，甚至形成了"上车睡觉，下车看庙"的一种旅游风气。在现代大众旅游需求逐渐多元化的趋势下，只提供静态产品的人文旅游景区往往容易造成产品单一、游客重游率低等现象，对景区发展产生负面影响；甚至一些以人造景观为主的景区，如果产品只停留在观光游览的层面，往往不具备很长的生命周期，在人文旅游景区开发的浪潮中，逐渐消失或被淘汰。因此，未来人文旅游景区的发展中，需要更注重打造"动态"产品，即开发体验式旅游，动静结合。

体验式旅游是指在目标游客消费习惯和体验营销要求的基础上，充分把握游客的特点，把游客的敏感区域激发出来，为游客创造亲自参与的观光休闲氛围，不仅满足游客生理需求，而且追求满足游客更高层次的需求，即精神需求。通过体验式旅游能有效提高游客满意度。景区应该对旅游体验进行精心设计和规划，为游客提供与众不同的、有价值的体验。

打造体验式旅游主要包括两个方面：打造体验旅游产品，以及强化体验旅游服务。打造体验旅游产品可以通过对景区的文化主题进行挖掘，进行资源整合，形成配套旅游产品。同时结合文化主题相关的节事、习俗等方面，打造特色文化体验旅游产品。最后可以通过引入一些相关的特色旅游项目，丰富游客的旅游体验，如徒步、探洞等。

　　打造体验服务主要是指游客在景区活动中所接受的所有服务，都会提供给其令人难忘的体验，因此，景区服务的是旅游中不可忽视的内容，也是人文旅游景区更好满足游客感受景区文化底蕴的途径。一些人文旅游景区可依据其文化主题开展体验式服务，融入游客的食、住、行、游、购、娱等多个方面。同时对景区服务人员的管理要加强。因为服务是带给游客最直接的体验。良好的仪表仪容、态度、行为和能力会给游客留下更美好的回忆，对景区体验式服务起到增光添彩的作用。景区为提高服务人员的服务质量，应该加强管理和培训，建立完善的规章管理制度，严格实施景区服务人员考评细则等。

三、自然空间与人文空间平衡

　　自然景观（自然旅游资源）是旅游景区的骨架，是发展旅游业的基础。人文景观（人文旅游资源）是旅游景区的灵魂，是人地相互作用的产物，是自然环境的指示物，是文化系统的折射物，通过对人文景观的观察和研究，可以了解人类活动与自然环境的相互关系，认识人类为了生存和发展而对自然环境施加的影响及作用程度，所以在景区开发中要重视自然景观与人文景观的相互融合，打造自然空间与人文空间的平衡。

　　物质文化与自然环境的关系比较密切，而精神文化与自然环境的关系相对疏远。物质文化是精神文化的基础，其中属于生产力的文化事物是社会发展的活跃因素，它们变化的节奏较快，而精神层面的文化事物变化相对较慢，具有一定的稳定性和保守性。自然对文化景观的影响，主要反映在文化景观的功能和形态上。它对旅游景区起着基础的、框架的作用。特别是对于与地表自然环境联系较为紧密的物质文化景观，自然有着明显的作用，其中那些与生产和生活相关的文化景观所受到的影响最为突出。精神文化景观受自然的影响相对较少，但它也同样影响到自然环境。作为创造文化的人，对于自然环境有巨大的作用力和影响力。文化景观，尤其是物质文化景观，正是人类活动作用于自然的最好体现。因此，我们在开发建设旅游景区过程中，应尊重自然规律，在保护好自然景观的前提下，建造有时代意义和地方特色，并能与自然景观交相辉映的人文景观。

四、全域旅游理念指导开发规划

　　全域旅游是指在一定区域内，以旅游业为优势产业，通过对区域内经济社会资源尤其是旅游资源、相关产业、生态环境、公共服务、体制机制、政策法规、文明素质等进行全方位、系统化的优化提升。全域旅游强调"全要素""全方位""全时空""全过程"。

全要素就是将整个景区作为旅游活动的吸引物，依附在整个景区的一切可以利用的资源都有可能成为吸引人们前来旅游的吸引物。全方位是指景区满足游客需求的各个相关产业要素。尤其在目前国家要求各大景区降低门票价格的大背景下，景区的主要的经济收入来源将逐渐转向发展住宿、餐饮、娱乐、购物等产品，使之走产业化发展道路。例如在旅游购物方面，要开发一种以上的特色旅游商品，并融合文化创意产业，能为人文旅游景区带来较大的经济效益。在全时空方面，景区要为不同游客提供能够满足其体验需求的产品和服务。在时间上，除了不断丰富四季旅游项目，更要加强夜间休闲产品的开发建设。在空间上，依据现有格局，增加旅游产业点、延伸文化产业链、拓展创意产业面，结合旅游新业态，打造各具特色又适合旅游发展的主体功能区，形成满足游客不同层次需求的旅游产品。在全过程方面，景区要大力建设旅游服务设施，全域旅游发展要求旅游交通网、智慧旅游网、公共服务体系网三网合一，构建全域覆盖、全面发展，形成系统性的服务架构，使游客在旅游全过程中时刻都能享受到景区提供的服务。

五、文化是景区开发的灵魂

文化是旅游的基础，是旅游的内容，旅游是传播、宣传文化的载体和媒介。在中国长期的历史积淀中，即便是自然旅游资源，也大多是经过人文化的自然旅游资源，游客正是为了体验自然旅游资源中的文化和审美享受而来，所以至今仍有"文因景成，景因文传"的说法。从本质上讲，游客主要消费的是文化，文化是游客的出发点和归结点。在旅游过程中，游客参与的具体项目总是与文化有关，如欣赏崖壁石刻、观看民族歌舞表演等。文化是旅游活动的主要内容，只有文化介入和文化沟通的旅游，才能摆脱单纯的旅行活动而成为真正意义上的旅游。同样地，当地居民对文化的态度将直接影响旅游地的可持续发展，比如以合作的态度参与旅游产业发展，能够有效地保护当地特色文化，促进当地旅游经济的发展。所以，文化是旅游活动中一个至关重要的要素。因此，不少人简单地认为有文化就可以很好地发展旅游产业，并以此为基础不断地利用人文资源开发大批景区。但实际情况却并非如此。一些历史文化悠久、积淀深厚的旅游地并未因其文化价值高而使旅游业取得巨大发展，甚至一些具有极高文化价值的世界文化遗产地游客量常年不高。相比而言，反而是一些经过包装的文化类主题公园对游客拥有更大的吸引力。这说明，在传统的人文旅游景区中，游客对于文化的感知与景区所提供的旅游产品并无太大

关联。而从根本上而言，旅游景区开发者眼中的"文化"和旅游者眼中的"文化体验"可能并不相同，也因为这一差异，才导致现实中人文旅游景区的开发对于文化的把握不足，最终对景区的发展产生了负面影响。

经过众多学者的实证研究发现，在人文景观类旅游景区中，旅游者关注更多的是一些可直接感知的文化元素，所以他们更多地希望加强文化的展示与解说，提高文化的可感知程度，比如"恢复原始建筑""提高导游解说水平""建设陈列馆、展览馆""加大宣传力度"等。由此可以看出，旅游者感知的"文化"已经偏离了人文旅游资源中的"文化"本身。但这并不表示"文化"在旅游活动当中不重要，只是对于普通大众游客而言，由于其自身文化素养的局限性，他们更倾向于消费可以感知与触摸的"文化"。将大众旅游中的文化感知与旅游资源的文化价值混为一谈，将历史文化价值等同于旅游吸引价值，以这种指导思想去开发大众旅游产品，显然与大众游客对文化旅游产品的需求存在较大的差异，旅游开发难免陷入困境。

随着社会经济的不断发展，越来越多不同类型的游客参与到文化旅游中。在景区开发中，文化涵盖在旅游的各个方面，如资源、活动、设施、服务等都是文化的载体和展示渠道，它们共同对旅游地文化资源与文化内涵进行诠释，而游客通过它们来体验、感受旅游景区的特色和文化，从而满足其文化旅游的需求。因此，通过引入智慧旅游系统，通过各种文化载体的展示，将深层次的文化诠释为易被游客感知的文化产品，是人文旅游景区开发中需要注意的一个方面。通过这些方式营造旅游地周围的文化氛围，将帮助游客更好地理解、体验文化。由此可见，深厚的文化底蕴是人文旅游景区开发的潜在优势，景区文化旅游产品的开发应在考虑游客不同需求的基础上重视文化表现与展示形式，加深游客对文化旅游产品的认知和体验，促进文化旅游可持续发展，真正发挥文化在人文旅游景区中的"灵魂"作用。

第五节 红色旅游景区的发展

一、红色旅游及红色旅游景区的定义

红色旅游，主要是指以中国共产党领导人民在革命和战争时期创造的丰功伟绩所形成的纪念地、标志物为载体，以其所承载的革命历史、革命事迹和革命精神为内涵，组织接待旅游者开展缅怀学习、参观游览的主题性旅游活动。红色旅游景区是具备相应旅游服务设施并提供相应旅游服务的独立管理区。该管理区应有统一的

经营管理机构和明确的地域范围。

国家先后出台了 2004~2010 年、2011~2015 年和 2016~2020 年三期全国红色旅游发展规划纲要。红色旅游作为政治、文化、经济和富民工程，根据时代发展要求，更加强调红色旅游的内涵和创新发展。红色旅游创新能促进红色旅游从"有"到"优"，对红色旅游业持续健康发展、形成革命区新的经济能力、推动当地经济发展具有重要意义。

发展红色旅游对于加强革命传统教育、增强全国人民特别是青少年的爱国感情、弘扬和培养民族精神、带动革命老区经济社会协调发展等都具有重要的现实意义和深远的历史意义。

二、红色旅游发展的伟大意义

（一）有利于加强和改进新时期爱国主义教育

我国已进入全面建设小康社会、加快推进社会主义现代化的新的发展阶段。面对新形势新任务，爱国主义教育方式迫切需要改进和创新。积极发展红色旅游，寓思想道德教育于参观游览之中，将革命历史、革命传统和革命精神通过旅游传输给广大人民群众，有利于传播先进文化、提高人们的思想道德素质，增强爱国主义教育效果，给人们以知识的汲取、心灵的震撼、精神的激励和思想的启迪，从而更加满怀信心地投入建设中国特色社会主义事业之中。

（二）有利于保护和利用革命历史文化遗产

党的十六大提出大力扶持对重要文化遗产的保护工作，扶持老少边穷地区和中西部地区的文化发展，其重要目的就是建设和巩固社会主义思想文化阵地。革命历史文化遗产是中华民族宝贵的精神财富，遍布全国各地特别是革命老区的纪念馆、革命遗址、烈士陵园等爱国主义教育基地，是社会主义思想文化的重要阵地。通过发展红色旅游，把这些革命历史文化遗产保护好、管理好、利用好，对于建设和巩固社会主义思想文化阵地，大力发展先进文化，支持健康有益文化，努力改造落后文化，坚决抵制腐朽文化，具有重要而深远的意义。

（三）有利于带动革命老区经济社会协调发展

革命老区大多位于偏远地区，经济发展水平普遍不高。帮助老区人民尽快脱贫致富，是各级党委和政府的重要任务。发展红色旅游，是带动老区人民脱贫致富的有效举措，可以将历史、文化和资源优势转化为经济优势，推动经济结构调整，培育特色产业，促进生态建设和环境保护，带动商贸服务、交通通信、城乡建设等相关行业的发展，扩大就业，增加收入，为革命老区经济社会发展注入新的生机活力。

（四）有利于培育发展旅游业新的增长点

随着我国人均收入水平的不断提高，居民的旅游消费支出逐年增长，对旅游内容和产品提出了新的要求，迫切需要旅游业进一步调整和完善产品结构，更好地满足多样化、多层次、多形式的精神文化需求。红色旅游作为旅游业的重要组成部分，对于满足旅游需求、促进旅游发展，增强旅游业发展后劲、开拓更广阔的旅游消费市场具有积极作用。

三、红色旅游发展的总体要求

（一）指导思想

高举中国特色社会主义伟大旗帜，全面贯彻落实党的十八大和十八届三中全会、四中全会、五中全会精神，坚持以邓小平理论、"三个代表"重要思想、科学发展观为指导，深入学习贯彻习近平总书记系列重要讲话特别是关于红色旅游的重要指示精神，紧紧围绕统筹推进"五位一体"总体布局和协调推进"四个全面"战略布局，牢固树立和贯彻落实新发展理念，以培育和践行社会主义核心价值观为根本，挖掘红色精神内涵，发扬红色传统，传承红色基因，创新教育方式，提升科技水平，提高服务质量，打造爱国主义和革命传统教育的重要载体，构建丰富群众文化生活、接受红色精神洗礼的重要平台，发挥促进老区振兴、脱贫攻坚的重要作用，实现红色旅游持续健康发展，为实现"两个一百年"奋斗目标和中华民族伟大复兴的中国梦做出积极贡献。

（二）基本原则

第一，突出社会效益，强化教育功能。坚持把社会效益放在首位，注重培育和弘扬社会主义核心价值观，加强革命文物保护，挖掘红色文化内涵，结合青少年思想道德建设、党团学习教育，打造常学常新的理想信念教育课堂，推进爱国主义和革命传统教育大众化、常态化。

第二，坚持实事求是，保障基本需要。科学规划设施建设，在充分利用现有条件基础上，合理确定建设内容和规模，维护原有历史氛围，保持红色旅游底色，防止贪大求洋。旅游设施建设要体现应有功能，同红色纪念设施相得益彰。

第三，加强统筹规划，促进融合发展。立足经济社会发展全局，注重与脱贫攻坚、区域发展、城乡建设相衔接。依托地域特色资源，促进与周边乡村旅游、研学旅行、生态旅游相融合，提升红色旅游吸引力和影响力。

第四，推进改革创新，增强发展活力。坚持改革创新思维，发挥各级党委政府的主导作用，改革体制机制，创新工作模式，引导社会参与，应用信息技术，增强红色旅游发展活力。

（三）发展目标

红色旅游经典景区体系更加完善，教育功能更加突出，运行管理更加规范，服务水平持续提升，群众参与积极性和满意度显著提高，红色文化有效传承，革命精神广泛弘扬，经济社会综合效益明显增强，红色旅游实现内涵式发展，2020 年全国年接待人数突破 15 亿人次。

四、红色旅游景区发展的特点

（一）历史地位是决定红色旅游产品吸引力的主导因素之一

红色旅游开发不同于一般旅游地的开发，起决定作用的除了革命纪念地的自然景观外，更主要的是它在历史时期的地位高低和影响大小，这些往往起着非常重要的作用；革命纪念地在中国革命历史上的地位决定了其红色旅游资源品位的高低，从历史角度看，井冈山、延安、西柏坡等地在中国革命史上占有极为重要的特殊位置。

（二）基本依托国内游客，国际游客所占市场份额小

红色旅游的游客结构中以国内旅游占绝对优势，由于海外游客特别是外国游客对中国革命史了解甚少，加之信仰和国家政体的差异，他们一般对红色旅游不感兴趣。因此，红色旅游的游客构成中海外游客占的比例相当小。

（三）游客群体以公费游客为主

长期以来许多革命纪念地是作为接受爱国主义教育和革命传统教育的基地来宣传的，这就形成了游客群体以公费为主，各级党组织举办一些诸如重温入党誓词、

新党员入党宣誓等主题活动首选之地便是这些有着丰富的革命景观、厚重的红色文化底蕴但又不乏优美自然景色的革命纪念地。红色旅游地的游客职业构成也以干部、军人、学生为主。

（四）游客行为以观光和接受教育为主

由于红色旅游是以特殊的文物遗迹为主要旅游吸引物的旅游活动，其产品以观光型为主，使游客在观光游览的同时可以接受革命传统教育和爱国主义教育。因此，红色旅游的游客行为是以观光游览和接受教育为主要目的的。根据对井冈山游客的调查，观光客占全部游客的64.1%，其次是度假占10.2%，会议占6.2%，其他旅游目的比例很小。政治性因素对游客行为变化会产生明显影响。在有较大纪念活动的时段，如建党周年前夕，以接受革命传统教育为目的的游客比例明显上升，而一般时段则以观光游览为主要目的。此外不同年龄结构的游客也表现出不同的行为，老年人特别是一些老党员、老干部多是出于他们的红色情结，故土重游、缅怀往昔，青壮年通过领略前辈的丰功伟绩激励自己更加奋发向上努力工作，而青少年则通过接受教育培养他们的爱国情感，无论是怎样的初衷，但无疑利用红色旅游地良好的环境和旅游气候条件来度假休闲的游客比例在逐步上升。

（五）红色旅游具有独特的旅游季节性特征

相对于一般旅游活动的旅游旺季多集中在"五一""十一""春节"等几个黄金周，由于红色旅游活动的内容和目的有别于其他旅游活动，故其旅游旺季多出现在"七一""八一"或某一重要历史事件的发生日等一些纪念日或有较大纪念活动的时段。青少年学生是构成红色旅游游客群体的一个重要组成部分，而寒暑假又是组织"冬令营""夏令营"活动的时期。因此，从全年来看，7月、8月也是红色旅游的旅游旺季。

（六）开发模式基本为红色搭台，绿色唱戏

作为革命纪念地的红色旅游景观比较丰富，有着很高的知名度，但单纯的红色景观对现时游客的吸引力毕竟有限，很难独立支撑起当地的旅游业。这些革命纪念地由于多地处偏僻山川，秀丽景色宜人，在拥有丰富的红色资源的同时也一般具有美丽的自然风光，有些就处在国家风景名胜区内。因此，其旅游开发基本上是采用"红色搭台，绿色唱戏"的模式，利用红色资源的高知名度为号召，真正卖点和发挥主导作用的是其优美的绿色景观和良好的生态环境。通过形成很好的绿色旅游产品，对红色产品形成强劲的支撑和有效的补充，并在此基础上进一步拓展旅游空间

和完善产品体系，从而提升其作为旅游目的地的作用。

（七）政府主导，具有较大政治相关性

革命纪念地在人们心目中意味着一种特殊的精神和文化，是接受艰苦奋斗教育、革命传统教育的重要场所，为了贯彻爱国主义教育实施纲要，许多企事业单位纷纷组织员工、学生前往这些地方接受爱国主义教育，一些家长为使孩子接受艰苦奋斗教育和革命传统教育，也将红色景点选为旅游目的地。这就在客观上拉动了红色旅游的升温。

（八）区域联动的整体促销方式

红色旅游地的产品销售除了对自身产品进行搭配组合实现产品的多样性外，还注重与周边区域的旅游景点进行协作，特别是通过与周边重量级旅游景点的合作，采取捆绑式销售的方式，将红色旅游产品作为其所在区域旅游产品的一部分实现"红""绿""古"的交融。此外，由于红色旅游资源的不可替代性，不同地区的红色旅游产品有着很强的结合性。因此，在红色旅游线路的推出上可从更大范围内来组织。

（九）红色旅游成为老区发展经济的突破口

许多革命老区由于地处偏僻、边远、交通不便的山区，经济发展相对落后，因此，发展老区经济一直是各级政府的工作重点。红色旅游的兴起成为发展当地经济的一个突破口和新的经济增长点，旅游业的发展不仅为老区带来了可观的经济收入，而且也带动和促进了其他产业的发展。

五、红色旅游发展的主要任务

（一）完善全国红色旅游经典景区体系

充实完善、归并整合红色旅游经典景区，公布修订后的全国红色旅游经典景区名录，形成了覆盖更加全面、内涵更加丰富、特色更加鲜明的景区体系。提升红色旅游经典景区基础设施条件和服务水平，选择革命文物资源丰富、基础设施较完善、展陈效果较好、教育功能突出、有一定品牌知名度的景区给予重点支持。加强新增景区革命文物资源保护和红色文化内涵挖掘，完善道路交通和服务设施条件，提升必要的接待能力，更好地发挥爱国主义和革命传统教育功能。完善统

筹协调机制，整合周边自然生态、传统文化、特色乡村等旅游资源，开发复合型旅游产品。

（二）着力凸显红色旅游教育功能

深入挖掘红色旅游景区所蕴含的红色文化内涵，发挥理想信念教育基地作用，使广大党员、干部、群众，特别是青少年，深刻了解党带领全国各族人民不懈奋斗的光荣历史和伟大历程，坚定不移地跟着中国共产党走，传承党的优良作风，接受红色精神洗礼，增强开拓前进的勇气和力量。推动大中小学生社会实践活动与红色旅游相结合，依托红色旅游景区组织参观活动、研学旅行，开展爱国主义和革命传统教育，深化青少年社会主义核心价值观教育。加强红色旅游景区与当地学校的合作，组织红色教育进校园，结合党课团课、主题班会、课外活动，邀请专家学者、优秀讲解员宣讲红色故事，开展红色夏令营、冬令营主题活动，培育形成特色鲜明、内涵丰富、形式多样的校外实践活动新局面。

（三）积极发挥红色旅游脱贫攻坚作用

围绕脱贫攻坚目标，紧密结合集中连片特困地区扶贫开发和革命老区振兴发展，整合当地现有资源，扎实推进精准扶贫，拓展红色旅游的脱贫富民功能。完善红色旅游配套交通体系，加快景区到周边主要城市或干线公路的支线公路和连接道路建设，支持有条件的红色旅游重点区域新建或改扩建支线机场，完善铁路站点布局，为革命老区、贫困地区带来更多的客流、物流、资金流。依托红色旅游景区开发，吸引周边居民参与景区内配套服务，带动当地贫困人口就业。加强旅游开发帮扶和技能培训，支持当地群众参与餐饮、住宿等经营服务，促进乡村旅游发展。引导革命老区群众因地制宜发展种养业和特色手工业，鼓励成立农民专业合作社等经济互助组织，开发特色旅游商品，培育富有红色文化内涵的本土品牌。

（四）有效提升红色旅游规范化水平

加强革命文物和文献资料的发掘、征集、整理、研究和利用工作，利用文献档案展现历史事实，讲好革命故事，提升陈列布展、讲解解说规范化水平。涉及领袖人物和重大事件的内容要按程序报批，展陈、讲解等内容要进行审读、排查。在确保客观真实的基础上，不断丰富陈列布展、讲解解说内容和形式，增强知识性、吸引力和感染力。组织参与性活动时要尊重历史，用革命先辈的感人事迹、高尚情操感染观众。加强红色旅游从业人员教育，要崇敬革命历史和革命先辈，杜绝出现损害国家利益、伤害民族感情、损毁领袖和革命先辈形象的言行和活动。提升红色旅游服务标准化水平，指导各地建立红色旅游景区服务标准、讲解员和导游员上岗标准与工作规范，提高红色旅游服务管理能力和综合监管水平。

（五）广泛开展红色旅游宣传推广活动

结合建党、建军、中华人民共和国成立日和中国人民抗日战争胜利纪念日、烈士纪念日、南京大屠杀死难者国家公祭日等重大纪念活动及其他重要节假日，组织系列宣传推广活动。各省、市、自治区及有关部门要通过官方网站，提供本地区、本部门红色旅游景区的规范化信息，有条件的红色旅游景区可建设独立网站和网上纪念场馆，鼓励利用微信、微博等信息技术开展红色文化宣传推广。广泛开展群众性红色文化活动，加大对相关书籍、主旋律节目、影视作品等艺术创作的扶持力度。统筹利用传统传播渠道和新兴媒体刊播红色旅游公益广告。加强红色旅游国际交流合作，挖掘经典景区蕴含的国际友谊内涵，探索合作模式和机制，推广红色旅游产品线路，提升国际交流水平。

（六）扎实推进红色旅游人才队伍建设

深化景区内部管理运行机制改革，优化管理层人才结构，吸收培养一批熟悉规划设计、善于经营管理的专门人才。加强红色旅游讲解员、导游员分级分期培训，造就一支政治过硬、业务熟练、知识丰富的红色旅游景区导览队伍。开展红色旅游志愿服务，组织老干部、老模范、老教师、老战士、老专家开展义务讲解，鼓励大学生义务开展志愿服务，建立一支稳定的、专业化的志愿者队伍。在红色旅游资源丰富地区大力发展旅游职业教育，支持有条件的高等学校开设红色旅游相关课程、讲座。促进红色旅游学会、协会等社会组织健康发展。

本章小结

本章从人文资源的角度分析了人文景观型旅游景区的旅游资源的特征，依据《旅游景区分类》团体标准的内容将人文景观型旅游景区分成十大类并对各类进行了简要的概述，最后指出人文景观类旅游景区开发的模式、开发中存在的问题以及将来开发的思路，本章还重点介绍了我国红色旅游景区的发展特点、要求和任务。

案例分析

"旅游＋扶贫"走出致富路——镇宁高荡村走出以旅兴村富民之路

近年来，镇宁自治县环翠街道立足生态、区位、民族文化优势，以高荡村为试点，按照"吃在高荡有味道、住在高荡有情调、玩在高荡乐逍遥"的思路，积极探索民族地区民族村寨山地新型城镇化、山地城镇化和布依民族文化旅游，让老百姓富起来、街道经济强起来，实现了以旅游助推脱贫攻坚。

吃在高荡有味道。据了解，近年来，高荡村充分挖掘布依族特色饮食文化，成立了村餐饮协会，景区导入的客人主要由村餐饮协会接待，让利于民，餐饮协会用工优先建档立卡贫困户。目前，高荡村有餐饮店14家，商铺3家，摊点30余家，直接或间接带动村民就业100余人。贵州瀑乡高荡文化旅游开发有限公司现用工133人，当地人占123人，村民实现了在家门口就业。

住在高荡有情调。据了解，2011年以来，镇宁自治县县委、县政府高度重视少数民族特色村寨的保护，并于2015年把高荡村确定为重点保护与开发项目，同时，该县还以2016年小城镇建设观摩项目"布依山居"民宿为引领，大力发展布依特色精品民宿。村寨基础设施得到有效改善，人居环境明显提升。近年来，在省、市的大力支持下，依托财政奖补一事一议项目，镇宁自治县以原生态的理念大力改善高荡村村民聚居区的道路、交通、住房等基础设施条件，突出布依族历史文化建筑浓厚的民族风情和地域特色，在不破坏原有建筑风格的基础上，完善内部居住环境，对村容村貌进行了整治和改造，拓宽、维修了村道、巷道，修建了民族文化广场。同时，严格依照规划推进古寨保护性建设，拆除11幢违法建筑，对33幢影响古寨整体风格的房屋进行拆除，并在古寨核心区域外规划宅基地，对搬迁村民进行集中安置。在新建集中安置点过程中，建设均由设计院统一放线施工，墙体统一使用石材，门窗统一风格，保存了高荡村石头建筑的特点，高荡新村成了古寨的又一张亮丽名片。2017年，高荡村共接待客人5000余人。

玩在高荡乐逍遥。在充分完善旅游基础服务设施的同时，高荡村还注重拓展布依文化旅游品质，吸客留人，从布依节庆、农事体验、特色餐饮体验，让客人想来、想吃、想住、想玩，在体验中感悟，在快乐中花钱。据了解，今年以"布依三月三"作为试营业首秀，镇宁环翠街道与青旅运营公司制订了"百家做事，月月有节"的旅游产品计划，精心、精准让贫困户参与。据统计，2017年，高荡村全村农民可支配收入8792元，比镇宁自治县平均水平8013元高出779元；自2018年试营业以来，共接待游客8万余人，带来旅游收入150余万元，预计今年全村农民人均可支配收入将在去年的基础上增加 1000 余元。

此外，环翠街道探索创新出"游有体验、购有精品、汇览全县、货出高荡"工作思路，依托青旅与高荡村"布依集市"，打造高荡村线下线上"黔货出山"平台，带强街道，服务全县。据了解，"布依集市"共设立脱贫攻坚专柜 30 余个，进驻企业 20 余家，主要用于推介、宣传、销售镇宁各乡（镇、街道）特色农产品。销售包括柳江、黔堂姜、立创食品等在内的全县特色农产品，涵盖全县 14 个乡（镇、街道），进一步加快该县"黔货出山"的步伐，有效解决了产销衔接的问题。截至目前，"布依集市"销售值已达 45 万元。

（资料来源：新华网贵州频道 2018.8.1）

思考：

你认为上述案例中有哪些可取之处？

思考与练习

1. 请同学们在学习本章后对我国的人文景观类景区存在的问题做一个总结，并举实例分析。

2. 我国现在越来越多文化园类景区经营状况不理想，请举实例分析。

第五章 乡村田园类旅游景区

通过本章的学习，你应该能达到：

知识目标：

1. 了解乡村田园类景区的发展历程。

2. 掌握乡村田园类景区的类型。

3. 掌握村落型旅游景区的现状、特征、问题措施、前景。

4. 熟悉农业景观型旅游景区的现状、特征、问题措施、前景。

5. 了解生产型、民宿型旅游景区的现状、特征、问题措施、前景。

6. 掌握田园综合体旅游资源的发展与现状。

能力目标：

1. 能够辨析乡村田园类景区的类型。

2. 能够依据乡村田园类景区的不同类型进行旅游产品开发。

3. 能够结合乡村田园类景区游客体验特点进行有效管理。

实训目标：

1. 能够准确地把握乡村田园类景区游客体验特点。

2. 能够系统地掌握乡村田园类景区产品类型。

3. 能够给出乡村田园类景区产品设计初步方案。

案例导入

云水涧文化展示中心项目由江宁交通建设集团、江宁旅游产业集团共同打造，位于江宁谷里街道亲见社区、张溪社区境内，距离南京城区40分钟车程，于2016年11月3日正式开工。项目总占地面积0.7平方千米，其中水库面积0.2平方千米，观光路线长约3000米，沿湖栈道长1360米，建成后将与周边大塘金香草小镇、谷里花卉谷、银杏湖生态乐园等诸多景点形成优势互补，满足市民文化休闲、生态观光等需求。目前，这个以水、田园、林地为载体的文化展示中心内的景观已初步建成，部分项目正处于紧张的施工中。中心内活动广场、休息亭阁、休憩连廊等配套基础设施也已基本建成，初步具备对外开放条件，优美的田园风光和文化展示空间已经吸引了不少游客前来亲探云水涧文化展示中心的芳容。走进轻奢、极简风格的建筑群中，蜿蜒崎岖的青石板路相间其中。绿色的草地中点缀着圆圆的白色的景观灯，晚上这些灯打开后都是五颜六色的，还能吐出水雾仙气。走在蜿蜒的石板路上，随手一拍都是大片，发个朋友圈，还会被问是不是出国度了个假！这就是南京江宁的一个高品质的美丽乡村特色产品（见图5-1）。

图5-1　江宁云水涧文化展示中心（摄影：方法林）

随着城市浪潮的推进，乡村景观在现代城市景观发展中具有深远的意义和其独特的意象，而田园文化也是乡村景观的精神核心。乡村田园类景区其核心吸引物是以农业景观为主的景区。主要包括村落型景区、农业景观型景区、生产地型景区和民宿型景区。

第一节　乡村田园类景区的发展历程

一、国外乡村田园型景区发展历程

乡村是人类聚居地最初形态，是人类聚居文明的发祥地。乡村是一个复杂的动态系统，是时空系统的集合体，它包括了空间现象及其非空间过程，是人类活动时间性和空间性的统一。基于乡村而发生发展的乡村旅游业必然具有时空性的特征，这使得对于乡村旅游的形成演化进行研究成为必要和可能，同样也使得对乡村旅游的阶段划分必须依赖乡村的发展阶段。

"乡村旅游"在欧洲发达国家可以从19世纪中叶贵族庄园开始的旅游活动算起，但大规模的开展是在20世纪80年代后。纵观国际乡村旅游的发展历程，大致可以分为以下三个阶段。

（一）萌芽——兴起阶段

乡村旅游最早起源于19世纪中叶的西方国家。1855年，一位名叫欧贝尔的法国参议员带领一群贵族来到巴黎郊外的农村度假。他们品尝野味，乘坐独木舟，学习制作鹅肝酱馅饼，伐木植树，清理灌木丛，疏通池塘淤泥，欣赏游鱼飞鸟，学习养蜂，与当地村民同吃同住。通过这些活动，他们重新认识了大自然的价值，加强了城乡居民的友谊和了解，此后，乡村旅游逐渐兴盛起来。另一种说法是起源于意大利1865年成立的"农业与旅游全国协会"，它专门介绍城市居民到农村去体会乡情野趣，标志着乡村旅游的诞生。虽然乡村旅游产生的年代还有待讨论，但就其活动内容和性质来看，西方乡村旅游源于贵族生活方式在大众群体中的蔓延。

在传统的农业社会，由于生产力低下，农村人口为了生存整日忙于生产劳动，没有多少休闲时间，也没有多少休闲需求。仅有的一些乡村休闲活动也大多局限在乡村内部，特别是教堂、酒馆、市场等传统场所和圣日、农产品收获等特殊时节。同时，以家庭为基础的休闲行为与宗教、出生、婚丧等社会事件相联系。对于大多数人来说，只有小部分人拥有极为不同的休闲方式并成为后人追逐的时尚，其中打猎和钓鱼是早期的乡村休闲方式，进而伴随散步、骑马和各种草地游戏等旅游活动的兴起。

工业革命以后，迁往城市的贵族仍然保留着原有的乡村庄园，在闲暇时间，他们呼朋唤友返回庄园进行骑马、狩猎、垂钓、野餐、划船、漫步以及举办各种社交活动。庄园不仅仅是他们贵族身份的象征，也是他们避开城市喧闹、体验另类生活的场所，在庄园度假也是贵族生活的一部分。这一点可以从众多以工业革命为背景的文学名著中看出端倪。例如《简·爱》《傲慢与偏见》《呼啸山庄》《红与黑》等作品中，都有贵族返回乡村度假的情节，这些描写表明了工业革命后社会的变革和乡村旅游在欧洲上流社会的兴起。

（二）观光——发展阶段

第二次世界大战结束后，贵族的生活方式扩散到了民间，原先小部分人拥有的休闲娱乐方式成为大众追逐的时尚，故而形成了西方式的乡村旅游传统。当时的旅游大国西班牙积极发展乡村旅游，进行整体规划，提供徒步旅行、漂流、登山、骑马、参加农事活动等多种休闲项目，并举办各种形式的务农学校、自然学习班等。在西班牙的带动下，德国、美国、日本、荷兰、澳大利亚、新加坡等国都大力倡导和发展乡村旅游。此时，世界各国的乡村旅游不再是观赏田园景色，代之以具有观光功能的农业园。园内的活动以观光为主，结合食、住、购、娱等多种方式进行经营，并相应地产生了专职的从业人员，这标志着乡村旅游业的诞生。

（三）度假——提高阶段

这一阶段的乡村旅游主要有以下三种形式：

1. 休闲度假型

旅游者居住在农民家里，吃的是农民自产自制的新鲜食物，观赏乡村的田园景色，享受大自然的宁静，还可以学习农家制作面包、奶酪、果酱、酿酒等手艺，通过感受农家的生活，使自己的身心得到调整和放松。

2. 参与劳作型

旅游者缴纳一定的费用或者不收取任何费用，以类似短工的身份到农场或者牧场参加劳动。因此，这种乡村旅游又被称为务农旅游。日本的务农旅游是其中的代表，每年春秋的时候组织旅游者与农民一起插秧和收割，体验农民生活。在这种旅游活动中，旅游者能够学到很多新知识，锻炼身体，结交很多新的朋友，因此深受年轻人喜爱。

3. 其他类型

自20世纪七八十年代以来，在全球范围内持续掀起"绿色运动"，促使乡村旅游与生态旅游紧密结合，产生了乡村生态旅游。在这一方面，匈牙利和波兰的模式为世界各国树立了榜样，也指明了农村地域环境中旅游业可持续发展的方向。在波兰，参与旅游接待的农户都是生态农业专业户，一切旅游活动都在特定的生态农业区中进行。匈牙利将民族文化与乡村旅游紧密结合，使游人在乡村野店、山歌牧笛中感受匈牙利浓郁的传统文化。自20世纪90年代初开始，旅游流开始由西欧向东欧转移，波兰和匈牙利的模式预示着乡村旅游的发展方向，走与生态旅游、文化旅游相结合的道路，营造良好的生态环境，挖掘民族文化中丰富的宝藏，才能健康、持续地发展下去。

二、国内乡村田园型景区发展历程

我国的乡村旅游实际上有非常悠久的历史，可以追溯到春秋战国时期，如《管子·小问》中记载的"桓公放春三月观于野"。就记录了齐桓公到郊野农村娱乐身心、享受明媚春光的情况。这也是我国"春游"一词的最早出处，春游活动在当时已具有乡村旅游的某些特性。自唐朝起，城郊游乐，旅游下移，百姓也借时令节日观灯游戏，踏青游曲江，仕宦游览城郊山水名胜，春游登高是唐朝社会普遍的游乐风俗。春节、元宵、寒食、清明等节日，踏春游春，领略桃红柳绿、草长莺飞、万物欣欣向荣的春光，此外还有荡秋千、拔河等游乐活动。中秋、重阳等节日也是郊游的大好时光，郊游郊居是文人的时尚、高雅的文化旅游活动，如金陵文人"春游牛首秋栖霞"在唐朝时就已盛行。而且，据史载，当时人们外出踏青已较多地使用牛车、马车、旅馆等交通、住宿设施。

现代意义上的乡村旅游在我国出现较晚，一种说法是 20 世纪 50 年代，为外事接待的需要，在山东省石家庄村率先开展了乡村旅游活动，另一种说法是，在 20 世纪 80 年代后期，改革开放较早的深圳首先开办了荔枝节，主要目的是招商引资，随后又开办了采摘园，取得了较好的效益。于是各地纷纷效仿，开办了各具特色的观光旅游项目。现代乡村旅游是在国内外市场需求的促动下，在发达国家的影响下，在我国特殊的旅游扶贫政策的指导下应运而生的，起步较晚，但发展亦非常迅速。基于中国乡村发展的历史、现状和趋势，着眼于社会的发展，按旅游产品生命周期理论，现代中国乡村旅游产品的发展概括为三个阶段，即起步期、成长期和蓬勃发展期 3 个时期。

（一）起步期（1995 年以前）

中华人民共和国成立后，我国旅游业曾处于长期的探索阶段，20 世纪 80 年代改革开放后，国外游客的入境游成为旅游业重点发展的领域，国内游中的乡村旅游相对滞后，但并不排除在一些名山大川周围（乡村地区）的生态游和文化游的初步发展。

中国农村从 20 世纪 80 年代末开始，经历着一场深刻的历史性的伟大变革，在短短 10 年时间内，农村的体制、经济、文化、生活以及人的本身都发生了重大变化。党的十一届三中全会及农村实行家庭联产承包责任制以后，农村里潜在的剩余劳动力逐渐显性化，他们迫切需要寻找新的出路和就业机会，这一时期，乡镇企业的发展解决了一批劳动力就业问题，同时促进乡村经济的发展，也有很大一部分农民前往城市寻找就业机会，第三产业在农村发展还相对缓慢。在改革开放的推动下，城市进入稳定快速发展阶段，真正步入现代城市化时期。同时，城市经济的迅速发展，人们物质生活水平的逐渐提高，为乡村旅游发展打下良好的基础。

（二）成长期（1995~2003 年）

1995 年开始，我国假日制度的改革，为国内旅游注入了极大活力，乡村旅游在这一阶段获得了极大的发展。在国内旅游业蓬勃发展，周末旅游、短途旅游不断增加的市场前景下，很多地方的农民开始积极涉足乡村旅游这一领域。城市居民在旺盛的旅游需求引导下开始把注意力转向了乡村。据专家估计，1997 年，我国到乡村旅游的人数在 1 亿人次以上，乡村旅游逐渐成为我国国内旅游的一支重要力量。

经过 20 多年的改革开放，通过实施城乡一体化战略，我国城市化水平不断提高，农业和农村经济也进入了一个全新的发展阶段，这是推进农业和农村经济结构战略调整，实现农业增长方式转变的有利阶段。通过城乡一体化战略，以工补农，以城带乡，城乡产业优势互补，农村生产发展，农民生活宽裕，农村村容整洁，乡风文明。而城市在快速发展的过程中，一方面社会经济得到快速的发展，另一方面城市功能布局混乱、环境质量不断下降、城市景观质量下降等各种社会问题也逐渐显现。在经历了快速的城市化和城市与农村的高度分化之后，自然本性的回归及人们对乡村宁静生活的向往，使得高度城市化地区的人们对农业与乡村旅游的需求不断增强。

（三）蓬勃发展期（2004 年至今）

2004 年后，全国首批农业旅游示范点评比，极大地推动了乡村旅游的发展，标志着我国乡村旅游进入蓬勃发展期。此外，原国家旅游局将 2006 年定为"乡村旅游年"，"十一五"规划将社会主义新农村建设列为重要内容，这都标志着乡村旅游进入了一个新的高速发展期。截至 2014 年年底，我国共有农家乐 200 万家，乡村旅游重点村有 10.6 万个，全年接待乡村旅游游客近 12 亿人次，乡村旅游每人次平均消费 266 元，旅游收入达到 3200 亿元，3300 万农民直接受益。并围绕北京、杭州、成都、上海、西安等大中城市，形成了众多城郊乡村旅游集聚区。

随着社会主义新农村建设的推进，通过走"以城带乡、以乡促城、城乡互动、优势互补、共同发展"的城乡一体化道路，加快了城市化和现代化进程。在大都市发达的工业文明的辐射下，郊区已进入现代农业文明阶段。现代农村聚落景观、现代科技农业景观、融入现代审美观念的各种观光农园，以及美化了的自然环境构成大都市郊区的农业观光特色，这是实现城乡经济、政治、社会、文化和谐发展，城乡共享现代文明的重要途径。

第二节　乡村田园型景区的分类与发展分析

从供给角度出发，乡村旅游产品就是乡村旅游地为满足旅游者体验乡村环境、乡村文化等方面的需要而提供的有形产品和无形服务的总和。不同的学者研究角度不同，对乡村旅游产品的分类持不同观点。按照区位状况划分为景区边缘型、城市周边型和边远型，按照旅游对象划分为民俗型、田园型、居所型和复合型，也有按照游客参与旅游活动的体验程度分为观光型、度假型、康体保健型、参与体验型等。

从乡村旅游产品所包含的项目角度出发，根据游客参与旅游活动的体验程度将乡村旅游产品分为村落型、农业景观型、生产型、民宿型四大类景区。

一、村落型旅游景区

（一）村落型旅游景区的现状

村落型景区是指历史悠久、民风民俗保持良好、村落建筑保持完整、具备典型文化的代表、农耕活动依然保存，并已经具备发展乡村旅游条件的传统村落。

传统村落是指村落形成较早，拥有较丰富的传统资源，现存比较完整，具有较高历史、文化、科学、艺术、社会、经济价值的村落。

我国传统村落是 6000 年农耕文明的结晶，不仅数量众多、分布广泛，而且历史积淀深厚、文化个性鲜明。传统村落大多始建于明清时期，有的可追溯到南宋时期。这些村落之所以能保存至今，就在于其具有浓郁的历史风貌、优美的自然生态环境、科学布局的人文景观、精彩纷呈的民族特色。我国自 21 世纪以来逐步重视对传统村落的保护。目前，我国不可移动文物约有 40 多万处，其中近 7 万处各级文物保护单位中，有半数以上分布在农村乡镇，还有 1300 多项国家级"非遗"和 7000 多项省、市、县级"非遗"，绝大多数都在传统村落里。

从 2012 年至今，我国共公布了五批中国传统村落 6819 个，中国传统村落已成为世界上规模最大、仍然鲜活的文化遗产。在我国，传统村落分布相对集中，形成了"一心、三片、多组团、多特色"分布特点。这些种类繁多、生动多彩的传统村落，形成了人类文化多样性的重要支撑，它们既是世界农耕文明的源头和我国农耕文明最集中的反映，也是中华民族复兴的源泉所在。在城乡关系重构的今天，一个个传统村落已成为传统文化传承与重塑的重要载体。

中国传统村落，空间形态多样，文化成分多元，蕴含着丰富深邃的民族历史文化信息，虽然目前还没有关于古村落的统一定义，但古村落旅游已成为旅游业界近年来日益升温的一块"蛋糕"。1988年，在北京大学谢凝高先生主持的《楠溪江风景名胜区规划》中首次提出了古村落旅游的概念。2002年，原国家建设部正式提出了"历史文化村"的概念，古村落也成了大家讨论的热题。许多学者从不同角度对古村落旅游进行了研究，但对于国内古村落旅游研究的历程、分类、特色、趋势、对相关研究领域的影响及新的创新点等重大问题的总结探讨还较少。但是，随着工业文明与信息文明的步步推进，传统村落及其文化遗存赖以生存的环境不断遭到侵蚀，传统村落正在急剧消失。这对于整个中华民族的历史文化来说，是一个巨大的损失。对此，我们应该努力唤起国人的保护意识，并且端正观念，即对于传统村落的保护，不能仅仅停留在保护村落建筑的层面，忽视村落里已经经历了几百年、上千年的原住民的文化观念、道德价值取向以及多样化的生活形态等非物化的存在。

（二）村落型旅游景区的特征

古村落现存建筑有一定的久远度，文物保护单位的等级达到标准，传统建筑的占地规模、现存传统建筑（群）和周边环境保存有一定的完整性，建筑的造型、结构、材料及装饰有一定的美学价值，并有对传统技艺的传承。传统村落在选址、规划等方面，代表了所在地域、民族及特定历史时期的典型特征，并具有一定的科学、文化、历史以及考古的价值，并与周边的自然环境相协调，承载了一定的非物质文化遗产。

村落型旅游景区由于其存在于中尺度地理空间上的一种特殊景观，它是由历史遗留下来的古民居建筑群、艺术表现、自然环境、人类活动以及一种抽象的文化内涵、风格、古韵氛围等组成的综合景观体。从旅游开发的角度来看，古村落的旅游价值和特征主要体现在以下几个方面。

1. 重要的历史价值

古村落是一种历史文化资源，代表人类生活的一个历史阶段、一种类型，是历史文化信息的物质载体。古村落集中体现我国古代建村的封建思想、宗法制度和族权观念，是我国古代自然村落封建社会的缩影和人类社会发展过程的一个历史见证。它一般都较完整地保留了某一时代或几个时期的历史风貌，是历史发展进程中不同文化时期人类对自然环境改造的记录，具有重要的历史文化价值。

2. 独特的建筑风貌

古村落是一种特殊的乡村文化景观，是当时的历史条件和生产关系下的产物，在空间形态和构景方面独具风格，与现代村落景观有巨大的差异。它们大多选址独特，因地制宜，青山绿水，组景合理，建筑风格古朴典雅，富有地方特色。古民居建筑群在建筑外观、内部建筑结构和艺术装饰上，也与现代民居有很大的差别。古村落的传统建筑较之于极重礼制的历代官式建筑，在适应地理环境和当地风土人情习俗、满足生存需要诸方面也显示出无比的机巧、智慧，极富灵动之气。这些都是游客乃至各类研究人员备感兴趣的。

3. 特有的古韵氛围

古村落文化景观、自然环境、人类活动等组成古村落一种特有的古文化氛围。这种古韵氛围是古村落旅游产品中十分独特和宝贵的组成部分，是古村落旅游的重要依托。由于文化的差异及自然环境的不同，现存的中国古村落有着千姿百态的景观特征，即各地的古村落都有着自己独特的景观意象和文化表征。

历史文化名
城名镇名村
保护条例

4. 深厚的文化积淀

古村落的价值不仅仅是古老建筑本身，更是其中的文化内涵。尤其是那些不表现在外的，由思想、态度、价值观和民风民情等构成的"隐在文化"，例如凝结于古村落生态景观中的核心内容是古代"天人合一"的建筑理念和风水观念，所以古人对居住地的选择，十分讲究人与环境的协调共荣，所选地址自然环境都十分优美。然而，古村落作为旅游资源来开发利用也表现出明显的脆弱性，即它的不可再生性。古民居是一种不能再生的孑遗物质，一旦被破坏，便不复存在。虽然可以仿造，但不能再造，而且仿古、做旧出来的古建筑永远与历史遗留下来的古迹本身存在着客观上的巨大差距。所以在古村落的旅游开发过程中，需要以科学理性的态度为指导，确保古村落旅游的可持续发展。

5. 多样的开发模式

我国传统村落型旅游地的发展模式主要有政府主导发展、居民主导发展、外来企业主导发展和多方参与式发展的模式。外来企业经营模式由于具有先进的管理经验和市场化运作的优势，在传统村落型旅游地发展中获得了较好的成果。

6. 丰富的体验旅游

传统村落旅游从根本上来说是一种"体验式"旅游，它不同于博物馆式的观光，而是亲自置身于兼具自然与历史韵味的整体环境之中。传统村落旅游发展和美丽乡村建设密切相关，基本目标就是要让农村更美，让村庄更绿，这也正是符合传统村落旅游发展的必然方向。

7. 分布的地域广泛

我国古村落数量众多、分布广泛，其分布特点大致是古代经济文化相对繁荣的商贾云集之地、区域环境相对偏僻的山区腹地、少数民族聚集地，这些村落主要有两北古村落群、北方大院式古村落群、徽派村落群、江水乡村落群、西南古村落

群、湘黔古村落群、黔南古村落群、南诏古村落群等，它们的传统民俗有较好延续性等共同特点，构成了发展全域旅游的优质资源。

（三）村落型旅游景区的问题

古村落独特的景观价值、文化价值及其环境布局理念，注定了它"是金子总会发光的"。随着社会经济的发展，人民生活水平的提高，古村落旅游这项新兴的怀旧产业得到迅速发展，成为现代都市人青睐的旅游方式之一，一时间各地争相开发各类古村落旅游资源。近几年来，仅在我国南方各省相继开发或正在开发的古村落就不胜枚举，如安徽的西递、宏村，江苏的同里、周庄，广东和福建的客家土楼围屋，江西的婺源、安义、流坑、陂古村、龙南围屋等。但是，在热热闹闹的古村落旅游发展过程中也存在不少问题。随着城市化进程的加快，古村落的数量和分布越来越少，资源的稀缺性日益凸显，如果这些问题不解决，古村落旅游最终将涸泽而渔。下面几个问题尤其令人忧虑：

1. 自然性破坏

主要是风雨侵蚀和洪水、泥石流、地震、台风等自然力的破坏。古村落建筑的土木结构，抗风雨侵袭及抗灾能力差，众多已无人居住的名宅、祠堂面临着倒塌的威胁；原有的里巷、民宅、地貌、水系、植被缺乏必要的保护，其历史特征和传统文化风貌也将很快消失殆尽。具体从以下两个方面看：

（1）对传统村落遗产的稀缺性、重要性认识不足、保护乏力。长期以来，有的地方对传统村落的稀缺性和不可再生性认识不足，许多传统村落的格局风貌、生态环境不断遭受破坏，一些民间民俗文化濒临消亡，不少传统技能和民间艺术后继乏人，面临失传危险。

（2）传统村落乡土建筑处于"老龄化、空巢化"的"自然性颓废"状态。传统村落大多年代久远，散落在相对偏僻、贫困落后的地区，破败严重。除了极少数传统村落被列为历史文化名村得到较好保护外，大多数传统村落仍"散落乡间无人识、无钱修"，处于自生自灭的状态，得不到有效保护。再加上近年来大量农村人口进城务工，不少传统村落逐渐变得"老龄化、空巢化"，还有可能出现"无人村"。近年来，一些有重要保护价值的文物建筑的精美木雕构件、门窗被一些文物贩子盗卖；一些文物贩子以购买"旧木料"名义低价拆除，转卖给旅游企业、景区或国外收藏者；还有人把整个古镇古村落"吞下"，整体包装进行旅游开发，甚至拿去上市。

2. 开发性破坏

古村落的孑遗性和不可再生性既是它极富吸引力的一面，也是其脆弱的一面。

古村落经历了几百年乃至上千年的盛衰，许多建筑物本已十分陈旧、残破，而游人的大量涌入更加速了它的损耗以至破坏。个别村镇为了追求短期经济回报，用"经济"的眼光指挥一切。为了接纳更多的游人，迎合一部分人的低级趣味，把古村落变成度假村，不适宜地在古村落内外修建宽阔的柏油马路乃至水泥路面、宏大的停车场、富丽堂皇的宾馆饭店及现代化娱乐设施，昔日宁静、美丽、古朴的小村庄如今变成了喧闹而杂乱的建筑工地。有的古建筑修复或仿制得极为粗糙，形似神不似，甚至不伦不类，与原有建筑极不协调，破坏了原有古村的意境和淳朴。

（1）农村规划无序性使传统村落频遭"撤并扩张性破坏"，失去"可印象性"。自20世纪80年代以来，乡村城镇化和行政地域调整使不少行政村、自然村大量撤并；异地脱贫、下山移民、海岛和库区整村搬迁，使不少传统村落迁移消失；城镇化扩张性发展使许多村落被圈进城中村；新农村建设误区及其对传统村落实行"萎缩"管理，使不少传统村落渐趋消失或衰败。一些地方政府以城乡统筹发展、调整土地资源为名，进行大规模的行政村撤并、迁并活动，或整村推倒重建，或整村搬迁合并，使不少传统村落被破坏或消失。上述无规划、无秩序的撤并扩张活动，是我国传统村落不断遭受毁坏、大量消失、持续失去"可印象性"的重要原因。

（2）农村用地政策不完善及随意"拆旧建新"导致传统村落"自建性破坏"。农民对现代生活方式和品质的合理追求，对原有居住环境的不满意构成传统村落保护的内部压力。尤其是经济较发达地区，富裕起来的农民改善居住条件，不断以"新"代"旧"、以"洋"代"土"、以"今"代"古"，拆建改造了大量百年老宅。导致这种情形的最直接原因是我国农村长期实行"一户一宅"政策，即乡土建筑"旧房宅基不拆，新房地基不批"的用地政策，迫使传统村落原住民在原址上"拆旧建新、弃旧建新"，使众多传统村落乡土建筑遭到普遍的"自主自建性破坏"。

3. 生活性破坏

由于社会的进步，居民的生活观念与生活方式发生改变，原有的基础设施、居室格局与居住环境已不能满足日益增长的现代生活需要，也不适应现代产业经济发展的需要。古村落里的居民，尤其是年青一代，向往现代化的城市生活方式，有了点积蓄之后便买车盖房。殊不知，现代交通工具的使用给古村落原生道路和桥梁带来了极大的压力，而古村落居民自发的建筑整修所使用的新的建筑材料，也割断了传统风貌的延续。再者，随着旅游业的发展、旅游者的涌入，以及异质文化、思想、生活习俗的引入，古村落传统的民族文化、风情民俗也逐渐被同化、冲淡或消失。

（1）新农村建设中"求新求洋"与"旧村改造"决策误导的"建设性破坏"。

在新农村建设中，有的地方不考虑传统村落文化遗产的保护传承，简单地提出"旧村改造"口号。有的地方把新农村建设变成"新村庄建设"，盲目高起点、高标准，大搞整齐划一的高层住宅模式；有的"贪大求洋，新建小洋楼"，把一些依山傍水、古朴宁静的村落推倒重新规划，建设一排排整齐划一的欧式别墅，使传统村落格局风貌和乡土建筑遭受"毁灭性破坏"。

（2）急功近利追求政绩及形象工程误区导致的"建设性破坏"。有的地方为追求政绩而急功近利，急于搞"千村一面"的形象工程，随意推倒重建或盲目大拆大建，甚至按照城市模式大搞"村庄建设城镇化"。有的大搞村容整治，修建马路，使一些乡土建筑原有的生态环境、历史风貌格局被肢解、破坏，甚至建筑本体也难逃被拆毁或迁移的命运；有的进行"花架子"建设，在修缮整治中将古建筑的墙体粉刷一新，真文物硬生生被修成了假文物。

4. 旅游性破坏

这主要表现在以下三个方面。

（1）不少地方政府"重开发利用，轻保护管理"的现象相当普遍。由于长期以来以 GDP 为政绩考核的体制弊端，不少领导干部对传统村落保护意识十分淡漠，对乡土建筑价值的认识只停留在旅游开发上，而对于其丰富的历史、科学、社会、艺术等价值知之甚少。不少地方政府片面追求传统村落乡土建筑的经济价值，"重开发利用，轻保护管理"的现象相当普遍。一些具有重要价值的乡土建筑因保护管理不善遭到损毁，尤其是成功申报定级的历史文化名村，面临着旅游性、开发性的破坏，正在走上文化遗产"加速折旧""文化变异"之路。

（2）有的地方政府将名村文化遗产当作旅游资源进行违规转让经营。一些地方盲目对传统村落进行旅游开发，未制订保护利用规划，简单采取商业化模式运作——"把古迹当景点，把遗产当卖点"，将传统村落变成赚钱的新路，甚至将传统村落整体转让承包，或将经营权变相转卖给旅游公司开发经营。尤其是有的国家级历史文化名镇名村，违背《文物保护法》规定的管理体制，无原则顺从开发商意愿过度开发，使传统村落失去历史信息记忆，成为一个"文化空壳"。

（3）一些传统村落过度商业化开发的"旅游性破坏"正在蔓延。近年来，一些旅游开发公司把传统村落当作开发旅游的赚钱工具，乡土建筑开发利用无序，维修质量粗糙低劣，随意改变原生态文化的真实性，甚至擅自进行迁建、移建，新建"仿古街""假遗存"，严重破坏传统村落原真性文化特征和原生态自然环境。

5. 保护性困难

由于法规不健全、政策制度弊端、产权不清给传统村落保护带来困难，具体表现在以下四方面：

（1）传统村落保护法规不健全。传统村落保护在我国兴起较晚，有关的法规制度建设相对滞后；传统村落概念范围不明确；《文物保护法》与《国家历史文化名城名镇名村条例》没有对传统村落做出保护要求与规定；各地的地方性保护法规都具有明显的局限性和地域性。

（2）行政体制存在"多头管理"缺陷。在我国，村镇的建设规划、自然遗产由住房和城乡建设部管理，物质文化遗产由国家文物局管理，非物质文化遗产由文化部管理。传统村落具有物质和非物质文化遗产及自然遗产，应该说三个部门都该管，但至今没有一个明确的部门专门负责。

（3）新农村建设有关政策存在弊端。现在，有的政策鼓励农民将未列入文物保护单位的乡土建筑自愿拆除改造。如政府制订新农村建设项目的财政补贴政策，是按村镇实际投入金额的百分比予以补贴。这种按投入金额的补贴政策，可能致使千百年来幸存的传统村落遗产遭遇灭顶之灾。

（4）乡土建筑产权分散不清使保护困难。由于传统村落乡土建筑经过数代传承，有的产权不清，有的产权分散，有些建筑早已人去楼空，处于"空壳化"，有的房主不愿维修，任其日益破败毁灭。这些问题都给保护利用带来较大困难。

6. 多重性匮乏

由于我国传统村落保护范围广、农村制订标准难、保护资金缺乏、研究保护人才匮乏，具体表现在以下几方面。

（1）传统村落保护范围广，制订标准规范难。传统村落保护范围既包括物质与非物质文化遗产，又包含自然景观与生态环境，再加上各地情况差别很大，保护对象较为复杂且有交叉，有关的研究工作基础相对薄弱，较难制订统一的保护标准和规范。

（2）乡土建筑数量多、规模大，维修费用高、资金匮乏。在现行制度下，地方政府与开发公司对投资维修的积极性普遍不高。许多乡土建筑的维修费用要高于新建建筑，现行政策规定文保专项资金不能补贴私人产权的建筑，使乡土建筑无法及时维修保护，只能"任其毁损"。

（3）地方财政对传统村落保护投入严重不足。长期以来，各级财政用于文化遗产保护的资金主要投资在城区文化遗产，"欠债"于农村传统村落，造成众多传统村落乡土建筑因缺乏保护经费而得不到保护和修缮。近年来，虽然各地对文化遗产的保护越来越重视，专项经费也逐年增多，但面对广大的传统村落来说仍是杯水车薪。

（4）传统村落乡土建筑保护的技术力量十分缺乏。长期以来，由于乡土建筑市场的"萎缩"，建造、修缮乡土建筑的民间工匠早已纷纷改行，熟知乡土建筑的形制样式和特色工艺的工匠已经后继无人。近年来，由高校培养的相关专业人才极少，具备专业技能的木工泥工奇缺，严重制约了传统村落乡土建筑保护工作的正常开展。加之有关部门缺乏对乡土建筑保护维修的技术指导和政策扶持，仅凭农民自身力量难以做好乡土建筑保护与维修工作。

正是在这种情况下，习近平总书记在河南调研时，对如何建好传统村落提出了明确的方向和指示。例如不要大拆大建，要注意保持地域风格，改善农民生活设施与良好的生活环境等。认真理解总书记讲话的科学内涵，将这一重要指示落到实处，对使传统村落获得真正的保护、传承与发展有重要而深远的意义。

（四）村落旅游景区发展原则

旅游在一定程度上带动了部分古村落的发展，给当地居民和政府带来了一定的经济效益，挽救了部分濒临消失的古村落。但随着古村落与外界的联系越来越频繁，加之旅游开发商因经济利益对古村落进行过度开发等因素，导致古村落在一定程度上受到破坏。因此，在旅游业快速发展的今天，如何在保护古村落的前提下促进所在地旅游发展成为亟待解决的问题。

1. 政府主导，专家共谋的原则

对古村落的保护，政府可以依托高校、科研机构等，将古村落的保护工作与课题相结合，发挥课题申报、成果评奖的引导作用，汇聚专业力量，通过对古村落的历史文化、生活生产方式、风俗民情、生态环境等各方面的研究，提出更加科学、完善的建议，并逐步建立起古村落保护发展的专业人才队伍，形成专家学者和政府、村民共同出谋划策的模式。

古村落保护需要大量资金，因此政府需要通过多种渠道筹集资金。除了通过发展村落旅游获得一定经济效益外，还可以通过鼓励村民入股、房屋产权置换或租赁等方式，以及向社会和相关企业募集资金，建立保护古村落的基金会等一系列方式，吸纳多种资本参与到古村落保护工作中，加大对古村落保护的资金投入。

我国古村落数量众多，各具特色，有着独特价值。但由于部分开发商急功近利，出现了古村落景观千篇一律的现象，令游客产生视觉疲劳。可以建立古村落DNA博物馆，将古村落的发展历程与相关数据存入博物馆，形成古村落传统文化的重要载体，保存古村落不可再生的文化资源。与此同时，DNA博物馆还可以吸引更多游客，增加在古村落的消费，为古村落带来一定的经济收入。

2. 村民自治，内修外治的原则

人才是一个古村落的"灵魂"，不仅需要政府自上而下进行保护，还需要村民主动、积极地进行自下而上的保护。村民可以自发组织保护协会，定期学习古村落保护的相关知识，有条件的村落可以发展古村落旅游，了解古村落保护的重要性，

调动村民的积极性与主动性；也可自发编写宣传材料，让更多村民和游客了解自己的村落。

村民可自发定期举办传统民俗活动，积极参与、共同谋划；通过拜师学艺等方式，为古老技艺的传承注入新的血液，同时鼓励年轻人留在村里。这样既保留了古村落的"根"，也可吸引游客，为古村落创造一定的经济收入。

村民要有主人翁意识，要"外治环境、内修人文"，内外兼修，主动承担起保护古村落景观、传承古村落文化的责任。

3. 相互约束，多方自律的原则

古村落作为一种历史遗留的不可再生资源，开发商应遵循优先保护的原则，要改变"大拆大建"式的做法，不能只追求经济利益，还要着眼于古村落未来的发展，注重生态效益。

传统文化是古村落旅游的核心，但由于旅游开发竞争的白热化与开发商急功近利的思想，使许多古村落旅游开发模式越来越相似，内容相似的小吃街、风格雷同的建筑景观、千篇一律的植物搭配等，不仅令游客产生审美疲劳，更摒弃了古村落原生的文化特点。开发商应注重对古村落的个性化开发，深入挖掘古村落的地方特色和文化内涵，利用古村落自身的资源优势，尽可能在小幅度的开发力度下突出展现古村落的文化特色。

4. 加强管理，控制流量的原则

随着古村落旅游的发展，游客数量逐渐增加，随之产生的垃圾日益增多，古村落基础设施不完善，对垃圾污染的处理相对落后。因此，要完善古村落的基础设施，积极提倡垃圾分类；加强村民和游客的绿色环保意识，严禁污染水体、破坏植被等行为；控制进出村落的汽车数量，降低废气排放量，减少对生态环境的破坏，这些是保护古村落的前提。

游客数量的不断增加，不仅破坏了欣赏景观的氛围，也对古村落的环境造成一定压力。因此，要进行旅游环境容量的科学评估，严格控制游客数量，避免给古村落带来环境压力。古村落可以面向游客限制门票购买数量，一天的售票数控制在一定范围内，协调好游客与古村落环境的关系。

古村落是中国传统文化的发源地，可以将文化与产业相结合，依靠多种产业为古村落的保护与发展提供支持。古村落经过祖祖辈辈的辛勤劳作，有着稳定的产业基础和丰富的物产资源，要结合古村落自身的文化特点，开发出新的产业结构，如生态旅游、休闲居住、农庄经济、乡村养老等，这样既提升了村民的就业率，又吸引了游客，也能弘扬古村落的传统文化，最终形成古村落发展的内在动力。

（五）村落旅游景区应对措施

国家已经逐步意识到了传统村落保护的重要性，并出台了一些重要措施。比如，为评价传统村落的保护价值，认定传统村落的保护等级，住房和城乡建设部、原国家旅游局、国家文物局和财政部联合发布《传统村落评价认定指标体系（试行）》，要求各地据此对本地区传统村落的保护价值进行评价认定，按照统一分值要求推荐国家级传统村落。31 个省、自治区、直辖市共登记上报了 11567 个村落信息，登记上报 1000 个以上的省有 3 个，其中云南省最多，有 1371 个，山西和贵州分别为 1213 个、1095 个，占登记上报总数的 31.8%。另外有 16 个省级行政区分别各上报了 300 个以上传统村落，共计 10259 个，占登记上报总数的 88.7%。

古村落是中国传统文化的重要代表，古村落的保护与利用必须走整体化保护、整体化利用、整体化传承的路径。其保护与发展是一项大工程，不能只依靠单一的力量实现，政府、村民、开发商以及后期的运营管理者都与古村落的发展息息相关，只有以责任到人、各司其职、良性互动的共管模式，才能全面、合理地对古村落进行保护，从而促进古村落的可持续发展。目前，我国古村落旅游发展方兴未艾，开发实践远远走在了理论研究的前面。要实现古村落旅游的可持续发展，就要处理好发展和保护两者之间的关系。而如何保护古村落这一日益被看好的人文旅游资源，使之能够可持续地开发利用，是摆在人们面前的一个重要课题。这里谈几点建议。

1. 政府主导，规划先行，避免盲目化

古村落旅游起步晚，各地发展不平衡，因此各级政府要坚持"多予少取放活"的方针，加大政府导向性投入。古村落旅游又是一个系统工程，规划必须先行。为避免陷入新一轮"保护性破坏"的旋涡中，政府必须发挥主导作用，组织专家为古村落旅游把脉，对古村落旅游景点实行区域化布局和差异化规划设计。同时，任何一种资源的开发都会对原先的状态造成变化或破坏。变是绝对的，不变是相对的，关键是如何在发展中保护当地独特的自然环境与文化遗产，这是乡村旅游可持续发展的核心问题。因此，在规划中，我们必须遵循整体保护原则，坚持有机更新，保持古村落的历史可读性。

2. 突出特色，保护原真，避免城镇化

如今消费者对旅游的需求更趋于个性化和多样化。发展古村落旅游就是要保留本地特色，保护古村历史文化的原真性，不能盲目跟风。拆除一些不协调建筑，恢复古村落的原生环境，保持它的历史可读性以及它的"原汁原味"和历史沧桑感，保持村寨的原始风貌以及当地居民仍有的传统社会风尚、淳朴厚道的自然秉性，真

正体现"人住农家院,享受田园乐",这样才是成功的古村落旅游开发。

3. 规范管理,塑造品牌,避免程式化

目前以古村落为资源开发的旅游产品存在着一个共同的问题,即"娱乐性不足,参与性不强"。为了弥补这方面的缺陷,各地纷纷开发了"农家乐"旅游项目,虽说该项目对旅游者有些吸引力,但毕竟是"小儿科"的东西,且该产品的专营性不强,各地竞相效仿,产品已做得太滥,失去了吸引力。如何进行产品创新,走内涵式可持续发展道路,是古村落旅游开发的一个重要问题。在开发策略上,各地应根据所处的地理区位,依托各自的资源优势,确立不同的开发思路,通过采取切实有效的举措来规范管理、打造精品、塑造品牌,走可持续发展的道路,古村落旅游才不会是昙花一现。

4. 注重和谐、传承文化,避免过度现代化

遵循景观美学原则,注重人文与自然的和谐融合、传承传统民族民俗文化,严格控制开发性建设。为了保持古村落的景观价值和文化价值,在古村落内不应建设新的旅游设施,哪怕是完全与原有建筑保持一致,也应当尽量避免。这是因为古村落是一个历史遗产,破坏了原汁原味,就大大损毁了它的特色和文化价值。古村落周边影响景观和谐的服务设施也是越少越好,对游览道路系统和少量的必不可少的服务设施要做好规划。如果没有科学的规划和管理,盲目地开发只能加速生命力的消亡。

5. 协调冲突,加大参与,提高古村落居民的生活质量

现在许多地区的旅游开发策略,往往把居住在古村落的居民看作是过去时代的图画,一种纯洁、原始、静止不变的文化。旅游开发者似乎认为"过去"就意味着传统、真实,于是便与古村居民要求提高生活质量的要求发生冲突,大批原居民搬离古村。其实,当地人是当地文化的传承者,离开了其中居民的活动,古村落的特色和生命力也就无所依附了,古村里没有了人与人、人与景的融会贯通,古村落的"古意"也将荡然无存。所以,要把改善古村居民的生活条件,提高古村居民的社会经济利益放在第一步。尊重当地居民的意愿,保护他们的利益,调动村民、居民参与保护性开发的积极性,修复古村古建筑。总之,可持续发展很大程度上是由各利益主体的意愿决定的,因此只有在各利益主体紧密合作的条件下才能实现目标。

6. 保持传统氛围,控制游人密度,平衡古村落环境承载力

环境承载力或称环境容量、环境忍耐力,本是一个生态学概念,引用到旅游和景观资源管理中,就是指某一风景区的环境在一定时间内维持一定水准给旅游者使用而不会破坏环境或影响游客游憩体验的开发强度。作为人文旅游资源的古村镇,

当其成为著名景点时，其旅游者数量控制更显重要。很明显，若古村镇的小巷里挤满了游人，小巷的幽静就荡然无存了，而且，游人太多对文物的破坏也很明显，因而应适当控制游人数量和景点的游人密度。如不能适当控制游人即时流量和著名景点的游人密度，这些景区景点的旅游潜力将大受破坏，那时再谈保护就比较困难了，对游人的吸引力也会大为减弱，古村镇的可持续开发利用也就失去了根基。古村落环境容量的特殊性还在于，对一般风景区而言，可以通过增加投资多建一些宾馆饭店容纳更多的游人，也可以通过多开辟登山道、扩大空间利用率等方式来提高环境容量，一般不会影响人们的体验，但古村落大大不同，即使建一些与原有建筑相协调的建筑也会破坏其古意。

7. 完善服务设施，提高游客满意度

古村落景区旅游服务设施尚不完善。其中休憩系统、公厕、接待中心反映最差。亟须改进接待中心和休憩设施设备，设置方便游客选择合理的线路。建立合理的基础设施空间布局，保持良好的环境卫生，比如政府应对停车场进行重点修缮，改善村落整体交通状况，并设置单循环交通，安排专门人员维持停车秩序，加强对交通流进行引导，并禁止商贩在停车场入口处售卖物品，避免高峰期交通拥堵。只有提高游客满意度，才能保证游客忠诚，提升重游率。

8. 加强人员培训，提高服务质量

旅游从业人员主要包括从事旅游经营或者为旅游者提供服务的工作人员。许多古村落来旅游景区，缺乏能够为旅游者提供导游服务的工作人员。游客接待中心工作人员少，服务意识差，且并不参与游客浏览的过程，来村落的游客，绝大部分都是通过报团随旅行社出游，随团出行的只有全陪导游，村落当地并不安排地陪接待，因此，培养合格的导游人员，增强游客黏性，延长浏览时间，成为村落亟待解决的问题。导游是将村落文化解释给游客听的翻译官，因此其对村落文化的理解以及本身素质都会直接影响游客对村落的整体感知和价值认识。古村落的发展目前尚处于自发的状态，因此具有比较鲜明的个性特点。古村落的旅游管理者，除了需要培养当地导游人员的服务技能之外，还需要根据专家学者对本地文化涵养的解释，提升导游自身对村落的认知，从而更好地将本村落"翻译"给游客听，激发游客对古村落的认知情感归属，提升游客满意度，促进游客忠诚度。

9. 提升传统村落的基础设施和人居环境

随着信息化、智能化时代的到来，让传统村落融入未来，在新格局下进行功能定位，重新融入城乡发展，进一步提升传统村落的基础设施和人居环境。包括加强公共服务，完善公共服务设施、配设小型综合体；盘活利用闲置房屋、集体用地等。通过优化调整适宜的产业，促进传统村落实现农业与第二、第三产业融合发

展，进一步发展生态农业、特色农业，建立品牌；要鼓励支持传统手工业、提高附加值；重点开展民宿、旅游、康养、度假、休闲、"互联网+"等新产业模式。此外，积极拓展传统村落利用模式，如承担各级文化部门活动场所、老年活动机构、中小学生教育基地、校外拉练场地、文创基地、民宿等功能，通过科学规划和合理利用，让村落用起来、活起来，同时吸引更多的乡村建设者。

10. 大力促进村寨的民宿旅游发展

在推进乡村振兴的过程中，在大力促进村寨的民宿旅游发展的同时，应事先规划，通过村民参与讨论的方式决定发展哪种形式的旅游方式，防止村民在获得可观的经济利益后，逐渐搬迁到条件更好的城里买房居住，而把自己的住宅租给外地人经营，坐享房租，不再参与村子的日常生产生活和文化延续活动。而这个前瞻性的研究需要国家、集体和个人齐心协力来实施，要有相应的法律和规章制度的制约。只有这样，才能避免因为民宿旅游的快速发展而使一个个文化名村古镇逐渐成为只见游客和漂亮房子而缺少了原住民生活其中的"空壳村镇"。

总之，我国古村落景观价值和文化价值的可持续开发利用还任重道远，机遇与挑战并存，危机和生机共在，需要多方面的合作，这不仅是古村镇负责人应关心的事，更需要全社会的共同努力。作为一种新的旅游方式，古村落旅游在中国得到了迅速的发展，虽然也曾出现了这样或者那样的问题，但是，我们坚信，这种旅游方式在未来将有更加广阔的发展空间。

（六）村落旅游景区发展前景

华夏大地从沿海到内陆山区，从温润的南国到寒风凛冽的北疆，遍布着祖辈先民们所创造并传续至今的、丰富多彩的人居聚落。这些富含先民智慧的老街、村镇，展示了在长期的生存繁衍过程中日渐成熟的、精妙绝伦的"人地遗存关系"，是悠久博大的中华文明的直接物证。

从遗产保护者的角度来看，传统村落蕴含着丰富的文化遗产资源，除了那些优美的老宅，还有大量的优秀传统手工艺、民艺、风俗、美食等，它们都是产生于乡村这块土壤上的。

这些资源要转换为促进地方经济发展的动力和资本，还需要一个整理、分类、策划、酝酿和培育的过程，各地基础条件不同，这个过程也会不一样，但总的来说，城乡之间的互动一定是撬动这个过程的有效途径。例如现在多地在推动的老屋再利用行动，欢迎外来人员租用维修村里的老屋，看似简单的一个现象，也需要国家与地方各种政策的出台，法制的保障和财政的支持。

乡村的经济发展是其可持续发展的根本动力，基于传统村落的乡村旅游、文化创意产业当然会给村庄带来新的人流、资本，甚至更好的审美体验，但是乡村最根本的还是农业，如何找到农业的可持续发展方式，应该是每个传统村落需要解决的难题。我国传统村落和乡村文明正处在一个重要的历史阶段，虽然村村通工程已经完成多年了，但似乎乡村的现代化才刚刚开始，巨大的挑战带来巨大的机遇，如何把握更需要智慧，在各地开展的各种试点和探索，都会有很大的意义。

村落型旅游景区要积极探索合作开发模式，破解融资难题。古村落旅游开发不同于一般的乡村旅游，既要在开发中注重古建筑保护及自然、人文环境维护，也要通过文化创意打造旅游文化品牌，提升古村落吸引力和影响力。对于古村落旅游开发所需的资金投入，需要探索切实可行的合作开发模式，破解融资难题。地方政府可在古村落旅游开发中出台优惠政策，吸引有实力的旅游开发企业参与古村落旅游开发，采取与村集体合作的开发形式，提升开发的专业化水平及文化创意水平。古村落也可以旅游资源入股，在安置村民就业的同时分享旅游发展收益。

二、农业景观型旅游景区

（一）农业景观型旅游景区的现状

农业景观型景区是指以乡村聚落、乡村周边自然环境以及农业活动（耕作、畜牧等）等历史、人文因素构建的土地景观形态为主要核心吸引物，并依照旅游应具备的相关要素而形成的可供游客观光、体验、休闲的旅游景区。我国农村地区拥有丰富的农业景观资源，这些景观资源是宝贵和不可再生的自然、人文资源和重要的旅游资源，也是发展农业旅游的基础条件和载体。合理保护、开发和利用农业景观资源，对城乡统筹发展、新农村建设以及农村旅游产业的科学可持续发展具有重要意义。据统计，全国 2 万余旅游景区中，约 70% 分布在农村地区，全国乡村旅游和观光休闲农业每年接待游客已超过 4 亿人次，旅游收入超过 3000 亿元，农民从中直接获益 1200 亿元。国内外在农业及农村旅游方面已开展了一定的研究，这些研究重点集中于分析乡村旅游开发与社会经济的关联性以及观光农业的建设方式，而农家乐的乡村旅游模式研究一直是研究的重点。近年来，农业文化遗产的旅游开发也逐渐成为研究前沿方向。但对农业景观资源的自然气候、历史文化、工程地质、美学等综合因素特质性的认知与分析，以及这些特性在旅游开发中的合理利用和保护策略的研究仍较缺乏。

（二）农业景观型旅游景区的特征

1. 明显的地域差异，观赏价值大

由于地形地貌的差异，各地的气候、土壤、水资源、生物资源等的数量、质量与组合特征都呈现出强烈的地域差异性。在全国范围内，大致形成了东中部稻作文化、西北部畜牧文化和沿海渔业文化三大区域；同一文化区域内，在农耕制度、农耕技术、农业产品和民俗风情等方面也都有明显差别。农村青山绿水，无论是飞鸟走兽、朝霞夕阳，还是垂柳清溪、小桥曲径、茅舍炊烟，朴素的乡村景观都耐人寻味，总让人心醉神迷、流连忘返，具有较大的观赏价值，其审美特色就是以优美的田园风光为基础。

2. 多样的农耕民俗，体验价值高

由于自然环境条件复杂多样，我国农业资源的多样性十分突出，这种自然资源的多样性，经过数千年的积淀，也使农业文化呈现出多样性。在不同的民俗区域内，人们的生产方式、服饰行为、饮食习惯、居住环境、婚丧寿诞和节庆游艺活动更是异彩纷呈，令人目不暇接。旅游者在农业旅游过程中，不仅能领略田园风光，而且能直接参与农耕活动，亲身体验农业生产过程，体味农村生活。垂钓、躬耕、牧养、采菊、摘果，都是都市旅游者备感兴趣的旅游项目，也是旅游者融入自然、体验生活乐趣的轻松旅游方式，体验价值相当高。

3. 丰富的文化内涵，教育价值强

数千年来，"农本思想"成为中国古代社会的主导思潮，贯穿于中国社会生活的各个方面，历代统治者都以农业为基本治国方略。统治者在祭祀时举行的"社稷"大礼，是对土神、谷神的顶礼膜拜。还有诸如数不胜数的农业生产机械、器具，驰名中外的农学典籍，数以千万计的农事诗和农谚；千姿百态的农业民俗风情，都是极具开发利用价值的、珍贵的农业文化遗产。旅游者通过参与农业生产活动，既能体验到田园生活之闲情逸趣，也能陶冶情操、净化灵魂，体会中国传统文化中反映乡村生活之艰辛的艺术作品，更加珍视农民的劳动成果。在现代的生活环境下，都市人更加希望到农村用身临其境的方式教育后代，促其健康成长。

（三）农业景观型旅游景区的问题

近几年来，农业旅游发展迅猛，一般以倍数递进，呈现良好的发展态势。但是，在其发展过程中也出现了一些带有倾向性的问题。

1. 缺乏宏观控制和指导

由于政府缺乏对农业旅游开发的宏观指导，规划设计水平低，缺乏专业人员以

及专家指导，出现了投资的随意性和开发的盲目性。农业旅游项目一哄而上，建设随意性强，总体上处于无序、盲目的状态，重复和雷同，给价格战的恶性竞争埋下隐患；在产品开发层次上，普遍较为粗糙，只停留在提供住宿和餐饮的低层次上，对于挖掘民俗的知识性、参与性、趣味性和区域整体开发等方面，宣传策划都显得十分不足。导致观光农业旅游活动项目千篇一律，长期停留于吃农家饭、喝茶、打麻将、唱歌等常规活动，缺乏持久的吸引力。在景观建设与开发时习惯于采用城市景观建设方式来指导农业景观建设，认为农业景观环境是城市环境的扩展组成部分，相应的开发建设就是建广场、铺草坪，这样才够气派，有排场，生搬硬套，不切实际地刻意模仿，这种盲目的建设使农村地域成为都市休闲的"廉价游乐场"；而有些地区对农业景观自然、人文属性的理解与认知更是缺乏，农业景观建设采用城市绿化方法，忽略历史积淀下来的乡土地域景观特质，一些农村地区为了发展旅游，铺草坪、种绿篱、种模纹图案花坛，修建假山、亭台楼阁等，这种飞来的"景色"将摧毁土地上的历史信息与特性，长此以往，农业景观资源将失去千百年来传承下来的典型特征。

2. 旅游开发的指导思想有误区

农业景观旅游开发项目，普遍存在文化内涵不足的问题。主要是缺乏对本地乡村文化的挖掘，导致文化休闲项目的缺少，参与性健身项目开发的不够，娱乐活动内容的趋同。其次是唯"农"而"农"，不对本地农村资源优势和风土人情进行发掘，而实行"拿来主义"，不切实际地生搬硬套，显得不伦不类。再就是贪大求洋、追求豪华，建设上大兴土木，建筑物富丽堂皇，不仅与农业文化内涵相背离，而且还破坏了农村文化环境。

3. 经营管理不规范

卫生状况较差、安全隐患较多和经营管理不到位是农业景观旅游中存在的主要问题。这是由于旅游管理和服务程序不规范，从业人员缺乏必要培训所造成的。

4. 缺乏对农业景观资源特质性的认知与保护

当前的旅游开发，缺乏对农业景观这种综合特质性的全面认知，对原有农业景观资源特质性不重视，保护意识差，后续管理滞后，具体表现在以下两个方面。

（1）忽略对农业景观资源因地制宜的开发。我国现有的农业旅游基本分为 3 类：一是农耕型，通过温室大棚等微缩展示农业生产技术，让游客参与采摘蔬菜、水果；二是农家型，让村民在家中接待游客，吃农家饭、住农家屋；三是综合休闲型，如度假农庄，提供球类、棋牌和垂钓等多种娱乐活动，可称为"广义的农家乐"模式，农业旅游产品的模式雷同。在这种模式下，开发者很自然地认为应当将农村建设为城市的"后花园"，多模拟城市公园，建设大批农庄、山庄，甚至建造在生态敏感地区，而忽略对农业景观资源地域特性、自然、人文独特性的深入调查和认识，这样的建设是一种不可持续的发展模式，反而破坏原有的环境。农村发展的地域差异很大，农业旅游景观建设必须因地制宜，综合考虑实际发展状况以及地域特色，综合分析当地的气候条件、环境特点和地方的人文特点，注重地方特色。不能只是模仿或为了追求单纯的经济利益而忽视长远发展。

（2）相关科研与专业人员的缺乏。当前国内对农业景观资源的应用性研究非常少，规划设计水平低，缺乏专业人员以及专家指导。一方面，长期以来，受中国传统文化以及审美意趣的影响，国内对于自然风景和城市绿地美学研究颇多，而对农业景观资源美学意义及其保护的研究较少。另一方面，专业为农村做旅游规划设计和景观规划设计的人员非常少，对当地景观资源更缺乏深入研究，导致许多现有的旅游开发方案未能科学合理地指导建设。

（四）农业景观旅游景区发展原则

1. 坚持核心资源的原则

农业景观旅游开发，要以核心资源为基础。所谓核心资源，是指居于核心主导地位的、能形成核心吸引力和卖点的客观物质条件，如花乡旅游资源、渔乡旅游资源等。作为核心资源能有力地吸引两部分人：一部分是投资商，吸引他们投资兴办旅游度假设施；另一部分是旅游者。只有充分利用核心资源，才能赢得市场。因此，农业景观旅游开发，不能一哄而起，搞"家家点火，村村冒烟"，而是应该在具备核心资源的乡村里进行。

2. 坚持突出主题的原则

农业景观旅游开发，要突出一个主题，并附之以魂。通过主题来打造独特品牌，突出个性优势，才能在市场竞争中争得理想的份额。

3. 坚持原汁原味的原则

农业景观旅游要保持传统乡村住户、乡村环境和乡村文化的本来面貌，成为吸引游客的内在力量源泉。通过传统农具和农家用具展示，使游客吃住在农家，和农民一起种地、锄草、采摘，以最"土"的方式，把原汁原味的乡村文化呈现于城里人面前。事实证明，这样的农业旅游地是备受城里人青睐的。

4. 坚持主客交流的原则

农业旅游活动的重要特色，就是游客与村民之间的交流沟通和交友。因此，农业景观旅游开发，要十分注重情境空间的打造，创造主体和客体互动的环境，让旅游者和当地村民进行接触和交流，实现一种精神层面的感情诉求和亲合。

5. 坚持体验参与的原则

参与是体验的载体，体验是参与的结果。农业旅游是体验旅游，只要把参与项目搞得丰富多彩，就能收到理想的体验效果。把农事活动安排得丰富多彩，使游客通过民居、民饰、民艺、民食、民事和民庆等诸多内容，感受村民感情的纯真，体验乡村的民俗风情，学习新知识，进行生理、心理、智力极限的考验和锻炼，从而使旅游过程集知识性、趣味性和游乐性于一体，收到启迪智慧、愉悦身心的效果。

（五）农业景观旅游景区应对措施

1. 坚持科学开发，确保有序的发展

要使我国的农业旅游开发真正上档次、独具特色和品位，具有完善的服务功能，能充分满足旅游者观光休闲、体验参与农业生产生活的心理需要，必须逐步限制规模小、产品单一、服务无保障的农业旅游经营者进入市场，扶持具有较大规模、功能完善、服务质量可靠的农业旅游区的发展。在农业旅游园区中形成与接待游客量相宜，比例适当的田园风光观赏、农艺示范、娱乐休闲和农副产品销售等功能区，满足游客的各种需要，刺激游客的消费热情，提高消费水平，获得良好的经济效益和社会效益。坚持因地制宜：农业生产具有强烈的地域性和季节性，发展农业旅游必须根据各地农业资源的特点，充分考虑本地区的区位条件，因地制宜，突出地方特色。采取市场导向：根据市场的变化和产品的生命周期，考虑产品的升级换代，以不断创新的产品满足游客的需要，以市场营销的观点来开发农业旅游产品。保持特色个性：把握住乡土味，不能搞模仿、复制和捏造，更不能"城市化"，否则便失去原汁原味，而违背农业旅游的本质属性和鲜明个性。

2. 强化服务意识，全面落实行业管理规范

旅游管理部门必须强化服务意识，对从事农业景观旅游开发的经营企业或个人，进行业务指导，落实行业管理规范，确保产品与服务的质量，塑造良好的农业旅游市场形象。加强安全管理。把安全工作作为政府日常管理的一项重要内容，建立各种安全管理办法，加强对从业者的安全教育，强化安全意识，做好安全检查。加强卫生管理。建立各种卫生规范，积极教育农业旅游从业人员自觉养成讲卫生、爱卫生的良好习惯，并抓好各项卫生防范措施的检查。加强日常管理。在加大监督检查力度的同时，教育乡村从业者自觉抵制"黄、赌、毒"等不良行为。树立遵纪守法、合法经营的思想观念，真正做到诚实守信，以优质的服务和独特的风格吸引广大游客。

3. 抓好教育培训，提高服务质量和水平

加强乡土文化知识的培训：大多数参加农业旅游的游客都希望同从业人员进行直接交流，以了解当地的乡土文化。从业人员通过培训系统掌握这方面的常识，并很好地在服务中运用，就能提高游客对农业旅游的整体感受。强化服务技能的培训：农业旅游既要以"特色"来吸引人，同时又要建立在规范服务的基础上，没有

规范化和标准化的服务，特色就不可能存在。因此，加强从业人员服务技能培训，做好规范服务是农业旅游发展的基础。加强民俗风情的专业培训：认真挖掘和总结地方民俗风情，组织专业表演队伍进行专业培训，把原汁原味的民俗风情呈现在游客面前，能有效地提高农业旅游的文化品位和服务档次。

（六）农业景观旅游景区发展前景

农业景观资源是旅游开发的基础资源，对其进行有效合理的规划、设计有利于促进区域可持续发展。若轻视对承载农作历史文化的农业景观资源的保护，忽略地域条件的"千村一面"或者将农业景观建设为都市休闲的"廉价游乐场"，将造成农业景观环境逐步破坏，农村的生态环境和人居环境也会逐步破坏。保护、利用和发展农业景观随着人们环保意识的增强，生态旅游成为一种重要的旅游方式。而生态旅游作为一种全新的旅游概念，它提倡旅游不以破坏自然生态、牺牲环境为代价，特别强调与自然的和谐统一，使旅游区内的文化得以传衍，并保护旅游地社区的利益。农业旅游就是这种旅游方式的集中体现，它所倡导的关爱自然、保护自然、利用自然和享受自然的主题，充分反映了现代旅游发展的潮流和方向，具有较强的生命力。另外，现代旅游者已不再满足于普通的旅游观光，而是希望能获得一种愉悦的经历，强调参与和体验，能有更多新奇的见闻和感受，能了解到当地特色民俗风土人情。农业旅游则正好能满足游客的这些需求。同时，农户和游客之间采取的"一对一"服务模式，能营造家庭式的温馨氛围，更好地满足了现代旅游者和都市居民的心理和消费需求。农业旅游主要是由农民利用闲置的房屋和生产资料所进行的经营活动，具有投资小、风险小和经营灵活等特点，因而收费较为低廉。特别是"农家乐"型农业旅游，因其收费合理，对城市工薪阶层具有很强的吸引力。农业旅游项目一般选址于城郊接合部和成熟的旅游区（点）附近，交通和通信都较为方便，能有效地避免游客旅游的长途劳累之苦，对于发展城市周边一日游、二日游，有着很大的市场空间。开发农业旅游对综合利用农村农业资源，提高农产品附加值，帮助农民脱贫致富有着重要的作用，可以调动农民和一些个体投资者的积极性。只要适当引导，农业旅游就能很快扩大规模，成为旅游业发展中一个强劲的经济增长点和新亮点。

三、生产型旅游景区

（一）生产型旅游景区的现状

生产型旅游景区是以农业社会生产为基础、以农业景观资源为主导而形成的风景区，农业生活、农业生产与乡土文化是风景区赖以形成的基础。其本质上是依托农村社会生产、生活体系与农业景观资源而衍生出来的风景区，具有显著的农村属性，不同于专为满足风景游赏活动而形成的风景区。以农业景观为主要景源的农业型风景区，未在《风景名胜区分类标准》中有所提及，因此，是一种新型风景区。从区位上看，该类型风景区受城市经济定势，多位于城市，特别是大城市（包括特大城市）近郊地区，以城市生活需求为导向，一方面提供城市生活的物质基础——粮食，另一方面满足城市生活的精神需求——游赏。从功能上看，具备农村原本的农业生产与农业生活功能，与一般风景区的生态、景观、游憩、科教与经济功能，是农村功能与风景区功能的叠加。从景区系统结构看，农业型风景区作为农业社会生产的衍生物，一般具有完善的农村体系，同时，为满足游赏功能的需求，具备完整的游赏体系，是"农景合一"的系统结构，这也是区别于一般景区的重要特征。

近年来，随着城市化进程的不断加快，"城市病"问题不断被爆出，城市环境污染与交通压力不断增加，城市居民向往着农村的自然生活。加之居民收入的提高，每逢节假日，越来越多的人到农村或者是远郊去欣赏美景，感受乡间生活气息。此时的农村，只是自发性地提供了一些农家乐，并不具规模，仅为了迎合城市居民的游赏需求而存在。到后来，城市人群到农村游赏的数量越来越多，停留的时间也越来越长。农村逐渐开始将农业生活、农业生产进行"包装"，以观光农业的形式出现，吸引更多的城市居民，提供农业体验、农家乐、乡村观赏等丰富的游赏活动。犹如"产业聚集"一样，当这一现象在一定区域内逐渐形成规模时，农村就会以观光农业作为农业生产的附加值，提高乡村经济收入，便应势而生成农业游赏点，若加之系统的管理与开发，就形成风景区，这便是农业型风景区的雏形。其中，风景资源就是农业及农业生产景观以及与农业相关的事物；游赏设施就是农村居民的农家乐、采摘园等，较为初级，虽不具规模，却足以满足游客的基本游赏需求，此时的运营机构并不具备完整的体系，可能只是乡镇级政府的简单管理。

经过改革开放 40 多年的建设，农村面貌焕然一新，村村通公路、通信和电力，基础设施基本建立。中共中央、国务院印发的《乡村振兴战略农业型景区发展与规划（2018~2022 年）》就是要走出一条中国的乡村振兴之路，特别强调"乡村兴则国家兴，乡村衰则国家衰"。乡村振兴战略包括 11 篇 37 章，其中 7 处提到"美丽乡村"，而且以生态宜居形容。

美丽乡村的建设走上正轨，要"望得见山、看得见水、记得住乡愁"。望得见的山，应该是绿色的；看得见的水，应该是清澈的；记得住的乡愁，应该是触景生情，找得到当年的美好回忆，是对美好传统特色的保留，这些山、水、乡愁为城市居民留下了美好的回忆，也是他们休闲的好去处。

（二）生产型旅游景区的特征

农业型风景区作为一种新型风景区，与传统意义上的风景区存在巨大的差异，该差异决定了风景区尤其独有的特征。一般包括风景资源特征、游赏活动特征、文化内涵特征、功能系统特征等。

1. 风景资源特征

（1）组成特征。由于农业型风景区是基于农业生产、生活基础之上的风景区，其风景资源有着明显的农业属性，在风景资源构成中有着不同的组成要素。这些要素包括以自然事物和因素为主的风景资源，具有游赏价值，如景区内的地形地貌、河流溪水、植物花卉、四季更替等，给人以浓厚的乡土景感的自然景源；以人类社会的各种文化现象与成就，是以人文事物因素为主的景源，体现了风景历史文化与地域文化内涵，分为两类：物质形态型人文景源、非物质形态型人文景源等人文景源，包括人们在了解自然、改造自然、利用自然和创造生活实践中，所留下的历史遗存、文化事物、社会习俗、生活方式与风土民情等。其中，物质形态人文景源指通过物质载体所呈现的风景资源，如乡村聚落、农家小院、农业生产工具、农产品工艺品等。非物质形态人文景源则指与乡村文化、农耕文化、地域文化相关的事物，如农耕时节、农耕习俗、风土人情等；还有农业景观作为风景资源的农业景观景源，包括农业生产景源，侧重于农业生产方式、过程和农作物景观；农业生活景源，侧重于乡村居民的生活方式，包括村民日常起居特征，婚丧嫁娶、节庆活动特征，饮食、闲暇活动特征，字画、雕刻等文化艺术特征；观光农业景源，指已形成的、以农业文化观光体验为主导的，具有风景游赏功能的农业景观资源，它更倾向于一个小的景区或游赏服务区，如农家乐、乡村度假园、景区内的采摘园，以及游赏休闲地等。

正如陆游《游上西村》中写的，"莫笑农家腊酒浑，丰年留客足鸡豚"，农村的快速发展，使剩余财富逐渐积累，以观光农业资源的形式出现吸引城市游客，吃农饭、住农院、做农活，体验乡村生活变成了农业型风景区的主要游赏活动。

（2）要素特征。以往山岳型、海滨型、湖泊型这种单一景源的风景区，往往通过视觉传达景区内涵，给游客的景感是单一的，容易形成"千景一色"的审美疲劳。相比之下，构成农业型风景区的风景景源要素众多、特色鲜明，主要表现在以下几方面。

①独立的生产属性。农业景观本质是农业，并非完全景观，是生产性景观，因此，与一般风景区相比，农业型风景区的风景资源最明显的特征就是独立的产业生产属性。一方面是农业生产，这是农业最基本的功能，同时也是农村经济的重要来

源。另一方面是"经济生产"，以农业景观为主导的风景资源相比自然风景资源，虽然都是提供游赏资源，但是自然景源属"公益性"景源，不具经济效益，而农业景观资源属"消费性"景观，具有更多的消费诱导因素，如农业采摘园，游客在享受农耕劳作的同时，需要对其获得的农产品进行买单。

②明显的季相属性。农业生产具有明显的季相变化，风景区的风景资源也因四季的生产而变得更为丰富，同时农业生产所带来的农产也丰富了风景区景源。如春日的满山的稻苗、夏日盛开的花卉、秋日丰收的硕果、冬日白雪覆盖的田园，所有的景象都因时而变。另外，农业生活景象同样具有季相变化，表现为不同时节有不同的农耕劳作与风俗节日，如春种、夏长、秋收、冬藏。因此，与一般风景区相比，农业型风景区的景源季相更为明显。

③丰富的景感属性。景感是人们对景物的主观反应，通过眼、耳、鼻、舌、身、脑等感官起作用。农业型风景区的风景资源所带来的景感，是多层次感官共同作用的效果。视觉上，农业景观的形式美给予游客壮观又优美的景感；听觉上，"稻花香里说丰年，听取蛙声一片"，田园的乐章给予游客质朴的景感；嗅觉上，花香、果香与稻香，甚至是农家肥的气味，给予游客独特的农家乐趣之感；味觉上，则是为游客提供农产品的品尝；触觉在于游客与自然的亲密接触；主观情感上，一株稻苗、一棵古树都会引起人们无限的联想，以感受农业的辛勤与粮食的来之不易。因此，以农业景观为主导的风景资源给予游客的景感是丰富多样的。

④多元的游赏属性。表现为一源多景的特征，同一个风景资源，存在开发出各种游赏项目的潜力。一方面是由其季相性决定，不同季节开发不同项目，丰富景区的游赏活动类型。另一方面是由观光农业景源游憩功能的多样化决定，同一类景源，可延伸出各种类型的游赏项目，如桃树的种植不仅仅是简单的果业生产，也同时产生了观赏、采摘、栽植技术教育、养生文化教育等系列游赏活动；又如一片向日葵，同是油料作物与观花作物，于少年儿童受益于向日葵的营养价值、种植技术等科普教育，于成年人更在于审美、畅想。因此，同一景源为不同的年龄、职业和知识前结构的游客，提供不同的游赏活动内容。

2. 游赏活动特征

游赏活动的风景区游憩功能的体现，是风景区内主要的人类活动。其客观因素是游赏活动开展的基础——风景资源，游赏活动一般都是因景而生，随景而变；主观因素是游赏活动的主体——游客，不同层次的游客，体现了游赏活动的不同价值。农业型风景区的游赏活动特征主要体现在乡村游憩、农业审美、农科教育、农业体验、乡村度假类五个方面。

（1）乡村游憩类活动。农业型风景区依托农业景观资源而开展的游憩活动都带有农村与农业属性，游览于农村，游憩于田园、农舍或者野外，充满乡土野趣。

（2）农业审美类活动。农业审美活动就是依托农业景观而进行的审美欣赏。对于农业生活、生产的审美，给予人们更多的质朴、原真的情感。"最走心、最生态"的游赏活动，与一般审美活动相比，更加会引起人们心灵上的触动。

（3）农科教育类活动。风景区具有科教功能，指景源所蕴含的历史文化、科学技术，具有科教价值。以农业景观为主的风景资源，则蕴含的是农业的历史文化与科学技术，因此是农科教育活动，并且其活动形式极为丰富。

（4）农业体验类活动。农业体验就是利用农业等相关的事物，进行体验活动的预设，诱导游客的体验行为。农业体验之所以难忘，正是因为它除了做农活、吃农饭这些身体上的体验外，更多的还是从感觉、情感、思维多方面对游客进行触动，将体验升华为"体会"，从而使游客真正了解农家生活的快乐与艰辛。

（5）乡村度假类活动。农业型风景区的乡村度假活动不仅是为游客提供住宿与休息这么简单，更多的是提供乡村的生活方式，使游客体验真实的农家生活。除此之外，农村所提供的绿色农产品，也是城市游客所追求的"生活品质"。而开展的休闲度假活动，并辅以农业景观与观光农业，进而发展出有益身心的休闲度假形式。这种"有机度假"也就是农业型风景区的乡村度假活动，是同时满足城市游客的生理与心理需求的休闲度假活动。

3. 文化内涵特征

农业景观为主的风景资源，主要体现了农耕文化、民俗文化与地域文化。

（1）原真的农耕文化。农耕文化是指人类在农耕生产过程中所创造的物质和精神文化的综合。涵盖农业科技、农业思想、农耕制度、农做工具、农田遗迹、农耕民俗等，对于现代人来说，是宝贵的文化精神财富。

农业型风景区的存在，有效地将这些文化遗产集合、集中并展示，使其得到传承与发展。不管是"顺应、巧得、和谐"的传统农耕文化；或是体现劳动人民艰苦奋斗的"农垦文化"，都具有原真、质朴的文化内涵特征。

（2）朴实的民俗文化。农业生活带有强烈的民俗性文化内涵，与农耕文化有所不同，民俗文化更为贴近生活，以便还原乡村生活景象。景区中经常会看到大大小小的民俗活动，如除夕贴门帘、婚丧嫁娶、唱山歌等；还有农家民俗作品，如民间剪纸、手工编织、蒸馒馍等。向人们传达着朴实纯真的民俗文化内涵，给长时间居住在城市的游客以不一样的文化感悟。

（3）独特的地域文化。一方水土养一方人，文化亦是如此，不同的地域文化必定显现出不同的风景区特色。加之农业生产本身具有不同的地域特点，北方粗犷，南方精良，因此农业型风景区具有独特的地域文化内涵。

4. 功能系统特征

风景区的功能系统决定了风景区的发展形势与规划目标，与一般景区不同，农业型风景区内除了必要的风景游赏与游赏服务系统外，还存在为农业所服务的农业生产与社会生活功能系统——农村系统，简言之，具有"农景合一"的功能系统特征。风景区系统与农村系统除了一定程度的叠加之外，两系统之间相互依托、相互促进，农村的发展支撑着景区发展，景区的发展带动着农村的完善。

（三）生产型旅游景区的问题

农业型风景区对于我国的风景区体系来说，是一个陌生的词汇，但在现实生活中，许多景区本质上已是农业型风景区，然而由于景区自身定位上的错误，通常沿用原有的风景区农业型景区发展与规划方法进行建设，导致农业型风景区存在以下问题。

1. 景区游赏与农业生活、生产脱节

这一问题是由于风景区农业型景区发展与规划不当引起的，使风景区内的游赏服务系统与农村系统"各自为政"，甚至处于一种对峙的局面。对于农村来说，认为风景区的开发是对农村的一种破坏与打扰；而对风景区来说，认为农村的存在是风景区发展的"绊脚石"。这也是农业型风景区所面临的最大的一个挑战。

2. 农业型风景区城市化

由于城市化的进程，城市周边的区域被迫带入城市化的变革中，致使农业型风景区逐渐变成城市的一部分，耕地不断被征用；村落不断被拆除；乡土文化逐渐流失，丧失了原有的乡土气息。然而对于游客来说，真正吸引他们的便是这浓厚的乡土味与自然感，对于农业型风景区来说，景区的城市化是其面临的最大危机。因此，对于农业型风景区这类新兴景区，应该针对其主要特征，研究归纳出适合的农业型风景区农业型景区发展与规划方法。

3. 脱离农业经营

例如，有些休闲农业园以农业的名义征地，然后搞房地产开发，严重偏离了主题，往往是人气没有增加、地皮没有增值、收入没有增长，结果只能是低价转让或者关门了事。

4. 项目雷同，缺乏创新

中国目前大多数休闲农业的产品基本上都停留在吃农家饭、干农家活、住农家院，再附送一些采摘活动的层次，各项目之间没有差异。仅北京一地，就有顺义的"三高"、昌平的"小汤山"、朝阳的"朝来"、海淀的"锦绣大地"等数家类似的

产品，导致市场吸引力的相对下降和相互间竞争的加剧。

5. 有人气没财气

游客到度假村后，往往花费不大，除了少量娱乐和餐饮外，不再有其他的消费，导致景区虽然热闹非凡，但最后一盘点还不够运营费用的。分析原因，造成消费乏力的原因不是游客的消费能力不足，而是可供选择的商品较少，许多旅游产品缺乏特色，游客有钱花不出去。

6. 淡旺季明显

受自然气候条件、农事季节的影响，休闲农业旅游时间具有明显的季节性，特别是在北方，淡旺季的反差非常明显。同时由于客源群体主要是城市人口，周一到周五的生意往往比较冷清，周末又人满为患，接待能力显得不足。

（四）生产型旅游景区发展原则

由于农业型风景区的农业属性，使得以往的农业型景区发展方法已经不能满足景区内农业生产与农业生活的需求，需要一定的发展规划与乡村建设，特别是农业生产要素发展与规划、农业生产设施发展与规划，应该具有一定专业性。而观光农业的农业型景区发展与规划方法，恰好将农业的生产与游赏活动联系起来，使农业生产与风景游赏相协调。同时，观光农业本身就是农业型风景区的一种农业产业运营模式，因此，将观光农业发展与规划方法及运用模式纳入农业型景区发展与规划建设中，是可行的。在农业型景区发展与规划中，保护发展与规划应同时兼顾自然生态环境与农业生产环境的保护，保护景区特色景源与重点农业景观资源，如梯田、农耕旧址等；风景游赏发展与规划应同时根据风景资源与农业景观共同开展，其中，游赏项目的开展可以根据观光农业的发展模式进行开发利用；游赏服务设施则应配合农业生产设施共同布局发展与规划；典型景观景区发展与规划则是农业景观景区发展与规划，保持景区农业生产条件与农业景观格局的稳定性。简言之，在农业型风景区的发展与规划中，农业型景区发展与规划是其主要的发展与规划方法，而观光农业型景区发展与规划则是其农业型景区发展与规划的补充。

1. 保护优先原则

风景区内的风景资源，是自然、历史所留给人类的宝贵资源遗产，多数是不可再生的。在生产型景区里应首先确保景源的"存在"，才能实现风景区的多种功能，因此，保护优先是生产型景区工作的基本出发点。

2. 综合协调原则

生产型景区应充分考虑风景、社会、经济三方面综合效益，根据国情，因地制宜，突出本区域风景资源特征。依据资源的重要性、敏感性和适宜性，综合安排，协调发展，从本质上解决保护与利用的矛盾，达到资源可持续利用的目的。

3. 突出自然原则

充分发挥景源的自然特征和文化内涵，凸显景观的地域特色，强调回归自然，防止人工化、城市化、商业化倾向。

①自然保护原则。农业的生产离不开自然，稳定自然生态环境平衡是开展农业型景区发展与规划工作的前提，也是保护生物多样性及合理开发利用资源的前提。

②生产优先原则。观光农业的农业生产是其主要功能，因此，农业型景区发展与规划中应明确保证其生产功能的发挥，再进行其他活动的开展。

③可持续原则。观光农业型景区发展与规划应保证农业生产的可持续性，保证有机、生态、绿色的农业生产环境，使其能够永续存在下去。

（五）生产型旅游景区应对措施

1. 加强立法，法律先行

国外发达国家为促进农业旅游规范发展，对申请开办旅游经营的个人或组织、经营规模大小、土地房屋租用、生态环保、安全规定等均建立相关法律程序和规定，对民宿农庄也有专门法律规定。如1999年7月，美国加州政府通过了"加州农场家庭住宿法案"，对允许农场和牧场提供游客过夜服务作了法律规定，为农场和牧场旅游的开展铺平了道路。韩国和日本对农场开展住宿服务也有相关法律的明确规定。各地应建立完善农业旅游发展的法规，规范农业旅游开发行为，避免破坏生态环境的过度开发，防止以发展农业旅游之名改变农田用途。

2. 政府重视，财政支持

国外发达国家对农业旅游区建设均给予了很大的财政支持。例如在韩国，农业观光旅游区所有的基础设施如道路、电缆等均由政府出资建设，同时银行为农民提供低息贷款。在匈牙利，还用农业旅游业专项基金对经营旅游住宿的农户给予修缮和扩建房屋补贴。各级政府应把对农业旅游的支持作为振兴农村经济、提高农民收入和缩小城乡差别的重要举措。财政优先支持农业旅游开发区的道路交通等公共基础设施建设，重点资助在农业生产基础上衍生的、以农户为经营主体的农业旅游区域开发，并给予财政资金或贴息贷款等优惠政策。

3. 走生态型、多形态、特色化产业发展之路

我国旅游农业的发展基调与国外发达国家一样，必须突出自然生态和乡村可持续发展理念。目前多数农业旅游产品以大众化雷同产品居多，个性化特色产品较少，已难以满足市民日趋个性化消费的需求。今后必须根据旅游客源消费细分市场变化，发展多类型、多层次的个性化特色农业旅游产品。产业层次由近（近

郊）至远（远郊），产品档次从低至高。城市近郊地区可开发新加坡式的园区型大众化农业游乐产品，远郊乡村则发展高品质、具有个性和特色的乡村休闲度假型旅游产品。

4. 坚持"乡土性"，形成"不可替代性"

农业旅游是整个休闲游乐市场中的一种产品形态，具有较大的竞争性和替代性。产品的差异性越小，替代性越强。当一定区域内农业旅游产业"普遍"发展起来时，农业旅游产品的地方特色和个性化就成了产品"不可替代"的生命源泉。旅游农业的"吸引力"和"不可替代性"，将来自对各地乡村文化价值的深度挖掘，来自游客对旅游环境生态保护的认知和认可，来自郊区独特农业资源的开发和市场效应的发挥。在近郊现代农业休闲观光产业带的"不可替代性"，将来自农业园区项目独特的娱乐性、趣味性与参与性；远郊农业旅游的"不可替代性"，将来自对乡村自然生态和乡村淳朴文化"乡土性"的坚守。"乡土性"越足，越能吸引生活环境完全不同的城市居民，与城市的差别越大，对城市客源市场的吸引力就越强。

5. 农村社区居民的共同参与

农业旅游有别于一般游乐事业，是一种纯农村人文与自然生态的生活体验活动。它的发展需要具备农村人文与自然生态的地方氛围，需要农村社区居民共同意识，需要通过农村社区营造有利于农业旅游发展的社会环境。否则，一个具有乡土性、地方特色性的农业旅游将难以形成，乡村的生态性与体验性亦难以达到预期的层次。所以，各级政府应该鼓励农民积极参与旅游农业的发展，鼓励发展以副业形态经营的旅游农业，积极支持农民组建农业旅游合作社和联合会，形成有利于融合当地各种潜在资源，有利于城乡文化交流的、具有地方氛围的旅游农业发展环境。

（六）生产型旅游景区发展前景

在我国，传统旅游业和农业的发展过程中都出现了对自然环境改造中过度开发自然资源，旅游地原生态环境系统遭受破坏等问题，引发了许多环境破坏的问题。因此，人们经过长期的考察和总结，提出了"任何行业的发展都必须坚持可持续发展"的原则，而农业生产旅游的发展满足了农业和旅游业可持续发展的需要。我国是一个农业大国，农耕文明历史悠久，同时我国疆域辽阔，农业旅游资源丰富多样，因此我国发展农业生产旅游具有得天独厚的优势。

1. 深厚的农业基础

我国自古以来就是文明古国，并且拥有着5000多年农业文明史，悠久的农业发展史为我国农业生态旅游的发展奠定了一定的文化基础。此外，我国疆域辽阔、地区不同，人们的生活习惯和民风民俗有所不同，土地利用方式和农业生产习惯也不尽相同，因而形成了不同的农业生态旅游类型，吸引着国内外游客来到乡村旅游目的地了解中国的传统农业文化。

2.充足的旅游客源

据原国家旅游局统计，我国 2017 年国内旅游人数为 50.01 亿人次，入出境旅游总人数为 2.7 亿人次，全年实现旅游总收入 5.40 万亿元，比 2016 年同期分别增长 12.8%、3.7%、15.1%。其中，国内外旅游人次中城镇居民 36.77 亿人次，农村居民 13.24 亿人次，比 2016 年同期增长 15.1% 和 6.8%。由此可见，近几年我国国内旅游发展非常迅速，每年增长幅度较大。在我国的农业生态旅游客源市场中，国内游客占的比例非常大，所以我国开展农业生态旅游有着充分而稳定的客源保证。另外，随着城市人口比重越来越大，人们普遍倾向于风景优美的农村地区，于是人们在闲暇时间离开都市、回归自然的旅游需求日益旺盛。我国大多数乡村地区拥有优美的自然环境、浓郁的泥土气息与瓜果花香、无公害绿色有机食品、淳朴的民风民情以及有趣的农业生产劳动等，对大中城市的居民有着很大的吸引力。

3.丰富廉价的劳动力

近几年来，越来越多的农村人口涌入城市，我国城市人口比重越来越大，农村劳动力主要以中老年为主，随着农业机械化的普及，越来越多的农村人口被迫到城市谋生，给农村人口造成了很大的困扰。通过在农村地区发展生态旅游业，可以吸引农村劳动力就业，这样提供了大量的劳动力。

4.效益高、风险低

发展农业生态旅游可以充分利用当地现有农业旅游资源，就地取材，将农业生产与旅游活动有机地结合在一起。这样可以通过农业生态旅游的发展来提高农业资源利用率和农业的附加值，获取多方面的经济效益，也可以降低农业生产的风险。所以，与单纯的旅游活动或单纯的农业生产活动相比较而言，发展农业生态旅游可以发挥农业与旅游业的最大效益，并且降低经营风险。

四、民宿型旅游景区

（一）民宿型旅游景区的现状

1.民宿旅游的起源

国内外旅游民宿的起源，大多是为了解决观光地区住宿设施的供需问题。旅游"民宿"源自日本，原意与英美的"Bed&Breakfast"（简称 B&B）有许多相似之处，也就是仅提供住宿与免费早餐的民宿。以国外民宿起源为例：德国民宿是因为阿尔卑斯山区及观光旅游地区住宿设施不足，造成游客投宿民宅而产生的；通常游客安排两日以上的旅游休闲活动都有住宿上的需求，而豪华旅馆的价格太高，而一般旅馆在旺季时常产生供不应求的状况，游客便转向宿于旅游区内外的村民家中，因而产生了民宿形态的住宿模式。这种住宿方式在国外已经存在了很长时间，而且发展久远；国外的民宿会因为地形不同、资源不同、国情不同而产生不同的民宿经营形态。

我国旅游民宿发展较早的地方是台湾省，由于当时旅游区域内的宾馆无法容纳大量涌入的游客，因此衍生出了住宿服务。20世纪80年代，在台湾垦丁风景区大规模发展，其次是阿里山的丰山一带、台北县瑞芳镇九份地区、南投县的鹿谷乡产茶区和溪头地区等。还有一类是尚未具备旅馆规模，但已有外地旅客进驻的游憩区，如早期的嘉义县瑞里地区、草领、石壁以及最近的达娜依谷等都有类似民宿形态的设施产生。

2. 旅游民宿的定义

Alastair. M. M等人认为旅游民宿具有下列特质：具有私人服务的，与主人具有某一程度上的交流；具有特殊的机会或优势去认识当地环境或建筑特质；通常是产权所有者自行经营，非连锁经营；特别的活动提供给游客；较少的住宿容量。郭永杰则认为旅游民宿是一般私人住宅将其一部分居室出租给游客，以"副业方式"经营的临时住宿设施；其性质与普通饭店、旅馆不同，除了能与旅客交流认识外，旅客更能享受经营者所提供当地的乡土味道及诸如"回家"的感觉。

我国客栈民宿主要集中于北京、浙江等东部地区，福建、广东等东南部地区以及云南、四川等西南部地区。西北地区以及东北地区数量偏少。这一分布特征与我国旅游业的整体发展现状相吻合——客栈民宿的分布集中于旅游业比较发达的区域。统计发现，丽江、大理、嘉兴等古城、古镇区域民宿客栈数量相对较多。

在我国，"便民招待所""农家乐""乡村旅馆"等概念接近于这个定义。我国地方政府更多地从引导和规范接待主体角度促进乡村旅游发展。由于乡村旅游形式各地存在差异，因此对乡村旅游接待主体的称呼也不尽相同。北京称为民俗旅游接待户，上海、四川及其他大部分地区称为"农家乐"接待户，或直接以"农家乐"相称。同时，以产业特色为基础，进一步出现了"渔家乐""林家乐""牧家乐""副业工艺农家乐"。本书以与B&B更为接近、提供住宿和为住客提供餐饮服务的"农家乐"等乡村旅馆作为研究对象，称之为乡村民宿。

数据显示，截至2016年年底，客栈民宿线上注册量总数达到50200家，较2015年增加近8000家。数据显示，2015年和2016年是在线民宿市场发展高峰期，2017年民宿交易规模超过120亿元。11省市民宿客栈数量在1000家以上。我国各

广东省民宿管理暂行办法

民宿行业标准

省份客栈民宿数量前 10 名的分别为：云南、浙江、北京、四川、山东、福建、河北、广东、广西、湖南；其中云南以 6466 家客栈民宿的数量位居全国第一位，浙江和北京市以 5669 家和 3587 家民宿分别居于第二位和三位。

在各种鼓励民宿发展政策的持续利好下，中国民宿市场愈加繁荣。民宿行业顺应时代潮流，将业务与互联网相结合，民宿市场交易规模约 190 亿元。由于市场发展不够成熟，没有制定完善的管理机制而造成的恶性竞争，同时越来越多的民宿仓促进入市场，未能长远发展，预计未来增速有所放缓。

表 5-1　中国各省市民宿客栈数量排行（单位：家）

排名	省份	民宿客栈数量
1	云南	6466
2	浙江	5669
3	北京	3587
4	四川	3361
5	山东	2829
6	福建	2767
7	河北	2298
8	广东	2009
9	广西	1778
10	湖南	1615
11	江西	1103
12	江苏	996
13	安徽	900
14	海南	852
15	西藏	761
16	陕西	681
17	山西	593
18	上海	588
19	贵州	531
20	重庆	443

排名	省份	民宿客栈数量
21	辽宁	428
22	天津	427
23	黑龙江	370
24	青海	358
25	甘肃	358
26	河南	292
27	内蒙古	277
28	湖北	186
29	吉林	137
30	新疆	42
31	宁夏	32

资料来源：前瞻产业研究院整理。

　　我国重点城市民宿数量排行榜中共有 11 个城市超 1000 家，5 个地区数量在 2000 家以上，北京和丽江两地民宿数量超 3000 家。其中，北京市客栈民宿数量居全国首位，民宿数量为 3587 家；丽江市以 3002 家民宿排在全国第二位；厦门市民宿数量为 2269 家，排在第三位。

表 5-2　中国重点城市民宿数量 TOP20（单位：家）

排名	省份	民宿客栈数量
1	北京	3587
2	丽江	3002
3	厦门	2269
4	大理	2261
5	嘉兴	2082
6	秦皇岛	1776
7	成都	1613
8	舟山	1321

排名	省份	民宿客栈数量
9	杭州	1259
10	日照	1132
11	深圳	1004
12	桂林	964
13	上饶	819
14	烟台	809
15	三亚	799
16	黄山	791
17	湘西	763
18	阿坝	749
19	广州	746
20	苏州	715

资料来源：前瞻产业研究院整理。

（二）民宿型旅游景区的特征

乡村民宿成为人们深度体验乡下的新选择，市场潜力巨大，发展前景较好。推动乡村民宿的可持续发展、提高竞争力，就需要致力于乡村民宿品质的提高。而乡村民宿品质的提升依赖于乡土文化的挖掘、环境氛围的打造、综合价值的提升，就需要通过多业融合和升级来实现。因此，乡村民宿是农民增收、农村变美、农业变强的最直接和有效的方法，是带动乡村振兴的最有利抓手。因此民宿型旅游景区一般具备以下一些特征。

1. 个性特征张扬

从起源和本质上讲，民宿就是民居，就是老百姓的住宅。百姓分布各地，接受不同文化、不同风俗、不同传统、不同家教的熏陶，在选择和建设自己的住宅时，无不受到这些熏陶的影响，显得各具特色。此外，由于是民居，是老百姓自己的房子，较少受到来自各方面的干扰，所以，在选址、朝向、设计、用料、内饰、规模、体量等方面，都充分体现了主人的意愿。

图 5-2　江宁泡泡屋（Bubble House）"星空宿"（摄影：方法林）

2. 文化特征明显

民宿是一种建筑，建筑是一种文化，是文化的物化表现形式之一。因此，民宿虽然个性化特征明显，但脱离不了当地文化的影响，在外观、建筑风格、内部设施等方面都能体现出本土文化特色。

3. 平民特征突出

由于民宿是由老百姓的房子演变而来的，它的过去就是民居、民房。在没有"民宿"一词之前，即便是接待客人，也是属于"留宿""搭铺"性质，是行善事、做好事，没有多少商业性质的成分。正因为它不是以营利为目的，所以也不会刻意"打扮"，而是"我怎么住客人就怎么住"，以素颜待人，以本来面目待客。由这种民居脱胎而成的民宿，尽管有千变万化，但万变不离其宗，它的基因是变不了的，它的平民化特征是变不了的。

4. "乡愁"味儿浓厚

由于民宿历史痕迹明显，乡土气息浓厚，贴近甚至融入百姓生活，因此，很容易引起人们的思乡之情，勾起人们的儿时回忆，是典型的"乡愁"型旅游产品。这是民宿的典型特征，也是民宿的吸引力、生命力所在。

5. 观赏性、体验性和研究价值并重

一幢民宿，往往是一段历史的截图，一种文化的化石，一种风俗的遗存。同时，住民宿可以让人体验当地百姓的生活，领略当地的民风民俗，品味地道的当地美食，其体验性不同于住宾馆、酒店。此外，有的民宿由于其历史性、文化性特征，具有较高的研究价值。

（三）民宿型旅游景区的问题

我国进入旅游发展的新时代，旅游已成为人们生活中的一部分。随着城市病越

来越突出、消费群体的变化,人们对旅游消费的品位有了很大的提高。传统农家乐已远远满足不了需要,民宿应运而生。由于乡村旅游民宿分布在广大农村,而且多数是农民自发经营,投入的盲目性和发展的无序性在很大程度上制约着这一住宿形态的发展。我国乡村民宿在发展迅速的同时,也伴随着出现了许多的问题。

1.政策体系不完善,制约发展

相对于民宿发展速度,政策的制定远跟不上,体现在以下两个方面。一方面,国家给予民宿宏观政策扶持,但未具体到乡村民宿。从目前国家所公布的文件来看,对所有民宿的要求都是一致的,但乡村民宿和城市民宿确实存在一定的差异。另一方面,没有明确市场准入制度和行业监管单位。最新的民宿文件只提到退出机制,但没涉及市场准入。并不是所有的闲置房都可以用来经营,否则会影响民宿市场的健康发展。行业监管单位应作为第三方,为民宿发展提供监督服务,保证发展的有序性。

2.缺少规划,破坏乡村地景风貌

目前在乡村民宿的规划上存在着严重的滞后性,多数农户自发投资建设乡村民宿来满足市场的需求,配套设施建设明显不足。乡村民宿盲目建设、重复开发、环境破坏等现象严重,为提供游客良好的观景点,业主任意增设相关设施。从个别民宿而言,虽然提供了良好的视野,但从其他的视觉角度来看,却也产生了视觉障碍,同时也有山坡地保育的问题,整体上,更是破坏了土地利用的秩序性。

3.缺乏农村文化内涵

由于许多乡村民宿的经营者,一般都是看到别人开办乡村民宿经营状况良好后跟风而上的,部分业主以收购农民旧宅院改装来经营,事实上已脱离休闲农业的本质,没有农家生活文化内涵,对本土文化并没有深入的了解,与一般旅社、度假俱乐部经营无两样,缺乏地道的农家味;提供的产品形态上往往会出现单一性、单调性和雷同性,不当地引入都市文化,甚至造成与农村文化产生冲突,同时耗损农业资源,危及正统民宿的营运。

4.缺乏前瞻性、整体性的地域整合规划

民宿、休闲农业者各自努力,在区域的土地使用上,政府也缺乏前瞻性引导计划;经营者点缀式的发展,无法考虑消费者的多样化需求。目前各地的政府尚无一个健全的管理机构来对乡村民宿进行统一的协调与管理,政府主导作用没有充分发挥,宏观管理力度差,造成许多在利益方面多头管理、各自为政的现象,有问题时无人管理、互相推脱的现象。经营者和游客的正当权利得不到保证,游客的投诉得不到及时解决。

5.房屋及土地权属复杂，发展后劲缺乏

有些旧有农宅所有权属相当复杂，有的经营者为了扩大经营规模，甚至寻求在农地上重新修建房屋，因而影响到农地的合理利用，破坏生产结构以及田园风貌。有的乡村至今都没有通路、通水，这直接影响了乡村旅游、乡村民宿的可进入性。有的已开发起来的乡村民宿则因开办过度导致设施长期得不到改造和检修而存在严重的安全隐患。又由于城乡文化差异，许多乡村民宿没有电话亭、停车场、购物场所等公共设施，给消费者带来了诸多不便，加大了乡村旅游者前往该地的心理阻力，在一定程度上阻碍了乡村民宿的发展。

6.分散经营且同质现象严重

我国乡村民宿近两年呈井喷式增长，但基本上以家庭独立经营为主，各自为战，没有抱团经营和差异发展的理念。从整体上来看，经营的产品多为住宿接待、采摘、餐饮等低层次产品，缺少与农民生活空间、农村风俗人情、农业生产等的结合，产品同质在现象比较突出。这种现象一方面无法满足不同层次旅游者的需要，造成资源流失，另一方面会因抢客源而引发价格战，影响发展的可持续性。

7.对乡村民宿的认知不准确

由于乡村民宿没有公认的定义，对乡村民宿的理解各持己见。一些人认为农家乐、家庭旅馆等就是乡村民宿。有人认为民宿是农家乐的升级版，对现有的农家乐适当改造就可以开门营业。还有一些人认为民宿必须是在景区景点旁开设。甚至有些人认为精品乡村民宿一定是高大上，走高端路线。探究民宿的发展源头，不难发现，只要突出地域特色乡土文化、独特的民俗风情和家的情怀的乡村住所就是乡村民宿。

8.经营者素质不高，服务、市场意识低下

由于大部分的乡村民宿员工都是当地的居民，小农经济的自由散漫的生活和较低的教育水平，使得他们缺少服务意识，有些生活习惯特别是个人卫生习惯不能被城市居民接受。多数经营者只乐意对硬件升级，而对服务质量的提高不怎么注意，不愿在提高服务质量、创新特色、改善旅馆环境上下功夫，按部就班地沿着别人的老路走，不敢在原有的基础上有所创新。他们多数只关心自己的经营状况，而忽视整体的经济环境。更谈不上市场意识，几乎很少主动推荐自己的产品。

（四）民宿旅游景区发展原则

民宿的灵魂是个性与自由，其竞争力之一是亲民和灵活的定价。因此，民宿发展的根本原则还是因地制宜。开发民宿要充分考虑当地的消费环境和市场基础，不能不切实际，一味走高端高档路线。如果盲目扎堆上高端项目，最终可能会导致烂

尾或空置，不利于民宿业持续健康长远发展。

1. 区位品级是前提

区位是指主体所处的特定场所与空间。区位品级则是特定场所或空间各种条件因素的丰厚程度与能量大小。区位品级的高低直接影响到主体的市场覆盖能力、产品差异化吸引能力、品牌塑造能力、议价能力和可持续创新能力。因此，要从区位论的角度研究民宿，即要研究民宿在特定场所或空间能够获得最佳综合效益的空间组织优化问题，要求充分考虑不同区位各种条件因素的差异，实施最优化的选址决策。民宿的区位条件因素包括：

（1）气候因素。包括常年体感温度情况、季节反差程度、不适宜的天气（如严寒、酷暑、台风、沙尘暴、雾霾、阴雨等）出现的概率与天数等。气候条件直接决定着民宿经营的淡旺季，影响经营效益。

（2）自然环境因素。能否有效地放空身心、摆脱日常生活的羁绊是消费者选择民宿的重要标准，空气洁净程度、自然景观美感度以及植被多样性、风土人情独特性等要素，成为人们体验不同生活方式的重要内容，"水光潋滟晴方好，山色空蒙雨亦奇"是民宿最大的卖点。

（3）文化资源因素。所在地的风土人情、历史遗存、灵山古镇、风味特产等文化资源能否支撑人们以民宿为中心、点线交织，放射性出行，为放空的心灵注入更深层次的精神体验，决定着民宿产品多样性组合的丰富程度和风格品位。

（4）社区因素。包括所在地政府对待旅游业、住宿业的态度，相关政策、社区发展目标规划、土地、物业的基本情况；所在地居民对待外来者的态度、诚信水平、服务意识、基本修养与习惯，人力资源储备情况；交通通达性、其他基础设施完善情况等将制约民宿的建设、生存与发展。

区位品级高低决定着民宿未来市场的广度与深度，影响着民宿规模、投资大小、服务功能设置、预算决算、人力资源计划、品牌设计与推广等发展战略决策，更决定着民宿风格、产品设计、服务方式、市场营销方式等经营策略的制定，制约着民宿核心竞争力的培养和建设，必须慎之又慎。

2. 专业性是基础

专业性是指民宿建造、装修、经营管理与服务等方面所达到的专业化程度。要求民宿在设计、建设与运用过程中，高度关注地理位置、周边环境、交通可进入性、地方特色、物业基础、实际经营者文化素养、产品基本舒适度、互联网平台、宾客选择自由度等要素，其中每个要素又包含若干专业化要求。依据民宿特质，适应市场需求，注重产品的品质与系统的有效性能是民宿产品开发的专业性体现。也就是说，民宿的专业性体现在理性科学的市场定位、功能定位与特色定位；体现在产品配置的人体工程学水平；体现在艺术装饰对美学规律的遵从；体现在服务的温馨、亲切与趣味上。只有充分尊重人性需要，具有专业化意识，才能将住宿业安全、卫生、舒适、方便的基本特性与民宿特有的人气、地气、文气紧密结合，实现民宿市场美誉与经济效益的统一。

3. 个性化是动力

民宿作为一种特殊性住宿产品，消费者更加期待民宿产品的差异化和个性化特质。文化与功能交融，品位与服务齐优是民宿市场竞争力的核心。但个性绝不是随意，从行业整体角度，需要不同的民宿企业呈现出不同的个性和特色，以满足多元化、多样性的市场需求，但对具体的民宿企业而言，个性来自民宿主人的文化痴迷和人文精神，可以通过四种途径得以实现：

（1）民宿主人对所在地风土人情具有浓厚的兴趣，有一定的理解，为民宿产品开发找到了丰富的营养和素材。

（2）民宿主人拥有将所在地文化资源转化为具有市场吸引力产品的能力和眼光，市场化的思维、创新的意识与专业化的技能帮助民宿主人艺术地将文化元素转化为可感知、可触摸、可体验的硬软件产品，对文化独特的审美品位更能给民宿产品打上深刻烙印，注入艺术性、时尚化的美学灵魂。

（3）民宿主人的文化分享热情，以"发烧友"的热度，以"朋友"的亲和力，以"说书人"的韵味向消费者讲述当地的风土人情，介绍民宿产品的美学思考，讲述民宿空间细节的隐喻趣味，从而使静态的民宿空间环境转化为动态的产品，凸显特色。

（4）民宿主人在以宾客为中心理念的基础上，通过硬件建设、软件设计体现出对宾客无微不至的关注与呵护；同时，民宿每一位从业者要对宾客给予发自内心的喜爱以及付出。"一店一品"是民宿商品化的价值所在，"一宿一格"是消费者痴迷民宿产品的动力所在。

4. 舒适性是保证

舒适性是一个复杂的动态概念，是指环境对人的刺激所引起的心理感受，因人、因时、因地而不同。就住宿业而言，环境包含硬件环境、服务环境和心理环境三个层次，提升民宿产品的舒适性必须关注这三个环境的建设。具体而言，即建设"八个一"关键环节：一种可依托的旅游资源与环境空间，一张舒适的床，一次能够松弛身体、放空大脑的热水澡，一顿可口、提神的早餐，一处充满芳香的交流空间或场所，一位充满魅力的民宿主人，一段可讲述的居留经历，一段令人回味的人生记忆。

（五）民宿旅游景区应对措施

1. 完善政策体系，引导民宿有序发展

完善的政策体系，是乡村民宿发展的有力保障。虽然乡村民宿呈遍地开花的状态，但作为新兴的住宿，现行的酒店、旅馆的监管和准入要求并不适应发展的实际，需要政府给予政策性引导和扶持。一方面，政府要继续完善乡村民宿的政策，明确乡村民宿的主管部门、市场准入标准、民宿审批程序、民宿星级评定指标体系、落实农民参与和利益分享机制。另一方面，要加大财政保障制度。乡村民宿投资大、回本期长、发展中面临竞争等各种风险，这就会挫败农民参与的积极性。利好的政策和资金保障体系，可以打消农民的顾虑，提高参与的积极性。

2. 厘清乡村民宿的内涵，明确发展思路

要想提高社会对乡村民宿的认知，需要政府发挥引导作用。政府首先要组织相关部门、民宿资深专家进行论证，界定好乡村民宿的概念，并通过公共媒介正式发布。需要制定相关联政策，促进第一、第二、第三产业与民宿融合，让其他行业增加了解。

3. 彰显民宿的地方特色，实施精品策略

当前游客追求个性化服务的意识不断增强，家庭出游越来越多，散客逐步取代了旅游团体而成为旅游市场的主角。他们较喜欢自主的背包旅行，远离喧嚣的都市，深入乡村，融入当地居民的文化生活，真切感受其风俗习惯，因此，乡村民宿应富有乡土特色和地方特色，给游客带来不同的感受。一个别具一格的事物总会对人们产生深刻的影响，比如乌镇的民宿，嘉善西塘乡村民宿的老房子、老家具都会给人留有美好的回忆，并产生再次造访的心理需求。打造精品是很多地区乡村民宿发展突破的关键。可以从建筑环境、温馨服务、文化价值等方面进行诠释，并促成其规模的做大，构筑乡村民宿群的精品。精品的塑造要考虑村落环境首先要干净、整洁、安全、自然和谐，具备休闲度假特性，房屋建筑体现地域风情风貌，适当保留农村的木结构等，在保持原生态的情况下，增添浓厚的乡土气息十分必要。

4. 因地制宜塑造文化，提升集聚效应

俗话说得好，"十里不同风，百里不同俗"，每个地方的文化和资源都具有本土性，对于外地的旅游者来说都具有吸引力。各地在发展时首先运用竞合理论，找到当地乡村民宿发展的突破口和着力点；立足实际深挖区域文化；采用一定符号和形式把它们巧妙运用到乡村民宿中，提升竞争力。旅游发展涉及食、住、行、游、购五大要素，现有的经营者供给多体现在住和食两个方面，且单打独斗，致富能力和竞争力都有很大的局限。

5. 研究游客心理，加强卫生意识

旅游者到乡村旅游，主要目的是换一种环境享受城市生活，所以乡村民宿在追求有乡土特色和地方特色的同时还要注意城市游客的心理感受。比如原汁原味的傣家竹楼是上边住人下边养牛、养猪，这样的原汁原味一般游客是无法接受的，必须经过改造，达到以乡村环境为基础、以自然感受为追求、以城市生活为实质的要求。作为为旅游者提供住宿及餐饮服务的场所，乡村民宿必须满足干净整洁的要求。现代社会人们越来越重视健康问题，人们的健康意识空前高涨。如果有些地方卫生意识不够，给人以较脏的感觉，会使其旅游形象大打折扣，降低旅游者的重游率。因此，乡村民宿的布置摆设可以各具特色，但应干净卫生，使游客看了舒心，用了放心；同时，要始终保证客房安全，给游客一个舒适安全的旅游环境。

6. 制定有效规划，塑造良好形象

乡村中农民的住宅很多，投入少、收益大的特点及其带来的种种好处吸引着众多农民发展乡村民宿，这就容易引起市场的无序竞争和混乱。各级政府应根据各地旅游业特别是乡村旅游发展的情况，有针对性地制定乡村民宿发展规划，并将其纳入旅游发展总体规划和县市区城镇发展规划。明确乡村民宿的发展地位，合理布局，形成有序发展的宏观格局，将农村自然资源、人文资源及产业资源，进一步地结合规划成具地区特色与优势的商品，来展现农村固有魅力。研制乡村民宿建设标准图例，指导当地群众改造和新建乡村民宿。标准图例应该符合外部建筑的特色和内部乡村民宿的基本要求，全面提升乡村民宿的建设水平。

7. 加大政府支持力度，充分运用现代技术

对于许多农民来说改造自己的住宅为乡村民宿仍是一笔不小的投资，为快速有效地发展乡村民宿，政府还应对其进行信贷、税收等政策方面的倾斜优惠，采取有效措施解决乡村民宿发展中的实际问题。对于具有显著特色乡村民宿的旅游村落，在进行环境建设、基本设施配套、整体促销、人力资源培训资金等项目上，应给予资金或贴息的支持。对于地域文化突出、并有一定社会影响力的单体乡村民宿，也要在有关项目给予特殊补助。同时，政府部门要加强乡村的基础设施建设，只有基础设施改善了，才能使乡村民宿有更加广阔的发展空间。

乡村旅游民宿绝不是隔绝于现代信息社会的孤岛，要充分利用现代信息技术进行促销，扩大知名度。尽管单个的乡村民宿力量、资金、技术等有限，但可以成立区域性的乡村民宿网站，统一对外公布信息，在介绍、预订、执行等方面形成规模经济效应。同时在政府指导下组建松散型的行业性协会或专业合作社形式的组织，统一乡村民宿的徽标和形象。行业协会有必要对乡村民宿进行技术方面的指导，可以就乡村民宿的服务内容、质量控制、服务形式、市场营销、收费标准、行业自律

等制定相关协议，努力为乡村民宿的发展提供一个成熟的标准框架。同时，行业协会应成为地区性乡村民宿的集体代言人，维护和扩延乡村民宿的发展空间。

（六）民宿旅游景区发展前景

台湾省是我国较早发展民宿的地区，近年来，大陆的民宿开始迅猛发展，目前民宿主要分布在旅游资源丰富的南方著名景点和旅游目的地城市，如杭州、丽江、大理、阳朔等地，具有天然的"地利"，民宿数量增长较快，品质也很高，已经成为当前国内旅游住宿的一大趋势。

1. 现有农家乐逐步淘汰，加速提档升级

国内农家乐始于20世纪80年代的四川地区，以"住农家屋、吃农家饭、干农家活、享农家乐"而闻名。这是依托乡村资源，提供一系列餐饮、休闲、住宿的旅游服务产品。农家乐更强调功能的实用性，在设计风格、装修格调、主人文化等方面考虑较少或没有考虑。关于民宿与农家乐的区别也一直是行业内被谈论最多的问题之一。对于当地农民来说，民宿和农家乐的区别，尚停留在"是否有独立的卫生间"方面。

从早期的发展来看，农家乐不仅能提供当地特有的体验活动，还结合了地方资源，并能凝聚地方向心力。但随着后期"遍地开花，一拥而起"的急剧发展，个体经营的局限性让农家乐逐渐出现了一些诸如缺少规划、缺乏乡村文化内涵、缺乏前瞻性、同质化、发展后劲不足、经营者素质不高、服务市场意识不强等问题。

而民宿，作为一种新的旅游住宿方式，它有别于传统酒店、饭店、宾馆，也有别于简单体验乡土风情的农家乐。它不仅可以满足基本的餐饮住宿、文化休闲需求，还能让游客与民宿主人有更深入的交流，获得新的体验与认知，形成新的人际关系。并且，通过意境的营造和建筑品质的提升，给游客带来比传统农家乐更高的文化品位与格调、更潮的硬件设施与服务、更好的精神享受与住宿体验。

当下的旅游消费市场，"70后""80后""90后"正在成为社会的主力军。这类人群受教育程度高，平日工作压力较大，对于"健康"和"幸福"的概念，有着与上一辈人完全不同的理解。他们消费更加理性，更追求内涵、品质和服务，更懂得生活。民宿模式恰好符合了他们追求自我解放的需要，同时满足人们追求情怀的需求。因此，随着个人度假旅游市场逐渐发展，居民旅游深度和频次的不断增加，中等水平以上的民宿数量会不断上升，而传统的农家乐由于资金不足、技术欠缺、文化缺失将慢慢失去竞争优势，逐步被市场淘汰或转型向更高层级的民宿靠拢。

2. 民宿市场竞争加剧，价格回归理性

目前，民宿的市场价格普遍较高。人均单价在500元以上，几乎接近国内普通

五星级酒店的均价，精品民宿有的更是接近 2000 元。造成如此高价的主要原因有：

（1）市场的稀缺性与消费者的尝鲜心理，使民宿市场火爆。

（2）民宿打造过程中，很多精细化的设施会提高运营成本。

（3）民宿的住宿容量小，又带有非标准性特征，因此，很难形成规模效应，将成本控制在合理水平。

（4）一般的酒店开发者都具备较多的产业链相关资源，而个体民宿投资者往往需要自行设计、自主经营等，这无形中会带来较大的资金压力。

此外，还存在一部分民宿定价过分文艺化、噱头化。动辄每晚几千元的房价，功夫全花在装修上，文化内涵却单调雷同，缺少了民宿本身情怀涌动的核心本质，远离了大众，演变为另一种形式的"乡村酒店、会所"。

随着社会资本的涌入，民宿市场竞争逐渐加剧。由于民宿可简可繁，可小可大，投资方式简单，进入门槛相对较低，这导致了大量民宿产生。根据中国旅游协会民宿客栈与精品酒店分会发布的《民宿产业发展研究报告》显示，截至 2018 年，我国民宿客栈达到 20 万家，同比增长超过 300%，民宿总量急剧增加，呈现快速增长态势。比如云南楚雄的黑井古镇因为饱和度太高，为了争取游客资源不得不保持低价经营。

因此，随着民宿供给市场的日益见顶，民宿产品竞争的进一步加剧，在未出现新的消费升级点的情况下，民宿客房的均价可能会受制于行业竞争而逐渐回归理性，处于下行，然后维持在一个合理稳定的价格区间。

3. 民宿 + 传统观光类景区协同发展

国内传统的 4A 级、5A 级景区大多拥有得天独厚的资源优势，可以吸引大量的游客，在带动地方经济发挥着重要作用，因此，政府在资金、政策、人力等方面的投入较大。比如：几乎各个知名旅游景点都有便利的旅游交通线路直达景区，源源不断地传送大量的游客。但依托于品级较高的自然风光、人文遗迹的传统景区，还停留在观光游览的方式，在深度体验及旅居生活的理念、基础设施的容量等方面考虑的不够充分。随着景区知名度的逐渐提升、旅游消费的升级，体验式旅游渐渐取代观光型旅游，一些景区或受制于自然资源保护限制，或因当初未充分考虑景区远期的增长容量，因而无法进行有效的升级和补充。最明显的就是，住宿服务设施逐渐饱和甚至达到极限，渐渐不能满足日益增长的游客需求。

而在传统景区周边，分布着大量村庄，这些村庄内部大多道路狭窄、崎岖不平，网络也未完全覆盖，缺乏停车场、指示牌、消防设施等，零星的住宿也仅仅是以自主经营：类似招待所性质的快捷旅馆、农家院为主，卫生条件差、住宿餐饮标准不达标，仅能提供简单的餐饮、小吃或旅行装备的简单贩卖服务，还不是真正意义上的民宿。因此，无法充分享受景区的溢出效益，取得中高端消费者的青睐。未来民宿可以根据传统景区边缘的村庄，利用闲置民房，开发建设民宿。这样，一方面，可以带动景区周边乡村的旅游住宿、餐饮、购物及配套设施的完善，拉动农副产品、土特产品的销售，促进乡村旅游及社区经济社会发展；另一方面，可以减少旅游景区建设资金投入的压力，迅速扩大和提升旅游景区的接待服务功能，从而促进传统景区从单一观光向多角度观光、从一日游向多日游、从忙碌游玩到放松身心、从低层次消费到高层次满足、从来一次到来多次的转变。

4. 民宿产品特色化，产业集聚化

从整体来看，我国民宿行业仍处于初级阶段，硬件设施上高度雷同，相互抄袭，缺乏特色；休闲体验上，主要以观光、采摘等简单的农事活动为主，缺乏对民宿核心价值"闲适""分享""体验"的挖掘；旅游情怀上，入住游客与民宿主人的交流欠缺，背离了民宿"主人文化"情怀的内涵。这种现状无法满足旅游者日益增高的旅游需求，制约着整个民宿行业的发展。因此，在下一阶段，民宿产品的特色化和集聚化将成为阶段发展的重点。

特色化方面，民宿经营服务将回归"民"的本质内涵，在主题风格、文化体验、特色服务上更加体现民宿主人的个性化，将民宿主人的审美趣味、生活态度融入与游客的互动交流中。如台湾省民宿的个性化服务：民宿主人根据当地食材亲手做早餐，把客人当朋友，分享他们的个人经历、生活体验、私房景点，带客人旅行，亲自解说当地人文生态等。民宿主人具备艺匠精神，不断追求极致美感，真正做到"卖生活"而不是"卖房间"。文化产品体验上，当地优美的自然风光、居民的生产生活实际、乡村艺术文化、风俗习惯等都会引起游客的极大兴趣，这也是民宿可以包装凸显的特色。未来民宿可结合当地特色资源，针对不同主题，开发深度娱乐休闲体验。产品类型可涉及养生保健、乡村休闲、民俗娱乐、艺术课堂、文化沙龙、野外扩展、水上项目等。针对高层次旅游者需求，定制个性化旅游产品，如滑雪、登山、滑翔、野外生存等也会相应出现，并逐步向产品专业化、品牌化的成熟阶段发展。

集聚化方面，民宿的集聚化并不是产品标准化的复制集合，而是产品特色各异的互相补充聚集。单体民宿本身由于规模小，很难形成有影响力的品牌。在日趋激烈的市场环境中，个体农户、民宿投资者无法完备地顾及生产、管理和营销等多个层面，因此，可以通过群聚内的成员彼此间相互合作，达到提升整个聚集区竞争力的效果。未来将会出现各分散的单体民宿连线成片发展，形成民宿聚集区，单体民宿依然保持自己的个性化主题，只是通过整体包装来实现规模效应，强化整体的品牌效应，从而增强游客的认知度和辨识度，逐步将民宿产业推向成熟。

第三节　田园综合体概述

　　2017 年 2 月，"田园综合体"的概念首次被写入中央一号文件，支持有条件的乡村建设以农村合作社为载体、让农民充分参与和受益，集循环农业、创意农业、农事体验为一体的田园综合体。田园综合体是在城乡一体化格局下，顺应农村供给侧结构性改革的一种发展模式，对于加快美丽乡村建设、促进城乡发展、解决农村就业问题具有很大的推动作用。田园综合体作为休闲农业与乡村旅游的新兴发展模式，以体现农业为基础，以旅游为驱动，以社区建设为实体，是现代农业发展的必然趋势。

一、田园综合体概述

（一）田园综合体的起源与发展

　　当前我国经济发展进入新的阶段，人民生活水平不断提高，但城乡发展不平衡，且城乡收入差距不断增大。减少不合理的城乡差距，促进城乡协调发展，让更多的农民参与社会经济发展，是当前我国实现现代化发展的重中之重。当今现代农业发展迅速，农村产业发展的空间环境发生了很大变化。都市农业在产业、居住、休闲等方面得到了很好发展，但长期以来都市农业的发展只侧重于农业的单方面，势必会因为发展不平衡而陷入困境。田园综合体是契合城乡一体化的历史产物，是农村发展的新产业、新业态，是在乡村实现现代农业、旅游、文化等多产业融合的有效形式（见图 5-3）。

关于开展田园综合体建设试点工作的通知（财办〔2017〕29 号）

图 5-3　江宁谷里中西部的金谷田园综合体

资料来源：南京日报 2012 年 3 月 14 日。

（二）田园综合体的发展历程及现状

田园综合体是集现代农业、休闲旅游、居住体验于一体的乡村综合发展模式，是经过家庭农场、休闲农业产业园、美丽乡村、特色小镇后，农业产业发展到更高阶段的产物，是现代农业发展的必然趋势。目前，田园综合体主要是通过带有商业模式的地方和企业合作的方式来实现。2012 年，江苏省无锡市惠山区阳山镇落地实践了第一个田园综合体项目——田园东方，之后，其他地区陆续开展了田园综合体项目的建设。2017 年 2 月田园综合体概念被写入中央一号文件，2017 年 5 月财政部确定在河北、山西等 18 个省份开展田园综合体试点工作。

（三）"田园综合体"含义

田园综合体是农村发展的一种新模式，是集现代农业、休闲旅游、田园社区为一体的特色小镇和乡村综合发展模式，通过农民合作社的形式，将第一、第二、第三产业中分散的资源整合，集循环农业、创意农业、农事体验于一体，让农民充分参与并从中受益。是在城乡一体格局下，顺应农村供给侧结构改革、新型产业发展，结合农村产权制度改革，实现中国乡村现代化、新型城镇化、社会经济全面发展的一种可持续性模式。从其内涵和外延上来看，田园综合体并不是一个新词，它是在原有的生态农业和休闲旅游基础上的延伸和发展。从业态上来看，是"农业 +文创 + 新农村"的综合发展模式，是以现代农业为基础，以旅游为驱动，以原住民、新住民和游客等几类人群为主形成的新型社区群落。通过让企业参与的方式，将农村的自然生态环境与城市元素有机结合，形成一种既有自然生态环境特性，又有高效便捷体系的综合性公共空间，满足都市人的田园梦，同时推动了新农村的发展，加快美丽乡村的建设。

田园综合体要坚持以农为本，以保护耕地为前提，提升农业综合生产能力。要保持农村田园风光，保护好青山绿水，实现生态可持续；要确保农民参与和受益，带动农民持续稳定增收，让农民充分分享发展成果，更有获得感。让人们从中感到农业是充满希望的现代产业，农民是令人羡慕的体面职业，农村是宜居宜业的美好家园。

二、田园综合体特征与发展理念

（一）田园综合体的特征

1. 具有良好的空间环境基础

首先，田园综合体在规划选地过程中，要选择具有丰富天然山水资源的环境。其次，田园综合体要选择交通便利地带，所选地与市内具有方便的公共交通方式。最后，田园综合体是以构建农田景观为基础，将功能区域与相关项目建设进行平衡分配，达到开发利用与环境保护有机结合。

2. 具有休闲性与文化性

田园综合体具有丰富的景观地域性与文化性，在规划设计时要满足游客更高层次的需求，让游客在欣赏田园风光、亲近大自然的同时，能够享受到完善的基础设施服务，体验农事活动这类娱乐项目，让游客享受农耕快乐的同时提高对生活的积极性，展现田园综合体的度假功能。

3. 多产业融合发展

田园综合体不同于其他的农业观光旅游，与家庭农场、休闲农业产业园、美丽乡村、特色小镇等项目相比，田园综合体更具综合性，对于经济、社会、自然生态的发展具有很大的综合效益。

（二）田园综合体的发展理念

1. 以人为本的理念

在田园综合体的景观规划建设过程中，要以保护耕地为前提，大力发展现代农业，把农民的利益放在第一位，让农民充分参与并受益。此外，前期的规划设计方案，要让农民参与，广泛征求农民的意见，体现以人为本的理念，让乡村景观更加人性化。

2. 产业融合理念

田园综合体的核心是将包含农、林、牧、渔、加工、居住、旅游等第一、第二、第三产业相互融合，使经济条件薄弱的乡村地区，能够通过土地集中规模化，以农业生产景观为基础，利用先进的科学技术，根据乡村的实际情况，将乡村景观的发展与现代农业充分结合，提高农民的经济收入。

3. 生态可持续发展理念

田园综合体是以农村自然元素为基础，并且尽可能减少带有人工痕迹的打造，是具有强大生命力的农业发展综合体。任何开发项目都离不开生态理念，生态也是田园综合体最基本的立足点，保护好绿水青山的田园风光，实现生态可持续的绿色发展模式，作为田园综合体景观规划设计的重点考虑因素，最终促进乡村景观的发展。

4. 因地制宜，突出创新理念

乡村景观具有丰富、独特的传统文化气息，在规划设计中要不断挖掘其本土特色，充分体现乡村景观的地域性与文化性。田园综合体包含多元产业，目前处于各地实际探索的初级阶段，还没有形成固定的规划设计模式，因此在发展过程中要因地制宜，保护和发扬原汁原味的地方特色，迎合市场需求，让项目更具有竞争力。

三、田园综合体景观要素

（一）田园综合体景观的要素构成

田园综合体应该是一种包含产业、休闲、生活、景观、综合服务等功能区域，各区域之间相互连接互动、紧密配合，但又承担各自功能职责的有机综合体。打造田园综合体，要从景观吸引核、休闲空间、农业生产、居住生活、社区配套5个层面来规划建设。

1. 景观吸引核的要素构成

景观吸引核是以农村文明为背景，以农业审美为目标，依托乡村特有的田园风光，通过美学组合形成具有文化美、图案美和园林生态美的功能分区，包括观赏型农田区、苗木区、蔬菜瓜果园、花卉展览区、水域休闲区等，使游客在游览各功能区域时能够感受到乡村的田园风光和农业魅力，提高田园综合体的吸引力。

2. 休闲空间的要素构成

为满足游客的各种需求，田园综合体创造了多种休闲空间和活动项目，包括游山、玩水、赏景、观光的休闲体验项目，田园大讲堂、田园生活馆、主题演绎广场等乡村风情场所以及垂钓区等。通过这些功能区域，游客能够深入了解乡村生活空间，享受田园活动带来的乐趣。

3. 农业生产要素构成

农业生产是田园综合体发展和运行的支撑和动力，是以种植养殖业为基础，开展农业生产活动和农产品加工制造的功能区域以及农业科普示范区、农业科技展示区等，让游客参与农业生产的全过程，体验其中的乐趣，同时提高人们对农业的理解和认知程度。

4. 居住生活要素构成

居住生活要素是在农村原有的居住环境上，通过完善基础设施，改善居住生活条件，营造传统民居、度假别墅、休闲小木屋等农家风情建筑，形成当地乡村人生活空间、产业工人居住空间、外来游客居住空间这三类人口相对集中的居住生活区域。

5. 社区配套要素构成

社区配套区域是一个为田园综合体其他功能区域的组织和运行提供基础保障的综合服务区域，主要为农业、休闲产业、商业、居住等各方面提供配套服务。社区配套基本要素包括农业生产领域的技术、物流、电商等，居住生活领域的医疗、康养、商业等，休闲空间领域的教育、活动设施等。这些配套服务要素融合聚集，共同发挥作用，为田园综合体发展成为新型农村社区提供有力的支撑。

（二）田园综合体景观要素布局手法

1. 产业片区景观要素布局手法

田园综合体是多元产业融合，在进行产业片区景观要素规划布局时，要根据不同产业片区的性质进行合理布局。

（1）农业产业片区。农业产业片区作为田园综合体基础产业片区和最大的背景区，是进行农业休闲活动项目的基本载体，在规划布局时要注意满足现代休闲农业的功能要求，并且保留创意农业、特色农业的功能活动空间，同时预留社区支持农业的种植园空间。

（2）文旅产业片区。文旅片区是打造具有田园风光和生态宜居的度假目的地，在景观要素布局中要注意考虑功能、规模和空间之间的搭配，并加入主题文化的内容，形成多种业态规划形式的文化旅游产品。

（3）地产村落片区。传统的村落建筑是农村地域特征的典型体现，在规划布局时要避免城市化痕迹对农村村貌的破坏，注意保留乡村原有的建筑肌理和村落风貌，并且配备完善的基础设施，规划布局管理服务区，构建一个舒适、便利、具有地域特征的村落片区。

2. 功能片区景观要素布局手法

乡村景观是一个复杂的人文系统，其规划设计并不是简单的排列，而是需要在了解乡村的生态环境、经济发展以及社会因素等后，进行整体规划设计。规划布局可分为核心景观片区和其他功能区两大部分，根据不同场地的功能需求进行规划布局手法的区分。

（1）核心景观片区是整个园区中景观最丰富，同时也是最能吸引人气的片区，是园区特色体现的核心区域。在进行景观规划布局时要突出园区主题，表现园区的地域特色，规划布置特殊的节点和游览路线，给游客留下深刻的印象。

（2）其他功能区主要依托乡村的优势资源，打造观赏型农田、特色花卉展示、观赏苗木展示、水际风光、山野景观等充满田野气息的区域，让人们在游山玩水中感受到农业的魅力。

（三）田园综合体模式与类型

根据不同的乡村资源特色和地域特征，每个田园综合体项目制定不同的主题，主要可分为三大类型：以农、林、牧、渔第一产业为主的农林类，以特色手工业、农副产品等第二产业为主的农产类，以旅游业、服务业、文化产业等第三产业为主的主题类，具体有以下几个方面。

1. 农家乐旅游模式

即指农民利用自家庭院、自己生产的农产品及周围的田园风光、自然景点，以低廉的价格吸引游客前来食、住、玩、游、娱、购等的旅游活动。

（1）农业观光农家乐利用田园农业生产及农家生活等，吸引游客前来观光、休闲和体验，如四川成都龙泉驿红砂村农家乐、湖南益阳花乡农家乐。

（2）民俗文化农家乐利用当地民俗文化，吸引游客前来观赏、娱乐、休闲，如贵州郎德上寨的民俗风情农家乐。

（3）民居型农家乐利用当地古村落和民居住宅，吸引游客前来观光旅游，如广西阳朔特色民居农家乐。

（4）休闲娱乐农家乐以优美的环境、齐全的设施、舒适的服务，为游客提供食、住、玩等旅游活动，如四川成都郫县农科村农家乐。

（5）食宿接待农家乐以舒适、卫生、安全的居住环境和可口的特色食品，吸引游客前来休闲旅游，如江西景德镇的农家旅馆、四川成都乡林酒店。

（6）农事参与，农家乐以农业生产活动和农业工艺技术吸引游客前来休闲旅游。

2. 田园农业旅游模式

以农村田园景观、农业生产活动和特色农产品为休闲吸引物，开发农业游、林果游、花卉游、渔业游、牧业游等不同特色的主题休闲活动来满足游客体验农业、回归自然的心理需求。

（1）田园农业游以大田农业为重点，开发欣赏田园风光、观看农业生产活动、品尝和购置绿色食品、学习农业技术知识等旅游活动，以达到了解和体验农业的目的，如上海孙桥现代农业观光园、北京顺义"三高"农业观光园。

（2）园林观光游以果林和园林为重点，开发采摘、观景、赏花、踏青、购置果品等旅游活动，让游客观看绿色景观，亲近美好自然，如四川泸州张坝桂圆林。

（3）农业科技游以现代农业科技园区为重点，开发观看园区高新农业技术和品种、温室大棚内设施农业和生态农业，使游客增长现代农业知识，如北京小汤山现代农业科技园。

（4）务农体验游通过参加农业生产活动，与农民同吃、同住、同劳动，让游客接触实际的农业生产、农耕文化和特殊的乡土气息，如广东高要广新农业生态园。

3. 村落乡镇旅游模式

以古村镇宅院建筑和新农村格局为旅游吸引物，开发观光旅游。

（1）古民居和古宅院游大多数是利用明、清两代村镇建筑来发展观光旅游，如山西王家大院和乔家大院、福建闽南土楼。

（2）民族村寨游利用民族特色的村寨发展观光旅游，如云南瑞丽傣族自然村、红河哈尼族民俗村。

（3）古镇建筑游利用古镇房屋建筑、民居、街道、店铺、古寺庙、园林来发展观光旅游，如山西平遥、云南丽江、浙江南浔、安徽徽州镇。

（4）新村风貌游利用现代农村建筑、民居庭院、街道格局、村庄绿化、工农企业来发展观光旅游，如北京韩村河、江苏华西村、河南南街。

4. 民俗风情旅游模式

即以农村风土人情、民俗文化为旅游吸引物，充分突出农耕文化、乡土文化和民俗文化特色，开发农耕展示、民间技艺、时令民俗、节庆活动、民间歌舞等旅游活动，增加乡村旅游的文化内涵。

（1）农耕文化游利用农耕技艺、农耕用具、农耕节气、农产品加工活动等，开展农业文化旅游，如新疆吐鲁番坎儿井民俗园。

（2）民俗文化游利用居住民俗、服饰民俗、饮食民俗、礼仪民俗、节令民俗、游艺民俗等，开展民俗文化游，如山东日照任家台民俗村。

（3）乡土文化游利用民俗歌舞、民间技艺、民间戏剧、民间表演等，开展乡土文化游，如湖南怀化荆坪古文化村。

（4）民族文化游利用民族风俗、民族习惯、民族村落、民族歌舞、民族节日、民族宗教等，开展民族文化游，如西藏拉萨娘热民俗风情园。

5. 科普教育旅游模式

利用农业观光园、农业科技生态园、农业产品展览馆、农业博览园或博物馆，为游客提供了解农业历史、学习农业技术、增长农业知识的旅游活动。

（1）农业科技教育基地是在农业科研基地的基础上，利用科研设施作景点，以高新农业技术为教材，向农业工作者和中、小学生进农业技术教育，形成集农业生产、科技示范、科研教育为一体的新型科教农业园，如北京昌平区小汤山现代农业科技园、陕西杨凌全国农业科技农业观光园。

（2）观光休闲教育农业园利用当地农业园区的资源环境，现代农业设施、农业生产过程、优质农产品等，开展农业观光、参与体验、DIY教育活动，如广东佛山高明霭雯教育农庄。

（3）少儿教育农业基地利用当地农业种植、畜牧、饲养、农耕文化、农业技术等，让中、小学生参与休闲农业活动，接受农业技术知识的教育。

（4）农业博览园利用当地农业技术、农业生产过程、农业产品、农业文化进行展示，让游客参观，如沈阳市农业博览园、山东寿光生态农业博览园。

6. 休闲度假旅游模式

依托自然优美的乡野风景、舒适怡人的清新气候、独特的地热温泉、环保生态的绿色空间，结合周围的田园景观和民俗文化，兴建一些休闲、娱乐设施，为游客提供休憩、度假、娱乐、餐饮、健身等服务。

（1）休闲度假村以山水、森林、温泉为依托，以齐全、高档的设施和优质的服务，为游客提供休闲、度假旅游，如广东梅州雁南飞茶田度假村。

（2）休闲农庄以优越的自然环境、独特的田园景观、丰富的农业产品、优惠的餐饮和住宿，为游客提供休闲、观光旅游，如湖北武汉谦森岛庄园。

（3）乡村酒店以餐饮、住宿为主，配合周围自然景观和人文景观，为游客提供休闲旅游，如四川郫县友爱镇农科村乡村酒店。

7. 回归自然旅游模式

利用农村优美的自然景观、奇异的山水、绿色的森林、静荡的湖水，发展观山、赏景、登山、森林浴、滑雪、滑水等旅游活动，让游客感悟大自然、亲近大自然、回归大自然。

四、田园综合体建设策略

（一）要以旅游为先导

乡村旅游已成为当今的潮流，一段溪流、一座断桥、一棵古树、一处老宅、一块残碑都有诉说不尽的故事，都是乡村旅游的好资源。把乡村建设得更像乡村，把良好的生态环境、独特的人文景观、精致的社会服务做到位，必将吸引大量游客，带动当地经济发展。

（二）以产业为核心

一个完善的田园综合体应是一个包含了农、林、牧、渔、加工、制造、餐饮、酒店、仓储、保鲜、金融、工商、旅游及房地产等行业的三产融合体和城乡复合体。农民不必远离故土，即可在本区域内多元发展并受益。要有现代农业科技园、产业园、创业园布局，形成产业，没有产业支撑，不能称其为田园综合体。

（三）以文化为灵魂

要把当地世代形成的风土民情、乡规民约、民俗演艺等文化发掘出来，形成农耕、乡村生活的体验，在陶冶性情中自娱自乐，在娱乐的同时形成文化旅游项目，进而变现。缺乏文化内涵，缺乏真实体验的综合体是不可持续的。

（四）以流通基础为支撑

基础设施是启动田园综合体的先决条件，缺乏现代化的交通、通信、物流、人流、信息流，无法实现与外部世界的联系沟通，就无法与外部更广阔的地域结合在一起，形成一个向外开放的经济空间。

（五）以乡村复兴为目标

要解决乡村年轻人大量流出、农田弃耕、乡村社会功能退化等问题。田园综合体是乡与城的结合、农与工的结合、传统与现代的结合、生产与生活的结合，以乡村复兴和再造为目标，通过吸引各种资源与凝聚人心，给那些日渐萧条的乡村注入新的活力，重新激活价值、信仰、灵感和认同的归属。

五、"田园综合体"可借鉴的案例

田园综合体的主要组成部分包括：农业产业区，生产性主要功能部分，为综合体发展和运行提供产业支撑和发展动力的核心区域；生活居住区，城镇化主要功能部分，农民、工人、旅行者等人口相对集中的居住生活区域；文化景观区，吸引人流、提升土地价值的关键，以田园景观、农业生产和优质农产品为基础主题；休闲聚集区，满足客源各种需求的综合产品体系，使城乡居民能够享受休闲体验乐趣；综合服务区；城镇化支撑功能，为综合体各项功能和组织运行提供服务和保障的功能区域。下面列举两个有代表性的田园综合体。

江苏·无锡阳山田园东方项目

我国第一个落地实践的田园综合体无锡田园东方项目开始于 2012 年，地址选在"中国水蜜桃之乡"无锡市惠山区阳山镇。田园东方综合体分三部分，农业、文旅和居住，以及内在的复合业态。田园东方项目集现代农业、休闲旅游、田园社区等产业为一体，倡导人与自然和谐共融与可持续发展，通过"三生"（生产、生活、生态）、"三产"（农业、加工业、服务业）的有机结合与关联共生，实现生态农业、休闲旅游、田园居住等复合功能。综合体内主要的三大块：即：第一块是农业商业化，其主要是以现代农业、休闲旅游、田园社区为辅助，把农业进行商业化，定位是企业化服务型的农业平台。阳山本身有优质的水蜜桃资源，而该项目通过公司化、规范化、科技化的运作，使得形成的产业园能作为当地社会的基础性产业；第二块是自然多样的文旅产业，其主要是以生态自然型、多样的旅游产品和度假产品的组合，以此作为产业的根本，如主题乐园、不同的度假产品和度假村、精品酒店、民宿集群和营地等；第三块是创新社区居住方式，其主要是属于居住的一部分，服务于原住民和新移民，以及旅居的客群，最终形成新的社区和新的小镇。社区分两类，一类是结合宅改、土改的政策和试点，用集体建设用地的方式进行开发。另一类是利用国有建设用地作为基础进行开发，这两种社区混合进行。

安徽·肥西县"官亭林海"

安徽肥西县官亭镇的田园综合体是一个保护风貌与提升价值的一体两面模式，镇政府持续推进城乡大建设，有序推进老城区综合改造，推动城乡联动发展，着力构建以烟雨水乡、湖光山色、岭上风光为特色的美丽乡村，建成省级中心村38个、美丽乡村示范带6条。官亭林海在规划之初，就按照多功能、多业态运营去设计，涵盖了生态农业、休闲旅游、田园居住等复合功能，将新型产业与农村发展进行有机结合。官亭林海生态区，主要分为四大模块：农业、文化旅游、农事体验和园区社区化管理服务，由公司化主体运营。四大模块的主要特点是：官亭林海田园综合体的核心产业是农业。为了改善乡村旅游硬件和提升服务水平，肥西对地产和基础设施建设进行了改造甚至重建，但本身仍是乡村，特别保留了乡村的原生态，融合循环农业、创意农业、农事体验等创新形式，真正展现农民生活、农村风情和农业特色，因此保留原生态是第一特点。官亭林海在人的层面，不把农民丢到一边。在此过程中，肥西利用好农民合作社这一载体，通过土地流转，对土地经营进行中长期产业规划，发展现代化、规模化的农业产业园区，以此作为建设田园综合体的基础。而加入合作社的农民，既可以在其中就业，还可以通过股权、租金等方式获得收益，做到充分参与和受益。让城市和乡村实现文明融合，农村人向往都市，都市人又想回归田园，然而城市居民和农民很难互融，尽管都有迫切的互动需要，但是却没有很成功的模式可以一揽子解决好这些问题。在官亭林海的周边，肥西县改造的思路是，让城市和乡村实现文明融合。对农村进行改造，以官亭林海为中心，逐步向外围拓展。

第四节　乡村田园型景区游客体验管理

　　游客管理是旅游管理部门或机构通过运用科技、教育、经济、行政、法律等各种手段组织和管理游客的行为过程。通过对游客容量、行为、体验、安全等的调控和管理来强化旅游资源和环境的吸引力，提高游客体验质量，实现旅游资源的永续利用和旅游目的地经济效益的最大化。

一、乡村田园型景区游客体验特点

（一）乡村旅游中的游客体验

　　1970 年，美国未来学者 Alvin Toffler 在其著作《未来的冲击》一书中预言："服务经济的下一步是走向体验经济，商家将靠提供这种体验服务取胜。"20 世纪 60 年代，旅游体验这个名词就已经出现，到目前国内外并无一致定义。国内较为认可的概念为谢彦君在《基础旅游学》中提到的概念：旅游体验是指旅游个体通过与外部世界取得联系，从而改变其心理水平，并调整其心理结构的过程，是旅游者的内在心理活动与其心理结构的适应协调过程，是旅游者的内在心理活动与旅游者所呈现的表面形态和深刻含义之间相互交流或相互作用后的结果，是借助于观赏、交往、模仿和消费等活动形式实现的一种时序过程。乡村旅游作为一种发生在乡村区域的旅游现象，它的内核同样也是旅游体验。

（二）乡村旅游中的游客体验动机

　　游客之所以参与乡村旅游活动，无非有两个方面的力量，即推力和拉力。所谓推力，就是外界环境给城市居民带来的压力，生活在钢筋混凝土丛林的城市居民面临的是一个高节奏、无确定性大的城市生活，他们时刻要面对升学、升职、就业、家庭、人际关系方面的种种压力，在这种巨大的压力之下，相当一部分游客就会产生规避这种环境压力的欲望，而对于城市居民来说，体验一种安静祥和的乡村生活应该来说是规避城市环境压力的最优选择；所谓拉力，就是外界未知世界对城市居民的吸引力，人类有天生和本能的扩张欲望，有着对外界未知世界的求知渴望，区域的概念从地理空间上大致可分为城市和乡村，对于城市居民来说，外界未知世界主要位于乡村地区，也就是说，乡村对城市居民有着极大的吸引力。根据乡村旅游推力和拉力的强弱不同可以得到 4 种组合（图 5-4）。

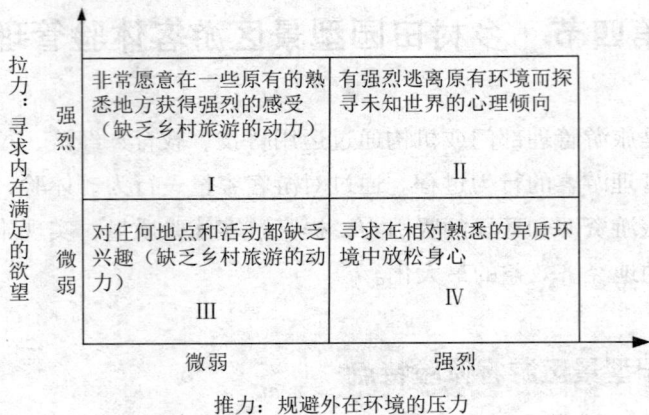

图 5-4　乡村旅游推拉力分析

在图 5-4 中，组合Ⅰ和组合Ⅲ区域的游客不会产生乡村旅游动力，只有组合Ⅱ和组合Ⅳ才会使游客产生乡村旅游体验动机，组合Ⅱ表示推力和拉力都强烈的组合，在这种情况下，游客有强烈逃离原有环境而探寻未知世界的心理倾向，这种游客希望能够体验到新奇，我们称之为乡村旅游中游客的新奇体验追求动机；组合Ⅳ表示推力强烈而拉力微弱的组合，在这种情况下，游客没有探寻未知而不熟悉环境的欲望，但是他们仍然有强烈逃避现实环境的动力，这种类型游客来到乡村主要是希望能逃离现实、放松身心，我们称之为乡村旅游中游客的环境规避体验动机。

（三）乡村旅游中的游客体验类型

对于乡村旅游中的游客体验分类，可以借鉴 B.Josephpine 和 James H. Gilmore 对体验类型的界定。他们根据人的参与程度和人与环境的相关性的不同把体验分成四种类型，即娱乐（entertainment）、教育（education）、逃避现实（escape）和审美（estheticism），并认为最丰富的体验包含所有四种类型的体验。相类似的，乡村旅游中的游客体验也可以分为这四种类型。

1. 教育体验

对于城市居民来说，农村是一个充满未知的新奇世界，传统的农事活动、建筑风格及空间布局、淳朴的人际关系、民风民俗等都使城市居民充满好奇，对其有着强烈的认知意愿，游客通过积极参与，在乡村旅游轻松愉快的氛围中实现了求知的欲望，从而得到了精神上的充实、自豪与愉悦。

近年来，许多乡村旅游地开发了多种教育项目，城市里的父母往往会利用这些项目来完成对子女劳动技能和吃苦耐劳精神的教育，让孩子参与各种农事活动，如放羊、喂鸡、种植蔬菜、采摘水果和砍柴等，使这些孩子体会到劳动的知识和乐趣，从而间接实现了教育的目的。

2. 娱乐体验

娱乐体验是指游客在乡村旅游中通过观看各种演出和参与各种娱乐活动，利用各种器官所获得的精神愉悦。许多乡村旅游地都有着传统的文化体育活动（如各种地方剧目、斗鸡、斗牛等），可以考虑把这些活动搬上舞台，以供游客在旅游之余观赏，从而达到消遣的目的。此外，乡村旅游地也可以另外开发一些有乡村情趣的表演活动，如笨猪赛跑、野鸭放飞、松鼠散果等，从而尽可能给游客带来更多的娱乐体验。

3. 逃避体验

游客在城市深受工作及生活压力之苦，他们在渐渐迷失自我的同时急需找到精神上的家园，来实现心理上的缓解和精神上的补偿，这些游客希望通过逃离城市，在乡村淳朴自然的环境中放松自我，与自然融为一体从而达到自由、超越和解脱的精神状态，这种体验成为游客寻找精神家园和实现梦想的一种方式。游客到农村体验田园生活，可以使自己在相对淳朴的人际关系中放松自我，在恬淡、与平常生活相隔绝的田园世界中把自己从日常的紧张状态中解脱出来，在无牵无绊的状态下，使自己的身心自由融入这片纯净的世界，最终得到彻底解脱后的舒畅、愉悦。乡村旅游地要为游客带来良好的逃避体验，一定要保持乡村的自然风貌，为游客营造一种淳朴、轻松、与世无争、远离凡尘的乡村氛围。

4. 审美体验

审美体验需要游客的主动参与和全身心的投入，从而也获得了其他几种类型体验所无法比拟的超凡情感历程，甚至达到一种忘我的境界，因此，这是乡村旅游当中最高层次的一种体验。游客在乡村旅游中的审美对象包括农村自然生态环境、农民的生产生活、农村特有的民俗文化等，只要游客有一个良好的心态，就能在这些审美对象身上处处得到美的感受，获得审美的愉悦。小桥流水、渔舟唱晚，乡村处处荡漾着美的影子，只要游客用心感受，就能得到这种令人难以忘怀的审美体验。

二、乡村田园型景区中的游客体验管理

所谓游客体验管理是指乡村旅游地战略性管理游客对旅游地全面体验的过程。要使游客在乡村旅游地获得全面并且高质量的旅游体验，必须采取步骤及措施对游客体验进行全面的管理。

（一）确定游客体验管理目标

实现游客的体验最大化是管理者比较容易想到的，也是最理想的目标，但是由于信息的不充分及决策行为的非完全理性，游客体验最大化目标在游客体验管理过程中很难被有效执行，因此，乡村旅游地在对游客体验管理过程中确定一个可以执行的管理目标是非常重要的。例如，设定一个游客能够接受的体验下限，然后寻找一些合理指标来反映这个体验下限，并且把这些指标作为游客体验管理目标可能更为合适。

（二）分析游客的体验需求

乡村旅游游客体验动机的推拉模型提示了乡村旅游的游客大致可分为两种类型，一种持有新奇体验追求动机，这种类型游客主要包括那些从未体验过乡村生活而且有强烈体验欲望的城市中的成年人和对未知事物有强烈求知欲望的城市儿童；另一种是持有环境规避体验动机的游客，这种类型的游客主要包括那些处于环境压力之下但又对乡村生活相对熟悉的城里人，如童年在农村度过的城里人及一些知青等，这类人群在相对熟悉并且淳朴的乡村环境能得到最大程度的放松。前一类游客从事乡村旅游活动主要出于求知、求奇、求乐的体验需求，而后一类游客参与乡村旅游主要出于逃避与放松的体验需求。

（三）建立游客体验供给平台

游客带着各种体验需求来到乡村旅游地，乡村旅游地应能形成有效的体验供给能力，以满足游客的体验需求，而要形成有效的体验供给，建立多样化的游客体验平台是重要的途径。乡村旅游地能够提供的游客体验主要包括四种类型，即教育体验、娱乐体验、逃避体验及审美体验。不同类型的游客体验可以用于满足游客的不同体验需求，如乡村旅游地可以通过提供教育体验、娱乐体验及审美体验等体验产品来满足游客的新奇体验的需求，而逃避体验产品则符合游客环境规避体验的需求，但前提是，乡村旅游地首先必须把各种体验要素组合起来、形成多种类型的游客体验产品，建立起完善的游客体验平台。

（四）与游客保持密切接触

当前的游客体验平台提供的体验产品能否满足游客的体验需求？多大程度上满足了游客的体验需求？游客体验水平有没有达到体验管理目标？这些都需要管理者建立与游客的接触机制，这个机制让游客把实际得到的体验水平反馈给管理人员，从而为管理人员对体验产品进行创新或采取下一步的管理措施提供依据。这种接触可以通过管理人员与游客面对面的访谈和交流来完成，也可以通过设计、发放及回收游客体验调查问卷的方式来完成。借助这种接触及沟通，管理人员实际上完成了对游客体验质量的动态监测。

（五）游客体验产品的创新

一旦发现乡村旅游地原来提供的体验产品无法满足游客需求或游客体验水平低于事先设定的游客体验管理目标后，乡村旅游地要致力于游客体验产品的创新，使新的游客体验平台能更好地满足游客的需求。通过这种不断创新的机制，乡村旅游地总能给游客提供一种超乎想象的体验，游客总能在这里找到新的感受，这必将大大增强游客的忠诚度和回头率，从而使乡村旅游地能始终保持旺盛的生命力，乡村旅游地迅速走向衰弱的趋势也能够得到扭转。

本章小结

本章从发展历程—概念内涵—产品开发—游客管理系统介绍了乡村田园类景区的相关理论与实践，重点分析了乡村田园型景区的分类与发展，总结了田园综合体的景观要素构成和布局手法，探讨了田园综合体的规划建设及发展模式，最后提出了田园综合体的发展对策。让同学们掌握了乡村田园类景区的基本知识，对乡村田园类景区的资源特点、产品开发、游客管理等方面有了初步的了解，这些可为同学们准确把握行业发展动态、提升行业认知能力、熟悉行业管理规范等要点起到全面的引导作用。

案例分析

江宁乡村旅游"五朵金花"之一"朱门人家"为何一大半饭店关门

图 5-5　"饭店"成了"仓库"

图 5-6 临近中午，"朱门人家"看不到什么游客

最近有江宁区江宁街道朱门社区的居民向《扬子晚报》记者反映：他们那里的"朱门人家"是江宁区首批乡村旅游"五朵金花"之一，可是现在因为没有人气，饭店关了一大半。

游客日渐稀少，饭店相继关门

记者近日前往"朱门人家"探访，发现这里的村庄环境、路况都很好，可是临近午饭时间却看不到什么人。当地最大的一家饭店已人去楼空，大厅成了堆放木料的"仓库"。居民告诉记者，因为这几年景区的游客越来越少，老板实在撑不下去了只能关门。

据了解，江宁区 2012 年重点打造了五个都市休闲农业项目，分别是"世凹桃源""石塘人家""汤山郡坊""香樟园""朱门人家"，被称为"五朵金花"。另外四朵"金花"，经营状况都不差，其中"世凹桃源"和"石塘人家"经营状况还很出色，甚至在外地也有了一定知名度。据了解，当年"朱门人家"的定位是打造一个生态、闲适、"乐活"的乡村休闲度假世界，规划了森林养生、水上游乐、农家体验等项目。可是 5 年多过去了，这些项目没落实到位。2016 年，"朱门人家"建了一个房车营地，同样人气惨淡。

社区表示会开展活动拉人气

记者随后来到朱门社区采访。社区主任表示，"朱门人家"人气不足的主因是这里距离主城太远。他说，这些年来，社区投入了 3000 万元打造"朱门人家"，主要是整治村庄环境，但后续建设需要更多资金。社区能量有限，"资金不足"也是"朱门人家"遭遇发展瓶颈的一个原因。当时记者询问：针对"人气不足"的问题，社区有没有采取一些对策，做过哪些尝试时，对方只是表示，社区及街道一直都在想办法，会定期在"朱门人家"开展一些活动。

（资料来源：中国江苏网－扬子晚报   作者：焦哲   2017-11-13）

思考：

请同学们仔细研究一下饭店关门的原因有哪些？你有什么好的办法和策略？

思考与练习

1. 请具体分析当前我国乡村田园类景区发展存在的问题。
2. 如何提高乡村田园类景区的游客满意度？

第六章　现代娱乐类旅游景区

学习目标

通过本章的学习，你应该能达到：

知识目标：

1. 了解现代娱乐类旅游景区分类、特征。

2. 了解主题公园的概念、分类、特征。

3. 了解主题公园的经营模式。

4. 熟悉我国主题公园的发展现状。

能力目标：

1. 能够辨析现代娱乐类旅游景区分类、特征。

2. 能够对主题公园进行正确的分类。

3. 能够正确认识主题公园的各项服务设施。

实训目标：

能够明晰我国主题公园的发展模式。

第一节　现代娱乐类旅游景区的分类

现代娱乐类旅游景区主要是指以大型购物娱乐、文化场馆、特色街区、文化演艺和主题公园为主要核心吸引物而吸引游客的旅游产品，主要包括文化演艺型景区、购物娱乐型景区、文化场馆型景区、特色街区型景区、主题公园型景区。

一、文化演艺型景区

知识链接

大型歌舞《宋城千古情》是一生必看的演出，是杭州宋城景区的灵魂，与拉斯维加斯的"O"秀、巴黎红磨坊并称"世界三大名秀"。用先进的声、光、电科技手段和舞台机械，以出其不意的呈现方式演绎了良渚古人的艰辛、宋皇宫的辉煌、岳家军的惨烈、梁祝和白蛇许仙的千古绝唱，把丝绸、茶叶和烟雨江南表现得淋漓尽致，极具视觉体验和心灵震撼。

（一）文化演艺型景区的内涵

在当今世界经济中，旅游业是增长最快的产业之一。现代娱乐类旅游景区作为旅游景区的一个重要类型，在近五六十年来的世界旅游业发展中发挥了显著的作用。随着国内经济的高速发展，人们生活条件日趋优越，大众对旅游的需求不断加大，因而旅游行业不断兴旺，人们不仅仅满足于旅游的单一性，而更需要旅游文化的综合性及娱乐性，在此环境下，文化演艺也逐渐成为旅游业发展的一个新的增长点，其对带动当下旅游服务业，改变传统旅游生态具有重要意义。

文化演艺景区作为"文化演艺＋主题公园"发展模式的综合性旅游项目，其实际的内涵很难给出一个明确的概念。但是文化演艺型景区与一般的自然景观及科技器械类主题公园有着根本的差别，往往是以一个或多个特定的文化为主题，依托模拟或再现特定的历史景观和文化环境，通过表现地域文化背景、注重体验性和参与性的形式多样的主题演艺活动，并且以这种主题演艺活动为核心吸引物供游客欣赏和参与的景区景点。

文化演艺景区可分为专场演出和结合旅游体验场景的表演，演出内容、氛围与景区主题保持一致。文化演艺活动以定点、定时、定内容的专场演出为主，也包括具有流动性活跃气氛的景区表演。目前，三亚千古情景区突出专场演艺，使之成为可单独售票的吸引物。

（二）文化演艺型景区的类型

文化演艺型景区按照不同的分类方式，划分为不同的类型。本书借鉴了《中国旅游报》的划分方法，即山水实景类、景区综艺类、巡游类、剧院类、宴舞类。

关于促进旅游演艺发展的指导意见

旅游演艺服务与管理规范（LBT 045—2015）

营业性演出管理条例

娱乐场所管理办法

游戏游艺设备管理办法

1. 山水实景演艺

山水实景演艺是依托景区自然山水景观，利用高科技与灯光效果对旅游地的自然资源和人文资源进行展示的文化演艺型景区。

2. 景区综艺演艺

景区综艺演艺指在景区内进行综艺娱乐和表演活动，或者是小规模、间隔性的为游客进行表演，最具代表性的是土家风情园的《土风苗韵》、老院子晚上 8 点晚会形式的民俗晚会。

3. 巡游类演艺

巡游类演艺是在不同演艺场所进行巡游表演，通过巡游的方式来展现当地的风土民情与旅游特色，从而带动整个景区的气氛，让游客参与其中。巡游类旅游演艺没有固定的演艺场所，此类旅游演艺产品对舞台及灯光等技术要求不高。

4. 剧院类演艺

剧院类演艺是在固定的剧院内进行的演艺展示。最具代表的为张家界的《张家界·魅力湘西》，它是魅力湘西大剧院的一档展出节目，针对游客对湘西文化的需求，对湘西地区少数民族的民俗文化与风土人情进行演绎。

5. 宴舞类演艺

宴舞类演艺是指在演艺餐厅中进行展示的旅游演艺产品，其中具代表性的是九寨沟的"藏王宴舞"和昆明的"吉鑫宴舞"。

（三）文化演艺型景区的现状

2019 年，全国演艺设备增长了 5.3%；创意设备的增长达到 12.4%。在市场潜力巨大的文化演艺型景区市场中，演艺科技和装备在其中起着越来越重要的作用。不过，动辄上亿元投入的文化演艺项目，同样面临着成本回收与盈利压力，以及追求高客流量和高艺术口碑之间的矛盾。

1. 文化演艺景区发展呈井喷状态

演艺相关设备的增长也反映了旅游演艺市场的繁荣。根据文化和旅游部在 2019 年发布的数据显示，2013~2017 年，我国旅游演艺节目台数从 187 台增加到 268 台，增长 43%。

2. 需求见涨，供给也快速跟进

2019 年，一些旅游演艺项目相继宣布开工与开演，2019 年 6 月末，宋城演艺开演的《张家界·千古情》的热度尚未褪去，7 月就迎来了长沙铜官窑古镇的大型史诗级演艺《铜官窑·传奇》，甘肃张掖丹霞口旅游小镇推出的首台沙秀《回道张掖》。7 月末，桂林旅游造势许久的《镜 SHOW·生动莲花》也终于透露要在 8 月开始施工建设，2020 年上半年开演。

在文旅融合的大背景下，政策的加持让景区和主题公园都加强了对演艺的重视。文化和旅游部 2019 年 3 月印发了首部《关于促进旅游演艺发展的指导意见》的通知，4 月出台的"7 部门联合开展优选文化和旅游投融资项目推荐"的通知中，旅游演艺赫然在申报和优先支持行列内。

国内的旅游演艺市场，从桂林阳朔的《印象·刘三姐》到古都西安的《长恨歌》，再到武汉的《知音号》，文化演艺经历了实景演艺到剧院再到沉浸式演艺的变迁。现在的旅游演艺正处于一个井喷阶段。进入成熟稳固期（2015~2018 年）的旅游演艺，新增数量为 58 个，年均行业投资规模为 20.13 亿元。

3. 盈利问题待解

文化演艺是旅游业中的一张名片。文化演艺本身就是一项投入大、回收难的项目，因此在整个旅游产业链中应该扮演画龙点睛的作用。如果只靠门票收入，文化演艺是难以回本的，一定要作为整体景区中的配套，从餐饮等各个方面获利。高投入也让某些项目一度面临窘境。据公开报道，张家界的《大庸古城》因为资金问题迟迟难以落地。

应该用技术问题解决目前演员少甚至无的问题。技术的发展可以弥补演艺投资中占比相对较高的人力成本难题，进而解决投融资问题。成功的演艺一定要依靠深厚的文化底蕴，利用"文化＋科技"来吸引游客。除了高投入回收难带来的盈利压力，追求更大的客流量与高艺术口碑中的零和博弈关系也困扰着演艺的发展。

互动式演艺与高流量之间存在着矛盾。旅游演艺应该弄清楚定位，是哪些消费者在看，一味追求客流量的增多也会破坏消费者的体验。一些盈利比较好的旅游演艺面向的是普通大众，但其作品并不符合业界标准。

曲高和寡不利于吸引大众的青睐，进而影响客流量；但一味对标大众消费者的口味则容易流于同质化，缺乏创新，长期下去也会到达客流量的天花板。

文化演艺景区的本质是市场经济条件下的必然产物。文化演艺景区市场的繁荣不仅可以拉动当地旅游业的经济增长，还对传播当地优秀文化，推进演艺文化产业发展，提高国家文化软实力具有重要的推动作用。

文化演艺景区作为现代娱乐类旅游景区的重要组成类别，在其发展过程中也存在很多的问题，例如主题文化缺乏特色，对游客没有足够的吸引力；园区项目更新缓慢，缺乏创新性，造成游客重游率低；景区创造的价值与游客期望未达到契合等。

思考：文化和旅游融合背景下，文化演艺型景区的发展应该何去何从？

二、购物娱乐型景区

知识链接

2005年，原国家旅游局评定了第一家4A级购物娱乐型景区——浙江义乌国际小商品购物旅游区，在当时4A级景区还少为人知的情况下，作为首家购物娱乐型景区，它的诞生并没有引起社会的过多关注。随后，武汉市黄陂区汉口北国际商品交易中心、常熟服装城、海宁中国皮革城等一批购物场所被评为4A级或3A级景区。2011年，广州市正佳广场商贸旅游区被评为4A级景区，引起广泛关注和好奇，不少人质疑A级景区评选范围太过泛滥。其间，《南方日报》商旅周刊官方微博的一项调查也显示，44%的网友认为购物广场不应该进入A级景区评选范围。调查还显示，50%的网友认为A级景区评选范围不能太泛滥（《南方日报》2011.9.21《正佳广场获评4A级景区，合适吗？》）。

（一）购物娱乐型景区的内涵

世界旅游组织研究表明，当人均GDP达到2000美元时，人们的旅游需求由观光游转向休闲游，散客、自助游的比例增加，同时出国旅游增长较快；当人均GDP达到3000美元时，旅游出现爆发性需求，进入以度假游为主的时期；当人均GDP达到5000美元时，休闲需求和消费能力日益增强并呈现多元化趋势。2019年，中国人均GDP已经超过10000美元，居民购物需求持续增加。购物娱乐型景区也逐渐进入大众的视野。

购物娱乐型景区是依托大的销售市场或主题商贸街区开发建设的，具有旅游吸引力，能满足人们购物、参观游览、娱乐休闲等需求，具有明确的地域范围，具有经营管理机构的空间地域。它主要包括以下几个要点：依托大的销售市场或特色明显的主题商贸街区而开发建设，旅游形式是以到该地购买各种实物商品为主要目的，是有一个明确地域范围的经营机构，对景区的开发保护进行规划管理。

（二）购物娱乐型景区的构成要素

根据国家标准《旅游景区质量等级的划分与评定》对旅游景区质量等级的划分和评定，购物娱乐型景区的构成要素包括以下部分。

1. 旅游商品资源

购物娱乐型景区的资源主要是集自然界和人类社会中能对旅游者购物产生吸引力的旅游商品资源，即可以为购物旅游开发利用，并可产生经济效益、社会效益和环境效益的各种事物和因素。一个地区旅游商品资源的丰富程度和特色以及开发利用程度，对该地区的经济效益、社会效益和环境效益有着直接影响。中国地大物博，旅游资源丰富，为旅游商品的发展提供了坚实的物质基础。旅游商品是购物娱乐型景区发展的基础，极具特色的旅游商品是购物娱乐型景区蓬勃发展的保障和名片。例如，游客去海宁游玩就会去皮革城，很大程度上是因为当地质量好、性价比高的裘皮制品。有了优质的旅游商品，购物娱乐型景区就拥有了核心吸引物，这对景区的旅游品质提升以及可持续发展起到了积极的推进作用。

2. 旅游空间购物场所

购物娱乐型景区的购物场所作为承载游客进行旅游、购物行为的发生地，在购物娱乐型景区的发展建设中具有重大意义。购物场所的建设，对于丰富旅游内涵、扩大游客消费、提高旅游综合效益、增加旅游业的贡献值具有十分重要的作用。

3. 游客中心

购物娱乐型景区的游客中心主要是提供接待、投诉、咨询、医疗等服务，给游客提供帮助。它是一个集景点售票、宣传推介、导游服务、集散换乘、咨询投诉、餐饮住宿、演艺购物、监控监管等于一体的综合型服务机构。这些功能设施完善的游客中心为游客提供了便捷且人性化的导游、导购服务，提升了购物娱乐型景区的整体形象。

4. 购物结算系统

针对购物娱乐型景区的特性，购物既是游客旅游行为产生的动机，也是游客旅游中的重要环节，购买商品决定了购物娱乐型景区必须具备购物结算系统。对于成熟的购物娱乐型景区，形成统一管理的结算系统对集中展示和营销购物娱乐型景区旅游服务产品、构筑旅游购物景区旅游通道、提升旅游服务质量、规范和开放当地旅游市场有着重要意义。

5. 经营管理机构

购物娱乐型景区需要具备专门的经营管理机构，经营管理机构需管理体制健全、经营机制有效。管理者要对购物娱乐型景区设置旅游质量、安全、统计等方面的管理制度定期监督。管理人员负责购物娱乐型景区的经营管理，负责景区旅游规划的实施，并对景区旅游从业人员进行培训，使其能达到上岗标准。此外，投诉制度的健全是购物娱乐型景区的发展需要。

6. 相关配套服务设施

除了上述购物娱乐型景区的主要构成要素外，购物娱乐型景区还应该具备相应的配套服务设施来促使旅游活动完成。购物娱乐型景区的内部交通，完善的旅游引导宣传系统、标识系统和解说系统利于游客完成游览过程；环卫设施的齐全有助于提升景区整体形象；消防、防盗、救护等设备的齐全可以为游客生命安全提供保障。当景区发展到一定程度时，还需配套满足游客需求的住宿、餐饮、娱乐、公共休息等设施。

（三）商场与购物娱乐型景区的区别

按照经济学理论，传统商场属于服务经济，而购物娱乐型景区应该属于体验经济，那么，商场与景区的差别就在于传统的服务经济、商品经济与体验经济的差别。这是商场和购物类景区的本质区别。

第一，传统上，商场是商品的售卖场所，核心功能是把商品从生产者传递到购买者手中，要出售商品。购物娱乐型景区则是从单一的商品的展示出售场所转变为综合展示与体验的舞台。比如，要通过建筑风貌、内装、活动策划等烘托、反映商品所体现的生活方式、精神意蕴、时代特征等。

第二，传统的商场是服务场所，要做的服务就是把商品向顾客展示、说明、介绍、推销。商场与顾客的关注点都在有形的商品。购物娱乐型景区为顾客提供的是体验，让顾客全身心地浸入与感受，顾客不但能看到物质化的商品，还能感受其中所蕴含的文化，从而在情感上引起认知和共鸣，将单纯购物体验提升为综合体验。

第三，传统商场提供的服务是无形的，强调商品质量、服务人员的态度以及商场环境的舒适与方便，强调服务本身的客观属性的无形性。购物娱乐型景区的服务，在传统商场服务质量基础上更强调深刻的文化与独特的氛围，强调可以给顾客带来久久难忘的体验与感受。

第四，买方市场主体从顾客变为游客，顾客是交换经济利益和商品的对象。购物娱乐型景区反映了景区对游客需求深刻的洞察，反映了经营理念的深刻变化。

第五，买方需求的重点由利益变为感受。传统商场中，顾客最大的愿望就是买到物美价廉的商品。在购物娱乐型景区中，游客最看中的是感受，就像参观游览了一个景区，即使最后什么也没有买走，但精神上仍然是十分愉悦满足的，是一场愉快的旅行。

当前，人们的消费日趋个性化，越来越把注意力和金钱的支出方向转移到能够为其提供精神价值的经济形态。购物娱乐型景区，实现了商场从服务经济转向体验经济，满足了人们的消费需求，带来广大就业机会，促进了地方经济发展，这是大有作为的。但应该认识到，这是一项相当艰巨的任务，以景区作为舞台，以商品作为道具，从生活与情境出发，塑造感官体验及思维认同，以此抓住游客的注意力，改变消费行为，并为商品找到新的生存价值与空间。

思考：购物娱乐型景区和一般的购物商店有哪些区别？

三、文化场馆型景区

知识链接

近日，记者从衡水市政府新闻办召开的创建省级文明城市新闻发布会上获悉，今年以来，衡水市图书馆、群艺馆等文化场馆对市民免费开放，惠及群众近 15 万人。

衡水市图书馆 7 月 26 日免费试运行，开放场馆面积 4000 平方米，仅暑期每天平均入馆读者就达 2500 多人次。10 月 1 日正式开馆后继续免费运营，开放面积增至 1.3 万平方米，图书上架量近 6 万册。截至目前，举办各类阅读推广活动 34 次，公益讲座 12 场，接待入馆读者累计达 13 万人。

今年以来，衡水市群众艺术馆加大了免费开放力度，先后开设了舞蹈、合唱、戏曲等 7 个门类 15 个科目的公益艺术培训，共免费培训学员 1.5 万余人，其中暑期开设了少儿公益艺术辅导专场，培训少儿 5000 多人。

（一）文化场馆型景区的内涵

随着经济财富和人口的高速集聚，人们对精神文化的需求日益增多，一方面通过举办各种社会文化活动，大量现有的文化设施和场所得以保护和修葺；另一方面各种文化形式的汇集，要求更多的场馆设施来满足硬件设施的需求，涌现出了许多新的文化场馆型景区。

关于文化场馆型景区的解释通常有两种，第一，文化场馆型景区指专门从事文化工作具有法人资格，独立核算的事业、企业单位，以及单独核算，附属于事业单位的经营性专业文化活动单位。包括从事艺术、图书馆、档案馆、群众文化、文物保护、艺术教育、艺术研究、文化娱乐、新闻出版等的机构，以及其他文化机构。第二，根据国务院 2003 年签发的《中华人民共和国公共文化体育设施条例》的解释，公共文化场馆型景区是由各级人民政府或其他社会力量组织建设，面向公众，免费提供学习、参观以及开展各类文化活动的场所或建筑，包括博物馆、图书馆、名人故居历史遗迹、基层社区文化站、青少年活动中心等，另一类则是"公共性"较低，以竞争性和排他性为特点的场馆，包括演艺剧场、美术馆、电影院、画廊工作室、创意园区等以获取市场价值为出发点的场馆。本书采用第二种解释。

文化场馆型景区是文化产业的重要载体和形式，是主要依靠线下展览交互，并集成部分线上文化产品与服务的文化产业形式。作为一种文化企业，其核心目的在于通过提供产品和服务，为顾客提供体验价值和精神享受，这是其价值创造的关键。兼具公益与营利性文化场馆型景区是指可以彻底进行产业化的文化形态中的那些包含公益性功能成分并兼具商业营利目的的文化场馆型景区。

（二）文化场馆型景区的发展现状

近年来在经济新常态大背景下，此类文化场馆型景区的发展现状主要呈现以下几个特点。

1. 艺术门类逐渐细分，场馆业态呈多元化发展

可完全产业化并兼具公益性功能的场馆，在艺术门类上近年来呈现细分式发展，主业集中明确，特色更加鲜明。部分文化创意园区、主题文化小镇，囊括了书画院、风景艺术馆、文物藏品展馆、美术馆，还涉及字画、珠宝、玉器、奇石、民间工艺品的特色文化艺术馆，不同种类功能的文创场馆汇聚，满足地方人民多方面的文化体验和精神需求。在地方政府的引导支持下，各场馆在原有基本功能的基础上，发展出多元化的场馆业态，如融合高科技手段进行藏品展示、结合互联网技术嵌合多终端方便体验者进行线上互动交流与体验。

2. 民营资本占比较重，深度合作展现发展潜力

随着地方经济的发展，地方民营资本壮大，以及企业混合所有制改革的深入推进，越来越多的民营资本开始关注文化产业的发展，酷爱艺术的民营企业家与自主经营文化场馆型景区的企业家进行深度合作，发挥鲇鱼效应，激发文化艺术场馆发展活力，促使文化场馆型景区向多元化、新型化、专细化发展，无论从运营主体、物业转换、规划诉求，还是综合定位、运营模式等方面，均展现出巨大的发展潜力。文化与资本碰撞出了很大的发展活力。

3. 聚积集群壮大发展，依托平台促进双向共赢

由于文化场馆型景区的数量越来越多，为了盘活文化产业发展潜力，促使地方文化产业为地方的文化发展战略服务，政府积极推出政策，规划布局文化创意产业园、特色文化街、文化艺术中心等，协调不同门类、不同地域文化场馆型景区合力发展，各文化门类展现出了很强的发展态势。这些文化场馆型景区通过积聚、跨领

域、跨地域合作，依托文化创意园区等大的文化平台，促使这些文化场馆型景区优化了主业功能、强化了业务服务质量，比较优势更加凸显，降低了文化场馆型景区之间的同质化竞争，提升了各特色鲜明场馆的比较优势，更加促进文化场馆型景区与泛文化、泛艺术平台的双向共赢。

（三）文化场馆型景区发展的问题

兼具公益与营利性文化场馆型景区虽然是一种蓬勃发展的多元化文化产业形式，但必须认识到，文化场馆型景区在新旧动能转换发展方面同时存在很多问题，面临来自内部和外部的诸多障碍，解决好这些问题，对文化场馆型景区新动能的长远发展至关重要。

1. 产品形式单一，存量活力不足

兼具公益与营利性的文化场馆型景区很多由具有某领域某项特长的艺术家经营，由于其专长较明确，多以产出某种特定产品或服务为主业，但这类文化场馆型景区大多欠缺既理解文化产业运作模式，又能洞悉大众文化精神需求的优秀的管理人才，很难拓宽场馆与其他领域企业的合作，更难以发展与培育出跨产业融合的产品与服务，使得文化产品与服务的形式单一、文化创意载体的多样性不够、企业存量欠缺发展活力，不足以吸引足够多的顾客来消费或体验公益性的服务功能。

2. 场馆规模较小，主动创新不强

由于很多文化场馆型景区多由艺术家经营，面向的受众十分有限，造成景区的产品销售渠道较窄，价值创造受限，这类景区如果缺少资本的支持，很难扩大企业规模。对于一些有一定政府支持背景或已稳定发展一段时间的文化场馆型景区，其存量欠缺变化元素，部分运营者抱残守缺、偏安一隅，不追求文化创意上的创新元素、不利用时下先进的大数据互联网等先进技术，面向的受众始终有限，普及辐射作用不强，更加难以充分发挥景区提升大众的文化精神体验的社会价值，制约了公益性、传播性功能的发挥。

3. 公益功能有限，政策借力欠缺

目前兼具公益与营利性文化场馆型景区的文化产品与服务大多属营利性质，即商业化的产品与服务，其运营模式是纯粹的商业模式。民营文化场馆型景区由于缺少在公益功能方面的战略布局与产品定位，缺少对公益层面的价值创造分析与顶层设计，因此其公益功能往往十分有限。且目前该类景区普遍存在对政策关注与理解不足，难以充分借力政府与社会所提供的利好政策以进一步促进企业发展。

随着我国经济实力的不断增长，对城市未来的发展更加注重文化内涵。比如出现的历史文化名城建设，这在很大程度上表明：我国未来城市的发展必须在满足人

们的生活的基础之上，加强城市文化的建设与发展。文化场馆型景区作为城市中公共活动的场所，为人们的学习、休闲和娱乐提供了一个公共的平台。为人们提高生活质量、提高自身的文化修养提供了硬件的保障。文化场馆型景区的建设与发展是现代城市规划研究的必然趋势。

　　思考：文化场馆型景区应该收费吗？为什么？

四、特色街区型景区

旅游特色街区服务质量要求（LBT+024—2013）

📄 知识链接

成都 3.0 版特色街区成城市消费新 IP

　　何谓成都 3.0 版特色街区？一位负责人表示，"现在的街区打造，在对文化历史的挖掘与再现上，更具设计感与现代感，也更加注重突出独有的元素。比如猛追湾，将东郊故事通过数字技术和 3D 投影等高科技手段予以呈现。而街区还做了灯光秀、灯光雕塑等，更能吸引年轻人前往打卡"。

　　而在追求高颜值的同时，街区还会植入很多多样的业态，来支撑多元的消费场景。以猛追湾为例，目前新开的 30 多家店铺，其中有不少有品质、有格调、有名气的店铺，其中多家是成都首店，比如一开业就小火了一把的"洞穴书店"——几何书店。不要小看这些店铺，它们对街区特色的形成、对消费者的吸引，作用都非常大。

　　文化作为一种软实力，在城市的经济社会发展进程中扮演着越来越重要的角色，而蕴含地域文化的特色街区型景区则是实现城市文化传承与展现的重要空间载体，在提升城市品牌价值和文化软实力方面发挥着重要作用。

　　城市特色街区是满足现代消费生活的重要场所，是城市面貌的反映。它体现了区域文化和地域特色，有利于宣扬城市文化，提升城市品位和城市知名度，对城市的发展和建设都具有重要意义。

（一）城市特色街区内涵

　　街区是国际上兴起的一种融合居住和商业于一体的新的城市规划理念，是一种在西方相对成熟的城市发展模式，如今在欧美等许多发达国家，街区生活模式已是人居的主流模式。特色街区的概念一般是指环境优雅，基础服务设施完善，承载地域历史文化，满足人们居住、休闲、商业、购物等多种需求的开放式街区。城市特色街区是环境、基础设施、历史文化、区域特色等多方面的融合，是承担休闲、旅游、购物、文化传承、人居等多种功能的载体。一般来说，一个成功的特色街区要具备以下几个显著特征。

1. 整体性

整体优势是特色街区的特性之一，经营管理统一规范，地域文化和建筑风格和谐统一，生态环境和街区空间布局的协调，社会价值和经济价值持续一致，所有的内在机制产生的规模与品牌叠加效应产生了整体优势，使得特色街区具有独特的魅力。

2. 文化性

文化元素的高度融入是特色街区的重要特征。随着街区建设的进一步推进，特色街区功能从购物功能演化到文化功能，彰显地域历史文化特色，传承历史文化，塑造城市文化形象，既是特色街区的功能也是其重要内涵。

3. 便利性

网络化的交通系统是特色街区能够发挥其功能的前提条件。良好的交通便利性，有利于人流、物流在特色街区的聚集，推动特色街区繁荣发展。

4. 高效性

集多种功能于一体的特色街区，本身就具有突出的品牌价值，文化效益、经济效益和巨大的社会经济效益在此相互融合。因此，高效性是特色文化街区的重要特色之一。

（二）特色街区发展的问题

1. 街区建设理念滞后

对特色街区建设重要性和必要性的认识还存在不统一、不均衡的现象，对特色街区建设的规律性把握不足，推进特色街区建设的思路不清；缺乏整体规划或规划科学，街区影响力不强，内部还没有相对成熟完善的特色街区建设发展理念和规划，特色街区建设过分依赖市场自发形成。

2. 基础设施不配套

基础设施和环境设施不配套，街区吸引力不强，不少特色街区缺少停车场、公共休息空间等配套设施，环境卫生管控不到位，影响街区经济效益和后续发展。

3. 特色不明显

街区建设雷同，千街一面。主要体现在对本土特色文化发掘不够、文化内涵不足，如有些街区商业氛围过浓，街区原有的历史、人文等文化元素与街区整体氛围割裂；业态功能结构性不合理，业态重复现象普遍，街区特色不明显，多数特色街区仍以商业、餐饮业为主，历史文化特色、休闲文化特色、文化创意类和工业遗产类特色街区数量偏少甚至没有，影响城市形象和城市内涵的提升。

4. 资金投入不足

特色街区建设应当坚持"政府主导，市场运作"的思路。"政府主导"体现在对特色街区资源的保护、储备、培育和招商等环节，但目前各地普遍存在政府投入不足，特色街区基础设施改造资金难以保证。

5. 商品和服务质量不高

商品和服务质量一般包括商品自身质量、安全性、具有地域历史文化特色内涵等。高质量的商品和服务质量是特色街区能够持续发展的内在要求，是特色街区生命力的来源。只有高质量的商品和服务才能获得顾客认可。当前特色街区，多数由于刚起步建设，没有统一的质量标准和规范的管理，部分商铺认为顾客都是一次性交易，忽视商品质量，导致商品和服务质量较低。

有人说特色街区是"城市的名片"，也有人说它是"城市的客厅"。无论哪种说法，都在一定程度上表达了特色街区在城市建设与发展中的重要地位与作用。当前，我国特色街区建设方兴未艾，正在成为塑造城市形象、提升城市品位的重要手段。

思考：要想打造好特色街区，我们还需要做好哪些工作？

第二节　主题公园时代的来临

案例导入

佛罗里达环球影城（Universal Studios Florida）是一座位于美国佛罗里达州奥兰多的主题乐园，在 1990 年 6 月 7 日开幕，乐园内的设施主要围绕娱乐产业，特别是电影和电视作品。佛罗里达环球影城是奥兰多环球影城度假村的两座乐园之一。在 2010 年，佛罗里达环球影城吸引了 590 万的访客，成为美国造访人数第八多的主题乐园。2014 年 7 月 8 日，哈利·波特魔法世界主题乐园新建的"对角巷"（Diagon Alley）正式开张。对角巷重现了《哈利·波特》小说和电影里的伦敦魔法界商业区。新添的对角巷最大的卖点是"逃出古灵阁"飞车，还有各种餐馆和纪念品店。霍格沃茨和对角巷分别设在环球影城游乐园的不同园区，拥有两个乐园通行证的宾客可搭乘霍格沃茨快车往来两地。

（资料来源：维基百科）

思考：

1. 上述主题公园你听说过吗？

2. 你还了解世界上有哪些著名的主题公园？

一、主题公园时代的到来

主题公园的历史最早可以追溯到 12 世纪。1133 年，在英国的巴塞洛缪博览会（Bartholomew Fair）上建立了第一座游乐园（Amusement Park），每一年只开放半个月，结束后便拆掉。巴塞洛缪博览会是伦敦举办的夏季特许展览会之一，地点位于史密斯菲尔德环形交叉路口的东南侧。该展览会将杂技表演、怪物表演、比赛和动物园等表演融入其中。它在 17 世纪以前会持续整整两周，但在 1691 年，它缩短到只有四天。随着日历的变化，于 1753 年 9 月 3 日开始，博览会会举办布料和其他商品的交易活动以及一个游乐会，活动吸引了来自英国各阶层的人群。

1851 年，第一届世界博览会在伦敦的水晶宫举行。该博览会聚集了大型教育展览，帮助启动了固定娱乐公园的概念。1893 年，芝加哥的世界哥伦比亚博览会成为现代游乐园的先驱，其中一个游乐园是游乐设施，也是游乐设施和游戏的独立区域。娱乐场的模式在随后的公园和展览会中，成为一种标准。到 19 世纪末，布鲁克林的康尼岛已经被寻求乐趣的人们从一个海滩变为一个游乐园。康尼岛于 19 世纪 70 年代首次推出了旋转木马，并于 1884 年首次推出了过山车，即 Switchback 铁路。1895 年，康尼岛成立了海狮公园，这是第一个由一家公司监管的永久封闭娱乐区。海狮公园向游客收取入场费和乘车票。美国的镀金时代（1870~1890 年）带来了可支配收入的增加，这推动了游乐园在热门旅游目的地的巨大发展。第一次世界大战后对更多娱乐的渴望导致了 20 世纪 20 年代过山车黄金时代的到来。

近代主题公园的先祖通常被认为是于 1952 年建立的世界微缩景观马都拉丹。马都拉丹是荷兰的马都拉家族的一对夫妇，为纪念他们在第二次世界大战中牺牲的独生子而创建的。它微缩了荷兰各地 120 处风景名胜，1952 年开幕即轰动欧洲，开创了世界微缩景观和主题公园的先河。马都拉丹一经问世，就赢得了巨大的经济效益和社会效益。从此，"人造景观"或"主题公园"的声誉，就在世界上不胫而走，在其形式和数量不断增加的同时，策划水平也在不断提高。

华特·迪士尼在美国加利福尼亚州兴建了世界上第一座现代大型主题公园——迪士尼乐园，于 1955 年 7 月 17 日正式开幕。华特·迪士尼在花了 20 年与女儿一

关于规范主题公园建设发展的指导意见

游乐园管理规定

主题公园服务规范

起游览游乐园后开设了这座迪士尼乐园。经过 60 多年的运营，迪士尼乐园吸引了超过 6.5 亿名宾客，并激发了跨越多个大陆的主题公园帝国。迪士尼乐园将迪士尼电影场景、动画技巧与机械设备相结合，将主题贯穿各个游戏项目。由于能够让游客获得前所未有的体验，结果即风靡了美国，再传到全世界各地。

今天，主题公园正在融入沉浸式体验以及游戏和游乐设施。环球和迪士尼等大型娱乐公司通过"哈利·波特魔法世界"和"星球大战发射湾"等项目获得了巨大的成功。

二、全球主题公园的发展态势

1955 年，美国洛杉矶迪士尼乐园的开业标志着现代主题公园的诞生。进入 21 世纪以来，主题公园已遍布世界各地，形成了颇具规模的产业。主题公园不仅承载着休闲娱乐功能，也成了城市经营的重要方式，促进了社会经济发展。

根据国际游乐园及景点协会（IAAPA）2018 年 1 月发布的报告，2017 年，全球主题公园在经历了 2015 年的全球经济低迷以及 2016 年的小幅波动之后，由于新技术的开发以及市场不断地扩大，全球排名前 25 位的主题公园游客总量增长率达到 4.7%。这一强劲增长背后主要是因为上海迪士尼乐园和室内娱乐中心板块的发展共同助力了 2017 年主题公园市场回复平稳增长。

与 2016 年相比，2017 年全球客流量排名前 10 位的主题公园集团发展态势良好。在排名方面，前 10 名主题公园集团中除了长隆集团上升至第六位、六旗集团下降至第七位以外，其他主题公园集团没有发生任何变化；在增长率方面，华侨城集团从 2016 年的 11.9% 提升至 32.9%，以 21% 的增幅冠绝全球主题公园 TOP10，其次默林娱乐集团从 2016 年的 1.2% 提升至 7.8%，迪士尼集团从 2016 年的 1.8% 提升至 6.8%，其余 7 家客流量增长率则有不同程度的跌落。考虑到这些主题公园集团巨大的游客基数，2017 年的游客数量仍然十分可观（表 6-1）。

2017 年，全球十大主题公园集团的游客量达到 4.758 亿，与 2016 年相比增长了 8.6%。

表 6-1　2016~2017 年全球排名前 10 位的主题公园集团总游客量增长率

排名	公司名称	变化率（%）	2017年游客量（人次）	2016年游客量（人次）
1	迪士尼集团	6.8%	150,014,000	140,403,000
2	默林娱乐集团	7.8%	66,000,000	61,200,000
3	环球影城娱乐集团	4.4%	49,458,000	47,356,000

排名	公司名称	变化率（%）	2017年游客量（人次）	2016年游客量（人次）
4	中国华侨城集团	32.9%	42,880,000	32,270,000
5	华强方特	21.7%	38,495,000	31,639,000
6	长隆集团	13.4%	31,031,000	27,362,000
7	六旗集团	2.3%	30,789,000	30,108,000
8	雪松会娱乐公司	2.4%	25,700,000	25,104,000
9	海洋世界娱乐集团	−5.5%	20,800,000	22,000,000
10	团聚公园集团	−1.1%	20,600,000	20,825,000
	总计	8.6%	475,767,000	438,267,000

全球主题公园行业快速发展，2017 年全球排名前 25 位的主题公园累计接待游客 2.4 亿多人次，年均增长 4.7%。10 年来，每年主题公园协会（Themes Entertainment Association）都会评选出排名全球前 25 位的主题公园，这也成为观测全球主题公园发展的风向标。纵观全球主题公园发展，呈现出以下三个特点。

（一）18 家主题公园牢牢占据 Top25 榜单

虽然每年的排名都会稍有变化，但仍有 18 家主题公园连续 10 年进入排行榜。2006~2015 年，Top25 主题公园的游客人数从 1.87 亿增长到 2.36 亿，年均增长率达到 2.6%，而这 18 家主题公园的旅游人数则是从 1.5 亿增长到 1.92 亿，年均增长率达到 2.7%。

（二）亚太地区成为全球主题公园热区

亚洲已经成为全球主题公园市场的重心，市场份额从 2006 年的 35% 增长到 2015 年的 42%，而北美市场则从 2006 年的 52% 跌落至 2015 年的 47%。从全球排名前 25 位的主题公园来看，亚太地区的主题公园数量已经超过北美地区，前 25 位主题公园中有 11 家在亚太地区，10 家在北美地区，4 家在欧洲地区。

（三）少数大型主题公园占据全球主要市场份额

就所有权而言，尽管有许多新的优质运营商进入本行业，但实际上，主要市场份额仍操控在两大运营商手中：迪士尼集团和环球影城集团。

当前，主题公园运营商根据产业背景、商业基础、发展历程的不同，其经营模式可大致分为两种。一种是依托强大的知识产权（IP），整合娱乐资源，实现业务多元化，形成完整产业链的综合性集团，如迪士尼、环球影城等。他们通常以内容生产（如电影、动画长片等）作为驱动力，发展媒体网络、衍生品销售及主题公园度假区等。主题公园业务一般以特许经营方式在全球各地开发，并拓展至房地产、旅游观光、酒店等领域，将 IP 价值挖掘到极致。另一种则是以主题公园为主业，业务类型相对单一的专业化集团，如英国的默林娱乐和美国六旗娱乐等。它们主要通过跨国并购形成规模化的主题公园和旅游景点等，再通过简单联结形成规模经济优势。

尽管发展道路不同，但几乎所有主题公园进入成熟期后，盈利模式都不再单纯依靠门票收入，而是以品牌为核心进行延伸开发，只不过在开发的路径选择上各有所长。

三、中国主题公园发展经历、类型与分布

（一）发展历程：历经五次建设浪潮

主题公园是城市休闲娱乐功能完善的象征，它的每一次转型都紧随时代需要、产业需求及市场需求，都是某种文化及某一时代的承载。

我国主题公园开发起步于 20 世纪 80 年代后期，是市场催生的产物。深圳锦绣中华是我国真正意义上的第一个主题公园，1989 年 9 月建成开园，7 个月即收回所有投资。锦绣中华的巨大成功使全国各地如雨后春笋般大量涌现景观类、民俗类的主题公园。

1992 年起国企改革，大量人员失业，加之农村剩余劳动力长期存在，国家试图通过半市场半计划经济的方式将失业人员"挤入"服务业。新兴的旅游业在产业准入门槛和社会认同感上占据优势，吸收了大量劳动力。1995 年开始，国内旅游热快速升温，庞大的国内旅游市场被启动，第二轮主题公园建设热潮兴起。1998 年建成的深圳欢乐谷为典型代表，在主题的基础上加入娱乐元素，核心是游乐设备。在此期间，旅游业发展进程中的三个里程碑事件也对主题公园的发展起到了重要的推动作用：1994 年实行双休日制度，1996 年地方政府把旅游业列入"九五"期间国民经济发展规划，1999 年实现黄金周休假制度。

2000~2004 年，中国主题公园进入以"打造品牌"为核心的第三轮热潮。2000 年建设的常州恐龙园加入了科普和参与性表演的内容，为主题公园注入了一阵新风。

2005~2009 年是中国主题公园第四轮投资建设热潮。受迪士尼、环球影城在全世界布局的刺激，国内的主题公园也大量运用高科技，大大提升了游客的参与性与

感受性。

2012 年，过半人口的城镇化造成了更强大的郊区度假休闲游的需求，伴随"乡愁经济"开始的古镇主题公园化进入高热状态。当前，我国进入了主题公园的高速建设期，多个世界知名主题公园先后落户中国，与此同时，我国各地建设主题公园的热情也持续高涨。纵观我国主题公园的发展历程可以看出，主题公园开发与管理的目的并不单纯为大众创造欢愉，更是在宏观经济和政策的驱动下展开的。

（二）公园类型：包括游乐园等四种

目前，我国的主题公园主要有四种类型：一是游乐园，如华侨城旗下的欢乐谷；二是人工场景主题公园，以电影工作室或电视节目为主题，典型代表是浙江横店影视城；三是观光主题公园，如锦绣中华、世界之窗、民俗文化村；四是特定主题公园，以大连圣亚海洋世界为代表。

（三）区域分布：东中西部差异明显

我国主题公园的空间分布极不均匀，东、中、西部呈现出明显的差异，基本呈三级阶梯结构：东部沿海分布量多规模较大；中部分布量其次且规模不大，西部分布量较少且规模较小。

除港澳台之外的其余 31 个省、市、自治区各自拥有的主题公园情况如下：东部 11 个省份拥有的主题公园数量占到全国的 58.08%，中部地区 8 个省份拥有的主题公园数量占全国的 23.33%，西部地区 12 个省份拥有的主题公园数量则只占到全国的 18.59%。

第三节 主题公园的概念、功能与特点

▲ 案例导入

【大公报讯】记者方俊明珠海报道：《粤港澳大湾区发展规划纲要》提出，建设粤港澳大湾区世界级旅游目的地，构建大湾区旅游品牌，共拓客源市场。业内专家称，通过港珠澳大桥，便将香港迪士尼乐园、香港海洋公园与横琴长隆国际海洋度假区等湾区内知名主题公园串在一起，可将创新合作模式"优势互补"。而横琴在近半年内便两赴港澳举行旅游专场推介会，横琴新区社会事务局副局长刘伟国表

示，利用港珠澳大桥的连接优势，共同开发港澳与横琴的"一程多站"旅游线路，共享旅游资源。

数据显示，港珠澳大桥开通首月，到珠海长隆海洋度假区的香港游客同比增加约11%。"香港与横琴的旅游合作发展迎来新的历史机遇。"香港中国旅游协会理事长吴熹安表示。广东省旅游协会有关专家指出，香港海洋公园是世界级的旅游景点，在亲子游方面非常有特色，"湾区内的主题乐园各具优势，可加强合作"。

（资料来源：大公网）

思考：

1. 请说说主题公园的概念是什么？

2. 主题公园可以带来哪些效益？

一、主题公园的定义

自从1955年7月17日第一座主题公园——迪士尼乐园在美国开业之后，主题公园的内涵和类型一直在实践中不断扩展，使得主题公园在国际和国内都没有一致被广泛认可的定义。国外文献对主题公园也没有严格的界定，"Theme Park"是国外对主题公园比较一致的称谓。

一般来说，主题公园可以被定义为旅游景点的一个组成部分（Goeldner，1999）。尽管主题公园是旅游景点的一个组成部分，但主题公园与其他类型的旅游景点，特别是与其他娱乐景点有着不同的特色（Kemperman，2000）。这些特色包括：

- 只需支付一次的入场费便能够体验主题公园内的所有项目；
- 设施大多是人工建造；
- 高昂的投资成本；
- 集表演节目、机动游戏设施及互动活动、餐饮、购物为一体。

旅游界的定义：

- 根据《国际游乐园和景点协会》的定义，主题公园是一个具有主题景点的游乐场，包括饮食、服装、娱乐、零售商店、游乐设施及机动游戏；
- 根据弗莱克（Forrec，2015）的定义，主题公园是一个充满美感的、复杂的系统，它必须能够讲故事，具备一定的功能性、经济性，并符合人类行为。

学术界的定义：

- 主题公园作为主题景点的集合体，包括建筑物、景观、机动游戏、节目表演、餐饮、穿着特色服装的员工及零售商店（Heo，2009）；

- 主题公园是庞大资本投资、高度开发、游客为本及人工化型娱乐环境的极端例子（Pearce，1988）；
- 主题公园本身乃是一个旅游目的地，集娱乐、餐饮、商店于一体，主题公园内的独特环境与门外的真实环境截然不同（Ap and Ho，2009）。

美国国家娱乐公园历史协会（National Amusement Park History Association，NAPHA）认为，主题公园是指："乘骑设施、吸引物、表演和建筑围绕一个或一组主题而建的娱乐公园。"美国"主题公园在线"（Theme Parks Online）给出的定义是："这样一个公园，它通常面积较大，拥有一个或多个主题区域，区域内设有表明主题的乘骑设施和吸引物。"美国马里奥特（Marriott）公司对主题公园的定义是："以特定的主题或历史区域为导向，将具有连续性的服装和建筑结合起来，利用娱乐和商品提升幻想氛围的家庭娱乐综合体。"美国都市与土地研究室将主题公园定义为：主题公园是一个可以营造某种特殊氛围的游乐场所。综合起来，在欧美国家，主题公园的定义大致包括如下内容：为旅游者的消遣、娱乐而设计和经营的场所；具有多种吸引物；围绕一个或多个主题；包括餐饮购物等服务设施，开展多种主题活动；实行商业经营等。

国内专家学者周向频、保继刚、楼嘉军、董观志等对主题公园定义也进行了探讨，比较有代表性的观点归纳如下。保继刚认为：主题公园是一种人造旅游资源，它着重于特别的构想，围绕着一个或几个主题创造一系列有特别的环境和气氛的项目吸引旅游者。陈光照认为：人造景观（主题公园的旧式称谓）是指现代所建的为满足旅游业的需要，经过人为创意新建造的经营性旅游吸引物。周向频认为：公园是一种以游乐为目标的拟态环境塑造，或称之为模拟景观的呈现；它的最大特点就是赋予游乐以某种主题，围绕既定主题来营造游乐内容与形式，园内所有的色彩、造型、植被等都为主题服务，共同构成游客容易辨认的物质和游园的线索。楼嘉军的定义是：主题公园是现代旅游业在旅游资源的开发过程中所孕育产生的新的旅游吸引物，是自然资源和人文资源的边际资源、信息资源与旅游企业经营活动相结合的休闲度假和旅游活动空间，是根据一个特定的主题，采用现代化的科学技术和多层次空间活动的方式设置，集诸多娱乐内容、休闲要素和服务设施为一体的现代旅游目的地。吴承照认为：主题公园是根据特定的主题而创造出的舞台化的游憩空间，具有明显的商业性。马志民认为：主题公园是作为某些地域旅游资源相对贫乏，同时也是为了适应游客多种需要与选择的一种补充。魏小安等认为：主题公园是以特有的文化内容为主体，以现代科技和文化手段为表现，以市场创新为导向的现代人工景区。王兴斌认为：主题公园是一种为本地居民和外来游客设计建造，并以某一主题为内涵，具有鲜明特色的大型休闲、娱乐场所。董观志认为：旅游主题公园是为了满足旅游者多样化休闲娱乐需求和选择而建造的一种具有创意性游园线索和策划性活动方式的现代旅游目的地形态。

以上对主题公园定义的各种表述从不同的角度切入，观点各异，但可以从中概括出主题公园的三个基本要素：第一，主题公园是满足旅游者娱乐需求的旅游吸引物之一。第二，主题公园具有一个或几个特定的主题。第三，主题公园是一种人造旅游资源。

在本书中，我们采用《主题公园服务规范》中对主题公园的定义：围绕一个或多个主题元素进行组合创意和规划建设，营造特定的主题文化氛围，采用现代科学技术和多层次活动设置方式，集诸多娱乐活动、休闲要素和服务接待设施于一体的旅游文化娱乐场所。

二、主题公园的社会功能

（一）促进区域经济发展

一方面，全球大型主题公园，都是当地经济的有力引擎。以迪士尼为例，美国奥兰多的迪士尼世界每年约迎来 1600 万人次的游客；游客在东京迪士尼度假区的年消费金额达到 170 亿美元；香港迪士尼乐园为当地提供了近 2 万个工作岗位；巴黎迪士尼乐园度假区的年税收收入达 4.35 亿美元；美国洛杉矶的迪士尼乐园度假区，附近聚集了其他的 30 个景点和 2 万多间酒店客房。另一方面，主题公园均位于经济发达的国家或地区，以大城市或特大城市作为依托，拥有庞大的客源市场、良好的区域经济条件和一定规模的客源市场，既是投资规模的保障又是消费水平的保障，有利于回收成本、降低风险。

税收和解决就业仅是主题公园对区域经济影响的一部分，更重要的是其外部效应和外溢贡献。例如，交通、住宿、饮食、商业、金融服务等方面直接给城市带来的收益。主题公园带来的大量人流、物流、信息流、资金流的流转将使区域经济持续发展。

（二）改善区域交通组织

城市的内、外部交通都对主题公园的经营有很大影响。大型主题公园一般选址在大城市边缘，特别是主要公路干道旁。一方面易于利用社会交通运输能力，节省道路投资；另一方面有利于借助主要公路干道开阔的视野向途经此处的旅客展示标志性景点，不断强化旅游形象，达到吸引游客的目的。无论是洛杉矶郊区的哈伯尔高速公路、巴黎市郊的高速公路网，还是英吉利海峡隧道、香港的西部通道和广深港高速铁路，都为迪士尼公园提供了便利交通。主题公园吸引的大规模游客，为区域经济的发展、交通的改善带来了大量资金。同时大规模的非中心城区的人流与车流，形成的"反磁力"效应，有效形成市民定居郊区的安稳的心理定式。最终通过主题公园的建设，在不同时间阶段、空间区域和用途之间对城市现有交通资源进行有效配置。

（三）增强区域文化实力

主题公园致力于历史和童话的结合、自然与建筑的和谐、现实与科幻的对接，体现了对文明历史的再现和追忆、对艺术美感的捕捉和强化，迎合了当代人追求新知和新奇的心态。通过城市美景的创造与丰富美的城市文化，提升了城市乃至整个区域的文化实力。经过半个多世纪的发展，迪士尼主题公园已经成为美国文化的代表之一，借助迪士尼乐园中的设施、服务及娱乐项目、探险、舞蹈和大型聚会活动等，增强了美国文化在世界范围的吸引力和影响力。对于东京、巴黎和中国香港来说，由迪士尼带来的美国文化，为当地文化的多元化发展做出了贡献。另外，对一个地区来说，主题公园的建设不仅仅是一种文化传播与扩散，而往往是作为一个高度集约的区域文化产业链模式经营，即通过主题公园建设拉动大批与此相关的文化产业发展。迪士尼乐园在世界各地的发展促进了当地文化产业化发展，迪士尼品牌所涉及的文化产业包括电视、广播、书刊、印刷、收藏品、纪念品，还包括迪士尼创意、构造、功能咨询和输出管理等不同的产业体系。

（四）提升区域旅游形象

主题公园集经济效益、景观效益、生态效益、娱乐效益于一体，可以有效缓解当今社会经济发展、环境保护和市民娱乐之间的矛盾，为旅游的发展提供了经济基础和环境条件。很多地区通过主题公园的发展，已经在全国乃至全世界树立了本地区良好的旅游形象。东京凭借迪士尼主题公园吸引了大量海外游客，巴黎迪士尼已经成为法国象征之一，是仅次于埃菲尔铁塔的旅游胜地，迪士尼更为香港全球化文化添上重要一笔。迪士尼主题公园开拓了市场导向性旅游资源开发模式，探索了整合社会资源的基本途径，丰富和强化了城市区域旅游吸引力和竞争力，为塑造、提升城市、区域旅游形象的发展提供了一张"名片"。

知识拓展

主题公园与当地 GDP 具有正相关的关系（地理联系率），主题公园数量能反应区域发展水平。

地理联系率公式：

$$V = 100 - \frac{1}{2}\sum_{i-1}^{n}|X_i - Y_i|$$

其中，V 表示我国主题公园分布与地区 GDP 水平之间地理联系率，数值越大说明相关性越强；X_i 表示第 i 个省主题公园数量占全国主题公园数量的比重；Y_i 表示第 i 个省 GDP 在相应年份占全国经济总量比重；n 则代表所计算的省份数量。

资料来源：前瞻产业研究院《2016—2020 年中国主题公园行业发展模式与投资战略规划分析报告》

三、主题公园的特点

（一）主题的独特性

主题独特性是主题公园的命脉，特色鲜明和个性独特的主题是主题景区旅游策划的灵魂，也是影响旅游者休闲娱乐取向的魅力之源。成功的主题公园都有自己浓烈的主题特色，区别于同类产品的独特形象。

（二）特色的大众化

主题公园具有通过"主题"解释文化和传递文化的功能，它着重满足的是旅游者精神生活上的需求，提供的是一种对文化的体验过程。所选取的主题文化必须尽可能与当地的地域文化相结合，体现其地域特色性。

（三）效益的广泛性

主题公园的良性发展带来了奇迹般的高效益，这种高效益是经济、环境、社会的高度融合，如在大区域范围内对创造就业、刺激消费、促进整个经济发展等方面的作用显著；为营造更美好的生态环境付出巨大的努力；以其特有的文化价值形式影响着游客，进而影响到整个社会。

（四）参与的体验性

主题公园内的人造景观本身多数由静物组成，具有一定的文化内涵和艺术欣赏价值，但作为旅游景区，还应具备趣味性、娱乐性及参与性等基本属性，方能吸引不同层次、不同目的、不同兴趣的游客前来。

（五）经营的要求高

主题公园一般投资规模比较大，主要包括四个环节：主题策划费用、制造建设成本、项目更新投入、数量众多的人员培训费与付酬等。建成后，还要不断注入资金进行项目更新，维持日常运营的费用也较高。主要体现在以下几方面：

1. 高投入高成本

主题公园占地面积普遍较广，投资规模动辄几千万上亿元。许多"巨无霸"式主题公园由于种种原因不能吸引足够客源，因此往往形成"主题公园建成之日也就是公司亏损之时"的局面。

2. 强周期性

相当数量的主题公园是由纯观光性的静态人造景观组成的，园内参与性娱乐项目少，游客看过一次后大多不愿重复游览，因此主题公园重游率较低，公园的旺盛期较短，随着竞争的加剧，主题公园的旺盛期还有逐渐缩短之势。

主题公园还会随明显的季节性产生影响，如温差影响的季节性、节假日制度影响的季节性、产品属性（水世界、滑雪等）影响的季节性等。同时，主题公园消费为非必须消费品，因此也会随经济景气度周期性变化。

3. 经济水平不均的地域性

主题公园由人工建造，主要分布在经济发达地区，它不具有天然的地域性，而是具有随经济发展水平分布的地域性。

4. 主题产品衍生产业尚未形成

主题产品是主题公园产业的重要衍生物，它是指主题公园发展商通过与影视媒体企业、玩具商、服装商等合作而开发出来的拥有固定主题的系列产品，包括主题卡通人物、主题玩具、主题服饰等。

主题产品开发是扩大主题公园市场影响、缓解主题公园投资风险的有效方法。国外实践经验证明，主题公园发展商与媒体影视企业、玩具商、成衣商合作开发销售有关主题人物的系列产品，不仅可以帮助提高主题公园的重游率，而且可以给发展商带来丰厚利润回报。

第四节　主题公园的分类

案例导入

三国城

三国城坐落在葱茏苍翠的军嶂山麓、风景秀丽的太湖之滨，是中央电视台为拍摄 84 集电视连续剧《三国演义》而兴建的大型影视文化景区，"刘备招亲""火烧赤壁""横槊赋诗""草船借箭""借东风""诸葛吊孝""舌战群儒"等 10 多集的重场戏均在此拍摄。

水浒城

水浒城位于江苏省无锡市的太湖之滨，是继唐城、三国城之后，中央电视台为拍摄大型电视连续剧《水浒传》而投资建造的又一个影视拍摄基地，1996 年 3 月《水浒传》剧组进驻开拍，1997 年 3 月 8 日正式对外开放。水浒城南面与三国城相邻，西濒太湖，占地 580 亩，可供拍摄的水上面积 1500 亩。水浒城主体景观可分为州县区、京城区、梁山区三大部分。

思考：

1. 请说说上述主题公园属于什么类型？

2. 您知道主题公园都有哪些类型吗？

一、主题公园的分类方法

世界级的主题公园，大多在结合了"公园"的元素后再往深层拓展开发。以美国的迪士尼乐园和环球影城这两个为代表的主题公园，尤其以"场景再现"和"电影"这两个要素为诉求，力求制造一个脱离现实世界、让游客进入电影中的场景并且可以享受玩乐项目的空间，以满足不同类型游客的需要；美式主题公园中会建立各种场景（例如：公主与王子的童话城堡、古埃及金字塔探险、漫威英雄的基地、海底世界等），给游客带来"沉浸式体验"。

现在，其他国家的主题公园一般以"历史文化"或者"科教娱乐"这两方面为主，代表性的有：日本的日光江户村就是以再现忍者村庄为主体，让游客可以享受到忍者在日本古代的生活；或者上海科技馆、中国常州市的中华恐龙园等，比起玩乐更加注重教育性。在中国大陆建造的中国主题公园，一般都吸取了西方主题公园的游乐设施，再配合了中国传统山水园林格式的景观设计，或者融入中国共产党革命理念，创造出长征、抗日、地道战等主题公园，成为富有中国色彩的主题公园。目前台湾省的主题公园以游乐园为基底，并添加台湾高山族文化、客家文化等特色。香港特别行政区的主题公园也是以游乐园为基地，再加入香港街道文化和水族馆为配合。

可以说，主题公园的内容涉及面非常广泛，从历史到将来，从现实到虚幻，从文学到体育，从农业到工业，基本上囊括了生活中方方面面的细节，可谓面面俱到。而主题公园的分类和其概念界定一样，由于世界各地的主题公园内容、形式、规模的多样化，对主题公园进行分类的方法也有很多，到目前为止仍然没有统一的分类体系，事实上，相同分类方式下的各类主题公园的内容和形式也都有交叉的部分，不可能区分得很清晰。在这里，我们将介绍以下几种常见的分类方法。

（一）按规模等级分

主题公园专家克里斯·约西将主题公园按照其规模大小、项目特征和服务半径来划分，分为大型目的地主题公园、地区性主题公园、游乐园、小规模主题公园和景点（家庭娱乐中心）以及科教景点。

表6-2　主题公园的等级分类

类型	年游客量	核心市场	主题特征	品牌	投资	项目	代表
大型目的地主题公园	500万人次以上	全国、国际市场	主题鲜明或由多个部分构成	有强大的品牌吸引力	10亿美元	综合型休闲娱乐服务，有舒适的旅游住宿	迪士尼、环球影城
地区性主题公园	200万~500万人次	省内、临近省份	一定主题和表现路线	有潜在的品牌	2亿美元	以观赏性的静态景观为主	香港海洋公园、东部华侨城
游乐园	100万~200万人次	所在城市	主题比较单一	品牌影响有限	8000万至1亿美元	提供机械类的参与性游乐项目	锦江乐园、苏州乐园
小规模主题公园和景点	20万~100万人次	所在城区，有时可以达到整个城市	单一主题	基本没有品牌影响	300万~8000万美元	静态人造景观	LOTTE乐园、玩具反斗城
科教景点	这一类别是近年来国外主题公园概念扩大的结果，即从传统的娱乐游览的公园扩展到营业性的科教文化项目，都作为主题公园。这里公园为特定的教育和纪念日服务，采取市场化运作，在规模和项目设定上依据公园建设的目的而定，如各地过往的教育主题公园、科技馆等						

（二）按旅游体验类型分类

根据旅游体验类型，主题公园可分为五大类，分别是：情景模拟、游乐、观光、主题和风情体验。

观光型主题公园浓缩了一些著名景观或特色景观，让游客在短暂的时间欣赏最具特色的景观，具有代表性的有锦绣中华、北京大观园等。

情景模拟型主题公园主要是指各种影视城类主题公园，包括横店影视城、无锡三国影视城等。

风情体验型主题公园以风情体验为主，将不同民族风俗和民族色彩展现在游客眼前，如杭州宋城、开封清明上河园等。

主题型是指各式各样的水族馆、野生动物园，如香港海洋公园、长隆野生动物世界。

游乐型主题公园亦称为游乐园，提供有主题的刺激游乐设施、演艺等，且发展愈发综合，迪士尼、欢乐谷、方特欢乐世界就属于此类。

其中，观光型和情景模拟型是初级阶段产品，现阶段已成为各类主题公园基本配置。而最令人印象深刻的是游乐型的主题公园，提供了刺激的游乐设施和机动游戏，寻求刺激感觉的游客乐此不疲。

（三）按所在位置分类

根据主题公园所在的位置来分，可分为城市主题公园、城郊主题公园、乡村主题公园、海滨主题公园、交通干线沿线主题公园等类型。

（四）按主要功能分类

根据主题公园的主要功能来划分，可分为静景观赏型主题公园、动景观赏型主题公园、艺术表演型主题公园、活动参与性主题公园、项目挑战性主题公园等类型。

（五）按高新科技含量分类

根据主题公园的高新科技含量来划分，可分为传统技术型（以机械技术为主）主题公园、现代技术型（以电子技术为主）主题公园、高新技术型（以网络化技术、数字化技术、虚拟现实技术为主）主题公园等类型。

（六）按阶段特点分类

一些学者根据主题公园发展的阶段特点，将主题公园划分为四代：第一代依托自然资源，第二代注重都市娱乐，第三代以模拟、微缩景观为主，第四代主题公园以三维、四维、动漫、科技为主。

二、按主题性质分类的主题公园

（一）文化历史型

历史文化类的主题公园主要以模拟某个特定历史场景或文学名著为主题。通过中华民族文化、古典名著、历史故事等为原型，结合现代人的想象与科学技术的创作，将历史形象生动再现出来，如杭州宋城。

（二）名胜微缩型

微缩景观是主题公园最早、最常见的造园手法。这类主题公园将异国、异地的著名建筑、景观按照一定的比例缩小建设，可以使游客通过一次主题公园之旅，领略各地的风光及文化，实现"日行千里"的效果。1989年于深圳开业的锦绣中华是我国第一座大型主题公园，同时也是目前世界上面积最大、内容最丰富的微缩景观主题公园，它将全国各地或某一区域最具代表性的名胜景观微缩荟萃于一园，以"标本形式"整体展示某地的风采，模拟、微缩自然景观和人文景观。

（三）民俗风情型

民俗风情型主题公园多以野外博物馆的形式，根据民俗主题，设计民俗表演，生动形象地反映民俗特色。这类主题公园通过打造模拟民俗风情和民俗生活的场景，寓教于乐，并且大多会增加反映民俗民风的表演，使主题的表达更加生动。游客在主题公园中可以体验到不同的民俗文化、生活方式，具有较高的参与性。例如表现我国多民族民俗文化的昆明云南民族村和深圳中国民俗文化村，以展示地方特色、民族风情为主题，使游客可以真实地体验我国各民族多彩多姿的文化艺术。

（四）科技娱乐型

随着现代科技技术的迅猛发展，不断渗透进入各个行业，主题公园也不例外。科技娱乐型主题公园是以科学技术为主题，运用现代技术为游客展现未来、太空等情景，利用声、光、电、气等现代科学技术，表现未来、科幻、太空、海洋等主题，让游客在旅游的过程中可以学到丰富的知识。科技娱乐型主题公园以科技性、知识性、娱乐性为特色，广泛被青少年游客喜爱，如深圳的欢乐谷。以科学技术为主题的主题公园的设计、建造难度较大，但因其"寓教于乐"的特点，世界各国也都有分布。如于 1982 年耗资 15 亿美元建成的迪士尼世界未来社区试验雏形（Experimental Prototype Community of Tomorrow）、我国台湾省的小叮当科学乐园等。农业科技也是这类主题公园选择的诉求点，农业科技主题公园往往兼具观光和科研两项功能，例如我国广东省深圳市的青青世界、欢乐谷，珠海市的农科奇观等。

（五）影视娱乐型

影视娱乐型主题公园以电影拍摄为主题，模拟电影场景、拍摄电影布景等形式，让游客身临电影之中，进一步了解、体验电影拍摄的过程。影视城作为主题公园的一种形式来源于美国的环球影城，游客可以参观电影实际幕后制作及特殊摄影技巧，欣赏震撼的电影场景与电影人物，具有一定的专业性和视觉冲击性。主题公园中的模拟景观本身与拍摄电影使用的布景有类似之处，加之电影涉及的内容和场景颇为广泛，游客在影视城的游览体验更为丰富，视觉冲击力更为强烈，如无锡中视影视基地。

（六）自然生态类

自然生态型主题公园是以自然界的生态环境、野生动物、海洋动物等为主题，游客通过参观动物实际生活状态、观看动物表演等形式，以其独特的观赏和游览特性，满足游客的自然生态之旅的需求，如泰国鳄鱼公园、北京海洋馆、香江野生动物园等。

（七）综合旅游主题型

有绿色生态类，以倡导绿色健康生活为主题，与一般自然保护区的区别在于这些公园侧重于服务游客，提供绿色生活空间，还有综合类型的主题公园，是主题公园发展到后期，整合若干发展比较成熟的不同类型的主题公园，以一个整体品牌展现在游客面前，并通过旅游整合，将旅游主题与其他产业完美结合，形成旅游产业新亮点，如现在的"华侨城"，就是将四大主题公园联合经营，并将旅游主题公园与酒店、演艺、地产等结合。

第五节　主题公园的建设

案例导入

美国洛杉矶当地时间 2019 年 4 月 13 日晚，第 25 届世界主题娱乐协会（Themed Entertainment Association，TEA）年度颁奖典礼隆重举行。长隆集团旗下的广州长隆水上乐园呈献的全球首台"摇滚巨轮"获颁 TEA"杰出成就奖"。

广州长隆旅游度假区继 2014 年作为亚洲唯一代表勇夺"全球最佳主题乐园鼓掌奖"三甲后，荣膺 TEA 有史以来唯一凭水上游乐设备获奖的文旅品牌。值得一提的是，根据 TEA 权威数据显示，广州长隆水上乐园连续 6 年（2013~2018 年）全年游客人数排在全球水上乐园榜首，不断刷新自身保持的全球水上乐园全年游客总数和日均游客接待量两大纪录，稳踞"世界第一水上乐园"的行业领先地位！

长隆水上乐园自开园之初便按"全球最大、最先进、设备最多"为标准，拥有堪比夏威夷山谷的"巨洪峡"漂流河、9 种海浪效果的"超级造浪池""超级大喇叭"等 10 多个特色水滑道、10 多项亲子水上设施，满足全年龄层游客的玩水需求。更重要的是，长隆水上乐园一路引领世界水上主题乐园的发展，不断突破季节、气候的限制，开行业先河引进全园温水系统，实现全园温水滑道；还推出多个热水按摩池、热力桑拿屋、冰雾屋等人性化玩水模式；更打造多元化的水上演艺，提供全方位的玩水体验，其中"长隆水上电音节"已经成为全球水上乐园潮牌之一，堪称世界上时间跨度最长、参与人数最多的全球首个水中电音节，每年参与游客超百万，对标国际水准的电音舞台灯光系统，结合烟花、水幕喷泉等舞台特效，以及顶尖水上飞人表演等各种精彩演出，成为万人狂欢的水上派对。

（资料来源：中国航空旅游网）

思考：

1. 你认为长隆水上乐园稳居"世界第一水上乐园"的行业领先地位的原因是什么？

2. 你认为主题公园的打造需要做好哪些事情？

一、主题公园的选址

选址好坏是影响主题公园设计的成功与否的重要因素。主题公园园址的确定必须植根于对周边客源市场进行了详尽分析和实地考察的基础上，而绝对不能凭空想象，轻率拍板。建设一个好的主题公园，应充分重视市场分析定位和市场占有，对文化内涵做出正确的商业价值判断，提高重游率和投资收益比，并通过旅游乘数效应带动当地其他行业的发展。

首先，主题公园客源市场与周边地区常住人口和流动人口数量紧密相关。一般来说，主题公园周围 1 小时车程内的地区是其主打市场区位，这些地区人口数至少要达到 200 万人；2~3 小时车程内的地区为其次要市场区位，人口也要超过 200 万人；除此之外，第三市场区位和远距离游客则主要依赖主题公园的品牌影响力和便利快捷交通系统来导入。

其次，一般而言，主题公园高投入、高消费的特点使其深受腹地社会经济的影响。因此，在主题公园设计选址时，应首先考虑经济发达的地区。同一区域内相同主题的主题公园呈密集性分布，势必会因客源不足导致企业恶性竞争。

最后，主题公园设计园址选择还需要充分考虑园址所在地区的交通条件，以方便客流自由出入。主题公园所在地区要求有比较健全的立体交通系统，特别是在主题公园附近至少要有一条能容纳大交通量并有良好交会地点的主要道路，以及一条可作为紧急出入口的次要道路。主题公园发展商应积极创造良好外部条件，主动引导和迅速输送客源。

二、主题公园的设计

主题公园设计的主题选择需要创新思维，主题公园的经营更需要不断推陈出新。只有这样，主题公园设计才能带给游客新鲜感，生命周期才能得以延长。在进行主题创意与策划时，要紧紧围绕"旅游者的需求"，突出休闲娱乐的特性，表现"旅游新形态"。为此，发展商在主题公园的景观设计、旅游产品后续更新方面必须走在市场前列。

（一）主题景观的创意设计

目前我国主题公园设计的发展有个很典型的特征，那就是生命的周期性，很多主题公园在开业前几年达到某一峰值后就很难再次超越，开始走下坡路。造成这一局面的重要原因是目前我国主题公园大多是静态景观造成的，游客进行的是走马观花的纯观光型活动，参与性娱乐项目比较少，比较容易感到乏味。这种直观性强的静态景观，游客参观完一次后缺乏重复消费的动力，从而导致游客的重游率很低。

（二）主题公园设计的策划与设计

主题公园静态人造景观一旦建成后具有一定的稳定性，后续可塑空间毕竟有限，而参与体验项目决定了园区的核心吸引力是否可持续发展，所以这些项目的包装设计需由专业人员的主观创造性进行设计包装。如华侨城股份公司在编排广场演出节目上就不断创新，其推出的《绿宝石》《创世纪》《江海》等大型舞蹈表演美轮美奂；组织的火把节、啤酒节等民俗节庆狂欢、主题晚会精彩纷呈，另外在游乐项目的包装上也开发设计了大量有吸引力的主题，如欢乐谷的"蚂蚁王国""特洛伊木马"等。这些引人入胜的项目设计极大地提高了主题公园重游率，也创下了我国主题公园设计延长生命周期的成功范例。

三、主题公园的盈利模式

（一）门票收入

主题公园主要通过出售门票获得经营收入。目前，主题公园主要采用这一盈利模式，门票收入占经营收入的绝大部分。

（二）餐饮收入

除了出售门票外，主题公园通过在园区配套餐饮设施，为游客在游玩的同时提供相应的服务从而获取经济收入。当前，主题餐厅的消费成为餐饮业一个快速发展的市场，各种类型的主题餐厅纷纷出现，只要有自身特色，大都受到游客的欢迎。在此形势下，主题公园借助自身主题特色，打造自己的主题餐厅是十分有必要的。目前国内很多主题公园在这方面做得不错，如西安的"大唐芙蓉园"开发了唐文化主题餐厅，深受当地民众和外地游客的喜欢，到"大唐芙蓉园"吃饭成了当地的一种消费时尚。

（三）纪念品销售收入

通过向游客出售以纪念品为代表的一系列商品，也是主题公园获利的一种重要手段。尤其是出售体现公园特色的旅游纪念品不仅能获得收入，还能借旅游纪念品宣传自己的品牌和形象，可谓一举两得。特色鲜明的旅游纪念品不仅能吸引游客购买增加旅游收入，还能对旅游地和旅游景区起到很好的宣传作用。例如，美国的迪士尼乐园在旅游纪念品的经营方面做得非常成功，其借助迪士尼动画公司为世人熟知的卡通形象如米老鼠、唐老鸭、兔八哥、白雪公主等设计开发了一系列的旅游纪念品，从文具、杯子、书包到各种毛绒玩具、服装，应有尽有，且公司对这些产品具有知识产权，别的商家未经允许不得仿制、销售。任何一件在迪士尼销售的纪念品都深深地打上了迪士尼的烙印，即使价格昂贵，游客仍然愿意购买，取得了巨大的经济收益。

（四）特色服务收入

主题公园除了门票、餐饮、购物等收入来源，还可以通过向游客提供一些个性化的服务获取收入。例如，青岛极地海洋世界为增加游客的游兴，专门设立了游客喂食海洋动物的环节，即游客可以通过购买饲养人员准备好的食物，亲自喂食海洋动物，与它们来一次亲密接触。目前价格是喂食海豹、海狮20元，喂食白鲸50元，由于一次喂食量很小，可间歇性地接待数量较多的游客。同时，在驯兽师的帮助下，游客还可以与海洋动物们亲密合影，价格是50元一张。通过这些服务，既增加了游客的玩兴，又增加了公园的收入。

（五）其他收入

除了以上常见的盈利方式以外，主题公园还可以提供有助于丰富体验（经历）的相关服务以及相应的服务体验本身，如提供住宿服务；出让围绕旅游者的消费能力所带来的可能的收益机会，如旅游区内的招商、景区节庆活动商业赞助；获取资本投入后在旅游项目所在地溢价收益的其他商业开发，比如景区，旅游目的地的房地产开发；出让、出售具备知识产权特点的商品，如玩具、旅游工艺品、纪念品等；提供保证旅游景点景区内居民可以市场化的公共服务，如供水、供电等。

四、六大迪士尼乐园

（一）美国洛杉矶迪士尼主题公园

洛杉矶迪士尼主题公园建立于1955年，是全球首个现代意义的主题公园，选址在洛杉矶迪士尼制片厂附近，距离洛杉矶市中心45千米，由65平方千米地价低廉的柑橘园改建而成。选址主要遵循两个原则：一是必须位于洛杉矶大都市圈内，以确保客源充足；二是要有高速公路连接，可进入性强，保证游客出入方便。

园内共有 5 个区域：冒险世界、西部边疆、童话世界、玩具王国和未来世界，并且不断更新。这座超级乐园耗资 1700 万美元，每天需要 2500 名工人维护，每年可吸引游客 2000 万人次，是当时世界上构思最精巧的游乐公园。

（二）美国奥兰多迪士尼主题公园

奥兰多迪士尼主题公园建立于 1964 年，是全球第二个迪士尼主题公园。耗资 7.66 亿美元，占地约 122 平方千米，由 4 座超大型主题公园、3 座水上公园、32 家度假饭店（其中 22 家由"迪士尼世界"经营）、5 座 18 洞的国际标准高尔夫球场和综合运动园区，以及 784 个露营地组成。公园中心拥有迪士尼购物中心、夜间游乐区、各式商店和超过 250 家餐厅等配套设施。自 1971 年 10 月开放以来，每年接待游客约 1600 万人次。

该主题公园选建在佛罗里达州奥兰多市郊区，除具有洛杉矶迪士尼的选址条件外，还基于两点新考虑：首先用地面积必须巨大，足以隔绝外界影响并利于设计师想象力的发挥；其次征地价格低廉，符合经济效益原则。

（三）日本东京迪士尼主题公园

东京迪士尼主题公园由东京湾的一片浅海区填平建设而成，于 1983 年正式投入运营，也是迪士尼公司在海外建设的首家主题公园，耗资 1500 亿日元。东京迪士尼主题公园是由美国迪士尼公司和日本梓设计公司合作建造的。

由于日本在第二次世界大战后深受美国文化的影响，对美国文化有较高的认同感，使得迪士尼公园进入日本非常顺畅。从 1983 年春天开始营业以来，已接待游客 2.6 亿人次，创下了数倍于投资的巨额利润。

东京迪士尼主题公园分为世界市集、探险乐园、西部乐园、新生物区、梦幻乐园、卡通城及未来乐园 7 个区，园内的舞台以及广场上会定时有丰富多彩的化妆表演和趣味性的游行活动。此外，日本人崇尚集体活动的文化特征，无形中也大大促进了消费，为迪士尼带来了不菲的利润。而且，东京的地理位置给迪士尼带来了广阔的潜在市场，异域文化的神秘色彩对亚洲市场具有强烈的吸引力和感召力，为迪士尼公司成功开发海外市场，实施跨文化营销策略奠定了重要基础。

（四）法国巴黎迪士尼乐园

迪士尼公司耗资 440 亿美元，兴建了位于欧洲的第一个迪士尼乐园。公司考证了英国、意大利、西班牙和法国，英国和意大利因缺乏大片平整土地而首先落选，西班牙的阿利坎特每年都受密史脱拉风的吹袭而落败，最后选择了法国巴黎以东的马恩山谷。

首先，此处地理位置优越，即法国处于欧洲中心，辐射面广，马恩山谷靠近巴黎，有很大的潜在市场；其次，政府支持，政府以低价卖出土地，还向迪士尼公司提供低利息的贷款，并承担多项基础建设工程，投资建设高速铁路，建造英吉利海峡隧道，延长郊区地铁等；同时还拥有股权。巴黎迪士尼乐园是全欧洲游客最多的付费游乐场。

（五）香港迪士尼乐园

香港迪士尼乐园是中国首个、全球第五个迪士尼主题公园。兴建计划在 1999 年正式宣布，2003 年动工，2005 年 9 月 12 日建成开放。香港迪士尼乐园占地 126 平方千米，且大部分是用沙土填海而成。

香港迪士尼乐园是一个由主题公园、主题酒店及水上活动中心构成的度假区，由香港国际主题公园有限公司建设、管理及运营，并由迪士尼公司设计。现时度假区第一期包括：一座主题公园、两座主题酒店，以及水上活动中心等零售、餐饮及娱乐设施。度假区第一期预留有位置扩建乐园及兴建第三座迪士尼主题酒店。另外，度假区旁边也预留了位置兴建度假区第二期，而度假区第二期将包括一座主题公园及两座主题酒店。

选址香港的主要原因有四点。第一，市场潜力：香港作为国际化大都市，对国外游客有巨大吸引力。同时香港一向以"购物天堂"自居，景点市场不发达，这个香港旅游业的致命弱点却为迪士尼落户香港提供了良好条件。第二，区位条件：香港的地理位置十分优越。它拥有便利的海空交通条件，又是粤港澳旅游大三角的重要一翼，是世界各国游客进入中国的一个桥梁和窗口，同时地处东北亚至东南亚和南亚交通的中心位置，是国际交通中枢，世界上近一半人口可以在 5 小时内抵达。第三，客源多元化。第四，气候因素：香港地处亚热带与热带过渡地带，四面环海，气候温暖湿润，光照充足，能满足常年度假休闲旅游需要。

（六）上海迪士尼乐园

上海迪士尼乐园是中国内地首座迪士尼主题乐园，位于上海市浦东新区川沙新镇，于 2016 年 6 月 16 日正式开园。它是中国大陆第一个、亚洲第三个，世界第六个迪士尼主题公园。乐园拥有七大主题园区：米奇大街、奇想花园、探险岛、宝藏湾、明日世界、梦幻世界、玩具总动员；两座主题酒店：上海迪士尼乐园酒店、玩具总动员酒店；一座地铁站：迪士尼站；并有许多全球首发游乐项目。

第六节 迪士尼主题公园和默林娱乐的运营模式

一、迪士尼运营模式

迪士尼是一家拥有完整文化娱乐产业链的公司，2016 财年的总收入为 556.32 亿美元，较上年上涨 6%，是整个产业链的核心动力。运营模式为以创意的电影偶像为载体，建立一个主题公园，吸引游客到乐园游玩，并产生附加价值，带来衍生品等其他收益。通过影视作品塑造和传播主题形象，再建设主题公园，因此较为容易被游客熟悉和认知。对 IP 商业价值的挖掘和运用成为迪士尼不断扩大其影响力的重要手段。连续六年创下业绩新高。迪士尼产业链以 IP 为核心，包括媒体网络（电视）、影视娱乐（电影）、公园度假区（主题公园）、消费产品（衍生品）和互动娱乐（游戏）五大板块。

（一）完整产业链

目前，迪士尼集团已形成"电影—电视电台—衍生产品—迪士尼乐园"的完整产业链，其中迪士尼主题公园处于整条产业链的下游方向，迪士尼影视娱乐是整个产业链的核心动力。运营模式为以创意的电影偶像为载体，建立一个主题公园，吸引游客到乐园游玩，并产生附加价值，带来衍生品等其他收益。通过影视作品塑造和传播主题形象，再建设主题公园，因此较为容易被游客熟悉和认知。对 IP 商业价值的挖掘和运用成为迪士尼不断扩大其影响力的重要手段。

迪士尼影业 2016 财年所获得的成就惊人。2016 年，迪士尼拥有不菲的全球票房，并成为世界上第一个年收入突破 75 亿美元的电影公司，包括《星球大战：原力觉醒》《美国队长 3》《海底总动员 2》《疯狂动物城》在内的 4 部电影取得了 10 亿美元以上的全球票房。《星球大战：原力觉醒》获得了逾 20 亿美元的全球票房成绩，成为史上票房第三高的电影。

业内人士分析指出，如果单纯依靠门票收入，只能基本维持员工的工资，能够作为利润的部分极少。因此门票经济并非迪士尼乐园营收的全部，甚至只占到乐园全部营收的很小一部分，乐园 60% 的收益来自衍生品等二次消费。米老鼠、汽车总动员、星球大战等电影中虚拟人物造就了迪士尼衍生品的产业链，其开拓了电影、乐园、邮轮、服饰、出版物、音乐剧、玩具、食品、教育、日用品、电子类产品等一系列消费品。

（二）IP 的打造

在实际经营中，迪士尼乐园始终注重将电影 IP 和人造梦境完美结合，为保持其可玩性提供强有力的支撑，以真实重现电影梦幻吸引游客。同时，为了保持乐园新鲜感，除了历久不衰的米奇系列等动画卡通角色，2006 年、2009 年、2012 年，迪士尼分别以 74 亿美元、42 亿美元和 41 亿美元收购皮克斯动画、漫威工作室和卢卡斯电影公司。收购具有优质 IP 的三家公司使迪士尼获得多个经典漫画角色，拥有了当下流行的娱乐热点和热衷的话题内容。迪士尼会对这些新 IP 形象进行人物内容实地测试，确认游客对人物的喜爱度，然后进行开发并引入乐园。迪士尼在电影方面的强大原创能力，为将园区打造成一个完整童话梦境提供不竭的灵感。而为营造全方位的沉浸式体验，任何与相关主题冲突的元素都不能出现在游客的视野中。2016 年上半年，迪士尼制作或旗下发行的 5 部在中国上映的影片，总票房近 50 亿元人民币。大热的动画电影不仅可以使迪士尼在全球获得巨大的票房收益，也凭借众多经典的卡通形象促使游客前往迪士尼主题公园。

（三）海外布局

为了更直接地参与项目受益分配，巴黎乐园、香港乐园以及上海迪士尼项目都采取了直接参股的合资模式，仅东京迪士尼是许可经营模式，由迪士尼将相关知识产权许可给日本 OLC 公司，日常运营由 OLC 公司负责，迪士尼不参与项目的运营，每年仅收取一定比例的许可费。该费用比例不是与经营利润挂钩，而是与项目营业总额挂钩，这直接考验着日方在经营管理和运维方面的能力。而上海迪士尼属于合资形式，由国有企业申迪集团与华特迪士尼共同投资、建设和运营，共同承担项目的收益和风险。此模式下，迪士尼将获得比许可模式下更高的收入。

（四）高科技应用

过去 60 多年中，迪士尼一直致力于利用科技优化游乐设施的设计与体验。高新技术在主题公园行业具有强大的影响力。一方面青年游客需要更大、更高、更快、更刺激、更复杂的过山车，另一方面人口老龄化需要提供比较轻松的娱乐，这些不断变化的需求都要求主题公园不断采用最新的高科技来满足。目前，主题公园最新的高科技产品主要包括高清晰度电影、飞行模拟器和虚拟现实空间。

（五）进驻中国

上海迪士尼乐园于 2016 年 6 月 16 日开园。作为中国大陆地区第一个、亚洲第三个、世界第六个迪士尼主题公园，引起了社会的广泛关注。迪士尼首次来到中国内地，除首发精彩景点及项目外，中国元素成为上海迪士尼的独特看点：标志性餐厅漫月轩设有代表中国不同地域的餐食；首次以中文演出的音乐剧《狮子王》；化身迪士尼动画角色的中国十二生肖也被融入其中。众多中国元素的设计，在保证原汁原味迪士尼的同时又增加了本土特色，游客的新鲜感和熟悉感倍增。

上海迪士尼乐园于 2017 年 6 月迎来了开幕一周年。开业首年入园人数超 1000 万人次，首年收入估计为 70 亿元左右，包括门票和其他消费。上海迪士尼乐园的开园也具有辐射效应带动产业链上下游发展。上海迪士尼乐园将重点覆盖距上海 3 小时车程内的 3.3 亿人口，而 1 期成熟后或将带来 3000 万客流。其中，市外增量游客占 80%，预计将带动其他旅游线路的预订量；同时，迪士尼的溢出效应还将辐射到房地产、交运、餐饮、商贸等消费行业。预计迪士尼周边酒店入住率将稳步提升，经济型酒店房价也将相应上涨。

二、默林娱乐运营模式

默林娱乐集团是英国知名的优质家庭娱乐景点营运公司，也是全球第二大的旅游景点营运公司。目前集团规模超越环球片场，仅次于迪士尼。集团旗下拥有乐高乐园（Lego Land）、杜莎夫人蜡像馆（Madame Tussauds）、伦敦眼（The London Eye）、水族馆（SEA LIFE）、加达云霄乐园（Gardaland）及伦敦地牢（Dungeons）等国际知名景点。仅 2014 年，全球接待游客人数就达到 0.628 亿人次。

（一）专业化主题公园

与全产业链模式的显著不同在于，默林集团旗下的各个主题公园品牌都相对独立，多数都基于单个 IP 或者景点进行设计开发。虽不采取一个园区内整合配置的做法，但是也出现了像乐高乐园、海洋生物馆等全球品牌。在强化自身品牌、充分利用客流量方面，默林集团通过发售年度通行票实现旗下资源共享和互补，谋求价值最大化。

1. 乐高乐园

全球以乐高积木为主题的乐园目前有 6 家，分布在美国、英国、丹麦、马来西亚等地，因兼具娱乐性、创造性、趣味性、游戏性和知识性而深受喜爱。乐高乐园基本都有内部分区，迷你城市建筑区往往是热门区域，而为了体现地域特点，吸引本地游客，乐高迷你城市通常会有代表该地区的著名建筑和场景，并且设置了积木创造学习区、幼儿积木专区，以及驾驶区、城镇区等。

2. 海洋生物馆

默林旗下的"海洋生物馆"已经成为世界最大的海洋馆品牌，目前在英国、北美和亚洲区域都进行了开发建设。所有的海洋生物馆都以"新奇发现"为主题，同时还兼有海洋生物教育、海洋生物保护等教育、宣传的多样化功能。直观形象、寓教于乐、新奇有趣的游玩体验，吸引了无数儿童和大朋友。

（二）并购扩张

默林娱乐通过品牌收购使自身业务规模大幅提升。默林娱乐集团成立于1999年，之后于2005年收购乐高公园，2006年收购卡斯德尔诺游乐园，2007年收购杜莎集团，三年内营业规模扩大10倍，目前旗下拥有乐高乐园、杜莎夫人蜡像馆、海洋世界、伦敦眼等知名娱乐产品。截至2015年8月，默林娱乐集团涵盖四大洲，共23个国家，拥有111个旅游景点、12家酒店、4个度假村、2.6万名员工。

（三）中国市场

目前，默林娱乐在中国香港地区、上海、北京、武汉拥有4家杜莎夫人蜡像馆，在上海还拥有1家上海长风海洋世界、1家乐高探索中心。2016年10月，默林娱乐与华人文化产业投资基金达成协议，将共同在上海及周边地区开发家庭娱乐主题公园——乐高乐园。除在上海及周边地区建设乐高乐园外，默林娱乐将布点扩展到了北京、武汉、重庆等地，预计未来将在全国范围内开发一系列中小型现场娱乐及主题公园项目。

第七节　我国主题公园的现状

案例导入

央广网北京12月1日消息（记者刘倩茹）　据经济之声《天下财经》报道，欢乐谷、方特、长隆，这些都是耳熟能详的主题公园。精准的用户定位、多样的游园体验，让这些公园受到了消费者的青睐。其实，在过去的30年里，中国的主题公园经历了一波又一波投资热潮，但是保持着持续盈利的却不到10%。中国主题公园发展之路该怎么走？

现状：数量不断上涨，市场竞争激烈

最近几年，中国的主题公园发展迅猛。外有迪士尼来势汹汹，内有欢乐谷、方特等本土品牌加速区域布局。数据显示，中国的主题公园数量目前达到了2500多家，其中投资在5000万元以上的有300家左右。

"我们除了在中国发展，万达还将使我们的文化品牌在国外落地。"这是万达集团董事长王健林对于万达主题公园的建设规划。很久没听到王健林的声音，不免觉得有些陌生。其实早在万达之前，我国就形成了华侨城、方特、海昌、长隆和宋城这五大主题公园竞争的格局。这些主题公园群都曾进入全球主题公园排行榜前10位。在北京市华侨城副总经理陈红梅看来，提升科技和文化产品是他们的经营法宝，"一个是自主研发，一个是引进成熟的产品。希望能够有一些知名的产品能够落户到欢乐谷品牌"。

除了欢乐谷，其他几家主题公园也在推陈出新。在方特主题乐园里，有以国产动画《熊出没》为主题设计的餐厅、剧场。此外，方特和长隆还与电视台的一些真人秀节目捆绑营销，在旅游消费市场上迅速做大影响力。

（来源：央广网）

思考：

1. 尝试为国内主题公园诊断为何不盈利。

2. 你认为我国主题公园未来发展应该何去何从？

一、我国主题公园行业现状

（一）行业政策指引主题公园发展方向

主题公园行业作为旅游业的细分子行业，直接受旅游业相关政策影响；同时，由于旅游元素和文化元素往往存在天然联系，主题公园行业也受到文化产业相关政策的影响。2009年，国务院出台《关于加快发展旅游业的意见》，明确鼓励大型主题公园的发展；同年出台的《文化产业振兴规划》明确提出，加快建设拥有自主知识产权、高技术含量和中国文化特征的主题公园。上述文件为中国主题公园的发展提供了政策指导。

由于一线城市主题公园基本饱和，加之不少地产公司以发展文化娱乐事业为名行变相圈地之实，2011年8月，发改委发出《关于暂停新开工建设主题公园项目的通知》，要求各地暂停新的主题公园建设，主题公园的投资建设受到了制约。

2013年3月，发改委等12个部委联合印发《关于规范主题公园发展的若干意见》，规定主题公园项目新建、扩展应严格履行相应核准程序，并加强主题公园行业监督，明确界定主题公园范围及类型，严禁借投资主题公园名义开发商业房地产。从"叫停"到"规范发展"，被业界解读为对"主题公园发展的解禁"。在政策松绑下，主题公园的投资热潮再次掀起。2014年9月，著名主题公园品牌"环球影城"落户北京通州，这是继香港和上海迪士尼乐园之后落户中国的第三个特大型主题公园。2014年11月，落户安吉的中国首座"Hello Kitty"主题公园正式完工。此外，国内经营主题公园的企业也不断增多，华侨城、海昌控股、宋城演艺、万达集团等百花齐放。

（二）外资加码倒逼国内主题公园转型

近年来，国际大牌主题公园纷纷抢滩中国主题公园市场。除上海迪士尼以外，位于北京通州的环球主题公园预计2021年开业；世界排名第二的默林娱乐集团将在上海或周边打造"乐高乐园"；法拉利宣布将在中国建设一座法拉利主题公园；江苏南通依托"明斯克"号航母打造的航母主题公园也呼之欲出。可以预见，中国主题公园市场短时间内将进入白热化竞争阶段。

深圳华侨城相关人士表示，外资不断加码中国主题公园市场，无论是景观、游乐设施、旅游演艺还是软件服务，都将给游客带来全新的感受，这对国内的主题公园而言无疑会产生标杆作用和冲击，迫使他们在体验上全面升级；对未来新建的公园则会有一定的引领作用，将加速主题公园和文化企业形成合作，很多IP会从影视作品很快转向旅游体验作品。

面对国际巨头的竞争，万达、长隆、方特等本土品牌拼命追击。例如，万达集团将在全国10多个城市开设融入中国元素的主题公园，通过融入京剧及当地历史等元素创造自主特色，进而抗衡"迪士尼乐园"及"环球影城"等西式主题公园。华侨城也正加大创新力度，除对原有欢乐谷进行升级更新外，还在开发新一代科技版欢乐谷——卡乐世界·OCT华侨城。

（三）亚太地区成为全球主题公园热区

2018年对于主题娱乐行业而言是里程碑式的一年，前十大主题公园集团的各主题景点年总入园人次首度突破5亿，这个数字差不多是全球人口总数的7%。全球十大主题公园集团名单和排位与2017年保持一致，迪士尼集团以1.57亿人次的总入园人数位居榜首，中国的华侨城、华强方特和长隆集团三大主题公园巨头继续保持全球主题公园集团第四、第五和第六之位，2018年接待总入园人数增长率均突破9%。亚洲最受欢迎的20家主题公园整体入园人数上涨3.6%。2018年20家最受欢迎主题公园中，年入园人数最低的成都华侨城欢乐谷也共接待入园人次310万。

在2018年亚太地区主题公园游客量排行榜TOP20上，排在前三位都是日本的主题公园。其中东京迪士尼乐园以1790.7万的游客量高居榜首，相比2017游客量增长7.9%；排在第二位的是位于东京的迪士尼海洋公园，2018年游客数为1465.1万人，同比增长8.5%；位于日本大阪的日本环球影城游客量排在第三位，2018年游客量为1430万人次，同比下降4.3%。在排名前20大主题公园中，有14家公园所在地位于中国，占据了70%；日本3家，韩国各有2家，新加坡有1家。游客量增长最快的是中国常州恐龙园，2018年游客量为410.6万人次，同比增幅为27.9%。值得注意的是，韩国上榜的两家主题乐园游客量都有所下降，韩国的乐天世界2018年游客量下滑11.2%。

从全球主要区域主题公园市场份额占比情况可以看出，亚太地区已经成为全球主题公园市场的重心。从游客增速来看，2018年，常州恐龙园以27.9%的增幅，成为亚太地区前20名主题公园中游客数量增速最快的企业；长隆欢乐世界和珠海长隆海洋王国则以11.9%和10.6%的增速位列第二位和第三位。

目前，地方政府和IP公司对引进主题公园和发展IP主题授权持积极而活跃的态度，随着越来越多的国际品牌进入中国市场，以及中国本土企业奋发前行，2020年前，亚太地区有望成为全球最大的主题公园市场。

二、我国主题公园存在的问题

2016年6月16日，全球第六座、中国内地第一座迪士尼乐园在上海正式开业。据预测，上海迪士尼每年将带来直接园区经济效益156亿元，带动上海其他经济效益144亿元。业内普遍认为，上海迪士尼的落成对国内主题公园行业将会产生很大影响，包括广州长隆、深圳华侨城、欢乐谷等都会波及，与此同时，上海迪士尼也将直接带动国内主题公园投资热潮再次升温。

近10年来，国内主题公园快速崛起，并呈现出了"井喷式"的发展态势。业内数据显示，截至目前，国内主题公园数量达到2000多家，其中国内投资在5000万元以上的有300家左右，我国主题公园发展正迎来"黄金时代"。另据测算，至2020年，中国文化产业占GDP比重将达5%以上，文化及相关产业增加值将达4.5万亿元以上，作为"旅游+文化+体验"的新型文化消费，主题公园旅游前景广阔。2020年，中国将超过美国，成为世界最大的主题公园市场。

（一）区域分布呈东中西部差异

我国主题公园的空间分布极不均匀，东、中、西部呈现出明显的差异，基本呈三级阶梯结构：东部沿海分布较多规模较大，中部分布次多且规模不大，西部分布较少且规模较小。除港澳台之外的其余 31 个省、市、自治区各自拥有的主题公园情况如下：东部 11 个省、市拥有的主题公园数量占到全国的 58.08%，中部地区 8 个省拥有的主题公园数量占全国的 23.33%，西部地区 12 个省、市、自治区拥有的主题公园数量则只占到全国的 18.59%。

（二）缺乏独特主题，同质化现象严重

当前，国内真正具备竞争力的主题公园并不多，缺乏新意，盲目跟风，同质化严重，已经成为主题公园的通病。据统计，全国各种"西游记宫"曾有 50 多个，全国各类民俗大观园和民俗村达 30 多个，以游乐设施为主打的卡通主题公园更是不计其数。

之所以出现严重的同质化现象，一方面是受到其他成功案例的影响，如欢乐谷、迪士尼等；另一方面则是出于利益驱动，把主题公园当成迅速致富的手段，一味追求"投资少，见效快"。两方面原因叠加导致许多主题公园沉湎于简单模仿和粗制滥造，虽然项目繁多，但大同小异，缺乏精品。主题是主题公园的灵魂，创新是主题公园的生命。如果大量主题公园主题相似或一致，必然难以吸引游客。

（三）"旅游＋地产"模式淡化文化主题

我国的主题公园虽然数量繁多，但基本只有一种生长模式——"旅游＋地产"。尤其是在二线、三线城市。因为这样比较容易批到地，且地价相对便宜。以操盘最成功的华侨城为例，先后投入巨资开发了锦绣中华、中国民俗文化村、世界之窗、欢乐谷 4 个主题公园，将荒滩野地打造成了旅游城，周边房产价格也水涨船高。

但是，这种"旅游＋地产"的横向组合模式导致主题公园的主题文化不突出，文化产业找不到线下落地体验，主题公园与文化 IP、传媒、影视、动画、游戏等年轻人喜欢的文化产品没有形成立体化的产业链。

反观国外主题公园都是"旅游＋文化"纵向深层次融合发展的商业模式。迪士尼乐园之所以长久不衰，与其不断更新有关。园区内除了不断推出各种新的活动外，影视板块也在不断输入新的 IP 内容，使园区可以不断增加新元素。

（四）盈利模式单一导致门票价格虚高

盈利模式单一是国内主题公园面临的关键问题。首先来看国外的主题公园盈利

模式，以迪士尼为例，其收入中门票、购物和其他消费三部分的比例基本是 3∶3∶4，且门票收入只作为日常维护费用。迪士尼整个盈利模式的架构是：以不断提升的品牌知名度吸引游客，在获得门票收入的同时，通过出售具备知识产权特点的旅游纪念品获得二次盈利，又由于旅游纪念品的发售进一步扩大迪士尼品牌的影响力，这一盈利模式使迪士尼具备强大的生命力。

反观国内，很多主题公园几乎只有门票收益一种盈利方式，加之投资回报期多为 2~3 年（国外一般为 6 年以上），使得园方过度依赖门票收入，定价远高于游客的心理预期，抬高了消费门槛的同时也降低了游客重游率，导致门庭日渐冷落。更为尴尬的是，只依靠门票收入难以维持主题公园的日常维护、项目更新、园区管理等费用支出。

当国际主题公园巨头纷纷进入中国跑马圈地时，目前国内 70% 左右的主题公园还在为盈利而努力，呈现金字塔式结构。根据前瞻产业研究院发布的《中国主题公园行业发展模式与投资战略规划分析报告》，中国 70% 的主题公园处于亏损状态，20% 营收基本持平，只有 10% 实现盈利，约 1500 亿元人民币资金套牢在主题公园投资之中。

国内主题公园盈利难的原因有很多，除了前期投资高昂外，更为关键的是缺乏后期的持续投入，忽视了持续不断追踪游客心理需求的变化，在挖掘文化内涵上着力不足。具体表现在缺乏独特的主题、文化和品牌，雷同、克隆现象较为严重，游客体验较差。

三、我国主题公园的发展方向

（一）找准特色定位

打造主题公园最忌盲目复制成功经验，要因地制宜，找准地方特色定位，以资源为基础，提升主题公园的差异化竞争优势，避免同质化的恶性竞争，地区间还应相互合作互补。同时，主题公园定位需更加细致化，以便游客可以根据自己的喜好、收入水平以及便利程度等因素对不同地区的公园做出选择。

广东长隆集团创始人苏志刚认为，主题公园建设必须采用"主题＋错位"的创新理念，在"主题"文化上追求独特的客户体验，在"错位"竞争上打造别致的产业链，让游客不是因为稀奇来看一眼，而是多次品味、细细享受。

（二）持续自我更新

主题是主题公园的灵魂，创新则是主题公园的生命。要在竞争日趋激烈的主题公园乃至整个旅游市场中站稳脚跟，关键是要确立、挖掘和营造好主题公园的文化内涵。在各类主题公园中，刺激的游乐园注重的是感官体验文化，以影视剧、卡通漫画等场景模拟的主题公园强调的是 IP 文化，以民俗村为主题的公园展示的是传统文化。主题文化虽不同，但绝不能是肤浅粗俗的噱头，而是要深耕、浸润其中。通过赋予主题公园深刻而丰富的文化内涵，有效地传递核心价值和品牌，形成游客对主题公园的品牌忠诚。

以横店影视城为例，从 1996 年兴建广州街，1997 年修建秦王宫，1998 年修建香港街和清明上河图，1999 年建成江南水乡景区，至今已经建成十几个影视拍摄基地和两座超大型的现代化摄影棚。正是通过这种打造主题公园集群的方式，横店这个不通火车、不通飞机的江南小镇 2015 年吸引了 1500 万游客，成为中国乃至世界上最大的主题公园集聚区。《横店影视旅游》杂志总编辑曾毓琳认为，主题公园需要不断创新产品来吸引游客，横店影视城会根据每年的流行元素对 22 台演艺节目进行改造升级。正是基于独特的主题文化、不断的自我更新，横店影视城才能在百花齐放的主题公园市场牢牢占有一席之地。

（三）拓展产业链条

国内主题公园相比国外巨头，最大的不足就是盈利渠道单一。国外主题公园门票、购物和其他消费三部分的比例基本是 3：3：4，国内主题公园的收入 80% 以上依靠门票，每平方米收入仅为迪士尼乐园的 1/80。

破解盈利模式单一的问题，需拓展产业链条，形成立体式服务。产业链所衍生出的餐饮、商业、酒店以及其他消费领域的内容才是主题公园的价值所在。从对主题公园产业链的横向和纵向的挖掘来看，可以从以下三方面进行拓展：第一，游乐产品，即提供有助于丰富体验（经历）的游憩服务以及相应的服务体验；第二，综合服务，即在主题公园区域内提供餐饮、住宿、购物等相关外延服务；第三，对外服务，即通过自身的节庆活动对外招商。

（四）细化产业分工

主题公园建设是一个系统工程，涉及创意、规划、设计、管理、机电、建筑智能、材料、土木施工、环境工程、园林规划等诸多专业和学科的内容，需要自上而下统筹规划，协调管理。从前期的概念规划、可行性研究，到中期的总体规划、公园设计、施工图准备，再到后期的园区施工、设备采购、设备安装，每一个环节都需要专业知识的支撑，每一项技术都需要专业化的高科技人才来完成。

全世界最顶尖的主题公园创意团队美国公司占了绝大部分，国内公司尽管参与建设的工程量巨大，但是整体业绩与国际知名企业比较仍然存在很大差距。其中很大的一个原因就在于，国外这类公司术业有专攻，而国内企业的特点是大包大揽的"全能型"。对此，业内专家认为，要推动我国主题公园从粗放式运营向规模化、集团化、多元化转变，促进主题公园产业分工细化，人才培养专业化，依据主题公园需求，应有选择、有重点地推进主题公园方面的技术创新和应用。

本章小结

本章对现代娱乐型旅游景区的基本定义及其相关概念做了解读，阐述了现代娱乐型旅游景区的分类及各自的内涵与问题，重点叙述了主题公园概念、功能、分类、特点以及建设和盈利模式，也阐述了我国主题公园发展存在的问题和未来发展方向。

案例分析

南京 1912 街区

南京 1912 位于南京市玄武区，东邻南京总统府、西至太平北路、南至长江路、北至长江后街，又称南京 1912 街区，是南京地区以民国文化为建筑特点的商业建筑群，南京 1912 由 4 大主题风情休闲广场、3 大功能分区、19 栋民国风情独栋建筑组成。以合院为基本骨架，用街道的方式将各幢建筑串联起来，并在关键节点处整合出一些广场空间，建筑层数也以两层为主，新旧建筑相辅相融。街区主要由四个广场和三条街巷构成，三条街巷分别是沿太平北路及长江后街的外街，沿总统府围墙设置的内街以及位于二者中间的中心步行街区和与之相交的一些巷道或街区。广场和街巷的布置为开放的，追求体验性、复杂性的格局，同时多条街巷与建筑实体的交织也更有利于商业的开发与运营。

思考：

请分析我国南京 1912 街区未来发展中存在哪些问题和解决的办法？

思考与练习

1. 请同学们查找一个我国主题公园并对其展开分析。

2. 我国主题公园的管理体制存在哪些问题？如何解决？

第七章　综合吸引类景区（风景名胜区）

学习目标

通过本章的学习，你应该能达到：

知识目标：

1. 了解风景名胜区及相关的概念、功能、特征。

2. 了解风景名胜区的管理历程。

3. 熟悉我国风景名胜区的发展现状。

4. 了解我国风景名胜区管理体制的相关知识。

能力目标：

1. 能够辨析风景名胜区的概念、功能。

2. 能够分析风景名胜区存在的问题。

3. 能够正确认识风景名胜区的管理体制。

实训目标：

能够明晰我国风景名胜区存在的问题并提出一些建议。

第一节　风景名胜区的基本概述

案例导入

九寨沟位于四川省西北部岷山山脉南段的阿坝藏族羌族自治州九寨沟县漳扎镇境内，地处岷山南段弓杆岭的东北侧。距离成都市400多千米，系长江水系嘉陵江上游白水江源头的一条大支沟。九寨沟自然保护区地势南高北低、山谷深切、高低

270

悬殊。北缘九寨沟口海拔仅 2000 米，中部峰岭均在 4000 米以上，南缘达 4500 米以上，主沟长 30 多千米。

九寨沟是世界自然遗产、国家重点风景名胜区、国家 5A 级旅游景区、国家级自然保护区、国家地质公园、世界生物圈保护区网络，也是中国第一个以保护自然风景为主要目的的自然保护区。九寨沟是大自然鬼斧神工之杰作。这里四周雪峰高耸，湖水清澈艳丽，飞瀑多姿多彩，急流汹涌澎湃，林木青葱婆娑。蓝蓝的天空、明媚的阳光、清新的空气和点缀其间的古老村寨、栈桥、磨坊，组成了一幅内涵丰富、和谐统一的优美画卷，历来被当地藏族同胞视为"神山圣水"。九寨沟景区享誉中外，东方人称之为"人间仙境"，西方人则将之誉为"童话世界"。

思考题：

1. 你去过九寨沟吗？对九寨沟的具体印象有哪些？

2. 你还了解或去过我们国家哪些其他的风景名胜区？

一、风景名胜区定义

1985 年 6 月，国务院颁布的《风景名胜区管理暂行条例》第二条给出的定义是：凡是有观赏文化和科学价值，自然景观、人文景观比较集中，环境优美，具有一定规模和范围，可供人们游览、休息或进行科学、文化活动的地区。

为了解决风景名胜区管理中出现的新问题，加强对风景名胜资源的保护，合理利用风景名胜资源，建立和完善风景名胜区管理制度，国务院于 2006 年 9 月 19 日颁布了《风景名胜区条例》，并从 2006 年 12 月 1 日开始实施。《风景名胜区条例》所称的风景名胜区，是指具有观赏、文化或者科学价值，自然景观、人文景观比较集中，环境优美，可供人们游览或者进行科学、文化活动的区域。

风景名胜区
条例

风景名胜区划分为国家级风景名胜区和省级风景名胜区。自然景观和人文景观能够反映重要自然变化过程和重大历史文化发展过程，基本处于自然状态或者保持历史原貌，具有国家代表性的，可以申请设立国家级风景名胜区；具有区域代表性的，可以申请设立省级风景名胜区。

风景名胜区类型包括历史圣地类、山岳型、岩洞类、江河类、湖泊类、海滨海岛类、特殊地貌类、城市风景类、生物景观类、壁画石窟类、纪念地类、陵寝类、民俗风情类及其他类 14 个类型，基本涵盖了华夏大地典型独特的自然景观，彰显了中华民族悠久厚重的历史文化。

风景名胜区
术语标准

二、相关概念

（一）自然保护区

《中华人民共和国自然保护区条例》第二条定义的"自然保护区"为"对有代表性的自然生态系统、珍稀濒危野生动植物物种的天然集中分布区、有特殊意义的自然遗迹等保护对象所在的陆地、陆地水体或者海域，依法划出一定面积予以特殊保护和管理的区域"。中华人民共和国的自然保护区分为国家级自然保护区和地方各级自然保护区。《中华人民共和国自然保护区条例》第十一条规定，"其中在国内外有典型意义、在科学上有重大国际影响或者有特殊科学研究价值的自然保护区，列为国家级自然保护区"。

自然保护区是一个泛称，实际上，由于建立的目的、要求和本身所具备的条件不同，而有多种类型。按照保护的主要对象来划分，自然保护区可以分为生态系统类型保护区、生物物种保护区和自然遗迹保护区3类；按照保护区的性质来划分，自然保护区可以分为科研保护区、国家公园、管理区和资源管理保护区4类。

（二）文物保护单位

文物保护单位为中国大陆对确定纳入保护对象的不可移动文物的统称，并对文物保护单位本体及周围一定范围实施重点保护的区域。文物保护单位是指具有历史、艺术、科学价值的古文化遗址、古墓葬、古建筑、石窟寺和石刻。文物保护单位都是古代科学技术信息的媒体，对于科技史和科学技术研究有着重要意义。文物保护单位分为三级，即全国重点文物保护单位、省级文物保护单位和市县级文物保护单位。文物保护单位根据其级别分别由中华人民共和国国务院、省级政府、市县级政府划定保护范围，设立文物保护标志及说明，建立记录档案，并根据情况分别设置专门机构或者专人负责管理。

（三）旅游区

旅游区是指县级以上行政管理部门批准设立，有统一管理机构，范围明确，具有参观、游览、度假、娱乐、求知等功能，并提供旅游服务设施的独立单位。

（四）世界遗产

世界遗产是指被联合国教科文组织和世界遗产委员会确认的人类罕见的、目前无法替代的财富，是全人类公认的具有突出意义和普遍价值的文物古迹及自然景观。

世界遗产包括文化遗产、自然遗产、文化与自然遗产、文化景观遗产四类。从广义概念上来说，根据形态和性质，世界遗产分为物质遗产（文化遗产、自然遗产、文化和自然双重遗产、记忆遗产、文化景观）和非物质文化遗产。

截至 2019 年 7 月 6 日，世界遗产地总数达 1092 处，分布在世界 167 个国家。中国拥有世界遗产地 55 处。

（五）保护地

世界保护联盟（IUCN）将保护地定义为：通过法律及其他有效方式用以保护和维护生物多样性、自然及文化资源的土地或海洋。在我国，保护地包括自然保护区、风景名胜区、天然林部分的国家森林公园以及世界自然与文化遗产地。

第二节 风景名胜区的特征与功能

案例导入

我国国家级风景名胜区在自然地理要素中的空间分布特征有：集中分布在地表水域周边，与地貌特征和地质构造成因有密切关系，倾向于分布在植被种类丰富的区域；国家级风景名胜区在人文地理要素中的空间分布特征有：国家级风景名胜区按类别集中分布在文化地理区划的副区中，集中分布在交通可达性较好的区域，尤其在古代重要城市周边聚集，而与当代经济发展水平没有关系。具体表现在：① 国家级风景名胜区总体空间分布呈凝聚型，以自然特点为主的风景名胜区分布呈分散型，以人文特点为主的风景名胜区分布呈凝聚型；② 88.89% 的国家级风景名胜区分布在河流湖泊和海滨岛屿附近；③ 山岳类国家级风景名胜区数量最多，且多分布在阶梯分隔带上，相对高度没有明显特征，而山体起伏较大；④ 中国风景名胜区较集中分布在植被群落丰富的区域；⑤ 以人文特点为主的风景名胜区在文化地理区划中的分布表现为按类别集聚，其中历史圣地类风景名胜区主要受到政治因素的影响；⑥ 国家级风景名胜区多分布在交通可达性好的地区，但不同类别的风景名胜区可达性差异也较大；⑦ 中国风景名胜区分布与当地经济发展水平没有直接关系；⑧ 风景名胜区较多分布在古代中心城市附近。

一、风景名胜区的特征

（一）变化与不确定性

在自然与人类系统中，变化是经常的，其表现形式也是纷繁多样的，每一种变化有可能成为诱发进一步变化的因素或动因，一系列的变化就会使空间变得不确定起来。风景名胜区大多如此，其形成多是人对自然的实践（包括保护利用管理以及保护利用管理前提下的规划设计）的空间形态显现。因此，在风景名胜区管理过程中，经常会面对这种变化和不确定性。

以西湖风景名胜区为例，从其空间的演变过程可以看到，其景区、景点（五湖、三堤、三岛、两塔、一山）多是在历史过程中，经由特定的人为活动所形成的。其历史过程不一样、资源不一样、空间形态不一样，风景名胜区的管理也就不一样。这也充分地体现了风景名胜区的变化与不确定性。

（二）差异与多样性

我国的风景名胜区可分为历史圣地类、山岳类、岩洞类、江河类、湖泊类、海滨海岛类、特殊地貌类、城市风景类、生物景观类、壁画石窟类、纪念地类、陵寝类、民俗风情类、其他类 14 类。不仅类型众多、彼此风格迥异，往往面积、内涵也差异巨大。就管理而言，每个风景名胜区的保护目标、环境容量、利用方式、设施要求也不尽相同。而且，风景名胜区内往往涉及天景、地景、水景、生景、园景、建筑、胜迹、风物等各类自然资源和人文资源，有很强的多样性。

以浙江省风景名胜区为例，浙江的国家级风景区平均大小不到全国国家级风景名胜区平均大小的一半，但大多是自然与人文融合的结晶，孕育了众多的历史文化名人和文物古迹。且与北方的雄浑古朴、西部的原始自然、南方的艳丽浓重所不同，浙江的山水风景独具江南的明秀清雅，并形成了"小山小水、类型多样"的特征。

（三）复杂与整体性

风景名胜区往往面积较大，根据《中国风景名胜区事业发展公报》统计，全国国家级风景名胜区平均面积约为 460 平方千米。风景区内往往有大量的乡镇、村庄分布在山水林田之间，具有自然与文化、山岳与河谷、城镇民居与生态等诸多内涵，管理的复杂与整体性不言而喻。以楠溪江国家级风景名胜区为例，在风景区670.76 平方千米范围内，分布有八大景区 52 个功能区，涉及 5 个镇、11 个乡、234个行政村、73 个自然村近 24.5 万人口。其尺度巨大的空间规模、复杂多样的资源

类型、景村交融的景观格局以及强烈的经济社会发展需求，决定了风景名胜区管理的复杂性。

同时，也必须从整体性角度出发，既考虑山水资源保护的生态敏感性、古村落保护的历史文化传承性，也要综合平衡居民社会建设的可持续发展性和旅游发展的功能设施需求性。

（四）冲突与矛盾性

风景名胜区内往往存在大量的人类活动：包括居民生产生活、游客旅游活动、商业经营活动、科研教育活动、宗教文化活动等。随着我国社会经济快速发展，城镇化进程高速推进，内外环境不断变化，旅游服务深入人心，人工环境日益膨胀，人和自然的冲突矛盾也无可避免。而组成和实施风景名胜区管理系统的人和各种组织，他们存在于环境之中，又相互影响和制约。由于自身对于问题的认识与出发点、自身的知识与素质、各自的利益与价值观不同，出现冲突不可避免。也正是因为风景名胜区"冲突与矛盾性"的特征，我国近40年的风景名胜区事业，始终在保护和利用的平衡中不断探索与前行。

二、风景名胜区的功能

（一）游憩功能

风景名胜区的首要功能是游憩功能，也是最基本的功能。风景名胜区一般都具有良好的生态环境、优美的自然风景和丰富的文物古迹，是广大游客向往的游览观赏之地。在闲暇时间，人们到风景名胜区进行观光度假和娱乐，获得身心休息和锻炼，陶冶性情。显然，一个地方之所以能成为景区，就在于它能够给人们提供公众形式的体验与愉悦，从而满足人们观赏、度假、休闲、审美、求知、健身等多种心理需求。景区里人们尽情地享受景观的美感，获得精神的愉悦，放松身心，恢复体力和精力，并充实和提高自我，抒发对生活的热爱，度过悠闲的假期。通过到风景名胜区参观游览，不同的游客得以同时满足不同层次的游憩需求。风景名胜区的游憩功能越强，其对游客的吸引力越大，越能吸引广大的游客。

（二）教育功能

风景名胜区是个天然的课堂，能够提供审美教育、自然教育、历史和文化教育等多种教育。首先，风景名胜区一般都在景观独特、美感丰富的地段。任何一个风景名胜区都具有美的形象、环境和意境。景区中各种物体的形、色、质、声等各种因素相互交织，呈现出险、秀、幽、秘等各式各样的自然美，各种文物古迹、历史遗迹、神话传说等相互渗透，形成了各种瑰丽多彩的人文之美。

因此，风景名胜区具有强烈的审美价值。自古以来许多风景区被誉为诗境、画境，成为诗人、画家的创作源泉，也成为人们普及审美教育的基地。另外，我国山河壮丽、古迹众多、历史悠久。这些文物古迹大都存在于风景名胜区当中，有的是古代的"神山"，例如，因被用作历代帝王封禅祭天活动而形成的"五岳"；有的是自古以来因宗教活动而逐渐发展出的佛教名山和道教的洞天福地；有的千百年来就是人民群众游览的胜地；有的是人民革命纪念地；有的则是近代发展起来的避暑胜地。因此，很多风景名胜区中，都保存着不少文物古迹、古建园林、诗联匾额、壁画雕刻等，它们都是关于文学史、革命史、艺术史、科技发展史、建筑史、园林史等的重要史料，是历史的见证，是进行历史教育的理想场所。

此外，我国的风景名胜区与其他国家的国家公园有明显的不同点，这在于我国的风景名胜区在其历史发展过程中深受古代哲学、宗教、文学、艺术的深厚影响。中国是最早发展山水诗、山水画、山水园林等山水文学艺术的国家，这与我国古代人民最早认识自然之美、开发建设名山风景区有密切关系。我国的风景名胜区自古以来就吸引了很多文人学士、画家、园林家、建筑家，他们因此创作了很多文学艺术作品。很多风景名胜区伴随着很多民间故事、神话传说、名人事迹，保存了大量文学艺术作品。所以，我国的风景名胜区既是文学艺术的宝库，也是文学艺术的课堂。

（三）生态功能

人类生存需要良好的生态环境。随着人类社会的发展，环境问题日益突出，成为当代人类共同面临的难题之一。由于地球上自然环境遭到大面积破坏、森林遭到滥伐、绿地面积迅速缩小、人口数量急剧增长、工业污染急剧加大，导致大气自净能力减弱，环境生态失去平衡，促使人类生存环境日益恶化，直接影响了人们在城市中的生活环境。而风景名胜区一般都拥有良好的环境条件，大多还保存着山清水秀的良好生态环境，这在环境问题日益严重的今天，实在是难能可贵的。许多风景名胜区拥有良好的植被条件，可以说是一个供氧的宝库，也是人们恢复健康的一个野外休息地。

（四）科研功能

风景名胜往往具有特殊的地形、地貌、地质构造、稀有生物等，而它们都存在一定的典型性和代表性，因而风景名胜区往往有极其重要的科学价值，成为很多学科的科研基地。

（五）经济功能

风景名胜区本身不具有价值，而是通过其自然景观、人文景观为人们提供游览观赏来吸引游客，在通过为游客提供饮食、住宿、服务、购物等经济活动而产生经济价值，因而风景名胜区具有发展地方经济、增加就业等经济功能。随着人们生活水平的提高，外出旅游的人越来越多，旅游业也会逐步发展，风景名胜区的经济功能就越突出。

第三节　我国风景名胜区分类

一、风景名胜区分类的意义

风景名胜区分类的意义在于对风景名胜区进行分类管理。由于我国风景区一般规模较大，资源类型丰富，自然人文资源交织，管理机构的管辖对象复杂。因而，如何有针对性地对于不同类型的风景区进行针对性的管理指导，成为目前风景区行业管理领域的一个空缺。另外，不同类型的风景名胜区在规划的侧重点和需要解决的矛盾问题方面也存在差异，未来的风景区规划也应在统一要求与标准的前提下，对于不同类型提出不同的规划内容与方法。

风景名胜
区分类标准
（征求意
见稿）

通过风景名胜区的分类，可以与国际自然与文化遗产地、国家公园等国内风景名胜区体系、性质或功能相近的保护区域分类方法合理对接。

二、风景名胜区有哪些类别

风景名胜区分类包括风景名胜区类型（大类）和景区类别（中类）。大类是对风景名胜区的特质和资源价值的规定。大类分为：圣地类、生态类、胜迹类、风物类四种。四种类型按照资源保护与管理的严格程度顺序排列。风景名胜区类型的内容与范围、类型特点应符合表7-1的规定：

表 7-1　风景名胜区类型名称、内容与范围、类型特点的规定

类别代码	类型名称	内容与范围	类型特点（管理目标、管理手段和管理过程）
A1	圣地类	与中华文明的形成和发展关系密切，或在中华文化和历史发展中具有突出代表性和典型性，且遗存和重要活动集中的风景名胜区	以保持生态的完整性和文化的真实性为管理目标；生态环境、文物环境和景源景观环境敏感区域大，极易受干扰。资源适宜利用的空间和容量（环境容量）小，人类各类活动受到严格限制，严格禁止建设范围应占主要区域
A2	生态类	以独特的生态价值，或代表生态和生物演化史中重要进化过程，重要的生物栖息地，以及其他排斥人类各类活动的区域为核心资源特征的风景名胜区	
B	胜迹类	以自然形成的独特、稀有或绝妙的自然现象、地貌或具有罕见自然美的地带地物类景观（天景、地景、水景、生景），或以人工形成的名胜古迹类、名人故居、军事和其他历史事件遗迹、遗址为核心风景资源的风景名胜区	以保持景观景物及其环境的完整性和历史的真实性为管理目标；生态环境、文物环境和景源景观环境敏感区域较大，易受干扰。资源适宜利用的空间和容量（环境容量）较小，人类各类活动受到较为严格限制，严格禁止建设范围应占重要区域
C	风物类	以非物质文化遗产及其载体为核心风景资源，体现地域文化特色或以人类特殊生产、生活活动为核心功能的风景名胜区	以保持风物的原真性和持续性为管理目标；生态环境、文物环境和景源景观环境敏感区域相对较小，或者资源本体及适宜利用的空间与城镇社会存在和发展空间联系紧密，可利用的方式多样，功能较为复合

　　一个风景名胜区如果出现两种或两种以上的类型，则以表 7-1 中的前置顺序类型为准。中类是对风景名胜区各景区核心资源的形态空间特征的规定。中类分为山地型、河流型、湖泊型、海滨型、其他自然景观型、文化胜迹型、历史古迹型、历史城镇型、田园乡村型以及其他人文景观型 10 类。风景名胜区内各景区的类别的内容与范围、类型特点应符合表 7-2 的规定。

表 7-2　风景名胜区各景区类别名称、内容与范围、类型特点的规定

	类别代码	类别名称	内容与范围	类型特点
自然景观	N1	山地型	以山岳地貌为主要特征的景区。此类景区具有较高生态价值和观赏价值	空间形态以山地为主。保护利用突出山地高程、坡度等垂直差异
	N2	河流型	以天然及人工河流为主要特征的景区。包括季节性河流、峡谷、运河、洲岛等	空间形态以河流为主，保护利用突出河道线性特点
	N3	湖泊型	以宽阔水面为主要特征的景区。包括天然或人工形成的水体	空间形态以湖泊水体为主，保护利用突出环状圈层式特点

水利风景区
管理办法

续表

	类别代码	类别名称	内容与范围	类型特点
自然景观	N4	海滨型	以海滨地貌为主要特征的景区。包括海滨基岩、岬角、沙滩、滩涂、泻湖和海岛岩礁等	空间形态以海滨海岛为主，保护利用突出海陆关系
	N5	其他自然景观型	未包括在以上类型中的自然型景区。以典型或特殊地貌、生物景观为主要特征，包括岩石洞穴、丹霞、火山熔岩、热田气泉、沙漠渍滩、蚀余景观、地质珍迹、草原、戈壁等	根据具体类型确定保护利用方式
人文景观	H1	文化胜迹型	以文化名胜为主要特征的景区。包括文化圣地、宗教圣地、历史名园等	具有中国文化典型代表意义，资源密集呈片区，保护利用方式兼顾静态保护与活化利用
	H2	历史古迹型	以文物古迹、历史遗存为主要特征的景区。包括壁画岩画、石窟造像、帝王及名人陵寝、古遗址、古建筑、古墓葬、古碑石刻、近代代表性建筑、革命纪念建筑等	资源以静态物质遗存为主，点状或线状分布为主，保护利用方式突出物质文化本体保护
	H3	历史城镇型	以历史古城、古镇、历史街区、特色传统民居为主要特征的景区。包括历史文化名城、名镇、历史城区、传统街区、体现民俗风情的特色城镇街区等	以古城古镇为空间载体，物质文化与非物质文化景观兼有，保护利用突出文化、生活、经济、社会的协调发展
	H4	田园乡村型	以乡土村落及具有观赏价值的农、林、牧、渔等生产性景观为主要特征的景区	以田园村落为空间载体，体现乡土社会风情，保护利用要兼顾村庄居民社会发展
	H5	其他人文景观型	未包括在以上类型中的其他人文景观型景区	根据具体类型确定保护利用方式

第四节　我国风景名胜区发展现状

一、风景名胜区现状

　　我国风景名胜区历史悠久，伴随着人类历史进程而逐步发展成长，自然景观环境与人文精神内涵紧密结合，是祖国壮丽河山的象征，是人类文明历史的见证，是我国乃至世界最珍贵的自然和文化遗产。中国的 55 项世界遗产有 60% 分布在风景名胜区之中，其中世界自然遗产 14 项、世界文化与自然双遗产 4 项、世界文化遗产 37 项。我国风景名胜区在保护自然文化遗产、改善城乡人居环境、维护国家生态安全、弘扬中华民族文化、激发大众爱国热情、丰富群众文化生活、服务绿色发展等方面发挥了极为重要的作用。中共十八大以来，我国国家级风景名胜区共接待游客 32.2 亿人次，产生直接经济效益 2045 亿元，很多地区依托风景名胜区发展旅游等相关产业，成为脱贫致富的典范，黄山、峨眉山、武陵源、九寨沟、石林、千山等风景名胜区带动的经济规模占当地 GDP 比重均在 30% 以上。同时，还带动了风景名胜区外围旅游小城镇建设，有效促进了偏远地区新型城镇化发展。我国风景名胜区已成为新时期建设生态文明、实现"美丽中国"的重要载体。

2018 年 3 月，国务院机构改革方案提请第十三届全国人大一次会议审议并通过，明确：组建国家林业和草原局。为加大生态系统保护力度，统筹森林、草原、湿地监督管理，加快建立以国家公园为主体的自然保护地体系，保障国家生态安全，方案提出，将国家林业局的职责，农业部的草原监督管理职责，以及国土资源部、住房和城乡建设部、水利部、农业部、国家海洋局等部门的自然保护区、风景名胜区、自然遗产、地质公园等管理职责整合，组建国家林业和草原局，由自然资源部管理，挂国家林业公园管理局牌子。其主要职责是监督管理森林、草原、湿地、荒漠和陆生野生动植物资源开发利用和保护，组织生态保护和修复，开展造林绿化工作，管理国家公园等各类自然保护地等。

1982 年，国务院审定批准了第一批 44 处国家重点风景名胜区，标志着我国风景名胜区制度的初步建立。此后，国务院先后共审定批准设立了 9 批共 244 处国家级风景名胜区，加上各省、自治区、直辖市人民政府审定批准设立的 807 处省级风景名胜区，我国风景名胜区的总数已达到 1051 处，总面积约 21.4 万平方千米，约占我国国土总面积的 2.3%。

自 1982 年起，国务院总共公布了 9 批、244 处国家级风景名胜区。其中，第一批至第六批原称国家重点风景名胜区，2007 年起改称中国国家级风景名胜区。逐次分别是：第一批：1982 年 11 月 8 日发布，共 44 处；第二批：1988 年 8 月 1 日发布，共 40 处；第三批：1994 年 1 月 10 日发布，共 35 处；第四批：2002 年 5 月 17 日发布，共 32 处；第五批：2004 年 1 月 13 日发布，共 26 处；第六批：2005 年 12 月 31 日发布，共 10 处；第七批：2009 年 12 月 28 日发布，共 21 处；第八批：2012 年 10 月 31 日发布，共 17 处；第九批：2017 年 3 月 21 日发布，共 19 处。

近 40 年的风雨历程，我国风景名胜区规模逐步扩大，管理体系基本形成，功能作用日益凸显，风景名胜资源得到了有效保护。风景名胜区已经成为我国自然与文化遗产资源保护体系和全国主体功能区架构的重要组成部分，生态文明和美丽中国建设的重要载体。为弘扬中华民族文化，丰富群众精神文化生活，维护国家生态安全，改善城乡居住环境，提升中国的国际地位和影响力，乃至引导合理消费、推动经济发展、加快旅游新兴产业形成等做出了重大贡献。与此同时，我们也看到，我国风景名胜区发展还不均衡、不充分，东部风景名胜区数量居多，如浙江省国家级风景名胜区已达 22 处，数量为全国之最。但西部风景名胜区数量相对较少，其中华南、西北、东北及个别省份风景名胜区数量还很有限。

过去，风景名胜区管理职能始终属于城乡建设主管部门。虽制度建设已相对完善，但保护与利用之间的矛盾却一直突出。这跟改革开放 40 年，我国社会经济快速发展，城镇化进程高速推进，内外环境不断变化，旅游服务深入人心有必然联系。同时，也跟管理体制不顺畅有关。

随着国务院机构改革，将自然保护地纳入统一管理，建立以国家公园为主体的自然保护地体系。这一重大举措必将为自然保护领域带来一场深刻的历史性变革。这不仅从根本上解决了管理体制问题，也促使已有的实体资源分部门管理模式，转向生态系统统一管理模式。自然资源保护和利用或将在新机构里通过统一标准得到平衡，这无疑将改变风景名胜区的管理模式和路径，这是风景名胜区管理的新机遇和新起点。同时，离开了我们多年所熟悉和习惯的运行模式，这必将带来许多新挑战。但风景名胜区事业本质上是一项集成了生态环境保护、资源永续利用、国民游憩服务、居民社会发展、空间活动管控等各个方面的综合性管理工作，风景人的职责就是面对未知，探寻道路。

二、风景名胜区事业管理历程

中华人民共和国成立初期，百废待兴，财力有限，尚无暇顾及自然资源保护与利用，后又经历了"文化大革命"，宝贵的风景名胜资源遭到严重破坏。

风景名胜区制度的建立基于我国著名的、为数不多的名山大川面临威胁却无人管理的现象，该问题是在城市建设的相关调研与讨论中被提出的，风景名胜的管理议题最初现于 1963 年的部门文件，国务院于 1979 年正式提出由住建部门归口管理。

1978 年，《关于加强城市建设工作的意见》（中共中央 1978 年 13 号文件）中指出加强名胜、古迹和风景区的管理，并首次明确了由城市建设主管部门负责管理风景名胜区事业。

1979 年，国家建委在杭州召开了全国自然风景区座谈会，提出了《关于加强自然风景区保护管理工作的意见》，并明确提出"风景名胜区"概念。

1981 年，国务院以国发〔1981〕38 号文件批转了国家城建总局、国务院环保

风景名胜区
规划规范

领导小组、国家文物局和旅游局《关于加强风景名胜区保护管理工作的报告》。

1982 年，国务院下发《关于审定第一批国家重点风景名胜区的请示的通知》（国发〔1982〕136 号），审定公布了第一批国家重点风景名胜区 44 处，标志着我国具有法定概念的风景名胜区的产生。

1985 年，国务院颁布了《风景名胜区管理暂行条例》。

1987 年，中华人民共和国原建设部发布了《风景名胜区管理暂行条例实施办法》。

1989 年，中华人民共和国原建设部发布国家风景名胜区徽志（图 7-1）。根据中华人民共和国原建设部（后更名为住房和城乡建设部）公布的《国家级风景名胜区徽志使用管理办法》，国家级风景名胜区徽志为圆形图案，中间部分系万里长城和自然山水缩影，象征伟大祖国悠久、灿烂的名胜古迹和江山如画的自然风光；两侧由银杏树叶和茶树叶组成的环形镶嵌，象征风景名胜区和谐、优美的自然生态环境。图案上半部英文"NATIONAL PARK OF CHINA"，直译为"中国国家公园"，即国务院公布的"国家级风景名胜区"；下半部为汉语"中国国家级风景名胜区"全称。

图 7-1 国家风景名胜区徽志

国家级风景名胜区徽志适用于以下范围：第一，国家级风景名胜区主要入口标志物；第二，国家风景名胜区管理机构使用的信笺、印刷品、宣传品、纪念品；第三，国家风景名胜区会议及有关宣传活动用品；第四，其他经建设部授权的有关事项。

1995 年，建设部成立风景名胜区专家委员会。

1999 年，发布第一部风景名胜区国家标准《风景名胜区规划规范》。

1994 年，由原中华人民共和国建设部所发布的《中国风景名胜区形势与展望》绿皮书明确指出，中国风景名胜区与国际上的国家公园（National Park）相对应，同时又有自己的特点。中国国家级风景名胜区的英文名称为"National Park of China。"

2006年，国务院颁布了《风景名胜区条例》。这是中国风景名胜区事业发展的一个新的重要里程碑，标志着中国政府对风景名胜区资源实行规范化、法制化保护和管理。

2008年，风景名胜区纳入《中华人民共和国城乡规划法》。

目前的风景名胜区管理体制，已基本形成了申报设立、总体规划、详细规划、资源保护、重大建设项目选址核准、总体规划实施评估、遥感监测和执法检查等一系列的制度，构建了相对完整的我国风景名胜区保护管理框架体系。

同时，先后有19个省（直辖市、自治区）制定了关于风景名胜区的地方性法规，82个国家级风景名胜区实现了"一区一条例"。并建立了国家主管部门、省级主管部门以及风景名胜区管理机构三级管理体制（图7-2）。

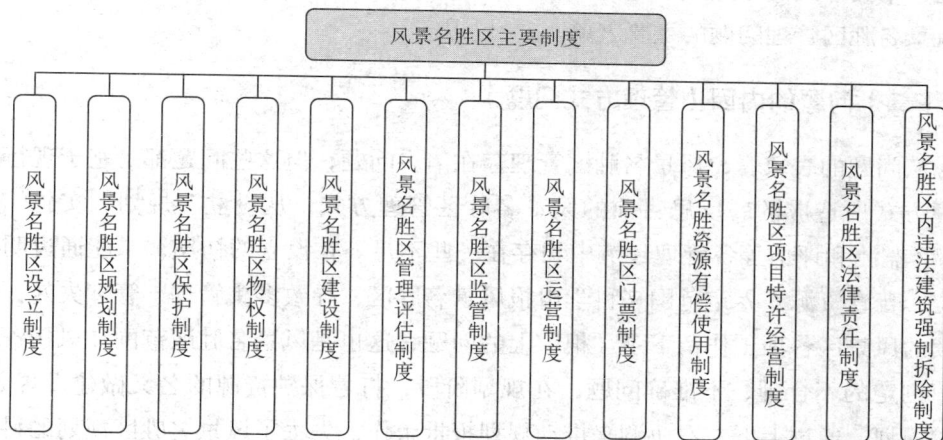

图7-2　风景名胜区现行主要制度架构

三、风景名胜区管理中的问题

总结风景名胜区事业的发展历程，风景名胜区可以算是我国保护地体系中对人与自然、人与用地之间，面对问题最多、管理实践最丰富的区域。在平衡"保护和利用"之间的矛盾方面做出了很多成绩，当然也不可避免地遗留了很多问题。对于问题的归纳和总结，学术界进行了一定的探讨和反思，但主要是定性研究，缺乏全管理视角下的深度分析和定量研究佐证。

国家重点风景名胜区审查办法

国家级风景名胜区保护管理执法检查评分表

（一）问题的表象（管理结果问题）

住建部从 2003 年开始对全国国家级风景名胜区进行 4 年一轮的常态化执法检查，彻底清查各类违法违规行为，对突出问题进行跟踪督办，建立濒危名单管理制度。根据住建部最新一轮（2012—2015 年）的执法检查数据显示：4 年内住建部总共检查了 259 处风景区，就制度建设、规划管理、建设管理、服务管理、形象宣传等 18 项内容进行核查，发现需要重点整改黄牌警告的风景区有 70 处，不达标红牌警告的有 29 处。其中，主要存在的问题有：建设违规、管理失效、规划滞后、经营混乱、资源受损等，具体体现在违反建设规定和规划要求；管理机构未有效管理；未编制总体规划并报批；重大建设项目未按规定报批；徽章的设立不够规范、不突出；管理权、经营权交由企业行使；存在影响风景区的行为；违章建筑未查处；未按详细规划建设。这些问题都是现行管理体制下认定的一些不良结果，也是风景名胜区管理问题的主要表象。

（二）问题的内因（管理方式问题）

从问题的表象看，风景名胜区管理存在诸多问题，但这些问题都是基于现行的管理方式所造成的。反思目前的风景名胜区管理方式，从设立、规划、实施（建设）、监测和评估等各管理环节中均存在一些不足。在设立的初期，未能通过明确定位、普查资源、界定范围来科学申报风景名胜区，导致多头管理、管理失效，给后续的风景区各项工作留下了"根"上的问题，这也是风景名胜区范围和风景资源价值判定的不合理、不准确问题；在规划阶段，打着保护资源的名义做建设规划、旅游规划，通过上下左右协调来推动规划报批工作，失去了风景名胜区规划的科学性、合理性，最终往往很难通过审批，致使规划滞留、建设违规；在实施和监管环节，过分强调经营活动、设施建设和建设管控、监测，但缺乏对资源和人为活动的综合评估和动态修订机制，这也是整个管理体系无法形成有效循环和健康持续发展的关键。

（三）问题的本质（管理理念问题）

在国家公园体制改革提出前，国务院发展研究中心就中国文化与自然遗产管理状况、现存问题及其制度成因等做过分析："从管理体制角度，传统的主观管理理念，已经通过各种政策法规体现在制度层面，直接决定了改革方向和路径。"

因此，管理理念有偏差堪称造成遗产地管理制度设计不合理、市场化改革中问题频出的根本原因。现行的风景名胜区管理理念，多是资源单一游览价值认知和静态保护利用管理，这使得自然系统与人类系统就功能需求方面无法达成一致（保护利用矛盾突出），由此影响了生态系统服务，对生活、生产、旅游、建设、管理等活动都产生了负面影响（地方不支持、老百姓不认可），最终导致了风景名胜区管理中出现建设违规、管理失效、规划滞后、经营混乱、资源受损等问题。

第五节　风景名胜区管理体制

一、风景名胜区管理体制的定义

对于风景名胜区管理体制的概念理论界可以说仁者见仁、智者见智，但以下两点大家普遍比较认同，其一是风景名胜区管理体制是支撑风景名胜区管理系统的脊梁和骨骼，是确保风景名胜区管理过程得以顺利实施的物质载体和保证；其二是风景名胜区管理体制如果站在不同的角度会得出不同的划分标准，因此，大部分学者认为其概念很广泛，其概念核心是各机构间的职、权、责的配置问题，主要内容包括：风景名胜区管理的机构及其职能体制，领导体制，中央、地方层级管理体制等。综上所述，我们可以把风景名胜区管理体制定义为：关于风景名胜区管理的组织机构设置、地位、职责和内部权责关系及其相关规章制度的总和。

二、风景名胜区管理体制构成

风景名胜区管理体制主要由三个方面构成：一是风景名胜区管理机构的行政领导体制。它包括风景名胜区管理系统中的各个管理机构间的权力范围，以及各自所能管理的区域和管理的能力大小。风景名胜区管理系统和政府其他职能机构之间的从属关系，以及之间的相互协调关系等。总之，风景名胜区管理系统内的各组织机关及其职能机关的关系网络，构成了风景名胜区管理体制的主要内容。二是风景名胜区管理系统内各机构的职能及权责关系。我国的法律法规规定了风景名胜区管理系统各组织机关的职能，且决定了相应的权责结构。三是风景名胜区管理系统中的政府、事业单位及企业单位之间的关系定位。我国风景名胜区管理的特点决定了风景名胜区管理体制很不完善，经常出现政府、企业、事业单位盘根错杂、相互牵制、矛盾重重的问题。一方面，我国风景名胜区大部分都是不以营利为目的的，其服务内容都是以社会福利回报社会的，这就导致了工作人员的劳动成果不能用货币进行衡量，因此，其管理的职能的体现必须要求政府进行大量的拨款。另一方面，风景名胜区管理是个技术含量很高的工作，单纯靠政府或者事业单位进行管理，往往很难管理好，这就要求有专业化程度很高的企业进入，但是企业的进入难免会行使政府的一部分职能，这就导致企业不像企业，政府不像政府，就是所谓的政企不分、政事不分。

三、风景名胜区管理体制研究进展

（一）风景名胜区管理体制的总体研究

我国风景名胜区管理体制的总体研究如下：韩健吾分析了政府型、事业型、混合型三种类型的景区管理体制的优势和弱点，指出政府委托事业单位进行管理的方法不失为一种有益的探索。赵燕菁对风景名胜区管理体制的横向分权（景区内部的利益划分）和纵向分权（主管部门的职权界定）进行了深入分析和探讨，指出国家重点风景名胜区要设立独立的政府管理机构。费宝仓建议我国设立管理机构，对国家重点风景名胜区进行统一管理，并通过立法给予排他性的管理权。师清波在分析我国旅游景区管理问题和成因基础上，提出旅游企业必须按照市场经济的发展规律来发展，国家级风景名胜区一定要设立独立的行政管理机构。王玉林认为，由于我国风景名胜区资源量大、分布地域广、开发程度不同、景观价值不同，对风景名胜区应当进行分类管理。

（二）单个省的风景名胜区管理体制研究

黄新建对江西省主要旅游景区管理体制进行了比较研究，理顺了江西景区管理体制。从协调发展角度来看，其思路应由管理局管理为主改为由市、县管理为主，并设立旅游发展指导委员会来具体运作，这样较为妥当。周莹莹、李帅波、王鹏飞总结了近年来河南省和其他省份风景名胜区先进的管理体制模式，客观分析了河南省景区管理体制存在的问题，提出了相应的对策。而理顺单个风景名胜区管理体制的研究则如下：于德珍、聂绍芳、李核隆通过对武陵源区管理体制形成的历史沿革与现状分析，提出建立旅游行业的以宏观调控为主导的大管理观点，阐述了建立适合武陵源风景区的管理体制的设想。李树民、郭建有对华山风景名胜区改革开放以来经历的多次体制变革进行了理论上的辨析和论证，认为现阶段景区在政府行业管制下实行企业化经营可有效提高景区投融资能力，促进景区基础设施建设，保障国家对景区资产的所有权收益。汪德根、陆林、刘昌雪以天柱山风景名胜区为例，提出应构建合理的风景名胜区管理体系，正确处理风景名胜区经营权与所有权、管理权的关系，制定统一的发展规划，调整和完善风景名胜区的经济政策。武军分别对普陀山、鸡公山和千山风景名胜区管理体制进行了深入剖析与研究，认为他们的管理体制较成功，可供借鉴。方躬勇、王长江、俞剑全在探讨楠溪江风景名胜区管理体制时，建议用立法手段来推进风景名胜区的管理体制改革，健全管理机构，实行统一管理风景名胜区。罗时平、谢咏恩、万晓庆从三清山景区体制现状入手，提出景区应从"依法理顺景区管理体制、法人治理结构的形成、职责的界定、利益驱动与利益分配"四大方面来理顺管理体制和经营体制。

（三）国内外风景名胜区管理体制差异化研究

王莹认为，借鉴国外成功的旅游管理经验，这无疑将有助于改进我们的旅游管理工作，提高我们的旅游管理水平。赵吉芳、李洪波、黄安民参照美国国家公园管理体制，提出应建立一个统一、唯一的管理机构进行自上而下的管理，破除现有的以经济收益为目的的体制，规范风景名胜区的规划行为。陈明松认为，借鉴美国等国管理体制，国家重点风景名胜区和世界遗产地由国家设派机构进行行政管理，省级风景名胜区和文物保护单位由省政府设派机构进行行政管理，市（区、县）级风景名胜区由市（区、县）政府直接进行行政管理。

（四）产权归属经营权制度研究

王成仁提出改革我国景区管理体制的首要工作就是要明晰产权。具体而言，就是要明确景区的管理主体、监督主体、经营主体及其权、责、利范围，完善景区管理体制，必须建立健全监督体系。谢茹运用产权理论对风景名胜资源的产权、经营权的本质和属性进行了辨析，认为景区在不丧失所有权的情况下可转让。张晓认为，对整片风景区域较长时期的开发经营在实质上改变了资源公有产权的性质，不利于风景名胜区的开发与保护。

本章小结

本章对风景名胜区的基本定义及其相关概念做了解读，阐述了风景名胜区的特征与功能，分析了风景名胜区的分类标准的意义和类别，叙述了我国风景名胜区的发展历程，提出了存在的问题，并分析了风景名胜区的管理体制和未来发展。

案例分析

庐山一山六治引发《中国经济周刊》报道

2013年1月，《中国经济周刊》报道了一篇"争夺庐山：一山六治"的文章引起强烈反响。《中国经济周刊》记者董显苹、白朝阳，实习生简文超等对庐山进行了采访并做了简单分析。事实上"一山六治"现象早就存在，追根溯源，造成庐山多头管理的窘境是有历史原因的。1984年，江西省政府根据中共中央办公厅、国务院办公厅下发的《关于庐山风景名胜区管理体制等问题的批复》，成立了庐山风景名胜区管理局（以下简称"庐山管理局"），委托九江市代为管理，并被赋予了庐山建设、发展规划、旅游行业管理等诸多权限。然而，由于此前庐山景区的管理格局已经成型，作为江西省政府在庐山的一个派驻机构，庐山管理局只好在海拔800米处自设山门，只对山顶16%的区域进行管理和开发。1996年通过的《管理条例》规定："外围景区即除庐山风景名胜区管理局所能管理的庐山山体外的景区由景区所在地县、区人民政府负责管理，景区的保护、规划和建设应当接受庐山管理局的指导和监督。"实际上，庐山管理局对庐山山体外的管理根本无从进行，也没有办法监督。庐山山体、石钟山景区、长江—鄱阳湖水上景区、龙宫洞景区等同属庐山风景名胜区的景区，在保护、规划和建设上，基本上处于各自为政的状态。事实上，庐山管理局对山体外的管理根本无法指导和监督，庐山早已陷入"多头管理"的困局。一直以来，庐山整个山体面积282平方千米，分别归属庐山管理局、庐山自然保护区、庐山垦殖场，以及九江市的星子县、庐山区、九江县管辖。"一山六治"是当地人对庐山管理的描述。

请分析江西庐山风景名胜区有"一山有六治"的说法的根源及其解决办法。

思考与练习

1. 请同学们查找一处我国风景名胜区并对其展开分析。
2. 我国风景名胜区的管理体制存在哪些问题？如何解决？

第八章　国家公园概述

通过本章的学习，你应该能学到：

知识目标：

1. 了解国家公园的历史沿革。

2. 了解国家公园的含义与特征。

3. 熟悉国家公园的保护模式、功能分区、评选标准。

能力目标：

1. 能够辨析国家公园的概念。

2. 能够分清国家公园的基本特征。

3. 能够掌握国家公园的功能分区。

实训目标：

1. 能够准确地判断国家公园存在哪些问题。

2. 能够依据标准对国家公园进行调研。

案例导入

美丽而神秘的三江源，地处青藏高原腹地，是长江、黄河、澜沧江的发源地，素有"中华水塔"与"亚洲水塔"之称。三大江河起源于同一区域的地理奇观，在这里向世人惊艳呈现。

三江源国家公园体制试点是我国第一个得到批复的国家公园体制试点，包括青海可可西里国家级自然保护区，以及三江源国家级自然保护区的扎陵湖、鄂陵湖、星星海等地，面积 12.31 万平方千米，是目前试点中面积最大的一个，也是被点名在 2020 下半年一定要成立的国家公园。在三江源国家公园内，有冰川、雪山、湿地、森林等自然资源，是高原野生动物藏羚羊、野牦牛、藏野驴、白唇鹿和雪豹等

集中栖息活动区域，有世界第三极"高寒生物种质资源库"之称，是世界上海拔最高的巨型国家公园。

第一节　国家公园概述

国家公园以生态环境、自然资源保护和适度旅游开发为基本策略，通过较小范围的适度开发实现大范围的有效保护，既排除与保护目标相抵触的开发利用方式，达到了保护生态系统完整性的目的，又为公众提供了旅游、科研、教育、娱乐的机会和场所，是一种能够合理处理生态环境保护与资源开发利用关系的行之有效的保护和管理模式。尤其是在生态环境保护和自然资源利用矛盾尖锐的亚洲和非洲地区，通过这种保护与发展有机结合的模式，不仅有力地促进了生态环境和生物多样性的保护，同时也极大地带动了地方旅游业和经济社会的发展，做到了资源的可持续利用。自从 1872 年世界上第一个国家公园——美国黄石国家公园建立以来，国家公园在世界各国迅速发展。在 200 多个国家和地区已建立了近 1 万个国家公园。设立国家公园，其主要的意义和作用大致可概括为三大方向：景观资源的保存与保护、资源环境的考察与研究、旅游观光业的可持续发展。

一、国家公园的历史沿革

国家公园，是指国家为了保护一个或多个典型生态系统的完整性，为生态旅游、科学研究和环境教育提供场所，而划定的需要特殊保护、管理和利用的自然区域。建立国家公园的理念，即为人们的愉悦和自然保护而建立自然保护地的理念，一般认为最早是由一位叫乔治·卡特林（George Catlin）的艺术家首先提出。1832年他在去一个名为达科塔斯的印第安人部落的路上，对美国西进扩张带给印第安文明和野生世界的影响深感焦虑，认为它们应该受到保护。他说道："通过政府的某些保护性政策……在一个巨大的公园里……一个国家的公园，里面有人有兽，在充满野性与生机的最美自然世界里。"到 1864 年，美国国会授予加州的约塞米蒂峡谷（Yosemite Valley）为州立公园并实行保护。1872 年，美国国会将位于怀俄明州和蒙大拿州边界风景奇异的黄石（Yellowstone）地区保留为"公众的公园"——"黄石国家公园"，黄石成为世界上第一个国家公园。

我国正式的法律中并没有使用"国家公园"这个概念，但是在学术讨论以及一些法规性文件中却早已出现。1994 年 3 月 4 日，建设部发布的《〈中国风景名

胜区形势与展望〉（绿皮书）》就明确指出：中国风景名胜区与国际上的国家公园（National Park）相对应。根据《风景名胜区条例》（2006年），风景名胜区是指具有观赏、文化或者科学价值，自然景观、人文景观比较集中，环境优美，可供人们游览或者进行科学、文化活动的区域。风景名胜区包括自然景观和人文景观并能够反映重要自然变化过程和重大历史文化发展过程，基本处于自然状态或者保持历史原貌。如此风景名胜区确实与国家公园特别是美国的国家公园体系在理念上有类似之处，包括自然区域和历史文化遗址。因此，在我国已经建立起的677个风景名胜区（截至2017年）中有国家重点风景名胜区244个、省市级风景名胜区807个，共计1051处，这构成了现在我国国家公园体系。从国家公园的内涵上讲，除风景名胜区以外，类似于国家公园与国家公园理念和发展模式有相同之处的保护地还有诸如森林公园、自然保护区、地质公园，但这些概念并不完全等同于国家公园。

根据《中华人民共和国自然保护区条例》（1994年）的规定：自然保护区是指对有代表性的自然生态系统、珍稀濒危野生动植物物种的天然集中分布区、有特殊意义的自然遗迹等保护对象所在的陆地、陆地水体或者海域，依法划出一定面积予以特殊保护和管理的区域。自1956年中国第一个自然保护区——广东省肇庆市鼎湖山自然保护区建立，截至2008年，中国已建立各类型、各级别的自然保护区达2538个，保护区总面积149万平方千米（其中陆域面积约143万平方千米，海域面积约6万平方千米），陆地自然保护区面积约占国土面积的15.13%。不同学科的学者采用不同的研究方法对我国自然保护区与IUCN（世界自然保护联盟，International Union for Conservation of Nature）保护地分类体系进行比较研究，得出这样的结论：我国自然保护区已经涵盖了IUCN保护地体系的六个类别，自然保护区中也包含了国家公园中如草原与草甸生态系统类型。特别是自然保护区的实验区与IUCN关于国家公园的理念与模式极为类似。

综上所述，在我国正式的法律中虽然没有使用国家公园之名，但是已经有国家公园之实。我国现行的《风景名胜区管理条例》（2006年）、《自然保护区条例》（1994年）及其相关部门规章、地方法规调整的客体包含了国家公园。此外，中国于1985年12月12日加入联合国《保护世界文化和自然遗产公约》，并于1986年开始向联合国教科文组织申报世界遗产项目，截至2019年7月，中国先后被批准列入《世界遗产名录》的世界遗产已达55处，而其中不乏既是风景名胜区而又列入《世界遗产名录》中的世界自然遗产，如四川黄龙寺—九寨沟风景名胜区、云南三江并流风景名胜区等。因此，我国现行的风景名胜区和自然保护区的发展模式就是我国国家公园模式的现实状况。

原环境保护部和原国家旅游局在批准建设黑龙江汤旺河国家公园的同时，将国家公园定义为：国家为了保护一个或多个典型生态系统的完整性，为生态旅游、科学研究和环境教育提供场所，而划定的需要特殊保护、管理和利用的自然区域。它既不同于严格的自然保护区，也不同于一般的旅游景区，国家公园以生态环境、自然资源保护和适度旅游开发为基本策略。此定义与IUCN关于国家公园的理念与模式基本一致。中国国家林业局批准云南为国家公园建设试点省时并未对国家公园作定义，但是要求借鉴国际有关国家公园建设管理的先进理念，遵循"保护优先，合理利用"原则，并要求以具备条件的自然保护区为依托（普达措国家公园包括了碧塔海省级自然保护区）。

在国家林业局批准试点前后，云南已经就国家公园的建设进行了有益的探索，力求探索出具有中国特色的国家公园建设和发展道路。2008年3月，云南首批试点建8个国家公园，分别是迪庆香格里拉的普达措国家公园、梅里雪山国家公园、香格里拉大峡谷国家公园、丽江老君山国家公园、怒江大峡谷国家公园、西双版纳热带雨林国家公园、莱阳河国家公园和屏边大围山国家公园。2009年2月，云南省人民政府相继批准丽江老君山国家公园总体规划、西双版纳国家公园总体规划和香格里拉梅里雪山国家公园总体规划。云南的国家公园的地方立法也相继展开，《香格里拉普达措国家公园管理条例》进入送审阶段、《云南省玉龙纳西族自治县老君山国家公园保护管理条例（草案，征求意见稿）》已公开征求意见、《云南省国家公园管理办法（草案）》已由云南省政府研究室组织评审验收（作为《云南省国家公园发展战略研究》课题的组成部分）。此外，《云南省国家公园发展战略研究》成果还包括《云南省国家公园发展战略研究咨询报告》《云南省国家公园发展战略研究综合报告》《云南省国家公园管理体制研究》《国家公园准入标准》《国家公园资源调查与评价技术规程》《国家公园总体规划技术规程》和《国家公园建设标准》等。可以说，云南的国家公园建设理念和发展模式正逐步形成。

2007年6月21日，中国大陆首个被定名为国家公园的保护区香格里拉普达措国家公园正式揭牌。这个概念是由云南省政府提出的，云南省政府还称要在省内建立更多的"国家公园"。

2008年6月，国家林业局发出通知，同意将云南省列为国家公园建设试点省，"以具备条件的自然保护区为依托，开展国家公园建设工作"。然而已启动建设的"梅里雪山国家公园"，其所在地域不在云南省各级自然保护区名单之列，并且仍旧是"三江并流国家级风景名胜区"的其中一个景区。

从国家公园的内涵上说，在2008年黑龙江汤旺河国家公园建立之前，由国家政府部门主管的类似于国家公园的概念被分属于国家森林公园、国家地质公园、国家矿山公园、国家湿地公园、国家城市湿地公园、国家级自然保护区、国家级风景名胜区、国家考古遗址公园及酝酿中的国家海洋公园等多个方面，属于不同的管理系统。但这些提法并不完全等同于"国家公园"的概念。

国家公园的理念和发展模式成为自然保护和利用的一种重要形式，在美国逐步形成了其国家公园和保护地体系，国家公园的理念和模式在世界各国也得到迅速发展。但是对国家公园的概念和模式并无统一的认识，世界各国的国家公园的内涵也有较大差异。

二、国家公园的含义

"国家公园"一词最早来自于美国艺术学家乔治·卡特林。名词译自英文的"National Park"，美国学者 Tilden F 在研究美国国家公园内风景特色中提出，国家公园是一国政府对某些天然状态的、具有独特代表的自然环境区划出一定范围而建立的公园，属于国家所有，并由国家直接管理，旨在保护自然生态系统和自然地貌的原始状态，同时又作为科学研究、科普教育和提供公众娱乐、了解和欣赏大自然神奇景观的场所。

中共中央办公厅、国务院办公厅颁发的《建立国家公园体制总体方案》中提出国家公园是指由国家批准设立并主导管理，边界清晰，以保护具有国家代表性的大面积自然生态系统为主要目的，实现自然资源科学保护和合理利用的特定陆地或海洋区域。

国家公园是保护地体系中的一个类型，定位于保护与游憩双重功能，不同于严格的自然保护区和一般意义上的旅游景区；"国家"是指应当体现国家意志，资源价值应当具有国家代表性，由中央政府审批设立；"公园"是指应当具备一定的公众可开放性，可以在保护的基础上服务于公众游憩。

国家公园是指国家为了保护一个或多个典型生态系统的完整性，为生态旅游、科学研究和环境教育提供场所，而划定的需要特殊保护、管理和利用的自然区域。它既不同于严格的自然保护区，也不同于一般的旅游景区。

第二节　国家公园建设

一、科学界定国家公园内涵

（一）树立正确国家公园理念

坚持生态保护第一。建立国家公园的目的是保护自然生态系统的原真性、完整性，始终突出自然生态系统的严格保护、整体保护、系统保护，把最应该保护的地方保护起来。国家公园坚持世代传承，给子孙后代留下珍贵的自然遗产。坚持国家代表性。国家公园既具有极其重要的自然生态系统，又拥有独特的自然景观和丰富的科学内涵，国民认同度高。国家公园以国家利益为主导，坚持国家所有，具有国家象征，代表国家形象，彰显中华文明。坚持全民公益性。国家公园坚持全民共享，着眼于提升生态系统服务功能，开展自然环境教育，为公众提供亲近自然、体验自然、了解自然，并作为国民福利的游憩之地。鼓励公众参与，调动全民积极性，激发自然保护意识，增强民族自豪感。

（二）明确国家公园定位

国家公园是我国自然保护地最重要类型之一，属于全国主体功能区规划中的禁止开发区域，纳入全国生态保护红线区域管控范围，实行最严格的保护。国家公园的首要功能是重要自然生态系统的原真性、完整性保护，同时兼具科研、教育、游憩等综合功能。

（三）确定国家公园空间布局

制定国家公园设立标准，根据自然生态系统代表性、面积适宜性和管理可行性，明确国家公园准入条件，确保自然生态系统和自然遗产具有国家代表性、典型性，确保面积可以维持生态系统结构、过程、功能的完整性，确保全民所有的自然资源资产占主体地位，管理上具有可行性。研究提出国家公园空间布局，明确国家公园建设数量、规模。统筹考虑自然生态系统的完整性和周边经济社会发展的需要，合理划定单个国家公园范围。国家公园建立后，在相关区域内一律不再保留或设立其他自然保护地类型。

（四）优化完善自然保护地体系

改革分头设置自然保护区、风景名胜区、文化自然遗产、地质公园、森林公园等体制，对我国现行自然保护地保护管理效能进行评估，逐步改革按照资源类型分类设置自然保护地体系，研究科学的分类标准，厘清各类自然保护地关系，构建以国家公园为代表的自然保护地体系。进一步研究自然保护区、风景名胜区等自然保护地功能定位。

二、国家公园的性质、隶属、百姓获益

《建立国家公园体制总体方案》的正式出台，标志着中国国家公园建设进入实质性阶段。到目前，我国已设立 10 个国家公园体制试点，分别是三江源、东北虎豹、大熊猫、祁连山、湖北神农架、福建武夷山、浙江钱江源、湖南南山、北京长城和云南普达措国家公园体制试点。国家公园是什么"公园"？为谁所有，由谁来管？普通百姓怎么受益？

（一）国家公园是什么"公园"

国家公园虽然带有"公园"二字，但它既不是单纯供游人游览休闲的一般意义上的公园，也不是主要用于旅游开发的风景区。世界自然保护联盟驻华首席代表朱春全说，建立国家公园的首要目标是保护自然生物多样性及其所依赖的生态系统结构和生态过程，推动环境教育和游憩，提供包括当代和子孙后代的"全民福祉"。《建立国家公园体制总体方案》提出，国家公园是我国自然保护地最重要类型之一，属于全国主体功能区规划中的禁止开发区域，纳入全国生态保护红线区域管控范围，实行最严格的保护。"我国的国家公园建设坚持三个理念：生态保护第一、国家代表性、全民公益性。"清华大学教授杨锐说，相比以审美体验为主要目标的风景区，国家公园是中国生态价值及其原真性和完整性最高的地区，是最具战略地位的国家生态安全高地，例如三江源、大熊猫、东北虎豹、神农架和武夷山等国家公园体制试点都具有这样的特征。

（二）为谁所有由，谁来管

2016 年，我国首个国家公园体制试点——三江源国家公园体制试点获批。随后成立的三江源国家公园管理局，整合了所涉 4 县的国土、环保、农牧等部门的编制、职能及执法力量，建立了覆盖省、州、县、乡的 4 级垂直统筹式生态保护机构。

国家公园应由全体国民所有，根据《建立国家公园体制总体方案》，国家公园内全民所有自然资源资产所有权由中央政府和省级政府分级行使，条件成熟时，逐步过渡到由中央政府直接行使。重点保护区域内居民要逐步实施生态移民搬迁，集体土地优先通过租赁、置换等方式规范流转，由国家公园管理机构统一管理。

《建立国家公园体制总体方案》明确提出建立统一事权、分级管理体制和财政为主的多元化资金保障制度，回答了国家公园哪些是国家的、哪些是地方的，哪些归国家管等一系列"权""钱"难题。根据《建立国家公园体制总体方案》，国家公园设立后整合组建统一的管理机构，履行国家公园范围内的生态保护、自然资源资产管理、特许经营管理、社会参与管理、宣传推介等职责，负责协调与当地政府及周边社区关系。相关部门依法对国家公园进行指导和管理。建立统一的国家公园和自然保护地管理部门，并非不需要跨部门以及中央和地方的协调与配合，反而更加强调构建服务型政府，加强部门之间，中央和地方之间，政府、企业、社会团体和个人之间的协调和配合。国家公园体制的建立，核心是体制创新。据了解，东北虎豹国家公园体制试点立足国有林地占比高的优势，探索全民所有自然资源所有权由中央政府直接行使。湖北省整合有关管理职责，成立神农架国家公园管理局，统一承担1170平方千米试点范围的自然资源管护等职责。我国的国家公园建设，要把创新体制和完善体制放在优先位置，做好体制机制改革过程中的衔接，成熟一个设立一个，有步骤、分阶段推进。

（三）普通百姓怎么获益

以美国黄石国家公园为代表，各国的国家公园都坚持公益属性。中国的国家公园未来将怎么收费？在国家公园体制试点过程中，由于理解上的偏差和缺少明确规定，曾一度出现各部门、各地方纷纷设立不同类型的所谓"国家公园"，导致对国家公园的"认识误区"。我国的国家公园作为最为珍贵稀有的自然遗产，是我们从祖先处继承，还要完整、真实地传递给子孙万世的"绿水青山"和"金山银山"。因此，国家公园在局部利益和个体利益面前要始终以国家利益为重。国家公园强调全民公益性，主要体现在共有、共建和共享上。在有效保护前提下，为公众提供科普、教育和游憩的机会。国家公园制度设计中，应保证每个国民平等参访的权利，为此国家公园应以国民福利为原则，实行低费用门票以及相配套的预约制度。

《建立国家公园体制总体方案》指出，我国的国家公园要立足公益属性，将建立财政投入为主的多元化资金保障机制。国家公园实行收支两条线管理，各项收入上缴财政，各项支出由财政统筹安排，并负责统一接受企业、非政府组织、个人等社会捐赠资金。

三、国家公园的基本特征

综观世界上各种类型、各种规模的世界国家公园，一般都具有两个比较明显的特征：一是国家公园自然状况的天然性和原始性，即国家公园通常都以天然形成的环境为基础，以天然景观为主要内容，人为的建筑、设施只是为了方便而添置的必要辅助。二是国家公园景观资源的珍稀性和独特性，即国家公园天然或原始的景观资源往往为一国所罕见，并在国内甚至世界上都有着不可替代的重要而特别的影响。

国家公园是一种保留区域，通常由政府所拥有，目的是保护某地不受人类发展和污染的伤害。1969年，世界自然保护联盟在印度新德里第十届大会做出决议，明确国家公园基本特征：

- 区域内生态系统尚未由于人类的开垦、开采和拓居而遭到根本性的改变，区域内的动植物种、景观和生态环境具有特殊的科学、教育和娱乐的意义，或区域内含有一片广阔而优美的自然景观。
- 政府权力机构已采取措施以阻止或尽可能消除在该区域内的开垦、开采和拓居，并使其生态、自然景观和美学的特征得到充分展示。
- 在一定条件下，允许以精神、教育、文化和娱乐为目的的参观旅游。美丽的山景、河景、湖景、海景，甚而人工水库建景，皆可大量规划、保护、发展成美丽的国家公园，吸引各地人士前往欣赏旅游。

四、国家公园的保护模式

为长期保护自然原野景观，原生动植物，特殊生态体系而设置保护区之地区。由国家最高权力机构采取步骤，限制开发工业区、商业区及聚居之地区，并禁止伐林、采矿、设电厂、农耕、放牧、狩猎等行为，同时有效执行对于生态、自然景观维护之地区。维护目前的自然状态，仅准许游客在特别情况下进入一定范围，以作为现代及未来世代科学、教育、游憩、启智资产之地区。

经过100多年的研究和发展，"国家公园"已经成为一项具有世界性和全人类性的自然文化保护运动，并形成了一系列逐步推进的保护思想和保护模式。一是保护对象从视觉景观保护走向生物多样性保护；二是保护方法从消极保护走向积极保护；三是保护力量从一方参与走向多方参与；四是保护空间从点状保护走向系统保护。

五、国家公园的功能分区

国家公园一般应具备四项功能：提供保护性的自然环境、保存物种及遗传基因、提供国民游憩及繁荣地方经济、促进学术研究及环境教育。为了保护国家公园的自然环境，不因游览活动引起有害于自然生态系统或有损于自然景观的变化，对国家公园范围内的土地一般都实行分区制。事先由地质学、生态学、野生动物学、考古学、林学、园林学、建筑学等各方面专家，共同研究有关资源保护计划，并制订有控制的基本设施建设、游览和科学普及活动的规划，经国家或地方主管部门审批后实施。国家公园大多分为以下五个区：

（一）特别保护区

国家公园内拥有独特的、稀有的或濒于绝灭的物种，或天然物种的最好样本，拥有某些自然特色的特定地区划为特别保护区。严格控制或完全禁止游人进入或使用。不许机动车辆或船只进入，不许营建人工设施，一切听其自然，甚至发生自然火灾也不予扑灭。

（二）原野区

代表国家公园中的某一自然历史主题，并保护原野状态的广阔地区。只容许安排某些少量适合荒野条件的旅游设施和分散型活动，如骑马或徒步旅行，搭帐篷宿营。对使用原野区的人数有限制，机动交通工具不准入内。

（三）自然环境区

作为天然环境保护的地区，在不破坏天然环境的情况下可容许安排少量有关设施进行低密集度的室外活动。允许公共交通工具和一定数量的私人车辆入内。最好使用非机动交通工具。

（四）娱乐区

设在风景优美和交通便利的地段，在保持自然风景和游人安全方便的前提下容许安排各种教育活动、室外娱乐项目和修建有关设施。允许机动车辆进入。最普遍的娱乐方式是欣赏大自然和野生动植物，野餐和野营，远足旅行或登山运动，骑马，游泳，划船和划橡皮艇，驾车越野与滑雪等。

（五）服务区

设在国家公园中部或边缘地带，以小市镇和游人服务中心面貌出现。设有游人服务处和各种辅助设施以及公园管理机构。游人云集，允许机动车辆进入。国家公园出入口多设在娱乐区和服务区。另外，还鼓励私人以及非政府组织开设和经营某些经过批准的服务项目和方便游人的设施。

六、国家公园的入选标准

环境保护部、文化和旅游部决定开展国家公园试点，主要目的是为了在中国引入国家公园的理念和管理模式，同时也是为了完善中国的保护地体系，规范全国国家公园建设，有利于将来对现有的保护地体系进行系统整合，提高保护的有效性，切实实现保护与发展双赢。

国家公园根据1974年国际自然资源保护联盟（IUCN）开会认定的国家公园标准为：面积不小于1000公顷的范围内，具有优美景观的特殊生态或特殊地形，有国家代表性，且未经人类开采、聚居或开发建设之地区。

国家公园应包含有代表性的较大的自然区域、特征或自然风光，这里的动植种类、生长环境以及地貌景点在精神、科学、教学、娱乐和旅游方面均具有特殊意义。国家公园的范围应以包含一个以上完整性生态系统，且未被现代人类占用或开发而有本质性的改变。建立国家公园的目的是生态系统保护和游览。

具有特殊自然景观、地形、地物、化石及未经人工培育自然演进生长之野生或孑遗动植物，足以代表国家自然遗产者；具有重要之史前遗迹、史后古迹及其环境富教育意义，足以培育国民情操，而由国家长期保存者；具有天赋的教育游乐资源，风景特异，交通便利，足以陶冶国民性情，供游憩观赏者。

第三节　国家公园发展存在的问题

在中国，国家公园的理念与发展模式不论在法律上还是在学术上并无统一的认识，甚至有的观点认为："中国没有国家公园，只有国家级风景名胜区和自然保护区。但是它们都不是为了培养国家意识而设立。其中一个强调的是游览；一个强调的是保护。"这从一个侧面反映出我国国家公园或者说包含于风景名胜区和自然保护区的国家公园理念与发展模式确实存在许多问题。

一、政出多门，多头管理

我国的自然保护区和风景名胜区涉及的管理体制较为较复杂，对同一块地域，政出多门，多头管理，保护区内资源开发利用与管理保护矛盾突出，可能由多个部门依据不同的法律或规范性文件实施行政管理，同时被审批为不同类型的保护区、风景名胜区，国家林业局还要求云南以具备条件的自然保护区为依托建设国家公园（如西双版纳既是自然保护区又是风景名胜区，同时还是云南省政府批准建设的国家公园）。致使保护区的设立目的、管理目标、设立标准和管理体制混乱，保护区边界不清，削弱了保护区功能的发挥。

二、标准不一，交叉严重

保护地分类是保护地立法和保护地管理的基础，我国现行的保护区分类是以保护区的主要保护对象的差异性为依据，将自然保护区分为三个类别九个类型，如果将风景名胜区、森林公园、地质公园、海洋特别保护区、生态功能保护区以及文化遗址也纳入保护区（地）之中，则跨越了自然和人文两大领域，并且类别上重叠与交叉严重。而不是根据保护地的建设目的、管理目标等进行分类，导致国家公园（保护地）管理整齐划一、管理目标单一，或者按照《自然保护区条例》严格管理，或者按风景名胜区重在旅游开发。而且现有的保护地分类体系也不能体现出在管理目标、监督标准和管理方式上的差别，不利于解决利用与保护的矛盾。而从国家公园试点的实际情况分析，试点中的国家公园既有 IUCN 国家公园的理念，更有美国国家公园和保护地体系的影子。

三、产权不顺，边界不清

产权结构不合理，所有权、行政管理权和经营权边界不清，如《云南省玉龙纳西族自治县老君山国家公园保护管理条例（草案征求意见稿）》规定：设立老君山国家公园保护管理局，行使人民政府授权的职责，实行政企分开，同时负责国家公园的保护管理和开发利用工作。对所有权的归属并不明确，管理局既是授权的行政主体，又是经营者（开发利用）。

四、法律缺失，模式多样

在汉语中，"国家公园"一词是一个偏正组合而成的名词，从结构而言，核心词是公园，而国家为其修饰语。国家公园冠之以国家之名而无国家（中央）层次的立法，而是由地方进行立法，即便是试点阶段，也欠妥当。

自 IUCN《保护地管理类别指南》出版以来，多数学者认为可以接受 IUCN 的保护地分类体系及其中的国家公园理念和发展模式。1996 年 10 月 13 日，中国正式成为 IUCN 的国家成员，从一定意义上讲，中国政府对于 IUCN 的自然保护、自然资源合理利用和生态的可持续性等方面的理念和模式还是比较认同的。而中国环境保护部、文化和旅游部等行政主管部门就国家公园所做的探索，其理念与模式也大体与 IUCN 相一致。国家公园的理念和发展模式其核心就是资源利用与保护、开发与管理之间的矛盾。解决矛盾的目标就是在利用与保护、开发与管理之间寻求平衡，实现资源的可持续利用，既满足当代人的需求，又不对后代人满足其需求的能力构成危害的发展。

因此，在我国国家公园发展模式的选择上要注意以下几点。

（一）在理念上，我们应当明白

国家公园是一种较严格的保护地类型，主要以生态系统保护和游览为目的实施管理的保护地，设立国家公园的目的首先是对自然生态系统的完整性保护，其次才是也仅是为精神、科学、教育、娱乐及旅游等活动提供一个环境和文化兼容的基地，而其他有损于国家公园规定目标的资源开发和利用将会被禁止。

（二）正确构建具有我国特色的保护地分类体系，将国家公园置于整个保护地系统之中

世界上保护地建立的原因、标准、名称各不相同，而 IUCN 的保护地分类体系正是为建立国际统一的术语和分类标准而提出。IUCN 保护地分类主要根据其应予实现的科学研究、荒地保护、物种和遗传多样性的保护、环境服务的维护、独特的自然和人文景观的保护、旅游和娱乐、教育、自然生态系统中资源的可持续利用以及文化和传统习俗的维持等目的，并且考虑到目的的不同组合和优先次序把保护地分为六个类别，针对六类保护地，可以根据不同的目的设定不同的管理目标，采取不同的管理方法和要求。我们可以借鉴 IUCN 的分类标准（即实现目的），结合中国国情和保护地建设的历史传统，建立中国的保护地分类体系。由此最大限度地避免各类保护地分类的重叠与交叉，确定保护区边界，明确保护地设立目的、管理目

标、设立标准以及相应的管理体制，针对不同保护地设定利用与保护的限度以区分严格管理、有限度利用的保护地，正确处理利用与保护的矛盾，为保护地立法和保护地管理提供良好的基础。

（三）建立分级分类分区管理制度

将国家公园体系分为国家级和地方级，国家级的可以称之为国家公园，省级的则称之为省立公园。国家公园分类问题，首先要解决保护地分类，将国家公园置于保护地之一类，将严格保护区与国家公园分类进行管理。国家公园根据功能进行分区，从国家公园试点的实践看并无统一的标准，如西双版纳热带雨林国家公园划分为五大功能区（自然生境区、生态保育区、传统利用区、游览展示区和公园服务区）、普达措国家公园则初步拟定六个功能区（特别保护区、自然生境区、户外游憩区、文化保存区、国家公园服务区和引导控制区），这种功能分区是建立在国家公园依托于现行自然保护区建设的基础上的，我们在建立起新的保护地分类体系之后，国家公园内的分区当然应该做调整，对不同的区域实施不同的管理措施和要求。

（四）建立有效率的产权结构制度，明晰所有权、行政管理权和经营权边界

国家公园内包含或可能包含土地、水、矿产、生物、气候和海洋六大类自然资源。我们讨论国家公园的所有权应该包括若干个不同的相互独立的所有权构成，而在我国，这些所有权往往具有相同的属性，即主要为国家所有，部分由集体所有。从经济学的视角，自然资源的稀缺性决定了每个人对该产品的消费都会造成其他人消费的减少，即具有竞争性，同时又不能排除其他人（比如土地权人）对它的消费，即其具有非排他性，因此国家公园是一种公共资源或准公共物品。当财产为私人所有时，它才会得到最有效的利用。然而，当不可分性和公共产品问题使界定私人权利的代价太高时，所有权的一些其他形式则可能更有效率。另外，当效率不是所考虑的主要因素时，与私人所有权相对的其他所有权有可能是适当的。显然，国家公园所有权由国家享有是有效率的。但是国家所有权的主体有事实的缺位和由各级政府或者政府的各个部门行使，从而形成多个利益主体的情况，有进一步明晰产权、完善国家所有权管理机制的必要。此外，现实中自然资源国家所有权往往附属于行政管理权之中，降低了资源物权交易的效率和行政权的威信，甚至可能成为行政机关设租和寻租的手段，是低效率的制度安排。因此，依据国家公园分级管理而设定由不同级别的政府行使所有权、所有权与经营权相分离以及所有权与行政管理权相分离是有效率的选择。

（五）构建保护地和国家公园法律体系

立法的体系化可以最大限度地发挥法的体系功能，因此，需要对我国保护地法的体系结构进行重新安排，推进保护地的综合立法和保护地法的体系化。保护地具有共同特征和整体性，使保护地立法具备了成为一个完整法律体系的基础条件，也使保护地综合立法成为可能。制定一部保护地的综合立法，并不排除在综合立法的指导之下制定不同类别的保护地法，此外，保护地具有区域性，其立法体系的构建应具有一定的灵活性和动态性，为地方立法留有一定余地。

第四节 国家公园体制建设任重道远

30 多年的发展为我国正式创建国家公园体制奠定了基础，但同时也出现了很多问题，诸如环境与发展的冲突，开发与保护的碰撞、资源管理碎片化、政出多门无序管理、中央地方事权划分不清、部门权责交叉重叠与监管真空并存，以致出现"九龙治水"与"一山多治"的怪象。表面上看来"人人都在管"，但一旦问题出现，实则"处处无人管"。特别是资源无序、盲目开发，最终导致生态环境恶化，历史古迹、人文环境等遭到比较严重破坏时更是无法找到直接责任单位和责任人。世界自然基金会（WWF）《中国生态足迹报告 2012》的研究结果也证实："自20 世纪 70 年代初，中国消耗可再生资源的速率开始超过其再生能力，出现生态赤字，与全球及大部分国家类似，中国自此一直处于生态赤字之中。"在这一大背景下，我国国家公园体制的建设可谓任重道远。

"人有多大胆地有多大产"这种改造自然、战胜自然的豪言壮语曾经是家喻户晓的口号，然而快速的发展也给我们带来日益复杂和严峻的生态问题。根据世界自然基金会（WWF）《地球生命力报告 2012 年——迈向里约 +20》的研究显示："我们目前的生存方式好似我们还有另外一个地球可以使用。我们正在使用的资源超过了地球可供给能力的 50%，如果我们不改变这一趋势，该数字将会更快增长——到2030 年，即便有两个地球也将不能满足我们的需求。"可见保护我们唯一的地球是如此的重要。早在党的十五大期间，党中央就明确提出实施可持续发展战略，党的十六大以来，在科学发展观指导下，党中央提出建设创新型国家，建设生态文明等新的发展理念和战略举措，党的十七大报告进一步提出了建设生态文明的新要求，党的十八大报告中再次强调了社会主义生态文明建设的必要性。党的十八届三中全会更表明"需坚定不移实施主体功能区制度，建立国土空间开发保护制度，严格按

照主体功能区定位推动发展，建立国家公园体制"。这标志着以生态保护为第一要务，旅游休闲等多种功能兼备的国家公园的建设已经成为国家战略。《国务院关于促进旅游业改革发展的若干意见》（国发〔2014〕31号）也明确指出，"稳步推进建立国家公园体制，实现对国家自然和文化遗产地更有效的保护和利用"。可见建立国家公园体制是构建生态文明制度体系的需要、优化国土空间开发格局的需要、强化国家核心利益的需要、提升国际影响力的需要，同时也是旅游业健康发展的需要。

首先，我国国家公园体制的建设要解决的是体制问题。应由国家统一部署，站在全局和大局的角度，构建由决策者、学者以及与自然文化资源密切相关的公众等利益相关者共同参与的智囊团，进行顶层设计，制定统一的管理机构，无论采用哪种模式管理，参照国际上通用的做法实施"一园一主""一园一牌"做法，坚决杜绝"条块分割""一地多牌"等多头管理现象。

其次，启动国家公园综合立法体系，制定符合我国国情的一系列法律、法规和相关政策。一直以来，各级政府十分重视风景名胜区管理的法制化和规范化，也出台了一系列法律、法规、规章及规范性文件，如《中华人民共和国城乡规划法》《中华人民共和国土地管理法》《中华人民共和国环境保护法》，但专门针对风景名胜区、保护地的法律还没有，现有的法律法规，大部分还停留在暂行条例、管理标准、管理办法、审查办法、管理规定等层面，专门性、统领性、全面性和操作性不强。因此有必要从三个方面考虑立法：第一，立法层次要高，不仅对国家公园体系整体立法，还要对各个公园和保护区的保护和管理立法；第二，立法要详细可操作，诸如授权和责任、排他性的管理权、资金来源以及特许权出让等需要明确；第三，立法要与时俱进，具有前瞻性。要根据国家公园体系和各个单位不断出现或有可能出现的新情况进行立法和制定新规定，并及时公布。

最后，有效地整合各种资源，处理好各种关系。包括资源保护与旅游发展之间的关系；中央政府与地方政府之间的关系；国家公园用地与周边土地之间的关系；不同政府部门之间的关系；立法机构、行政机构和民间团体之间的关系；管理者与经营者之间的关系以及国家公园管理机构与民间保护团体之间的关系等。

他山之石可以攻玉，作为发展中国家，我们应该借鉴美国等发达国家经过长时间探索的国家公园建设经验。通过建设国家公园，倡导生态文明，满足多元性的功能需求。美国等发达国家建立的国家公园已经经历了100多年的发展，也出现过很多问题和困难。我国建设国家公园的工作刚刚起步，前景虽光明，但任务十分艰巨，路漫漫其修远兮，任重道远，更需策马加鞭，将这项利国利民的重要工程不断推向前进。

本章小结

本章描述了国家公园的历史沿革和它的含义，分析了国家公园的性质、隶属关系、基本特征，解读了国家公园的保护模式和功能分区，剖析了国家公园的评选标准。最后分析了我国国家公园的发展现状和存在的问题，提出了我国国家公园的建设思路。

思考与练习

1. 通过学习请同学们掌握我国国家公园建设的三个理念。

2. 请同学们了解我国国家公园在发展过程中存在哪些问题？你是如何看待这些问题的？

知识链接

我国将于 2020 年正式设立国家公园

国家林业和草原局 2019 年 10 月 17 日召开的新闻发布会提出，2020 年，我国将结束国家公园体制试点，总结评估经验，正式设立一批国家公园。

目前，我国已经开展了三江源、东北虎豹、大熊猫、祁连山、海南热带雨林、神农架、武夷山、钱江源、南山、普达措 10 个国家公园试点，总面积 22.29 万平方千米，涉及吉林、黑龙江、浙江、福建、湖北、湖南、海南、四川、云南、陕西、甘肃、青海 12 个省份。

国家公园体制试点开展以来，东北虎豹、祁连山、大熊猫等体制试点区依托国家林草局相关森林资源监督专员办挂牌成立了国家公园管理局，实现了跨省区的统一管理，同时分别与有关省成立了协调工作领导小组，共同推进试点工作。浙江、福建、海南、青海等省成立了省级直属的国家公园管理局，统一行使其国家公园范围内的管理事务权，其他各国家公园体制试点区也分别成立了专门的管理机构。

国家林草局和各试点区持续加大生态保护力度。东北虎豹国家公园将多个自然保护地类型连成一个大区域，自然保护地碎片化问题得到了较好解决。祁连山、东北虎豹、三江源、神农架、钱江源等试点区初步搭建了自然资源监测平台。各试点区分别启动了林地清收还林、生态廊道建设、外来物种清除、茶山专项整治、裸露山体生态治理等工作，国家公园生态环境进一步趋好，野生动物数量稳步增长。

　　国家林草局稳步推进各试点区总体规划和专项规划编制，抓紧制定国家公园标准体系、管理办法等，协调相关部委推动落实国家公园体制建设资金保障机制。各试点区积极探索社区参与、共建共享的保护模式，三江源、神农架、普达措、南山等国家公园试点设置了生态公益管护岗位，优先吸纳生态移民和当地社区居民参与国家公园保护。

　　当前和今后一个时期，国家林草局将加快国家公园立法进程，编制国家公园空间布局方案和发展规划，构建并完善国家公园标准规范体系。加快推进东北虎豹、祁连山、大熊猫等国家公园总体规划、专项规划编制报批。组织开展国家公园体制试点第三方评估。研究在保护的基础上，发挥国家公园科研、教育、游憩、社区发展等功能。

　　（资料来源：林草局网站）

第九章 旅游景区开发与运营管理模式

学习目标

通过本章的学习，你应该能达到：

知识目标：

1. 了解模式与商业模式。

2. 了解经营模式和盈利模式。

3. 熟悉旅游景区九大经营管理模式。

能力目标：

1. 能够辨析旅游景区的九大经营管理模式。

2. 能够正确地识别旅游景区的盈利模式。

3. 能够依据旅游景区经营模式对旅游景区进行调研。

实训目标：

1. 能够准确地判断旅游景区的经营管理模式。

2. 能够依据模式类型对旅游景区进行调研。

第一节 模式相关概念

一、模式与商业模式

模式，指事物的标准样式。《魏书·源子恭传》："故尚书令、任城王臣澄按故司空臣冲所造明堂样，并连表诏答、两京模式，奏求营起。"宋张邦基《墨庄漫录》卷八："闻先生之艺久矣，愿见笔法，以为模式。"清薛福成《代李伯相重锲汶滨遗书序》："王君、夏君表章前哲，以为邦人士模式，可谓能勤其职矣。"模式是主体行为的一般方式，包括科学实验模式、经济发展模式、企业盈利模式等，是理论和实践之间的中介环节，具有一般性、简单性、重复性、结构性、稳定性、可操作性的特征。模式在实际运用中必须结合具体情况，实现一般性和特殊性的衔接，并根据实际情况的变化随时调整要素与结构才有可操作性。

商业模式是一种包含了一系列要素及其关系的概念性工具，用以阐明某个特定实体的商业逻辑。它描述了公司所能为客户提供的价值以及公司的内部结构、合作伙伴网络和关系资本等用以实现（创造、推销和交付）这一价值并产生可持续盈利收入的要素。商业模式是管理学的重要研究对象之一，MBA、EMBA 等主流商业管理课程均对"商业模式"给予了不同程度的关注。在分析商业模式过程中，主要关注一类企业在市场中与用户、供应商、其他合作伙伴的关系，尤其是彼此间的物流、信息流和资金流。因此，企业与企业之间、企业的部门之间、企业与顾客之间、企业与渠道之间都存在各种各样的交易关系和联结方式，这种方式和关系也称之为商业模式。

商业模式是创业者创意，商业创意来自于机会的丰富和逻辑化，并有可能最终演变为商业模式。其形成的逻辑是：机会是经由创造性资源组合传递出的更明确的市场需求的可能性（schumpeter，1934；Kirzner，1973），是未明确的市场需求或者未被利用的资源或者能力。尽管它第一次出现在 20 世纪 50 年代，但直到 20 世纪 90 年代才开始被广泛使用和传播，已经成为挂在创业者和风险投资者嘴边的一个名词。有一个好的商业模式，成功就有了一半的保证。商业模式就是公司通过什么途径或方式来赚钱。简言之，饮料公司通过卖饮料来赚钱、快递公司通过送快递来赚钱、网络公司通过点击率来赚钱、通信公司通过收话费赚钱、超市通过平台和仓储来赚钱等。只要有赚钱的地方，就有商业模式存在。随着市场需求日益清晰以及资源日益得到准确界定，机会将超脱其基本形式，逐渐演变成为创意（商业概念），包括如何满足市场需求或者如何配置资源等核心计划。随着商业概念的自身提升，它变得更加复杂，包括产品 / 服务概念，市场概念，供应链 / 营销 / 运作概念（Cardozo，1996），进而这个准确并差异化的创意（商业概念）逐渐成熟，最终演变为完善的商业模式，从而形成一个将市场需求与资源结合起来的系统。在文献中使用商业模式这一名词的时候，往往模糊了两种不同的含义：一类作者简单地用它来指公司如何从事商业的具体方法和途径，另一类作者则更强调模型方面的意义。这两者实质上是有所不同的：前者泛指一个公司从事商业的方式，而后者指的是这种方式的概念化。后一观点的支持者们提出了一些由要素及其之间关系构成的参考模型（Reference Model），用以描述公司的商业模式。

商业模式新解：是一个企业满足消费者需求的系统，这个系统组织管理企业的各种资源（资金、原材料、人力资源、作业方式、销售方式、信息、品牌和知识产权、企业所处的环境、创新力，又称输入变量），形成能够提供消费者无法自行生产而必须购买的产品和服务（输出变量），因而具有自己能复制且别人不能复制，或者自己在复制中占据市场优势地位的特性。

二、经营模式与盈利模式

（一）经营模式

经营模式是企业根据企业的经营宗旨，为实现企业所确认的价值定位所采取某一类方式方法的总称。其中包括企业为实现价值定位所规定的业务范围，企业在产业链的位置，以及在这样的定位下实现价值的方式和方法。由此看出，经营模式是企业对市场做出反应的一种范式，这种范式在特定的环境下是有效的。根据经营模式的定义，企业首先有企业的价值定义。在现有的技术条件下，企业实现价值是通过直接交易，还是通过间接交易，是直接面对消费者，还是间接面对消费者。处在产业链中的不同的位置，实现价值的方式也不同。

由定义可以看出，经营模式的内涵包含三个方面的内容：一是确定企业实现什么样的价值，也就是在产业链中的位置；二是企业的业务范围；三是企业如何来实现价值，采取什么样的手段。为了更清楚地了解经营模式，根据在产业链中的位置、企业的业务范围、企业实现价值的不同方式，可以区分出不同的经营模式，一般来说，从经营模式的内涵来分析它包含以下三个维度。

1. 产业链位置

产业链的位置可以分为以下几个部分：设计活动、营销活动、生产活动经营模式和其他的辅助活动，其中最重要的是信息服务部门。

根据对产业链位置的不同选择，可以得出八种不同的组合，也就是可以得出八种不同的经营思想和模式：销售型、生产代工（纺锤）型、设计型、销售＋设计（哑铃）型、生产＋销售型、设计＋生产型、设计＋生产＋销售（全方位）型和信息服务型。下面选择主要经营模式做简要分析。

（1）生产代工（纺锤）型经营模式。这类经营模式企业的特点是企业作为产业链中下游企业的供应商，一般根据客户的订单，加工产品。在市场上，贴上其他企业的标牌进行销售，企业仅仅负责某一产业中某种或者几种产品或零件的生产，对于产品的销售和产品的设计不做过多涉及。

对于选取这种经营模式的企业，要有很强的制造能力，相对于产业链中这个节点上企业要有相当的竞争优势。其中最重要的是两个：一个是质量优势，另一个是成本优势。其他需要考虑的因素还有如交货期、制造的柔性能力等。

（2）设计＋销售（哑铃）型经营模式。这种类型的经营模式与生产代工型经营模式正好相反，企业不涉及生产领域的任何业务，只负责设计和销售，企业设计出市场上顾客所需求的产品和服务，然后寻找相应的生产代工，它要求企业具有很强的设计能力和销售能力以及拥有自己的知名品牌。这类企业和市场的联系非常密切，对于市场动态和顾客的需求非常敏感，是市场上最快的响应者。这种类型的企业非常多，如戴尔公司和耐克公司等。

（3）生产＋销售型经营模式。采用这种经营模式的生产型企业最为普遍，企业涉及业务流程中的后两个部分：生产和销售。对于产品设计，由于某种原因，企业并没有涉及。在这个节点的企业集合当中，企业之间的竞争激烈程度很大。

这种类型的企业最大的特点就是模仿，对于行业内领导者的行为非常敏感，一旦市场领导者推出新的产品，这种类型的企业就会马上进行模仿，并进行改制和改善。因此，这种类型经营模式要求企业的生产制造柔性比较好，能够适应产品的变化。

（4）设计＋生产＋销售型经营模式。这是在产业链节点上涉及较多的经营模式，采用这种经营模式企业的特点是企业具备一定的新产品开发能力。企业根据市场上的需求，自己开发出市场上需要的产品，同时对以往的产品进行改造；在制造方面，企业具有一定的制造能力，制造设备的柔性能力比较好，开发出来的新产品能够通过现有的设备进行生产或者有足够的资金进行新的生产线的建设。对于自己生产的产品通过自己的营销体系建立自己的客户群体。

（5）信息服务型经营模式。信息服务类企业较典型的是咨询公司，这种类型的企业或者公司，不涉及制造的一切活动，但是在很大程度上与制造业有着密切的联系。

如何为企业提供信息服务和决策咨询，如何帮助企业进行管理的变革和软件的实施，帮助企业进行员工的培训和教育等是其提供服务的主要内容。

对于只管销售的这类公司和企业大多数被称为经销商、分销商或代理商，对于只管设计的这类企业，一般为科研单位或专门从事创意工作的组织。

2. 业务范围

根据业务范围的确定也就是产品和服务的确定，它始于产品或者服务给企业带来价值的大小，以及新的产品和服务对原有产品和服务的影响。根据业务范围我们可以划分两类经营模式：单一化经营模式和多元化经营模式。

（1）单一化经营模式。单一化经营，又称专业化经营，是指企业仅仅在一个产品领域进行设计、生产或者销售，企业的业务范围比较单一。这类经营模式的优点是企业面对的市场范围比较有限，能够集中企业的资源进行竞争；风险在于众多的竞争者可能会认识到专一经营战略的有效性，并模仿这种模式。

（2）多元化经营模式。多元化经营模式分为三种基本类型：集中化多元经营、横向多元化经营和混合多元化经营。集中化多元经营是指一些新增加的、与原有业务相关的产品和服务集中起来称之为集中化经营。这种经营方式的特征是提供的产品或者服务和现有的产品或者服务有一定的相关性，提供的对象有可能是现有的顾客，也可能是新顾客；企业可能投入相当的资源拓展新的市场，也可能通过现有的营销网络进行经营。

横向多元化经营是指向现有的用户提供新的、与原有的业务不相关的产品或者服务。它的特点是提供的产品或服务与现有的产品或服务没有相关性，并且被提供的对象是现有的顾客，而不是新的顾客。也就是利用现有的市场，通过现有的营销网络进行经营。

混合多元化经营是增加新的、与原有的业务不相关的产品或者服务。它的特点是企业提供的产品或者服务和现有的产品或者服务不相关，提供的对象有可能是原来的顾客，也可能是新的顾客，企业有可能投入相当的资源进行新的市场开拓，也有可能通过现有的营销网络进行经营。

3.实现价值方式

实现价值的方式一方面借助于战略来实现，因此实现价值的竞争战略也是一种经营模式，此类经营模式主要有以下几种：成本领先模式、差别化模式、目标集聚模式三种。

（1）成本领先模式。成本领先模式是指企业努力发现和挖掘所有的资源优势，特别强调生产规模和出售一种标准化的产品，在行业内保持整体成本领先，从而以行业最低价格为其产品定价。

（2）差别化模式。差异化模式是指企业向顾客提供的产品和服务在行业内独具特色，这种特色足可以给产品带来额外的加价，如果一个企业的产品和服务的溢出价格超过其独特产品所增加的成本，那么，拥有这种差异化的企业将取得竞争优势。

（3）目标集聚模式。目标集聚模式是指在特定的顾客或者某一特定地理区域内，也就是在行业很小的竞争范围内建立独特的竞争优势；企业能够比竞争对手更有效地为顾客服务。该模式有两种类型：成本集中和差异化集中。

除此之外，企业实现价值的方式还有其他的途径，通过这些途径可以解决其他的如资本、空间障碍等问题。因此，从为实现价值和解决资本的角度可以分为独资与合资两种经营模式；从解决空间障碍角度可以分为跨国经营和区域经营两种模式。

（二）盈利模式

盈利模式，是管理学的重要研究对象之一。盈利模式指按照利益相关者划分的企业的收入结构、成本结构以及相应的目标利润。盈利模式是对企业经营要素进行价值识别和管理，在经营要素中找到盈利机会，即探求企业利润来源、生产过程以及产出方式的系统方法。还有观点认为，它是企业通过自身以及相关利益者资源的整合并形成的一种实现价值创造、价值获取、利益分配的组织机制及商业架构。

盈利模式是企业在市场竞争中逐步形成的企业特有的赖以盈利的商务结构及其对应的业务结构。企业的商务结构主要指企业外部所选择的交易对象、交易内容、交易规模、交易方式、交易渠道、交易环境、交易对手等商务内容及其时空结构，企业的业务结构主要指满足商务结构需要的企业内部从事的包括科研、采购、生产、储运、营销等业务内容及其时空结构，业务结构反映的是企业内部资源配置情况，商务结构反映的是企业内部资源整合的对象及其目的。业务结构直接反映的是企业资源配置的效率，商务结构直接反映的是企业资源配置的效益。

1. 盈利模式类型

盈利模式分为自发的盈利模式和自觉的盈利模式两种，前者的盈利模式是自发形成的，企业对如何盈利、未来能否盈利缺乏清醒的认识，企业虽然盈利，但盈利模式不明确、不清晰，其盈利模式具有隐蔽性、模糊性、缺乏灵活性的特点；后者，也就是自觉的盈利模式，是企业通过对盈利实践的总结，对盈利模式加以自觉调整和设计而成的，它具有清晰性、针对性、相对稳定性、环境适应性和灵活性的特征。

在市场竞争的初期和企业成长的不成熟阶段，企业的盈利模式大多是自发的，随着市场竞争的加剧和企业的不断成熟，企业开始重视对市场竞争和自身盈利模式的研究，即使如此，也并不是所有企业都能幸运地找到盈利模式。

2. 盈利模式设计的四要素

研究企业盈利模式，有必要借助有效的分析手段，我们在长期研究成功企业的盈利模式时，归纳和总结了企业盈利模式分析和设计的四个要素，几乎所有企业的利润模式都是以某一个或两个要素为核心的各要素不同形式的组合。

利润源是指企业提供的商品或服务的购买者和使用者群体，他们是企业利润的唯一源泉。利润源分为主要利润源、辅助利润源和潜在利润源，好的企业利润源，一是要有足够的规模，二是企业要对利润源的需求和偏好有比较深的认识和了解，三是企业在挖掘利润源时与竞争者比较而言有一定的竞争优势。

利润点是指企业可以获取利润的产品或服务，好的利润点一要针对明确客户的清晰的需求偏好，二要为构成利润源的客户创造价值，三要为企业创造价值，有些企业有些产品和服务或者缺乏利润源的针对性，或者根本不创造利润。利润点反映的是企业的产出。

利润杠杆是指企业生产产品或服务以及吸引客户购买和使用企业产品或服务的一系列业务活动，利润杠杆反映的是企业的一部分投入；利润屏障是指企业为防止竞争者掠夺本企业的利润而采取的防范措施，它与利润杠杆同样表现为企业投入，但利润杠杆是撬动"奶酪"为我所有，利润屏障是保护"奶酪"不为他人所动。

利润家是企业内对企业如何盈利，具有极强的敏感和预见性的人，他也许是企业家本人，也许是企业家的盟友，或许是职业经理人。

3. 打造成功的盈利模式

企业需要选择一个适合自己的盈利模式。那么，怎样才是成功的盈利模式呢？由于各行业宏观和微观经济环境处于不断变化的状态中，没有一个单一的特定盈利模式能够保证在各种条件下都产生优异的财务结果。美国埃森哲咨询公司对 70 家企业的盈利模式所做的研究分析中，没有发现一个始终正确的盈利模式，但却发现成功的盈利模式至少具有 3 个共同的特点。

（1）成功的商业模式要能提供独特价值。有时候这个独特的价值可能是新的思想；而更多的时候，它往往是产品和服务独特性的组合。这种组合要么可以向客户提供额外的价值；要么使得客户能用更低的价格获得同样的利益，或者用同样的价格获得更多的利益。例如，美国的大型连锁家用器具商场 Home Depot，就是将低价格、齐全的品种以及只有在高价专业商店才能得到的专业咨询服务结合起来，作为企业的盈利模式。

（2）胜人一筹的盈利模式是难以模仿的。企业通过确立自己的与众不同，如对客户的悉心照顾、无与伦比的实施能力等，来建立利润屏障，提高行业的进入门槛，从而保证利润来源不受侵犯。比如，直销模式（仅凭"直销"一点，还不能称其为一个商业模式），人人都知道其如何运作，也都知道戴尔公司是此中翘楚，而且每个商家只要它愿意，都可以模仿戴尔的做法，但能不能取得与戴尔相同的业绩，完全是另外一回事，这就说明好的商业模式是很难被人模仿的。

（3）成功的盈利模式是脚踏实地的。脚踏实地就是实事求是，就是把盈利模式建立在对客户行为的准确理解和假定上。比如说，企业要做到量入为出、收支平衡。这看似不言而喻的道理，要想年复一年、日复一日地做到，却并不容易。现实当中的很多企业，不管是传统企业还是新型企业，对于自己的钱从何处赚来，为什么客户看中自己企业的产品和服务，乃至有多少客户实际上不能为企业带来利润，反而在侵蚀企业的收入等关键问题，都不甚了解。这样不切实际的"商业模式"，简直数不胜数。

总之,成功的盈利模式必须能够突出一个企业不同于其他企业的独特性。这种独特性表现在它怎样界定顾客、界定客户需求和偏好、界定竞争者、界定产品和服务、界定业务内容吸引客户以创造利润。优秀的盈利模式是丰富和细致的,并且它的各个部分要互相支持和促进;改变其中任何一个部分,它就会变成另外一种模式。

案例引导

迪士尼"利润乘数"模式

无数的中国人用"演出开始了"这句怀旧的台词形容香港迪士尼乐园2005年9月12日的新开张。香港迪士尼乐园掀起的这股热潮,正中香港特区政府、迪士尼公司、香港证券业下怀。无论是哪一方,都充满希望地宣布自己将是赢家。对香港特区政府而言,除了股市、旅游、购物、就业率,此番斩获最多的还是港人的信心。而当前,50周岁的迪士尼也面临新的挑战,那就是如何让自己变成小飞侠彼得,永远永远都不要长大。这不仅需要新的技术、新的理念、新的人才,同时也需要新的市场。中国,无疑就是迪士尼开始冒险之旅的另一个梦幻岛。"利润乘数"模式渗入中国,迪士尼的生意远不止迪士尼乐园这么简单。乐园仅是迪士尼庞大家族中的一环,迪士尼公司投资香港迪士尼乐园的目的其实也非常明显,搭建一个能加速其进入中国内地市场的跳板,不仅是内地潜力巨大的消费品市场,也包括极具魅力的娱乐传媒市场。

几十年来,迪士尼的"轮次收入"从最初的米奇、米妮、唐老鸭,到今天《海底总动员》中的小丑鱼尼莫、《星际宝贝》中的小狗史蒂奇、《人猿泰山》中的泰山、《木偶奇遇记》里小木偶匹诺曹,一个个崭新的迪士尼卡通形象伴随着各自的主题故事出现在世人面前,也掀起了一次又一次追逐迪士尼卡通明星的热潮。迪士尼欢乐文化的背后存在着一个产业不断发展、扩充、升级的商业运作体系。

迪士尼庞大集团的架构非常复杂,但大致由以下具体部门组成:娱乐制作部(电影发行、家庭娱乐、演出和音乐)、迪士尼主题乐园与度假区、迪士尼消费品部(迪士尼授权、出版、游戏、零售、直销)、媒体网络(无线网络、有线媒体、互联网络)、国际业务分支等。

从电影和动画片制作开始,迪士尼的产业逐步扩展到销售动画片和电视节目、开发和销售专利卡通形象的产品、经营迪士尼主题乐园、购买电视频道、介入游戏开发，甚至是相关产业经营。从而拥有了一个囊括影视娱乐、媒体网络、主题公园和消费产品的巨大财富生产链。

专家分析，迪士尼整体盈利模式，被称为"轮次收入"（利润乘数）模式：源头是迪士尼的动画制作，除开票房，通过发行、销售拷贝和录像带，迪士尼赚到了第一轮收入。这一轮中，迪士尼通过美国以及海外市场，收回数亿美元，解决了成本回收的问题。接着是主题公园创收构成其第二轮收入。世界各地迪士尼乐园，吸引大量游客游玩消费。最后是品牌产品和连锁经营。迪士尼在美国本土和全球各地授权建立了大量的迪士尼专卖商店，通过销售各种玩具、食品、礼品等品牌产品赚进第三轮收入。

目前，其相关消费品主要包括迪士尼动画形象专有权的使用与出让、品牌产品的生产和销售以及相关书刊、音乐乃至游戏产品的出版发行等。这一轮收入大约占到迪士尼40%的盈利。据悉，迪士尼旗下全球总收入的2/3以上是由旗下电影和传媒网络业务创造的，它们才是迪士尼的支柱业务。

消费品内地市场扩张加快，2005年6月，华特迪士尼亚太区消费品总部先期已由香港迁到了上海，正式成立了华特迪士尼（上海）有限公司。"中国消费品市场的潜力是显而易见的。消费品部的搬迁，看中的当然是加强和内地市场的联系。从发展角度看，上海在区位上对中国内地北部和中部辐射效果显然优于香港。"中山大学管理学院教授徐栖玲如是分析。

做大零售市场无疑已成为迪士尼在中国的一项重要战略。早在迪士尼2004年度的零售会议上，迪士尼就提出"5年内在华消费品业务总收入翻5番的销售目标"。

据统计，迪士尼商品目前在中国内地已拥有了80多家授权经营商以及1200多个销售专柜。授权生产的产品包括软性产品（如服饰、鞋类、婴儿服装、寝具等）、玩具（如人物造型、棋类游戏、积木、拼图、玩偶、童车等）、家居产品、文具、食品及个人用品（如饮料、健康用品、美容用品等）、消费性电子产品（如大家电、小家电、相机、电话、电脑等）。拿到的名单中显示，丽婴房婴儿服装、富乐梦文具、米奇妙世界童装、永骏皮具、佐丹奴T恤、三枪内衣等都囊括其中。

其中，广东永骏经济发展有限公司颇具代表性，永骏4年前开始和迪士尼合作，是迪士尼卡通形象最多的授权商，旗下10多个品牌授权项目，包括皮具、饰品、化妆品、精品等多个领域，还取得了公主内衣中国经营权。目前其零售总值已超过10亿元。

其实，获得迪士尼授权经营的大小企业，虽然会从中获得利益，但相信获利更多的还是迪士尼本身。相关人士介绍，一般而言，迪士尼将抽取10%~15%的收入作为授权费用。

迪士尼日前宣布，今后将授权更多制造商和零售商，扩展专卖店渠道。不仅要巩固北京、上海等一级市场，未来2~3年内，迪士尼将完成首批33个大中城市的拓展和渗透计划，尤其以二线、三级城市为主。与此同时，迪士尼正积极拓展卖场及邮购等新型销售方式。

第二节　旅游景区开发运营模式

目前我国旅游景区的宏观管理现状是政出多门、体制混乱。例如，自然文化遗产的管理体制具有管理多重目标性、企业化经营和不同程度的多重管理三个明显特征，现行管理体制的主要问题是多重目标与企业化经营之间的矛盾，而多重管理加剧了这种矛盾。旅游景区分别隶属多达12个不同的政府部门管理，风景名胜区、自然保护区、森林公园和文物保护单位，本身既有保护的职能，又有组织生产、发展经济、解决就业和社区管理的职责。我国风景名胜资源和文物资源的管理权由各级、各有关行政主管部门行使。根据我国现行的行政体制，各类风景名胜资源和文物资源仍分别归建设、林业、环保、文化、文物、宗教、海洋、地质、旅游等部门行使管理权，并按其科学价值、历史文化价值、美学价值和地域范围等划分为国家级、省级、县级，分别由各级相关行政主管部门管理。必要时成立了相应的行政管理机构，如风景名胜区、国家森林公园、自然保护区管理委员会（或管理局），文物管理委员会（或文管所）等，作为国家资源所有者代表，统一实施管理权。这些旅游景区管理机构的主要职责是执行有关法律法规，确定开发利用方针，制定、审批保护与发展规划并监督其实施，审核有关开发项目的可行性报告和方案，有的代表政府管理区域内的民政事务。在这种多元管理体制下有必要阐述一下相关理论。

一、产权理论

科斯定理说明在交易费用不为零时，产权初始分配影响资源的配置效率。产权是实施有效管理资源的一组权利束。旅游景区资源的产权是由所有权、管理权、经营权、监督权、收益权和决策权等权利束组成。就目前看，其中最主要的是所有权、管理权、经营权、监督权的界定和产权主体的确定。各产权权能的界定和主体的确立必须符合"产权明晰"原则。所谓"产权明晰"包括两层含义：一方面，财产的归属关系是清楚的；第二，在财产所有权主体明确的情况下，产权实现过程中不同主体之间的权责利关系是清楚的。产权权利束的分离过程也就是配置不同权能的主体。在对主体进行权责利界定时，强调三者关系的对等性。但在实际中，不同主体往往只注重对激励作用的"权"和"利"的获得而忽略或轻视"责"的承担。"责"的界定是对主体施加的自我约束，所以在进行权责利的博弈配置时主体往往不愿或很少提及责任，但反过来更说明了"责"的重要性。如果只有"权"和"利"的获得而没有"责"的承担，那么将导致"权"逐"利"和"利"诱"权"的无序状态，权、责、利关系极度失衡。旅游景区在进行体制创新、探索产权改革的同时，必须进行配套的责任机制的约束，才不会走向无序状态。旅游景区资源的"责"不同于一般经济资源的"责"，一般经济资源的"责"就是最大化这种资源经济效益，权、利的配置都是为了激活"最大化"，服务于"最大化"。而旅游景区资源的"责"就是"保护"和"展示"辅之以"利用"，权、利的配置主要是为了服务于保护和"展示"辅之以"利用"，激活"保护"和"展示"辅之以"利用"。

二、产权界定

（一）所有权

根据《宪法》《风景名胜区管理暂行条例》和《文物保护法》等法律法规的规定，旅游景区主体资源（社会投资的主题公园等其他类别的除外）的所有权是全体人民，但全体人民不可能直接行使所有权，因此需要寻找代理人即"所有者代表"。按照法律规定，国有资产的所有者代表是国务院，这种委托—代理关系是以信任为基础形成信任托管的契约关系。国务院主要通过制定国家层面旅游景区政策法规以及审批旅游景区重大决策、规划等来行使所有权，而实际的所有权的代理人是旅游景区所处地区的地方政府，包括省、自治区、市、县、乡、镇、街道等。

（二）管理权

国务院作为国有资产的"所有者代表"需要进行再授权，授出管理权，产权权能发生分离。根据《风景名胜区管理暂行条例》规定，风景名胜区依法设立人民政府，全面负责风景名胜区的保护、利用、规划和建设。风景名胜区没有设立人民政府的，应当设立管理机构，在所属人民政府的领导下，主持风景名胜区的管理工作。设在风景名胜区内的所有单位，除各自业务受上级主管部门领导外，都必须服从管理机构对风景名胜区的统一规划和管理。从目前实际看，授权的对象是各级、各行政主管部门、管委会和政府，其中主管部门包括建设、林业、国土、环保、文物、宗教和旅游等部门。从表面上看，他们各司其职，密切配合，但实际上旅游景区管理权与所有权相混淆，甚至身兼两权，再加上责任机制的缺失，致使主管部门、管委会和政府为了各自利益在同一块旅游景区资源上争权争利，进而形成条块分割、多头领导，旅游景区资源破坏极其严重，污染加剧。代理主体多元化、产权关系模糊、产权虚置或弱化，权责利不对称。只要"权"和"利"，不要"责"，甚至出现部门利益和地方利益侵害人民利益和国家利益。此时唯一可行的办法就是成立一个统一的管理机构（或称"管理委员会"）把各主管部门纳入其中，除各自业务上受上级各行政主管部门领导外，服从该管理机构的统一规划和管理，这样就与我国法律规定相吻合，规避了法律风险，同时也避免了旅游景区管理的无序局面，理顺了产权关系。旅游景区资源的独特性、不可再生和不可替代性、公共性以及蕴含的文化价值，使得旅游景区管理的责任是"保护"和"展示"辅之以"利用"。其中"展示"包括向研究者展示和向公众展示。向研究者展示是为了揭示与开拓遗产所蕴含的新的知识信息、价值信息、功能信息；向公众展示是为了使旅游景区的各种信息能被整个社会所分享，从而提高社会的生活质量与人群素质。当公众展示已成为满足社会性文化与精神消费需求的重要途径并具有规模时，这种展示就具有了经济功能。据此"保护"和"展示"辅之"利用"的责任，旅游景区的管理权又可分化为基础管理权和经营管理权。所谓基础管理权是指旅游景区管理责任中的"保护"和"展示"，经营管理权是指管理责任中的"利用"——具有经济功能可以开发利用。为了有效配置好这两种管理权，必须发挥不同主体的自身优势。建议将基础管理权赋予管理机构下的各行政职能部门，如林业、建设、园林、环保、国土等；经营管理权赋予旅游部门。同时，为了做好旅游景区的整体保护、展示、利用、规划和建设，管理机构应成立独立的规划部门，严把规划关。基础管理权主要负责"保护"和"展示"，业务活动主要受上级主管部门领导、安排，这和以前资源的职能管理没有大的差别。但也应适当加入一些市场经济意识，做到"保护、展示"和"开发、利用"的良性循环，不能为保护而保护。此外，基础管理权还应包括对旅游景区的道路、通信和水电等基础设施的管理。

　　经营管理权主要负责"利用"。旅游活动是精神活动和物质活动的合成。一般来说，人们在旅游活动过程中的视觉冲击和精神享受不会对旅游景区资源造成污染，它们和旅游景区管理责任中的"保护"和"展示"的目标是一致的；物质活动，如餐饮住宿设施、购物设施和娱乐设施等直接损耗资源，虽然与"利用"目标一致，但由于旅游景区资源的特殊性（管理责任中的"利用"是服务于"保护"和"展示"），利用不能超过一定的限度，否则就适得其反。因此，在经营管理权的权责利配置时，一定要强化主体的责任机制，制定严格的负责制和责任追究制。管理权的实现主要是通过中层的法规管理、规划管理和技术管理来实现的。

（三）经营权

旅游部门根据规划部门制定的规划，把其中的经营性部分通过市场转让给企业，企业就拥有了经营权。产权进一步分离并且配置了合适的经济主体，资源利用效率得到了提高。旅游部门就不应再插手于企业微观的人、财、物的管理和调配，而应从宏观上执行已有的旅游景区企业的游戏规则并全面监督实施。同时，会同有关部门结合新情况制定旅游景区企业新的规则，废除过时的规则。规则的制定一定要兼顾"保护"和"利用"，把"保护"放在第一位。在这里，关于经营权的转让目前存在政策和法律风险。为了规避这些风险，可尽量由国有企业来承担经营权的主体。但是经营权的转让是不可逆转的，究竟采取何种途径，有待进一步探讨。

（四）监督权

旅游景区资源的所有权属于全体人民，人民理应对产权权利的实施负有监督权，保证资源的有效管理。除行政系统的监督外，考虑到全体人民的教育水平、知识水平以及参与活动能力的不同，目前还应强调国家法律法规监督、国际组织和国际公约监督、社会公众与媒体监督、经济手段监督与制约。从监督的权能层次看，现阶段主要是管理权和经营权。

案例分析

庐山争夺战

从旅游景区南门买票上庐山，门票 180 元。没走多远，想要到三叠泉看瀑布，还得再买一张 64 元的门票。石门涧山上山下都有售票点，票价 50 元。一座庐山，一路上山，一路买门票。出现这一现象的原因在于：这座世界上唯一同时拥有"世界文化景观"和"世界地质公园"荣誉称号的世界级名山，并不是一家在管。山体面积为 282 平方千米的庐山，曾经同时有 6 个机构或地方政府在管理。有利益处，"人人都在管"；出事时，"处处无人管"。多头管理、职能交叉、权责模糊、政企不分、利益纷争、门票价格节节上涨等问题不断暴露出来。不仅仅是庐山，旅游景区管理的问题在全国范围内大量出现，一些旅游景区管理单位面对破坏旅游景区旅游资源的行为束手无策；一些旅游景区管理机构掣肘于当地居民的生活现实，旅游景区保护工作流于形式。风景名胜区的保护也面临着过度城市化、商业化与人工化的挑战，作为保护地而设立的风景名胜区越来越像"旅游开发区"。

2011 年 11 月的一天，星子县辖区内的庐山的一个景点发生火灾，县政府却无动于衷。火势越来越严重，最后，在庐山风景名胜区管理局的带领下，大火被成功扑灭。事后，管理局的一位领导向星子县政府抛下一句话，"我们灰头土脸的，你们却坐在办公室喝茶看报纸！"星子县政府"隔岸观火"事出有因。根据 1996 年江西省人大通过的《江西省庐山风景名胜区管理条例》，防火护林的责任归庐山管理局。事实上，庐山管理局对山体外的管理根本无法指导和监督，庐山早已陷入"多头管理"的困局。一直以来，庐山整个山体面积为 282 平方千米，分别归属管理局、庐山自然保护区、庐山垦殖场，以及九江市的星子县、庐山区、九江县管辖。"一山六治"是当地人对庐山管理的描述。

（资料来源：2012 年第三期《中国经济周刊》，作者整理）

三、旅游景区开发运营模式分析

依照《旅游景区等级的划分与评定》国家标准对旅游景区的界定，即旅游景区是以旅游及其相关活动（如参观游览、康乐健身等）为主要功能或主要功能之一的空间或地域，具备相应旅游服务设施并提供旅游服务的独立管理区。该管理区应有统一的经营管理机构和明确的地域范围。因此可以把旅游景区视为一个企业，把旅游景区发展视为一个产品。是企业就要有一个赚钱的方式，即企业的经营模式——企业如何将自己所有的人力、物力、财力等资源有效组合，从而使得企业价值不断增长以达到营利的目的。简言之，就是经营的方法而已。因此，旅游景区经营是通过调动旅游景区相关投入要素，在有效保护旅游景区公共资源（主要是风景资源、生态资源与文物资源）的前提下，对其合理利用并追求效率最大化的营销、管理与服务。这一概念既包括对这些公共资源的合理利用，也包括对这些公共资源的有效保护，主张对旅游资源要在保护的前提下利用，在利用中促进保护，既要适度保护，又要适度开发、合理利用，而不能过度保护，也不能过度开发。利用与保护互为依托，共同促进。从市场的角度看，旅游景区经营具有三个方面的主要任务，即旅游景区如何吸引游客、如何为游客提供满意的服务、如何实施旅游景区的可持续发展。

（一）理论派研究

由于开发经营模式是旅游景区经营管理的核心问题，也是旅游景区可持续发展的重中之重。国内学者研究得也较多，不同的专家从不同的角度、不同的方面对我国旅游景区开发经营模式加以概括总结。从文献搜索来看：有人提出了包括整体租赁经营模式、上市股份制企业经营模式、非上市股份制企业经营模式、隶属国有旅游企业集团的整合开发经营模式、隶属地方政府的国有企业经营模式、隶属政府部门的国有企业经营模式、兼具旅游行政管理的网络复合治理模式、兼具资源行政管理的复合治理模式、隶属旅游主管部门的自主开发模式、隶属资源主管部门的自主开发模式十大治理模式；张凌云在此研究基础上将我国旅游景区经营模式分为旅游景区复合经营模式、旅游景区自主开发模式、旅游景区国有企业经营模式、旅游景区整体租赁经营模式、旅游景区股份制企业经营模式、旅游景区上市公司的经营模式六种模式；翟毓花提出必须充分利用市场机制，探索以国家直接经营模式、市场化经营模式、"零门票"公益性经营模式为主的旅游景区经营新模式。吴三忙、李树民提出四大经营模式，即由经营性项目所有者开发经营管理分为 D 模式（经营性项目所有者支付固定租赁费用给旅游景区管委会）、E 模式（经营性项目所有者支付分成租赁费用给旅游景区管委会），由旅游景区管理委员会开发经营管理分为 F 模式（经营性项目所有者支付固定的费用给旅游景区管委会）、G 模式（经营性项目所有者支付分成收入给旅游景区管委会）。叶声生则针对我国风景名胜区的经营提出政府专营的经营模式、租赁承包或卖断的模式、用现代企业制度经营旅游景区模式三大模式。吴殿廷等从经营管理、产品开发、空间布局方面对旅游景区经营提出了三种模式，即管理运营模式——政府主导与企业化运作相结合、产品开发模式——"三优转化"模式、空间开发模式——据点式与点轴式相结合。喇明英则根据旅游资源开发主体的性质将旅游开发模式划分为自主开发模式、合资开发模式和整体租赁模式等。总结来看，模式多种而且不断地在变化和创新，因篇幅有限本书仅仅介绍彭德成总结的一部分开发经营模式。

1. 整体租赁经营模式

这一模式的特点是，旅游景区实行企业型治理，其经营主体是民营企业或民营资本占绝对主导的股份制企业。其代表性旅游景区是四川碧峰峡旅游景区，重庆芙蓉洞旅游景区、天生三桥旅游景区、金刀峡旅游景区，以及桂林阳朔世外桃源旅游景区。在这一模式中，旅游景区的所有权与经营权分离，开发权与保护权统一。旅游景区的所有权代表是当地政府，民营企业以整体租赁的形式获得旅游景区 30~50 年的独家经营权；旅游景区经营企业在其租赁经营期内，既负责旅游景区资源开发，又对旅游景区资源与环境的保护负有绝对责任。

2. 上市公司经营模式

这一模式的特点是，旅游景区实行企业型治理，其经营主体是股份制上市公司。其代表性旅游景区是黄山风景区和峨眉山风景区。这一模式中，旅游景区的所有权与经营权、资源开发权与保护权完全分离。地方政府设立旅游景区管理委员会，作为政府的派出机构，负责旅游景区统一管理。旅游景区的所有权代表旅游景区管理委员会，经营权通过交缴旅游景区专营权费由旅游景区管理委员会直接委托给上市公司黄山旅游发展股份有限公司和峨眉山旅游股份有限公司长期垄断；旅游景区管理委员会负责旅游保护，上市公司负责资源开发利用。

3. 非上市股份制企业经营模式

这一模式的特点是，旅游景区实行企业型治理，其经营主体是未上市的股份制企业。它可以是国有股份制企业，也可以是国有与非国有参与的混合股份制企业。其代表性旅游景区有青岛琅琊台旅游景区、浙江桐庐瑶林仙境旅游景区、浙江柯岩旅游景区及曲阜孔府、孔林、孔庙旅游景区。在这一模式中，旅游景区的所有权与经营权分离，但资源开发权与保护权统一。旅游景区的所有权代表是作为政府派出机构的旅游景区管理委员会等，旅游景区经营由政府委托给股份制企业；旅游景区经营企业既负责旅游景区资源的开发，又负责旅游景区资源的保护。

4. 隶属政府的国有企业经营模式

这一模式的特点是，旅游景区实行企业型治理，其经营主体是国有全资企业，但这种模式又有三种不同的形式。第一，隶属于当地政府的国有公司。其代表性旅游景区有陕西华清池、华山等文物旅游景区，以及海南天涯海角旅游景区、桂林的七星公园等旅游景区。这些旅游景区均由国有的旅游景区公司负责经营，分别隶属于陕西旅游集团公司、海南三亚市旅游投资有限公司及桂林旅游总公司。这一模式中，旅游景区的所有权与经营权分离，但资源开发权与保护权统一。旅游景区的所有权代表是政府，旅游经营由国有全资的旅游景区经营企业掌管；旅游景区经营企业既负责旅游景区资源的开发，又负责旅游景区资源的保护。这一模式的优势是能够按照旅游市场的需求，全面整合各旅游景区的资源，通过整合开发，全面促进当地旅游景区的发展。第二，直接隶属于当地政府。其代表性旅游景区有浙江乌镇和江苏周庄，它们均由国有的旅游开发公司直接经营，分别隶属于当地县人民政府和镇人民政府。这一模式中，旅游景区的所有权与经营权分离，但资源开发权与保护权统一。旅游景区的所有权代表是政府，旅游经营由国有全资的旅游景区经营企业掌管；旅游景区经营企业既负责旅游景区资源的开发，又负责旅游景区资源的保护。第三，隶属于当地政府的有关部门，而不是直接隶属政府。其代表性旅游景区有南宁的青秀山旅游景区及宁夏沙坡头、沙湖旅游景区，它们均由国有的旅游景区经营公司直接经营，分别隶属于当地国有资产管理局和当地旅游主管部门。在这一模式中，旅游景区的所有权与经营权分离，但资源开发权与保护权统一。旅游景区的所有权代表是政府，旅游经营由国有全资的旅游景区经营企业掌管；旅游景区经营企业既负责旅游景区资源的开发，又负责旅游景区资源的保护。

5. 兼具旅游行政管理的复合治理模式

在这一模式中，旅游景区实行非企业型治理。经营主体是旅游景区管理机构。但同时，旅游景区管理机构与当地旅游主管部门合并，使得旅游景区管理机构不但要负责旅游景区的经营管理，还具有当地旅游市场管理的行政职责。这一模式中，旅游景区的所有权与经营权、开发权与保护权对外统一、对内分离。旅游景区管理机构既是旅游景区所有权代表，又是旅游景区经营主体；既负责旅游景区资源开发，又负责旅游景区资源与环境保护。但在旅游景区内部，管理职能与经营职能、开发职能与保护职能由不同的部门或机构承担。其代表性旅游景区是长春净月潭旅游景区、江西龙虎山旅游景区、山东蓬莱阁旅游景区等。这些旅游景区的管理机构都与当地旅游主管部门合并为一套班子、两块牌子，在承担旅游景区的经营管理职责时，还负责当地旅游业的管理，对促进当地旅游业发展负有重要责任。这一模式是近年各地旅游景区体制改革与机制创新的成功实践，具有较强的发展优势和良好的发展前景。

6. 兼具资源行政管理的复合治理模式

在这一模式中，旅游景区实行非企业型治理。经营主体是作为当地政府派出机构的旅游景区管委会或管理局（以下简称"旅游景区管理机构"）。但同时，旅游景区管理机构与当地某一资源主管部门合并，使得旅游景区管理机构不但要负责旅游景区的经营管理，还对当地这种资源负有管理上的行政职责。这一模式中，旅游景区的所有权与经营权、开发权与保护权对外统一、对内分离。旅游景区管理机构既是旅游景区所有权代表，又是旅游景区经营主体；既负责旅游景区资源开发，又负责旅游景区资源与环境保护。但在旅游景区内部，管理职能与经营职能、开发职能与保护职能由不同的部门或机构承担。其代表性旅游景区是泰山。泰山管委会与泰安市文化局合并成一套人马，在负责泰山旅游景区的保护、开发、经营、管理的同时，对全市文化事业和文化市场进行管理。目前，这一模式已逐步退出旅游景区经营。

7. 隶属旅游主管部门的自主开发模式

在这一模式中，旅游景区实行非企业型治理，经营主体是旅游景区管理机构。但旅游景区管理机构隶属于当地旅游主管部门。这一模式中，旅游景区的所有权与经营权、开发权与保护权互不分离。旅游景区管理机构既是旅游景区所有权代表，又是旅游景区经营主体；既负责旅游景区资源开发，又负责旅游景区资源与环境保护。这一模式也是近年各地为理顺旅游管理体制而进行的改革与创新。在这一模式中，旅游景区的经营总体上以市场为导向，以谋求旅游景区的发展为主要目标。其代表性旅游景区有河北野三坡旅游景区、重庆四面山旅游景区等。

8. 隶属资源主管部门的自主开发模式

这是一种传统的旅游景区经营模式。在这一模式中，旅游景区实行非企业型治理。经营主体是旅游景区管理机构，并且隶属于当地建设、园林、文物等旅游资源主管部门。这一模式中，旅游景区的所有权与经营权、开发权与保护权互不分离。旅游景区管理机构既是旅游景区所有权代表，又是旅游景区经营主体；既负责旅游景区资源开发，又负责旅游景区资源与环境保护。这一旅游景区经营模式主要集中于传统的大型文物类旅游景区，如北京故宫、颐和园、八达岭长城旅游景区等。

9. 旅游景区的 PPP 模式

PPP 模式即 Public—Private—Partnership 的首字母缩写，是指政府与私人组织之间，为了合作建设城市基础设施项目，或是为了提供某种公共物品和服务，以特许权协议为基础，彼此之间形成一种伙伴式的合作关系，并通过签署合同来明确双方的权利和义务，以确保合作的顺利完成，最终使合作各方达到比预期单独行动更为有利的结果。

2014 年开始，中央政府开始在各个领域大力推广政府与社会资本合作模式（简称 PPP 模式）。PPP 模式也给民营企业参与旅游景区的开发提供了一种新的思路。从适用范围的角度，我国的 PPP 模式有三个基本特点。第一，政府推广 PPP 模式的根本目的是增加公共产品和公共服务的供给，因此，PPP 模式适用于"政府负有提供责任又适宜市场化运作的公共服务、基础设施类项目"。第二，PPP 模式适用于投资总额巨大且需要专业化运营管理的项目。对于这种项目，政府无力以财政资金投资建设，也缺乏管理运营的专业知识和经验，引入社会资本具有必要性。第三，目前政府力推的 PPP 项目，都是具有经营性的项目，即存在"使用者付费"基础的项目。PPP 模式兴起的初衷是为了解决地方政府债务问题。通过使用者付费，而非以地方政府存量财政资金，来偿还企业的投资成本和投资回报，可以有效地减少政府的债务负担。从上述三个方面考量，旅游景区开发项目是适合采用 PPP 模式的。首先，旅游景区本身具有公共产品的性质。根据《旅游法》规定，"利用公共资源建设的旅游景区的门票以及旅游景区内的游览场所、交通工具等另行收费项目，实行政府定价或者政府指导价，严格控制价格上涨"。因此，旅游景区的运营并不是完全市场化的，而是具有一定的公益性。《国家发展改革委关于开展政府和社会资本合作的指导意见》〔发改投资（2014）2724 号〕明确将旅游项目作为一种公共服务项目，鼓励采用 PPP 模式，旅游景区作为提供旅游公共服务的基础设施，其开发与运营自然也适合采用 PPP 模式。其次，大型旅游景区的开发与运营，需要巨大

的投资和专业的运营管理经验。根据《旅游法》，旅游景区对外开放的前提条件之一是具备必要的旅游配套服务和辅助设施。通常来说，旅游景区需要较为完善的道路、游步道、停车场、道路标识标牌以及给排水、供电、环保、公共卫生、通信等设施；需要游客综合服务中心、旅游饭店、餐厅、商店等旅游服务和辅助设施。旅游配套服务和辅助设施的完善程度，很大程度上决定了旅游景区的综合服务能力和水平。为大型旅游景区内配备该等设施通常需要很大的投资，而且这些旅游设施的修建和后续运营需要专业的旅游景区开发、运营管理经验。政府通过引入具有资金实力和专业经验的社会资本开发、运营旅游景区，不仅能够解决旅游景区开发、建设的资金问题，还能够提高旅游景区的吸引力和旅游服务的水平。最后，旅游景区项目具有经营性。旅游景区的经营活动主要包括门票的经营和旅游景区内交通、餐饮、商品销售等服务项目的经营。相应地，旅游景区的主要经营收入包括两部分，即门票收入和旅游景区内服务项目的经营收入，最终都是由游客承担。因此，旅游景区开发项目存在使用者付费的基础，引入社会资本合作不会显著增加政府的财政负担。因此，综上所述，从旅游景区开发项目的性质而言，旅游景区开发项目是符合财政部、国家发改委对于PPP模式所适用项目的政策精神和基本要求，适合采用PPP模式。例如河南省社旗县与绿地博大绿泽集团有限公司合作的赊店古镇旅游景区PPP项目，湖北通城天岳黄龙山生态旅游风景区PPP项目等。

　　以上这些模式，都是发展的需要、改革的结晶、实践的创举。当前，我国旅游景区开发建设和经营管理正处于关键的改革时期，一些新的旅游景区治理模式正在各地探索、酝酿和创新。可以预见，随着我国旅游业的蓬勃发展和改革开放的不断深入，新的模式将层出不穷。与此同时，旅游景区经营管理中的一些成功的经验，正在被各地广泛地推广、运用。但是，在当前旅游景区快速发展、模式需求膨胀的情况下，应当清醒地认识到，这些创新模式产生于特定的环境与条件下，同样具有一定的风险与局限，需要在运用中不断完善，在实践中不断发展，需要结合各地不同的实际，灵活地加以运用。

（二）实战派分享

　　这里所指的实战派主要是指一些常年从事旅游景区策划、旅游景区管理、规划公司的人员，他们是拥有国家旅游规划资质，为旅游景区和区域开发项目提供实操性强的全过程咨询顾问服务的公司和旅游景区管理人员。这些公司高层管理人员均曾在国内的旅游景区从事过10年以上的高层管理工作，具有实战型的旅游景区策划、规划和管理经验，是中国旅游地产、区域开发、主题公园发展变迁的亲历者和管理者，中国旅游业的中流砥柱。我们这里仅选择深圳市艾肯弘扬咨询管理有限公司、广州智汇旅游景区管理有限公司进行分析他们从实战的角度总结和分享的旅游景区商业模式和旅游景区的运营模式。

1. 七大商业模式

它们是深圳市艾肯弘扬咨询管理有限公司通过多年的旅游景区规划、策划和咨询工作，在实践的基础上总结出来的旅游景区商业模式。

（1）门票商业模式。这种商业模式就是简单的门票经济，利用天然的资源进行简单的改造，同时修一个大门收取参观费用。这是目前国内观光型景点的主流模式，这种模式是否成功依赖于其旅游资源的品位。这种模式投资小，但如果资源品位不高，也难以形成有效的资金的循环。当然，如何抓住卖点进行营销推广也很重要。张家界的天门山、黄龙洞就是这种模式的典型。

（2）旅游综合收益商业模式。这种模式摆脱了单一的门票经济，而是强调餐饮、购物和住宿等多种收益形式。单一的门票经济难以适应现阶段发现的需求，收益也非常有限。一般情况下，一个旅游景区的门票占到总收入的40%是合理，如果完全依赖门票经济是难以获得可持续发展的。比如四川的碧峰峡运作就很成功，除了门票外，还有酒店、餐饮和购物等多种收益。

（3）产业联动商业模式。这种模式就是以旅游作为平台，利用旅游这个平台资源来开发相关的产业，从而获得比较多的收益。典型的农业旅游，除了获得旅游收益外，还有农业和农业加工的收益。内蒙古的牧业旅游也是比较典型的，投资商不仅发展旅游，还发展奶牛养殖业，形成互动，获得综合收益。

（4）旅游地产商业模式。这种商业模式实际上是产业联动的一种，只不过这种模式在国内运作已经比较成熟，因此单独说明。这种模式是投资商在开发旅游的同时要求政府给予一定的土地作为补偿（价格一般是各种办证的费用），旅游和地产同时开发，通过地产的收益来弥补旅游的投资。

（5）旅游资源整合的商业模式。这种模式是一些距离中心城市较近的景点的通行开发模式。就是由一个投资商控制资源，做好基础设施，然后对各种项目进行招商，联合许多小投资商一起参与经营。广东的部分旅游景区比较成功，比如中山的泉林山庄，投资商基本不做具体项目，旅游景区内部的100多个项目都是众多的中小投资商建立的。

（6）产业和资本运作相融合的商业模式。这种模式就是将旅游景区开发到一定程度后，通过引进战略投资者而获得收益。这种模式在广东的漂流行业比较盛行，在广东投资一个漂流往往只需要100多万元，如果运作得当，那么两年时间一般可以收回投资，等到资源的升值，再进行高价出售。

（7）混合商业模式。混合商业模式适合一些非常大型的旅游景区，从前期的资金募集到推出采用多种运作模式，即前 6 种商业模式的综合运用。

2. 八大运营模式

旅游景区战略要求我们对资源价值进行重新认识、对区位环境进行重新解读、对发展格局进行重新构建，对管理运营进行重新组建；旅游景区建设的目的是构建一个吸引力更强、竞争力更高的旅游目的地，是推动区域实现社会经济发展的重要战略途径。旅游景区运营模式对于旅游景区的运营推广来讲是很关键的，在旅游景区运营方面深圳市艾肯弘扬咨询管理有限公司又总结出一些参考的模式。

（1）以"文化为魂、产业为体"的文化旅游模式运营。针对文化底蕴深厚、文化关联度强的区域，通过核心文化引领、多元产业整合建设核心旅游景区。以区域文化为线索挖掘文化根源、理顺文化脉络，以文化旅游产业体系构建为落脚点，全方位、多角度呈现文化，聚合产业打造文化旅游氛围浓郁且独特的文化产业综合体。

（2）以"旅游景区为核、内修外拓"的旅游景区提升模式运营。针对资源优势突出、辐射带动力强的核心旅游景区，通过内部提升和外部扩张建设核心旅游景区。以原有旅游景区为核心，内部进行项目业态丰富升级，提高旅游景区吸引接待力，外部拓展延伸产业链条构建多元产业模式，借力核心旅游景区带动区域发展形成内外联动、内外兼修的品质旅游目的地。

（3）以"保护核心、外移开发"的保护性模式运营。针对核心旅游资源比较脆弱、资源保护要求高的区域，通过圈层布局、分级开发旅游景区规划建设。划分核心保护区、适度开发区、产业布局区，核心区不断创新保护性开发模式，提升资源吸引力和号召力，适度开发区建设旅游副吸引核产业布局区，完善旅游产业体系，构建完善的旅游综合服务产业体系。

（4）以"游玩为脉、极致体验"的旅游景区升级模式运营。针对体验内容相对较弱、旅游承载力较强的区域，通过对游憩方式的极致设计和全方位构建建设核心旅游景区。依托资源本身来创新游憩体验方式，以便丰富游憩旅游内容，以体验提升旅游景区品质，构建容观光、游憩、体验、感悟多层次旅游体验为一体的旅游目的地。

（5）以"产业联动、集群发展"的泛旅游模式运营。针对地缘关系相近、共享旅游资源的区域，通过旅游规划泛化多集群互动建设综合旅游景区。以旅游资源为发展极，充分挖掘各区段特色，整合小城镇、新农村等建设，通过泛旅游产业整合形成发展集群，实现全域的互动发展。

（6）以"景城一体、全域开发"的城市发展模式运营。针对新城建设、城市改造的这种需求，通过景城一体化、产城一体化进行大旅游景区规划建设。明确旅游在城市发展中的积极作用，树立旅游整合理念推动城市旅游发展，把旅游发展融于城市建设全过程、全方位当中，做到城市即旅游景区、旅游景区即城市的发展模式。

（7）以"多核吸引、整合提升"的区域发展模式运营。针对旅游资源富集、景点距离相近、业态类型多样的区域，通过多点连线、以线带面的方式建设综合旅游景区。培育壮大核心旅游景区、辐射带动周边旅游景区形成多元互动游线，以线路整合区域内各种旅游资源、旅游产业要素、基础设施和配套服务设施，形成内部联动融合的区域旅游目的地。

（8）以"跨界整合、协调共赢"的管理创新模式运营。针对跨行政区划但资源联系紧密的区域，通过创新管理模式综合开发旅游资源建设综合旅游景区。通过创建管理委员会等方式理顺区域旅游目的地管理机制，形成区域一家亲、资源一体化、规划一张图和管理一盘棋的发展运营格局。

3. 五大运营模式

"文旅产业是当下的黄金时代""文旅产业是下一个万亿级市场"……不断加热的旅游业让一部分文旅投资者越来越浮躁，急功近利，把大部分精力放在营销活动上，反而对旅游景区内部的管理和服务建设不屑一顾。旅游的核心是产业，产业的核心是运营，联动运营管理的力量不断创新、不断提升业态品质，是文旅项目永葆生命力不可忽视的关键一环。活跃业内10余年，以落地高效运营为导向的广州市智汇旅游景区管理有限公司，归纳出旅游景区运营管理五种模式：

（1）委托管理。受托方全权管理旅游项目，作为运营管理执行机构，按旅游项目总体营业收入分红。包括经营筹备管理、筹开管理、运营管理。

（2）专项管理。组建专业项目服务小组，根据投资方特定的某项管理需求提供专业、系统的综合性解决方案，并指导培训项目实施。例如，经营模式设计、旅游项目提升改造、项目资源系统评审、工程筹建指导、营销策划合作、人力资源指导、管理流程再造、管控体系设计、旅游项目可行性研究、游乐设备定位及选型等专项管理。

（3）顾问管理。成立顾问团队，根据项目筹建和运营管理各个阶段的具体需求，就项目的策划规划、方案设计、工程建设、开业前筹备、开业后运营等各阶段提供全程顾问管理咨询服务，定期派出专业顾问赴现场进行专业指导。例如，项目策划顾问、开业筹备指导、创A评星指导、企业专题诊断、培训督导等。

（4）项目策划。项目策划主要包括：确定项目目标和范围；定义项目阶段、里程碑；估算项目规模、成本、时间、资源；识别项目风险；制订项目综合计划，设计项目各功能设施及特色产品。例如，协助规划设计单位完成初规、方案调整、扩初审议、平面功能等设计方案的优化。避免规划设计单位因对市场及诸如温泉产品等的独特性认知不足而给项目造成不可修复的缺陷。

（5）合作经营。项目承包经营：租赁式经营、收入比例提成经营、固定红利。投资或收购旅游项目：根据旅游项目实际情况确定投资范围或收购已经建成的旅游项目。

4. 其他运营模式

（1）流量型模式。该模式追求最大的游客容量，而游客的消费次数相对较低。此种模式对刚起步的旅游景区解决资金不足问题有着很好的促进作用。但是现在大多数旅游景区都比较注重可持续利用现有的资源。实现在保护的前提下，进行资源有序开发和利用，而不是掠夺性的，所以追求最大的游客容量是不可取的。

（2）收入型模式不过分追求客流量，但刺激游客高消费。比如世界自然遗产九寨沟，控制了游客游览次数，推出精品策略。通过网上限定人数订购，切实保护好九寨沟的生态环境。此种做法是对旅游景区资源实施保护，但也能通过高额的门票来达到资源保护和可观的经济效益。

（3）BOT 模式是国际上广泛采用的投资方式，即承建者对项目进行投资、建设、运营，并在协议期内获得该项目的所有权和经营权。到协议期满后，该项目无偿地归还给委托人。在协议期内，企业可以对旅游景区项目进行经营及市场推广，收回投资成本及获得可观利润。即政府给予项目的"特许经营权"，BOT 的意思是建设—运营—移交。

（4）准 BOT 模式是 BOT 模式的另外一种形式，项目的操作依然按照 BOT 模式，不同的是政府投入部分的资金，可以是国债，也可以是作为项目的股东之一，这种方式可以提高投资者的信心，减轻投资者资金的压力，非常适合资金实力薄弱的国内环保企业运作。

（5）TOT 模式是移交—运营—移交的意思。对政府而言，通过这种模式出让特许经营权，可以最大限度地筹集项目的建设资金，也可以盘活政府存量资产。利用变现资金进一步加快新的建设。对投资者来说，由于其获得的是现成的项目并正常运营的，完全不用承担建设风险，因此吸引力也较强。但是投资回报相对较低。

（6）一体化运作模式。项目的策划设计者、投资者、实施者、经营者、员工参与整个项目的全过程。专家学者不再是项目的客体，而是项目的主体成员。他们把知识当作是投资入股。使旅游项目开发成为自家的事。从而保证了该项目的知识含量与项目策划与时俱进。在这种参与方式的开发下，专家学者、政府职能部门、农户三方面分别以知识、资金、文化及劳动力的方式投入到旅游开发当中去。充分调动了各个方面的积极性。

案例分析

传统观光模式是以观光资源为主，依托性强，布局分散，规模较小，有什么卖什么。转型升级后的商业模式是以市场需求为主，创新性强，集中布局，规模较大，需要什么开发什么。中国旅游发展 40 多年，经历了一个过程：首先是旅游景区，以资源为依托。其次是旅游区，在资源基础上扩充。再次是旅游经济综合体，以服务设施为主体，构造新的旅游吸引物。最后是旅游产业聚集区，资金密集、智力密集、人才密集、范围大、设施全、市场品牌突出。

在实践过程中，已经创造了三类模式。一是华侨城模式，可以简称为用地模式，即旅游+地产模式，把土地资源的利用最大化；二是港中旅的海泉湾模式，可以简称为造地模式，通过海滨滩涂造地，一步到位，直接建设旅游小镇，但是海泉湾模式成本太高，最终算下来，造一亩地得花二三十万；三是西安曲江新区模式，可以简称为提地模式，通过成片开发，项目运作，提升土地价值。

这三类模式各有各的特点，最终归纳为"A+B+C"的模式。A 是吸引中心：作为吸引中心，既吸引了游客，也吸引了政府，从而成为发展的亮点。由于这样的项目需要大投入，市场也需要培育，所以有可能在直接经营上形成亏损局面。所以，一方面需要开发者的远见卓识，另一方面需要政府的政策支持。B 是利润中心：目前的一般形式是配套房地产建设，长远也会形成其他方式。C 是文化中心及其衍生发展：通过市场聚集了人气，通过政策聚集商气，通过创意聚集文气，最终聚集了衍生产业的发展。深层次，是 A、B、C 三元素的阶段性转换和互换。比如在第一个阶段，这个项目就是 A 模式，就是亏损，可是过几年就不亏损，就变成盈利项目了。B 模式今天看着是挣钱的，但是房地产建设是一次性投入、一次性回收，长远而言利润中心就立不住了。所以，很自然 A、B、C 这三个模式元素在不同的阶段一定是转换和互换的。

（资料来源：驴师爷 2019-1-9）

（三）如何做好旅游景区运营

我们要站在旅游景区角度，面对眼前或好或差的游客流量、面对旅游景区的各层员工、面对有限的资金、面对旅游景区门内外熙熙攘攘的挑剔游客和变化不定的市场，去思考和理解旅游景区运营中一些最根本的问题和本质，上面分享了两大公司总结的运营模式，但在旅游景区实际操作中，应该把握哪些方面或者哪些点呢？如何通过以点带面统领旅游景区运营全局呢？下面介绍一下旅游景区实战派的一些经验：

1. 列计划，编预算

无计划不运营，计划就是运营管理各项工作的筹划，大到三五年的中长期战略计划，小到年度、季度、月度计划，或公司计划、部门计划，个人计划等。这些计划都是为了说明一个问题：就是解决某个时间段旅游景区运营需要做什么的问题。做到何种程度？由谁去做？做这件事需要多少费用？全年能够实现多少营业收入，其中门票收入多少？租赁收入多少？停车场、交通收入多少等。旅游景区大小事务都应该通过计划去实施，没有计划，旅游景区运营就如同无头的苍蝇到处乱撞，没有任何章法。所以，列计划是做好旅游景区运营管理工作的前提。

2. 对标准，用好钱

旅游景区在一个良好的计划和精确的预算前提下，各部门从事运营的管理人员一定要清楚：资金是旅游景区运营首先要考虑的环节，应保证资金流入和流出。旅游景区从基本建设到项目投资，从运营管理到营销推广都需要资金去做支撑。启动一项工程或项目需要多少资金？哪些工程和项目自己来投资？哪些需要融资？如何在最短的时间实现资金回笼？如何在确保正常运营的情况下节约开支，以便更好地利用资金。对照预算，量入为出，用好钱就是确保旅游景区在各个发展阶段都有充足的现金流，保证前期工程建设、后期运营管理和市场推广工作能够正常开展，不至于因资金链断裂导致旅游景区崩盘。

3. 懂产品，会创新

再好的产品消费者也会有一个厌恶期的，旅游景区要维护好现有的产品，不断地创新，将资源转化为产品和服务是旅游景区运营管理工作的重点职能。因此，旅游景区运营人员要明确要卖什么？要卖给谁？要会对产品进行规划和预测。要懂得根据市场状况，采用超前的、创新的开发理念，围绕旅游要素，针对市场开发包含"食、住、游"核心要素的旅游观光、休闲度假等不同功能的线路产品，精准地制定面对市场的合适销售价格，在功能上、价格上和竞争对手区别开来以便顺利推向市场。

4. 用好人，管好人

人是一切管理的核心，旅游景区所有的工作都需要人去完成，因此所有的管理最终都会归结到对人的管理上，旅游景区运营管理同样如此。对人的管理，一要靠顶层设计（包含管理体系、组织架构、职责分工、绩效考核等），制度告诉大家能做什么，不能做什么，做不好怎么办；二要靠企业文化，企业文化反映企业的工作作风和氛围，决定一个企业是积极向上、团结一致还是推诿扯皮、一盘散沙，对员工个人和团队工作作风影响很大；三要靠管理人员领导艺术，不同的人，用不同的方法，因人施管。顶层设计、企业文化、领导艺术各自在管理中所占的比重，每个企业、不同阶段也不尽相同，成熟的旅游景区，三者按 50%、30%、20% 比重划分。在小旅游景区、初建的旅游景区，也许高层管理人员的领导艺术会在运营管理中所起作用较大；在大旅游景区、比较规范的旅游景区，也许顶层设计和企业文化才是做好旅游景区运营管理的根本。

5. 找症结，做对事

旅游景区涉及的范围很广，景区内部各部门、各工种都会产生不同的事情，对景区外部而言也从来不是一个封闭的单位，在运营过程中会和内部员工、周边村民、地方政府、职能部门、新闻媒体、合作客户甚至竞争对手发生各种各样的联系和冲突。因此旅游景区要面对形形色色的个人和单位，面对各式各样的矛盾冲突，此时，旅游景区运营管理人员要以冷静客观的态度，认真分析这些内外部相关群体的诉求，找准问题的症结，采取或保守或积极的办法去应对和解决旅游景区运营中出现的各种矛盾，站在客观的立场上，化冲突矛盾为合作共赢，做正确的事，为旅游景区经营管理理顺方方面面的关系。

6. 保安全，促生产

安全是旅游景区运营管理必须考虑的问题，许多企业打出的口号就是"安全第一"或"安全至上"。安全工作做不好会导致游客人身或财产受到损失，给旅游景区带来的负面影响极大。既会因赔偿问题使旅游景区遭受严重的经济损失，使一年甚至多年的经营成果毁于一旦；也会因安全事故导致 A 级旅游景区被摘牌，甚至停业整顿；还会给社会造成很差的口碑，导致客流下滑明显，经营日趋惨淡。故而安全是旅游景区运营的基石，没有安全就无法运营。

（四）如何实施旅游景区运营模式

理论家也好，实战家也罢，旅游景区终归要面对市场开展运营，旅游景区的管理人员要将众多的理论模式和实战模式变成适合自己景区的操作模式，这就需要进行整合各类模式。下面根据"十点乡村"网站提供的素材进行整理加工得到一些做法。

1. 面对市场，公司化运作

首先要成立专门的旅游管理公司或旅游投资公司，构建公司的框架，研究运作模式，确立自己的模式，其具体做法如下。

（1）旅游景区管理公司的定位和职能。为保证旅游景区业务的相关能力建设，整合旅游景区资源，提升整体品牌和效益，需要组织架构进行匹配，建立旅游景区专业公司具有其必要性。应成立运营协调中心、品牌整合中心、战略规划中心、人才培养中心，其主要职能是明确旅游景区业务的发展方向与发展重点，建立旅游景区业务的盈利模式，挖掘盈利能力；协调旅游景区内的品牌建设，对旅游景区业务整体的品牌进行设计与推广，提升品牌的知名度和影响力；集中进行项目可行性分析，建立相关流程制度；培养旅游景区人才，建立自己的旅游景区管理团队，确保日常经营和输出管理的人才数量。

（2）统一品牌，集中产品作战。将旅游景区及相应产品的品牌进行统筹规划，统一规则，从长期及整体的战略的眼光来看品牌营销。通过合理的品牌定位、品牌营销与品牌传播，在游客数量大幅增长的基础上，在游客中建立品牌知名度与美誉度，以鼓励游客积极宣传旅游景区，产生品牌效应。这需要对品牌所蕴含的产品、价值、文化及管理进行相应的定位，并将其贯穿整个运营流程，转化为可以传播的信息及口号，确定品牌要素及传播渠道，并注意后续机制对品牌营销的监督与追踪效果。

（3）开发网络营销渠道。充分运用旅游板块内部资源，积极拓展与系统内旅行社、公司、旅游景区产品、在线旅游平台的合作，分析客户类型建立相应的营销渠道，将网站作为统一的产品展示、销售及客户资源共享的平台，使各旅游业态形成完整的产业链和完善的网络覆盖，实现客户资源共享。

首先，分析客户。通过对目标客户类型、年龄、收入、地域等条件的分析，总结出客户的消费能力、逗留时间等，结合不同类型的自助游游客、旅行团游客及机构客户来定位旅游景区产品的类型及特点，并进行相应的市场推广。

其次，构建渠道。通过构建旅游景区的营销渠道，分别针对不同类型客户，赢得大量的客源。对于机构大客户直销，可建立相应体系，拓展客户关系，承接大型跨国企业、上市公司和行业领先公司的会议、度假、展览、商品发布活动等；对于旅行团游客，则可积极拓展与全国范围内的各大旅行社合作，并运用旅行社板块内部资源，这样一般会在项目投入运营的初期为旅游景区贡献客源；对于自助游游客，可通过品牌推广进行接触，在项目运营的初期进行一定的广告营销，并通过网络、便捷的售票方式使自助游游客更容易来到旅游景区。

最后，用好工具。在构建出旅游景区的营销渠道后，在众多的营销工具如广告、赞助、市场调研、网络、促销、印刷品、公共关系、媒体等中进行筛选，以选择最适合的工具与内容。同时推出不同类型的会员卡、储值消费卡等，建立起庞大的客户群，持卡的客户可以在集团下属的各个旅游景区、酒店、客运站点、旅行社等进行消费或享受折扣优惠；与各大航空公司、商家等进行合作联盟，实现资源共享，让客户感到尊贵与自豪，真正体现周到、体贴的服务理念。

2. 做好主营，兼顾租赁外包

进行旅游景区投资时，需要对产品及服务要素进行评估，通过项目在整体战略中的重要性、品牌影响力、盈利能力以及自身的经营能力等方面确定哪些项目应该自营，同时考虑哪些项目需要利用社会资源。

（1）集中精力于自身经营经验丰富、管理良好的项目。自营主要是指完全依靠旅游景区板块的内部资源，由旅游景区的核心团队进行经营，将核心的温泉、酒店等专项项目、特色项目做好，提高利润率水平，并可充分利用集团的资源，经营各类核心产品。

（2）对其他非重点项目进行招商引资，租赁外包。外包出租主要是依靠旅游景区板块外的资源进行经营。外包经营一般会将项目的人员及资源集中在获得土地、自然资源以及经营优势项目上，保证收益率，通过外包获得稳定而且理想的收益，不用过多地牵涉日常的细节经营。在项目外包时，需要对外包供货商的资质及质量进行严格的评估，考虑其与旅游景区定位是否相符，并合理制定收益要求，关注产品定价、质量与丰富性，相互达成协议，选择国际知名连锁品牌或经营成熟的集团，有利于丰富旅游景区产品，扩大客源。同时定期、持续对供货商进行评估，确保供货商提供合理、良好的服务与产品，设立淘汰与再选择制度，保证供货商与旅游景区的发展相一致。

（3）条件成熟，积极上市。随着旅游景区运营能力的加强，在条件成熟的情况下可以形成旅游景区系列标准，考虑打包上市，推陈出新，创造自己的造血功能。

第三节　开放式旅游景区经营管理模式

一、开放式旅游景区的定义

相对于封闭式旅游景区（点）可以利用墙和围栏等进行明确的空间划定，开放式旅游景区（点）是指没有具体范围限制的空间场所，即无法确切划定这些景点的空间、地域范围，在这样一个开阔的空间里，管理者无法精确地控制出入者的数量，增加了管理难度。开放式的旅游景点有两层含义：第一，开放是指场地的开放，即景点没有严格的空间和面积的限制，无法准确地圈定其地域范围；第二，开放又是指门票上的开放，是指免收门票或仅收取个别旅游景点的门票。

二、开放式旅游景区的意义

在西方国家，大部分公共资源型旅游景区都是免费开放或仅收取极低的门票。近年来，国内多个地方的旅游景区也进行了免费开放的尝试，然而实际成效却差别较大。例如从 2002 年年末开始，浙江省杭州市西湖旅游景区免费开放至今，该旅游景区都运转良好，并未出现太大的问题。而河南省的龙门石窟却因为客流量过大导致旅游景区过度拥挤，对文物造成了一定破坏。广西北海银滩在管理系统欠佳和地方政府财政预算不足等多方因素的影响下，最终也以失败而收场。可见，公共资源型旅游景区的免费开放可以充分体现旅游景区的公共福利性质，满足社会公众的精神诉求，而且国内外都有成功范例。

第一，对城市发展而言，可以提升城市形象，带来商机和隐形收入，为城市的经济发展贡献力量。

第二，对城市旅游而言，完善城市的旅游要素，提高旅游服务质量，使目的地增值。同时配备较为完善的住宿、餐饮、娱乐设施，刺激开放式旅游景区周边的消费。

第三，对当地居民而言，极大地丰富了人民群众的文化生活，改善了人民群众的生活环境，提升了当地居民的生活质量，演绎出了人与自然和谐共处的乐章。

第四，对当地政府而言，反映了政府部门的先进理念，旅游景区开放式运作以及市场化管理的特色，贯穿"旅游让城市更美好，城市让生活更美好"的独到理念，体现政府以人为本，为游客服务，为当地居民服务的宗旨。

第五，对旅游景区本身而言，开放式运作方式使旅游景区品牌价值得到了极大提升。开放式运作方式使得更多的居民和旅游者进入旅游景区，享受旅游景区，了解旅游景区，从而扩大了旅游景区的知名度和美誉度，最终加强了品牌效应。

三、开放式旅游景区的研究

目前，国内外关于开放式旅游景区的管理主要集中在两个方面：一是建立绩效审计，加强管理。审计评价标准一般可分为三类：国家的政策、法规和制度；开放式旅游景区管理养护单位的计划、预算及各种业务规范；以及国内行业标准。二是建立开放式景气指数，强化管理。建立开放式旅游景区景气指数，从经济、社会以及自然环境三个方面衡量开放式旅游景区的发展现状，预测开放式旅游景区的发展趋势，并针对开放式旅游景区的发展现状、发展趋势，指出开放式旅游景区在发展中存在的问题。这对指导开放式旅游景区的发展，完善开放式旅游景区的管理与服务体系具有重大意义。对开放式旅游景区景气状况的综合分析主要从经济、社会、自然环境、政治等方面进行，旨在选择出具有典型性和代表性的指标衡量开放式旅游景区景气状况。开放式旅游景区景气指数体系一般分为三级指数，其中包括五个二级指数和若干个三级细分指标。一级指数为开放式旅游景区景气指数；二级指数由五大指数和调整指数构成，包括主导企业运营指数、周边影响力指数、业态丰裕指数、国内外人气指数、人文和谐指数、调整指数；三级细分指数由组成五大指数和调整指数的细分指标构成。三级指数之间的关系是相辅相成的，相对于二级指数而言，组成五大指数和调整指数的三级细分指标是输入变量，二级指数是结果变量；一级指数作为最终的总成指数，是最终的结果变量，相对于一级指数而言，二级指数也变成了输入变量。

四、开放式旅游景区存在的普遍问题及解决措施

开放式旅游景区面临的问题包括建管护养资金不足、绿地和设施破坏严重、活动空间和设施匮乏、产生新的安全隐患等。这些问题严重影响开放式旅游景区功能的发挥。针对开放式旅游景区存在的普遍问题，结合国内外开放式旅游景区管理办法，可以采用以下相应措施。

（一）开放式旅游景区的保护和发展应进一步争取政府支持，强化政府对开放式旅游景区开发与保护的主导作用和管理职能

通过核定与旅游景区自然资源和景点设施的日常养护与维修管理相适应的财政支出基数，政府相关部门应出台符合旅游景区实际、切实可行的预决算管理办法。对开放式旅游景区的财政收支情况应单独详细地编列预、决算报告，以利于政府、人大及其常委会了解情况，进行审查和监督。

（二）提升开放式旅游景区管理部门的综合管理能力

提高公众对旅游景区规划的参与度，加强各相关部门对开放式旅游景区的调查与评价，建立一种以"多方参与"与"旅游景区自助"为基础的管理与运行机制。

（三）根据旅游景区实际情况，适度增加商业网点和娱乐休闲设施，开发一些收费游乐项目，增加旅游景区经营收入，提高旅游景区自给能力

加强旅游景区资产出租、出借、承包以及对外投资的管理，使得程序更加完善、行为更加规范、财务处理更加合规。并通过合理管理，在最大限度上抵消因各

网点设施增加而带来的负面影响。

（四）旅游景区的新建、改建需要着重注意景观的科学布局，注重节约能源、资源

绿色植被的栽植与养护过程中，应借鉴国外先进经验及采纳专家意见，发挥绿色植被的自我调节功能，注重乔灌木及草地的比率，达到景观效果、生态效应、栽养经济等多重和谐。在旅游景区建设维修过程中，应吸取原有的经验，在造景材料与景观形式上适应粗放式管理，舍弃昂贵却易损的材料，选择能够保持一定效果又具有更好抗损性的材料或设施，提高旅游景区建管护养的经济与效率。

（五）加大旅游景区卫生、文明、安全上的宣传工作，激发市民与游客对旅游景区环境的保护意识

通过媒体、网络、报纸等多渠道，呼吁爱心人士以不同形式参与开放式旅游景区的保护。同时，加大人力与设备的投入，将旅游景区安全及文化历史遗产的保护问题放在重中之重，确保旅游景区良好运行。

五、开放式旅游景区案例分析

从开放式旅游景区的定义来看，顾名思义是指开放式的，相对于封闭式旅游景区（点）可以利用墙和围栏等进行明确的空间划定，它是没有具体范围限制的空间场所，即无法确切划定这些景点的空间、地域范围，这具体包含两层含义：第一，场地的开放，即景点没有严格的空间和面积限制，无法准确地圈定其地域范围；第二，门票上的开放，即非营利性质，免收门票或仅收取少数旅游景点的门票。这两层含义使得旅游景区的管理难度大大增加。这就不得不让我们思考一个问题，开放式旅游景区到底由谁来管理？从目前国内几个典型的开放式旅游景区来看，管理的机构主体还是当地政府，由当地政府牵头形成一个多中心的管理模式，有的是构建一个旅游景区管委会，诸如杭州的风景名胜区管委会（图9-1），也有的是以搭建一个多种经营公司的形式运行，还有的比较模糊不清。

```
                          杭州西湖风景名胜区管委会
              ┌───────────────────┼───────────────────┐
          机关单位              事业单位              企业单位
```

景区公安分局	湖滨管理局	花港管理处	杭州园林设计院股份有限公
西湖街道	城市管理行政执法局	杭州少儿公园	区资产经营集团有限公司
派出机构	中国茶叶博物馆	西湖遗产监管中心	杭州园林机械厂
区消防大队	会计管理中心	杭州市雕塑院	杭州楼外楼实业集团股份有限公司
办公室	水域管理处	钱江管理处	杭州西湖游船有限公司
旅委（监察局）	市政市容环卫中心	韩美艺术馆	杭州湖畔居茶楼
人文社会劳动保障局	杭州植物园	景区国土分局	杭州园林汽车服务有限公司
文化局（宣传部）	凤凰山管理处	区培训中心	杭州园林工程监理有限公司
财政局（审计局）	区就业中心	岳庙管理处	杭州园林旅游贸易公司
风景管理局（环保局）	杭州市绿化管理站	杭州动物园	杭州园林工程有限公司
规划建设局（房产土地局）	杭州南宋官窑博物馆	杭州名人纪念馆	
经济局社会发展局	市文化局保护管理所	市文物考古研究所	
	灵隐管理处	五山管理处	
	杭州市园林建设处	杭州博物馆	
	杭州西湖博物馆	信息中心	
	卫生监督所		

图 9-1　西湖模式

资料来源：杭州西湖风景区网站。

（一）西湖模式的推进

2003 年，杭州西湖风景名胜区管委会根据杭州市委、市政府提出的"还湖于民、还绿于民"以及"精致和谐、大气开放"的目标，开始探索试行"免费西湖模式"，将西湖环湖旅游景区和综合整治后新增旅游景区免费向市民游客开放。这一年，免费开放了位列"西湖十景"的花港观鱼、曲院风荷，并将整治后的西湖南线的涌金公园、柳浪闻莺、学士公园、长桥公园四大公园以及杭州花圃、中山公园实行免费开放。与此同时，在 2003 年 5 月 18 日国际博物馆日，西湖旅游景区内几大博物馆——中国茶叶博物馆、南宋官窑博物馆、杭州历史博物馆、章太炎纪念馆、苏东坡纪念馆、张苍水先生祠全部免费开放，引起全国关注。

经过 2003 年的试行，"免费西湖模式"开始在全国"崭露头角"，国内外游客纷至沓来，免费开放后的西湖更是成了杭州市民休闲游览的好去处，西湖的影响力逐渐扩大。旅游景区以此为契机，于 2004 年 10 月对西湖综合保护工程整治后的15 个历史文化景点中的 13 处实行免费开放；2005 年，又免费开放了西湖博物馆和韩美林艺术馆等景点；2006 年，龙井八景和吴山伍公庙旅游景区等实行免费开放；

2007 年，八卦田旅游景区实行免费开放；2008 年 10 月，将杭州孔庙、九溪烟树公园、吴山阮公祠旅游景区等免费开放；2009 年 3 月，整治一新的太子湾公园免费向公众推出；2010 年 10 月，再度将新建成的江洋畈生态公园向市民游客免费开放。至此，越来越多的人来杭州旅游，进而投资、学习，"免费西湖模式"把西湖的风光变成了城市的有机组成部分，把城市环境作为城市发展、城市经营的基础，这为打造"生活品质之城"奠定了基础。在该模式的成功运作下，西湖旅游景区为游客提供了优良的游览环境和优质的旅游服务，为杭州乃至浙江的旅游发展做出了贡献，其创新启示也为国内开放式旅游景区的管理提供了借鉴。

（二）免费西湖模式的效益分析

1. 有力促进经济发展

杭州西湖公园景点的免费开放，引发了各地游客到杭州旅游的热潮。不但到杭的游客人数大幅增加，而且逗留时间也不断延长，综合花销持续上涨，带动了旅游景区乃至整个杭州市宾馆、餐饮、交通、零售、会展、通信等行业的迅速发展。据统计，2010 年杭州旅游接待国内游客 6304.89 万人次，比 2002 年增长 137.7%；实现旅游总收入 1025.7 亿元，比 2002 年增长 248.4%。同时西湖免费开放，虽然减少了旅游景区各事业单位的门票收入，但通过政策引导、挖潜增效、非转经等手段，各事业单位纷纷开源节流，提高自身创收能力。另外，旅游景区变过去的招商引资为现在的选商引税，走出了一条"租金加税金"的新思路。主要是发展楼宇经济、总部经济、税源经济，西湖风景名胜区的财政收入得到快速增长，2003~2010 年，财政总收入年平均增长 26%，其中地方财政收入平均增长 30%。到 2012 年，西湖 10 年间相继取消了 130 多个景点的门票，占景点总数的 70% 以上；免费开放的旅游景区面积达到了 2000 多公顷，西湖旅游免费 10 年总收入增长 4 倍。西湖模式的独特之处在于以免费开放为亮点，吸引来更多的游客，以门票收入的损失换来大杭州整体旅游收入的提高，进而吸引投资与创业人才，为其他产业的发展打下资本和智力基础。

2. 大力优化整体环境

免费开放西湖后，杭州西湖风景名胜区积极筹措资金提升旅游景区环境，连续 10 年实施西湖综合保护工程，共计拆除了影响西湖景观的 60 万平方米建筑，搬迁了旅游景区内 265 家单位、2791 户居民；恢复了 0.9 平方千米的西湖湖面；恢复建设了 100 万平方米公共绿地；完成了西湖疏浚工程以及引配水工程，西湖平均水深增加到 2.5 米，西湖水质得到极大改善；同时，旅游景区交通路网进一步完善；西湖地区原住民的生活品质也得以显著提升。从连续多年的"十一"黄金周游客量来看，西湖 7 日游客量从 2002 年的 200 多万人次增加到 2018 年的 431.54 万人次。2018 年，杭州西湖旅游景区全年共接待游客 2813.94 万人次。

3. 有效提升综合实力

西湖的免费开放不仅带动了杭州旅游业的快速发展，而且在提升杭州综合竞争力中发挥了积极作用。杭州先后获得"联合国人居奖""国际花园城市""全国绿化先进城市""全国园林城市""中国十大最具经济活力城市""东方休闲之都""中国最佳旅游城市"等称号，并连续 5 年蝉联"中国最具幸福感城市"，城市的旅游核心竞争力和综合竞争力迈上了一个新台阶。同时，日臻完美的西湖得到了社会各界的公认，各项桂冠纷至沓来：2004 年，西湖综合保护工程荣获"全国十大建设科技成就奖"；2005 年 10 月，西湖被评为中国最美的五大湖之一；同年 12 月，西湖综合保护工程项目被住建部评为"中国人居环境范例奖"；2006 年，西湖荣获"全国首批文明风景旅游区"称号；2007 年，西湖获得"全国首批 5A 级国家旅游景区"称号；2008 年，获迪拜国际改善人居环境最佳范例奖，2010 年，西湖又获得了美国景观设计师协会"分析与设计荣誉奖"。在 2014 年度开展的游客满意度调查中，游客对西湖风景名胜区的满意度综合指数达到了 81.44。

本章小结

本章从模式的定义出发介绍了商业模式、经营模式、盈利模式的常用概念，分析了旅游景区的产权问题，结合前人的总结，在吸收的基础上列出了旅游景区的经营管理模式，最后对我国开放式旅游景区做了分析和案例展示。

思考与练习

1. 旅游景区的经营模式有哪些？

2. 寻找一个旅游景区分析解它是哪一种经营模式，该旅游景区的盈利模式是什么？

3. 如何打造一个成功的旅游景区盈利模式？

知识链接

旅游产业的焦虑

40 年旅游业成长跨越了好几个发展阶段时期，数以万计的旅游产品趋势兴起，而后式微，最后凋零。

今天是"人类社会前所未有的"休闲时代，多数企业还在"温饱线上"挣扎，更多的是焦虑。一位资深业者的话：跨界发展真是没给我们旅游企业带来什么利益，带来的只有挑战。

旅游企业在大休闲大旅游时代有两大新困难：

一是"被入侵"。各领域的大小资本行业能手"蹭热点"，"野蛮入侵"旅游地盘，在旅游业的"原住民"看来他们不守规则、不讲规律，"粗暴"融合，建"平台"，占"高点"，抢资源，各种资本动作乱花迷眼。特别是那种突破成本价格底层规律，玩"羊毛出在狗身上"，玩"溢价变现"资本游戏的，让实实在在做产品的企业感觉吃亏，没法"玩儿"了。

二是"跨界难"。旅游企业也试图跟上时代，都尝试过"以网络的名义""以文化的名义""以休闲的名义"跨界发展，但是成功"跨过去"的很少。旅游市场说起来很大，产业链说起来很长，但企业从哪儿下手却很难界定！

大资本时代，常规搞点资本投进去，基本见不到什么收益。所以，"聪明人"都不想做产品，只想做投资；"体制里的人"一般不想做长线产品，只想迅速回本，快速抽身。在产品类型上，"投生态还是投文化？""做康养地产还是主题公园游乐园"？刚刚确定做旅游小镇，又说"田园综合体"也许能行。搞得企业是心浮气躁，普遍的选择困难并罹患了"跨界综合征"。

确实新市场、新业态、新概念层出不穷，看着人家起高楼、唱大戏，自己一做就掉在坑里；不跨吧，产业边境在扩大，自己的市场和规模相应变小，优势变劣势，眼看在大休闲大旅游中被超越、被边缘化。段子说，"不做'综合体'的旅游景区不是好饭店""不做'全域旅游'的旅游集团不是好社区"。优秀的企业到底是锐意创新还是要工匠精神，是盯紧变化还是死磕产品？

焦虑之一：旅游产品如何升级换代？

在旅游行业，我们不能说从"观光"到"度假"是消费升级，但是却一定是开发和管理技术的升级，是服务的升级。做旅游景区企业，资源依存度占70%，"七分天注定，三分靠打拼"；度假产品反过来，"三分天注定，七分靠打拼"。近5年涌现的一流旅游产品，主要是度假产品，而且成色不低，成功在"打拼"！得到市场高度认同的有古镇度假产品中的乌镇、古北水镇；还有同样中国造，以"禅修文化"为核心的，如灵山拈花湾，"心灵的度假"；以主题公园为核心的度假区这几年成长很快，不仅有上海迪士尼国际旅游度假区，还有珠海长隆度假区；以滑雪为核心的度假产品有万达长白山国际旅游度假区和打造中的崇礼云顶等六大滑雪度假区。总之，这些有影响力的度假区，都是企业经营的、拥有核心项目的度假区，而且是综合性比较强的、度假元素齐备的度假区。

这些产品都至少实现了三个方面的升级：创意设计升级、运营管理升级、以人为本的服务升级。正是这些升级使它们成为时代的标志性产品。这些产品各自的创意设计都是独有的，独创的，第一的，唯一的；落地实施精细，运营管理不断打磨，都是看起来简单做起来难。这些标志性产品的共同点是千方百计让消费者体验到"更好的休闲"。长白山的"红制服"、乌镇的"村主任"，都是"地中海俱乐部"的 GO 角色的翻版，把"亲切的东道主"和"杰出的组织者"的精神"内化"在服务中，提供了"更好的休闲"。这还真不是噱头，升级版的度假产品中正是这些"人本"的细节惊艳了游客、涵养了产品，成为产业 2.0 版本的标记。

最后，我们看到，这些标志性产品的成长，都拥有一个灵魂人物，这个人物的智慧和精神，和这些产品长在一起，这样形成的产品核心竞争力是有生命的，所以不惧别人模仿和复制，也不惧资本的冲击。产品做到极致，体现的是"人的价值"和"知识资本"的价值。度假产品不是"大投入""大项目"可以简单搞定的，它需要精耕细作、持续付出、长期培育，还需要灵魂人物的创造和引领。所以，只有踏踏实实做产品的人和企业才能真正登上巅峰。不管新老企业，有这种专注，都有可能。

焦虑之二：如何走在趋势前面做成行业老大？

做企业，要么追求做大，要么追求做老大。不过追求做"老大"不易，做"大头"却很容易。旅游业的"二八规律"和互联网不一样，好产品是独创的唯一，但是因为旅游产品不可移动性，模仿者找个角落做"二八定律"中的"八"，还是很容易"混"的。占据度假市场大头的就是这些"大头产品"（还不是一般认为的"长尾产品"），低值低价，或者低值高价，使得市场狼烟遍地。

低值产品能够生存下去，并非是满足了"人民对美好生活的需要"，而是我们急匆匆地进入度假时代，度假产品匮乏，"度假刚需"导致的"粮食不够瓜菜代"。这种大量低档产品存在不会是长期规律，但是因为这个"二八比"的现状，做旅游的"头部企业"更加不易，不仅要足够优秀，要独创，还要为引导和培育健康成熟的度假需求市场做些牺牲！

死磕产品，在一部分人看来，是缺乏创新的笨办法，"小农经济"的"手工操作"，这是不公正的看法。创新发展不只是有技术和商业模式的创新，更有价值创新。价值创新是技术创新、商业创新的更高层次。做"极致产品"，不仅是做企业的领袖，而且是在培养消费者的体验区别。新的发展阶段，引领消费体验的企业，才有希望培育自己的消费者阶层，成为他们生活的一部分，做成百年老店。旅游业也一样。做老虎引领百兽，走在趋势前面，建立新的生态秩序，这就是杰出企业。

焦虑之三：为什么说不要急于搞全产业链和产业布局？

为什么说企业不要急于搞全产业链和产业布局？这可是资本时代的非主流声音。理性地说，"产业链""产业布局"，还包括"打造目的地"，这都是"产业（区域）层面""忽悠"的事情。因为"产业层次"要的是格局，要产业的综合协调和产业整体效益。

其实我们都明白：旅游产业的"泛产业"特征最适合把不同性质的企业聚合在一起，但是，最不适合让一个企业去做所有的事！这可不像马云可以不做企业做平台，现在又要做马云"经济体"，商业创新故事让他一个人讲了。旅游业不是，旅游业的大故事都是产业层面讲的。

我们看到了旅游业大产业化以来企业发展探索的历史过程，已经具备"核心项目""核心竞争力"的企业，在扩张的过程中，成功复制自己的也不多，往往是在复制过程中"核心项目"影响力和吸引力递进衰减！最后这些复制项目的盈利点不得不靠各地政府配备资源，主要是"土地资源"，眼看一些优秀的企业也就此被拉进类似各种各样的资本旋涡。

并不是反对资本运作，而是想提醒这种"抢占资源"的势头风头已去，毕竟从中央对房地产业的坚决态度可以预见：此路已经快要不通了，至少不是新时期值得推荐的模式和经验。

新的阶段，企业"拥核"才能活。先聚焦，做精品，出品牌，对真心实意做产业的人是真理。旅游业升级靠品牌，品牌形成靠积淀。玩产品和玩资本的逻辑不同。产品是和产业长在一起的，是产业的手足肢体，资本的功能应该是滋养产品成长，只有产品的市场价值、品牌价值和知识资本增长，资本才实现了价值。产品质量、服务品牌、知识资本才是企业长跑的耐力肌肉。

（资料来源：杜一力，原国家旅游局副局长，2018年1月6—8日在成都举办《中国特色小镇与田园综合体高端总裁峰会》发言）

参考文献

［1］蒋信炜. 旅游凝视视角下古镇旅游发展变迁研究——以青岩古镇为个案［D］. 贵州民族大学，2018.

［2］杨帆. 佛教文化旅游度假区规划策略探究——以无锡灵山小镇·拈花湾为例［D］. 南昌航空大学，2018.

［3］陈海燕. 传统文化视野下老君山景区保护与开发规划研究［D］. 西南科技大学，2018.

［4］张建忠. 中国帝陵文化价值挖掘及旅游利用模式——以关中3陵为例［D］. 陕西师范大学，2013.

［5］李萌. 基于文化创意视角的上海文化旅游研究［D］. 上海复旦大学，2011.

［6］王汉祥. 中国北疆民族地区旅游产业生态化发展研究［D］. 内蒙古大学，2017.

［7］冯卫英. 茶文化旅游资源研究——以环太湖地区为例［D］. 南京农业大学，2011.

［8］邓明艳. 旅游目的地文化展示与形象管理研究——以峨眉山—乐山大佛世界文化与自然遗产地为例［D］. 华中师范大学，2012.

［9］席岳婷. 中国考古遗址公园文化旅游研究［D］. 西北大学，2013.

［10］徐颖. 山水融合型风景区游客中心设计初探——以井冈山仙口景区游客中心设计实践为例［D］. 南昌大学，2018.

［11］何晓倩. 旅游档案开发利用研究——以济南"天下第一泉"风景区为例［D］. 山东大学，2018.

［12］胡斌. 畲族民间体育旅游资源开发与利用研究［D］. 集美大学，2018.

［13］朱林珍. 皇城相府景区周边环境土地利用空间演变研究［D］. 山西师范大学，2017.

［14］陈玲. "一带一路"战略背景下辽中南地区旅游发展研究［D］. 哈尔滨

师范大学，2017.

　　[15] 翟洁云．以民间故事为线索的景区视觉系统构建——以西湖景区为例 [D]．江南大学，2017.

　　[16] 刘杰．槟榔谷黎苗文化旅游区营销策略优化研究 [D]．海南大学，2017.

　　[17] 厉建梅．文旅融合下文化遗产与旅游品牌建设研究——以山东天上王城为个案 [D]．山东大学，2016.

　　[18] 马云．基于水文化传承的水利风景区规划研究 [D]．苏州科技大学，2017.

　　[19] 黄弘．古城旅游景区视觉识别系统设计研究——以安徽寿县古城为例 [D]．沈阳航天航空大学，2017.

　　[20] 宋卓嵘．梵净山景区旅游开发与运营分析 [D]．贵州大学，2016.

　　[21] 杨慧雯．贵州省赫章县阿西里西旅游景区创新开发研究 [D]．成都理工大学，2014.

　　[22] 任秀芬．国内旅游景区开发研究综述 [J]．经济师，2011（2）：288-289.

　　[23] 魏少燕．旅游景区开发与经营模式探究 [J]．价值工程，2018（34）：54-55.

　　[24] 丁树谦．旅游开发中人文景观建设若干问题的思考 [J]．人文地理，1999（S1）：12-14.

　　[25] 徐铭谣．民俗文化旅游景区开发存在的主要问题 [J]．旅游纵览，2015（12）：56-58.

　　[26] 梁楸鸿．南昌市红色旅游景区开发模式探讨 [D]．江西农业大学，2018.

　　[27] 张小红，何启儒．青海旅游开发中人文景点建设若干问题的思考 [J]．长春理工大学学报，2012（3）：55-56.

　　[28] 范莹莹．绍兴人文旅游资源的开发与利用——以鲁迅文化旅游资源为例 [D]．浙江师范大学，2010.

　　[29] 董艳．文化旅游背景下人文资源规划实现途径研究——以马鞍山市采石矶片区李白文化产业开发为例 [J]．现代营销（下旬刊），2016（6）：194-195.

　　[30] 曹培培．中国旅游地理 [M]．清华大学出版社，2016.

　　[31] 张朝枝，孙晓静，卢玉平．"文化是旅游的灵魂"：误解与反思——武夷山案例研究 [J]．2010（24）：61-68.

　　[32] 程瑶．桂林红色旅游与文化产业融合发展研究 [D]．广西师范大学，2017.

［33］蔡万寒．基于体验理念的博物馆旅游开发研究——以良渚博物院为例［D］．桂林理工大学，2018.

［34］蔡璐．基于游客需求的乡村红色旅游景区开发研究——以山东省沂蒙革命老区为例［D］．浙江海洋大学，2018.

［35］茅昊．江南古典园林旅游功能缺失研究［D］．东南大学，2004.

［36］常雪莲．浅析太行山大峡谷景区的开发与对策［J］.2012（52）：28-30.

［37］厉新建,张凌云,崔莉．全域旅游：建设世界一流旅游目的地理念创新——以北京为例［J］.人文地理，3013（3）：130-134.

［38］祝亚雯．全域旅游背景下杏花村文化旅游区旅游发展［J］.2017（6）：29-30.

［39］蒲晓琴，杜超，黄瑞．人文旅游景区新市场开发策略探析——以乐山大佛为例［J］.2009（3）：88-89.

［40］郭玮．遗产类景区游客特征及价格容忍度研究——以凤凰古城为例［D］.东北财经大学，2013.

［41］周大庆，文连阳．岳麓山旅游区旅游产品开发与产业要素分析［J］.经济论坛，2014（3）：39-40.

［42］陈妙香．农业转移人口市民化视角下的农地产权制度改革[J].经济论坛，2014.41.

［43］方琛琛．中国红色旅游景区的品牌传播研究［D］.山东大学.2014.

［44］卢忠康．自然景观是旅游景区的骨架，人文景观是旅游景区的灵魂.［M］镇江市高等专科学校.2015.

［45］曹娜．自然景观与人文景观的交融.［J］.山西建筑，2009（11）：343-344.

［46］黄克己．宗教旅游景区氛围对游客感知价值的影响研究——以普陀山为例［D］.浙江大学，2013.

［47］谭彦．宗教旅游景区旅游者需求研究——以西安大慈恩寺为例［D］.西北大学.2011.

［48］许孝媛．旅游景区开发与经理管理模式研究［D］.南昌大学.2012.

［49］周建明．旅游度假区发展历程与趋势分析［J］.旅游规划与设计，2012（3）.

［50］徐慧，许伟．国家级旅游度假区品牌建设任重道远［J］.宁波经济，2018（3）.

［51］吴侃侃，金豪．全域旅游背景下浙江旅游度假区高质量发展的思考［J］. 浙江社会科学，2018（3）．

［52］张善斌，朱宝峰，董欣．我国滑雪休闲度假旅游发展研究［J］.体育文化导刊，2018（3）．

［53］李训丽，赵国庆．简议主题公园发展战略［J］.重庆科技学院学报（社会科学版），2013（5）．

［54］张婷婷，王承云，张晶磊．主题公园建设与区域经济关系研究——以全球迪士尼主题公园为例［J］.现代城市研究，2010.

［55］邹统钎．体验经济时代的旅游景区管理模式［J］.商业经济与管理，2003（11）．

［56］陈文君．我国旅游景区的主要危机及危机管理初探［J］.旅游学刊，2005（6）．

［57］张佑印，顾静，黄河清．中国区域旅游产业结构变化的空间差异分析［J］. 经济地理，2012，32（4）．

［58］曾博伟．全域旅游发展观与新时期旅游业发展［J］.旅游学刊，2016，31（12）．

［59］王兴水，等．国外观光农业研究综述［J］.云南地理环境研究，2006（11）：75-78.

［60］刘文敏，等．国外农业旅游发展状况及对上海的启示［J］.上海农村经济，2007（9）：39-41.

［61］冼宁等．农业生产景观设计思考与对策［J］.专题．2016（7）：28-29.

［62］孙晓彤．农业型风景区规划方法初探［D］.西安，2017.

［63］商林艳．农业主题公园的策划及发展［J］.小城镇建设，2011（12）：95-97.

［64］谢雨萍．我国生态农业旅游的研究进展［J］.邵阳学院学报（自然科学版），2007（6）：105-109.

［65］马思捷等．我国休闲农业发展态势、问题与对策研究［J］.中国农业资源与区划，2016（9）：160-164.

［66］何丽芳．论农业景观资源的旅游开发［J］.经济与社会发展，2006（3）：81-83.

［67］冯娴慧，等．农业景观资源旅游开发研究［J］.广东农业科学，2012（5）：149-161.

［68］赵维真．农业文化遗产景观研究初探［D］.南京农业大学，2012.

［69］王显成．我国乡村旅游中民宿发展状况与对策研究［J］.乐山师范学院学报，2009（6）：69-72.

［70］张海洲，等，台湾地区民宿研究特点分析［J］，旅游学刊，2019（1）：95-111.

［71］邱慧.乡村振兴视角下乡村民宿发展对策研究[J].佳木斯职业学院学报，2019（12）：274-277.

［72］韩冰．日本民宿产业发展对中国民宿产业发展的启示［J］.产业与科技论坛，2019（18）：17-18.

［73］石坚韧，等.浙江民宿经济发展趋势分析［J］.住宅科技，2017（2）：57-61.

［74］范丽娟．日本乡村民宿旅游特色经营对中国民宿发展的启示［J］.河南机电高等专科学校学报，2016（11）：23-25.

［75］欧阳铁铸．古村落乡村旅游开发研究——灵山县马肚塘村为例［D］.广西大学，2015.

［76］王勇．利用古村落资源发展乡村旅游［J］.科普惠农，2017（2）：78.

［77］刘韫，沈兴菊．民族村落型景区管理与决策的新思路［J］.湖北民族学院学报（哲学社会科学版），2014（5）：33-36.

［78］周乾松．我国传统村落保护的现状问题与对策思考［N］.中国建设报，2013（6月3日）.

［79］任俊英，吴江.我国古村落旅游研究进展[J].安徽农业科学，2010（19）：10293-10295.

［80］徐婵，焦雅萍，万波．中国国家公园研究进展［J］.四川旅游学院学报，2019（1）：83-87.

［81］苏杨，王蕾．中国国家公园体制试点的相关概念、政策背景和技术难点［J］.环境保护，2015（14）：17-23.

［82］熊诗琦，刘军．中国国家公园发展研究综述［J］.城市旅游规划，2017（1）：124-125.

［83］杨锐．美国国家公园体系的发展历程及其经验教训［J］.中国园林，2001（1）：62-64.

［84］柳尚华．美国的国家公园系统及其管理［J］.中国园林，1999（1）：48-49.

［85］庄优波．德国国家公园体制若干特点研究［J］.国家公园系统研究，2014（7）：26-30.

［86］董二为．美日韩国家公园如何开展游憩［J］．环球．2019（3）：158–160.

［87］郭宇航．新西兰国家公园及其借鉴价值研究［D］．内蒙古大学，2013.

［88］周玲强，等．旅游景区经营管理［M］．浙江大学出版社，2006.

［89］邹统钎．旅游景区管理［M］．南开大学出版社，2013.

［90］舒伯阳．旅游景区开发与管理［M］．华东师范大学出版社，2016.

［91］郭亚军，曹卓．旅游景区运营管理［M］．清华大学出版社，2017.

［92］郭亚军．旅游景区管理［M］．高等教育出版社，2006.

［93］王庆国．旅游景区经营与管理［M］．郑州大学出版社，2006.

［94］姜若愚．旅游景区服务与管理［M］．东北财经大学出版社，2003.

［95］王昆欣．旅游景区管理［M］．东北财经大学出版社，2003.

［96］深圳锦绣中华发展有限公司编．锦绣中华质量管理模式［M］．2003.

［97］张帆．旅游景区管理［M］．福建人民出版社，2006.

［98］钟永德，方世敏，李丰生编．旅游景区管理［M］．湖南大学出版社，2005.

［99］李红，郝振文．旅游景区市场营销［M］．旅游教育出版社，2006.

［100］吴忠军．旅游景区规划与开发［M］．高等教育出版社，2008.

［101］刘峰，董四化．旅游景区营销［M］．中国旅游出版社，2006.

［102］王淑华．旅游景区经营与管理［M］．郑州大学出版社，2008.

［103］钟永德，陈晓磬．旅游景区管理［M］．武汉大学出版社，2009.

［104］张凌云．旅游景区概论［M］．北京师范大学出版社，2010.

［105］潘雅芳，浙江休闲度假旅游发展研究［M］．浙江大学出版社，2013.

［106］师守祥．度假区管理［M］．南开大学出版社，2008.

［107］施琦．试论古村落旅游可持续发展的对策［J］．农业考古，2008（3）：155–157.

责任编辑：李冉冉
责任印制：冯冬青
封面设计：中文天地

图书在版编目（CIP）数据

旅游景区概论 / 方法林主编 . -- 北京 ： 中国旅游
出版社，2021.1
全国旅游高等院校精品课程系列教材
ISBN 978-7-5032-6564-8

Ⅰ．①旅… Ⅱ．①方… Ⅲ．①旅游区－概论－中国
Ⅳ．① F592.6

中国版本图书馆 CIP 数据核字（2020）第 176413 号

书　　名：旅游景区概论

作　　者：方法林主编
出版发行：中国旅游出版社
　　　　　（北京静安东里6号　邮编：100028）
　　　　　http://www.cttp.net.cn　E-mail:cttp@mct.gov.cn
　　　　　营销中心电话：010-57377108，010-57377109
　　　　　读者服务部电话：010-57377151
排　　版：北京旅教文化传播有限公司
经　　销：全国各地新华书店
印　　刷：三河市灵山芝兰印刷有限公司
版　　次：2021年1月第1版　2021年1月第1次印刷
开　　本：787毫米×1092毫米　1/16
印　　张：22.25
字　　数：422千
定　　价：45.00元
ISBN　978-7-5032-6564-8
